高等学校法律实务系列教材

总主编：孟庆瑜

副总主编：何秉群　朱良酷　时清霜

刑事诉讼实务教程

主　编：陈玉忠　郑喜兰

副主编：马丽丽　李鹏飞

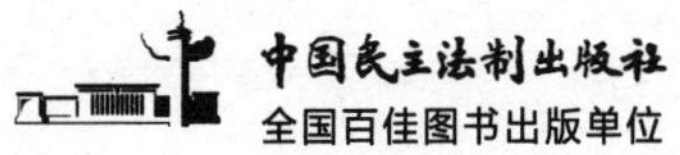

中国民主法制出版社

全国百佳图书出版单位

2015・北京

图书在版编目(CIP)数据

刑事诉讼实务教程 / 陈玉忠,郑喜兰主编. —北京:中国民主法制出版社,2015.4

高等学校法律实务系列教材

ISBN 978-7-5162-0528-0

Ⅰ.①刑… Ⅱ.①陈… ②郑… Ⅲ.①刑事诉讼法—中国—高等学校—教材 Ⅳ.①D925.2

中国版本图书馆 CIP 数据核字(2014)第 105351 号

图书出品人:刘海涛
文 案 统 筹:陈晗雨
责 任 编 辑:逯卫光

书名/刑事诉讼实务教程
XINGSHISUSONGSHIWUJIAOCHENG
作者/陈玉忠 郑喜兰 主编

出版·发行/中国民主法制出版社
地址/北京市丰台区右安门外玉林里 7 号(100069)
电话/(010)63055259(总编室) 63057714(发行部)
传真/(010)63056975 63056983
http:// www.npcpub.com
E-mail:mzfz@npcpub.com
经销/新华书店
开本/16 开 787 毫米 ×960 毫米
印张/19.5 **字数**/287 千字
版本/2015 年 4 月第 1 版 2015 年 4 月第 1 次印刷
印刷/北京盛源印刷有限公司

书号/ISBN 978-7-5162-0528-0
定价/39.00 元

总序

为了贯彻落实教育部、中央政法委员会《关于实施卓越法律人才教育培养计划的若干意见》的文件精神，全面推进法律硕士专业学位研究生教育综合试点改革工作，充分发挥国家大学生校外实践基地的育人功能，持续深化法学专业实践教学改革，不断提高法学专业学生的实践创新能力，我们组织法学专家与法律实务部门专家共同编写了这套高等学校法律实务系列教材。

本套教材以案例研析和实务操作为主题，以高等学校和实务部门的共同开发为特点，以培养学生的法律实践应用能力为目标，以《宪法案例教程》、《行政法案例教程》、《刑法案例教程》、《民法案例教程》、《经济法案例教程》、《刑事诉讼实务教程》、《民事诉讼实务教程》和《法律文书实务教程》8 部教材为主要内容，以逐步形成适应应用型、复合型法律人才培养需要的法律实务教材体系。

本套教材的编写力求遵循以下原则：一是理论与实践相结合，突出实践性。即教材内容要强化法学理论和原理的综合应用，强调实践和应用环节，侧重实践能力培养，为学生的知识、能力、素质协调发展创造条件；二是立足现实，追踪前沿。即教材内容要最大程度地反映本专业领域的最新学术思想和理论前沿，吸收本专业领域的最新实务经验和研究成果，具有前瞻性；三是全面覆盖，突出重点。即教材既要整体反映本专业知识点，又要彰显案例和实务操作领域的规律和重点，以避免与理论教材之间的内容重复。

本套教材的编写力求满足以下要求：一是立足基础，突出应用。即立足基本知识，不做系统讲解，着重法律应用，突出应用性和实务特色；二是表述准确，言简意明。即基本概念阐释清晰准确，知识要点讲解言简意赅；三是篇幅适中，便于使用。即控制每部教材的篇幅字数，均衡各章之间的权重，不宜畸轻畸重；四是知识案例，融会贯通。即将知识讲授与案例评析有机结合，真正做到以案说法，突出案例与知识的互动。

本套教材的编写是高等院校与法律实务部门之间深入合作和大胆尝试的结果，无论是教材内容，还是编写体例，肯定还存在诸多有待完善提高的地方，使用效果也有待教学实践的评估与检验。我们将及时总结经验，不断修订提高。同时，也期待着法学界和法律实务部门的各位同仁能够提出宝贵的意见和建议。

本套教材编委会

2015 年 2 月 26 日

目录

DIYIZHANG

第一章

刑事诉讼法概述

第一节　刑事诉讼法的概念与渊源

一、刑事诉讼的概念和特征

刑事诉讼是以解决被追诉者是否应当承担刑事责任为内容的诉讼形式。我国的刑事诉讼是指国家专门机关在当事人以及其他诉讼参与人的参加下,依照法律规定的程序和要求,解决被追诉者刑事责任问题的活动。

我国的刑事诉讼具有如下特征:

第一,刑事诉讼是国家专门机关进行的一种职权活动,是国家活动的重要组成部分。国家专门机关在我国主要是指人民法院、人民检察院和公安机关、国家安全机关等。它们在刑事诉讼中分别行使不同的职权,其中人民法院行使审判权,人民检察院行使检察权,公安机关、国家安全机关行使侦查权。刑事诉讼通常由国家专门机关主动提起,国家专门机关根据法律赋予的职权,办理刑事案件和执行刑事裁判,即对刑事案件进行侦查、起诉、审判和执行等活动,构成了刑事诉讼的主要内容。专门机关在刑事诉讼中的活动对于刑事诉讼的推进和终结具有决定性意义。

第二,刑事诉讼是在当事人和其他诉讼参与人的参加下进行的活动。刑事诉讼除了国家专门机关的职权活动外,还必须要有当事人和其他诉讼参与人的参加,因为刑事诉讼的中心问题是解决犯罪嫌疑人、被告人的刑事责任问题,因此,刑事诉讼的进行必须有犯罪嫌疑人、被告人的参加。此外,有的刑事诉讼的进行还需有被害人、自诉人、辩护人、诉讼代理人和证人、鉴定人、翻译人员等的参与。这些人的活动也是刑事诉讼的组成部分,同时这些人在刑事诉讼中均享有相应的诉讼权利,对于他们在刑事诉讼中的诉讼权利,国家专门机关必须给予保障。是否有当事人和其他诉讼参与人的参与,以及他们参与的程度和透明度如何,是衡量刑事诉讼是否民主、公正的重要标准。

第三,刑事诉讼是国家专门机关代表国家以实现国家刑罚权为目的而进行的活动。刑事诉讼的中心问题是解决犯罪嫌疑人、被告人的刑事责任问题。即犯罪嫌疑人、被告人的行为是否构成犯罪,构成何种犯罪,是否需要处以刑罚,以及处以何种刑罚。这既是法律赋予国家专门机关的权力,也是专门机关应当履行的职责。

第四,刑事诉讼必须按照法律规定的程序和要求进行。由于刑事诉讼是国家专门机关的职权活动,是国家活动的重要组成部分,同时刑事诉讼的进行直接涉及公民的生命、自由、财产等基本权利。因此,刑事诉讼必须按照法律规定的程序和要求进行。否则,不仅可能造成国家权力的滥用,而且势必造成对公民权利的侵害。为此,宪法和法律对于刑事诉讼中的具体国家权力进行了较为严格的限制。同时,当事人和其他诉讼参与人也只有严格遵循刑事诉讼程序的要求,才能有效地维护自己的合法权益,确保刑事诉讼的顺利进行。刑事诉讼的严格程序化,满足正当程序的要求是实现诉讼民主的基本保障。

刑事诉讼有狭义和广义两种不同理解。传统诉讼理论认为,刑事诉讼仅指起诉至审判之间的诉讼程序,以审判为中心。因为只有经过审判,才能最终确定被告人是否有罪和应否处以刑罚;只有在审判阶段才能形成法官与控诉、辩护三方诉讼法律关系,才能履行控诉、辩护和审判三种基本职能。对犯罪的侦查,则属于国家特定机关维护社会治安的行政活动,是审判前的准备阶段。现代诉讼理论认为,刑事诉讼应当包括起诉前的侦查活动和判决生效后的执行活动。因为非经侦查,无从决定应否起诉。裁判虽经确定,非经执行,无从实现判决和裁定所确定的内容。同时基于侦查活动的强制性和涉及人权等特点,为防止侦查机关滥用职权、保护公民合法权益,更需要从法律程序上对侦查活动加以严格规定。因此,对于我国刑事诉讼应从广义上理解。

二、刑事诉讼法的概念与渊源

刑事诉讼法是调整刑事诉讼活动的法律规范的总称。在我国,是指国家制定的公安司法机关在当事人和其他诉讼参与人参加下进行刑事诉讼活动所必须遵守的法律规范,作为一种法律规范,它的调整对象一是公安司法机关进行刑事诉讼的活动;二是诉讼参与人参加刑事诉讼的活动。刑事诉讼法的内容主要包括:(1)刑事诉讼中的专门机关及其职权和义务;(2)刑事诉讼中的当事人、其他诉讼参与人及其诉讼权利和义务;(3)进行刑事诉讼所必须遵守的原则、规则和制度;(4)刑事证据的相关规则和制度;(5)具体刑事诉讼程序。

刑事诉讼法的渊源是指刑事诉讼法律规范的存在形式或载体。我国刑事诉讼法的渊源主要有以下几种:

1. 宪法。宪法是国家的根本大法,它规定了国家的政治制度、社会制度、国家机构的性质和活动原则以及公民的基本权利和义务,具有最高的法律效力。一切法律、法规都是依据宪法的规定制定的,因而不得同宪法相抵触。同样,刑事诉讼法也是以宪法为根据制定的。宪法与刑事诉讼法之间存在着密切的关系,宪法是权利保障的大宪章,而宪法所规定的很多权利都是通过刑事诉讼实现的,可以说,刑事诉讼法是公民权利保障的小宪章。

2. 刑事诉讼法典。即《中华人民共和国刑事诉讼法》,它于 1979 年 7 月 1 日第五届全国人民代表大会第二次会议通过、1980 年 1 月 1 日施行,1996 年 3 月 17 日第八届全国人民代表大会第四次会议第一次修正、1997 年 1 月 1 日施行,2012 年 3 月 14 日第十一届全国人民代表大会第五次会议第二次修正、2013 年 1 月 1 日施行。刑事诉讼法典是刑事诉讼法的主要渊源。

3. 有关法律。是指全国人大及其常委会所制定的法律中有关刑事诉讼的规定,比较重要的有刑法、人民法院组织法、人民检察院组织法、国家赔偿法、律师法、法官法、检察官法、人民警察法、未成年人保护法、未成年人犯罪预防法等。这些法律中都有涉及刑事诉讼的规定。

4. 有关法律解释。指全国人大常委会及其授权的机关所作出的有关刑事诉讼法的解释。刑事诉讼法的法律解释最重要的是 2012 年 12 月 26 日公布的《最高人民法院、最高人民检察院、公安部、国家安全部、司法部、全国人大常委会法制工作委员会关于实施刑事诉讼法若干问题的规定》(以下简称"六机关《规定》")。重要的司法解释有最高人民法院于 2012 年 12 月 20 日公布的《关于适用〈中华人民共和国刑事诉讼法〉若干问题的解释》(以下简称"最高人民法院《解释》");最高人民检察院于 2012 年 11 月 22 日公布的《人民检察院刑事诉讼规则(试行)》(以下简称"人民检察院《规则》(试行)")。

5. 有关行政法规和规章。指国务院制定的法规和主管部、局制定的规章中有关刑事诉讼的规定。如国务院 2012 年 2 月 23 日通过的《拘留所条例》,公安部 2012 年 12 月 23 日公布的《公安机关办理刑事案件程序规定》(以下简称"公安部《规定》")等。

6. 有关国际条约。国际条约是国际法的主要渊源,对于缔结的条约,当事国应当善意履行，我国加入的国际公约经过全国人大常委会批准后，体现了我国的国家意志，也属于我国国内法渊源之一，具有法律约束力。目前，我国已经加入了25项国际人权公约。1998年10月5日，我国政府签署了《公民权利和政治权利国际公约》，该公约对国际刑事司法准则作了系统的规定，其中有不少刑事诉讼原则和制度的规定，构成了刑事诉讼的国际标准。该公约所规定的刑事诉讼国际准则，必将推动我国刑事诉讼制度的民主化和国际化。

第二节　刑事诉讼法的制定目的和任务

一、刑事诉讼法的制定目的

我国刑事诉讼法第1条规定："为了保证刑法的正确实施，惩罚犯罪，保护人民，保障国家安全和社会公共安全，维护社会主义社会秩序，根据宪法，制定本法。"众所周知，犯罪是一种具有严重社会危害性的行为，它侵犯公民的合法权利，危害国家安全和社会公共安全，破坏经济建设和社会秩序。国家只有通过制定刑事诉讼法，保证刑法的正确实施，有效行使刑罚权，惩罚犯罪，才能保护公民的合法权利不受犯罪分子的侵害，保障国家安全和社会公共安全，维护社会主义社会秩序。刑事诉讼法与刑法的关系，是刑事程序法与刑事实体法的关系。刑法是实体法，规定犯罪与刑罚；刑事诉讼法是程序法。对于国家追诉犯罪的活动，作为实体法的刑法和作为程序法的刑事诉讼法缺一不可。没有刑法，定罪量刑就没有依据和标准，诉讼活动就失去了目的和意义；没有刑事诉讼法，惩罚犯罪便无从实现，刑法的规定也就沦为一纸空文。

二、我国刑事诉讼法的任务

我国刑事诉讼法第2条规定："中华人民共和国刑事诉讼法的任务，是保证准确、及时地查明犯罪事实，正确应用法律，惩罚犯罪分子，保障无罪的人不受刑事追究，教育公民自觉遵守法律，积极同犯罪行为作斗争，以维护社会主义法制，尊重和保障人权，保护公民的人身权利、财产权利、民主权利和其他权利，保障社会主义建设事业的顺利进行。"可见，我国刑事诉讼法的具体任务有三项：一是惩罚犯罪分子，保障无罪的人不受刑事追究；二是教育公民自觉遵守法律；三是维护社会主义法制，保护公民的人身权利、财产权利、民主权利和其他权利，保障社会主义建设事业的顺利进行。刑事诉讼法总的任务就是维护社会主义法制，保护公民的合法权益，保障社会主义建设事业顺利进行。

1. 从程序上保证准确、及时地查明犯罪事实，正确应用法律，惩罚犯罪分子，保障无罪的人不受刑事追究。惩罚犯罪，保护人民，是我国刑事诉讼法的一项最主要、最直接的任务。惩罚犯罪，就是指对犯罪事实和犯罪分子最大限度地予以揭露并尽快加以惩治。惩罚犯罪，要求做到正确、及时、合法地惩罚犯罪。准确、及时地查明犯罪事实，是正确惩罚犯罪的首要条件，也是实现全部刑事诉讼任务的基础。所谓准确，就是要做到整个案件的事实清楚，准确可靠，证据确凿，没有任何差错。所谓及时，就是在法定期间内，抓紧时间，尽快办案。对查明犯罪事实来说，准确和及时是互相联系、不可分割的两个方面，都必须兼顾到。惩罚犯罪，还必须正确地适用法律，对案件作出正确的裁判，真正做到犯罪事实清楚、证据确实充分、诉讼程序合法、定罪量刑正确。在惩罚犯罪的同时，还必须保护人民。

惩罚犯罪和保护人民是我国刑事诉讼法任务中不可分割的两个方面。惩罚犯罪是为了保护人民，只有有效地打击了犯罪，人民的合法权益才能得到有效保护。片面强调惩罚犯罪而使无罪的人受到了追究，和片面地强调保障无罪的人不受刑事追究而放纵了犯罪，这两种倾向都是错误的。我国刑事诉讼的直接目的是追求正确实现国家刑罚权和刑事程序人权保障的统一。刑事诉讼法一方面应是追究、惩罚犯罪的有力工具；另一方面也应是保障人权的法宝。二者并重，不可偏废。如果只注重追究犯罪，忽视人权保障，势必导致蔑视法制、行政专横、滥捕滥押的后果，这是一个民主、法治国家所不能容忍的。但是，如果只讲人权保障，不讲打击犯罪，特别是对严重的犯罪、有组织的犯罪，如果不进行有力追究和严厉打击，势必导致犯罪猖獗，人民无法安居，社会不安宁，国家建设、经济发展随之化为泡影，这显然违背了刑事诉讼法的根本宗旨。

2. 教育公民自觉遵守法律，积极同犯罪行为作斗争。教育公民自觉遵守法律，积极同犯罪行为作斗争，是我国刑事诉讼法的又一项重要任务。我国刑事诉讼活动的过程，既是惩罚犯罪分子、保障无罪的人不受刑事追究的过程，同时又是对公民进行法制宣传教育的过程。公安司法机关通过立案、侦查、起诉、审判、执行等活动，惩罚犯罪分子，同时可以使有轻微违法犯罪行为的人幡然悔悟，迷途知返，有利于预防和减少犯罪。公安司法机关通过整个诉讼活动，教育公民自觉遵守法律，有利于加强公民的社会主义法制观念。同时，教育公民自觉遵守法律，不仅适用于广大群众，而且适用于公安司法机关、公安司法人员和领导干部。只有教育公民自觉遵守法律，才能提高公民的法律意识，提高他们同犯罪作斗争的积极性和主动性，才能从根本上改善社会治安状况和维护社会主义法制的尊严。

3. 维护社会主义法制，尊重和保障人权，保护公民的人身权利、财产权利、民主权利和其他权利，保障社会主义建设事业的顺利进行。这既是刑事诉讼法的任务，也是包括刑事诉讼法在内的所有部门法律的共同任务和目的，是所有法律的共同出发点和最后归宿。不同类型的刑事诉讼法，其出发点和最终要达到的目的是根本不同的。我国刑事诉讼法是社会主义性质的，所以它必须要维护社会主义法制，保护公民合法权益，保障社会主义建设事业的顺利进行。

刑事诉讼法的总任务，是各项具体任务的目的与要求；各项具体任务是实现总任务的手段。即通过准确、及时地查明犯罪事实，正确适用法律，惩罚犯罪分子，保障无罪的人不受刑事追究和教育公民自觉遵守法律、积极同犯罪行为作斗争两项具体任务的完成；实现维护社会主义法制，尊重和保障人权，保护公民的人身权利、财产权利、民主权利和其他权利，保障社会主义建设事业顺利进行的总任务。

DIERZHANG

第二章

刑事诉讼中的专门机关

刑事诉讼中的专门机关,是指依照法定职权进行刑事诉讼活动的国家机关,包括人民法院、人民检察院和公安机关等。根据我国刑事诉讼法的规定,国家安全机关依照法律规定,办理涉及国家安全的刑事案件,行使与公安机关相同的职权。军队保卫部门、监狱在办理刑事案件时,适用刑事诉讼法的有关规定。

第一节 人民法院

一、人民法院的性质、任务和职责

《中华人民共和国宪法》规定,人民法院是国家的审判机关,代表国家行使审判权。《中华人民共和国人民法院组织法》规定,中华人民共和国人民法院是国家的审判机关。人民法院的任务是审判刑事案件和民事案件,并且通过审判活动,惩办一切犯罪分子,解决民事纠纷,以保卫无产阶级专政制度,维护社会主义法制和社会秩序,保护社会主义的全民所有的财产、劳动群众集体所有的财产,保护公民私人所有的合法财产,保护公民的人身权利、民主权利和其他权利,保障国家的社会主义革命和社会主义建设事业的顺利进行。

我国刑事诉讼法第3条规定,审判由人民法院负责。该法第12条规定,未经人民法院依法判决,对任何人都不得确定有罪。从上述规定可以看出,人民法院是唯一的有权审理刑事案件并对被告人进行定罪量刑的专门机关。

根据刑事诉讼法和人民法院组织法的有关规定,人民法院在刑事诉讼活动中享有以下职权:

(1)对犯罪嫌疑人、被告人决定逮捕、拘传、取保候审和监视居住;

(2)在必要的时候,可以进行勘验、检查、查封、扣押、鉴定和查询、冻结,以调查核实证据,查明案件事实真相,保证判决的顺利执行;

(3)收缴和处理赃款、赃物及其孳息;

(4)行使某些判决和裁定的权力;

(5)向有关单位提出司法建议等。

二、人民法院的组织体系和监督体制

根据人民法院组织法的规定,我国人民法院组织体系由最高人民法院、地方各级人民法院和专门法院构成。我国的人民法院是一个完整的组织体系。

最高人民法院是国家的最高审判机关。最高人民法院由院长1人,副院长、庭长、副庭长和审判员若干人组成,设立刑事审判庭、民事审判庭、行政审判庭和其他根据需要设立的审判庭。最高人民法院监督地方各级人民法院和专门人民法院的审判工作,审判法律规定由它管辖和它认为应当由自己管辖的第一审案件。对高级人民法院、专门人民法院判决和裁定的上诉案件和抗诉案件、最高人民检察院按照审判监督程序提起再审的案件进行审判,对于在审判过程中如何具体适用法律的问题进行解释。

地方各级人民法院包括高级人民法院、中级人民法院和基层人民法院。

高级人民法院包括省、自治区和直辖市高级人民法院。中级人民法院包括在省、自治区内按地区设立的中级人民法院,在直辖市内设立的中级人民法院。基层人民法院包括县人民法院和县级市人民法院、自治县人民法院、市辖区人民法院。

专门人民法院是在上述普通法院之外设立的专门人民法院。我国目前有军事法院、铁路运输法院和海事法院。海事法院不具有对刑事案件的审判权。目前,铁路运输法院作为专门法院已整体纳入国家司法体系。

人民法院上下级之间是监督关系。上级人民法院监督下级人民法院的审判工作,最高人民法院监督地方各级人民法院和专门人民法院的审判工作。这种监督是通过上级人民法院的二审程序、审判监督程序、死刑复核程序维持下级人民法院作出的正确的判决和裁定,纠正下级人民法院作出的错误的判决和裁定的方式来实现的。

根据我国宪法和人民法院组织法的规定,最高人民法院由全国人民代表大会产生,对全国人民代表大会及其常务委员会负责并报告工作,全国人民代表大会常务委员会监督最高人民法院的工作;地方各级人民法院由本级人民代表大会产生,对本级人民代表大会及其常务委员会负责并报告工作,地方各级人民代表大会常务委员会监督本级人民法院工作。

三、审判组织

审判组织是指人民法院审判案件的具体组织形式。根据我国刑事诉讼法和人民法院组织法的规定,我国的刑事审判组织有独任庭、合议庭、审判委员会三种。

(一)独任庭

独任庭是由审判员一人独任审判案件的审判组织。我国刑事诉讼法第 178 条、第 210 条规定,基层人民法院适用简易程序的案件可以由审判员一人独任审判。适用简易程序审理案件,对可能判处 3 年有期徒刑以下刑罚的,可以组成合议庭进行审判,也可以由审判员一人独任审判;对可能判处的有期徒刑超过 3 年的,应当组成合议庭进行审判。案件是否独任审判,以及独任法官的指定问题,由院长或庭长决定。

(二)合议庭

合议庭是由审判人员数人根据合议原则建立的审判组织,是人民法院审判案件的基本组织形式。我国人民法院组织法规定,人民法院审判案件实行合议制。除法律规定可以独任审判的案件外,其他案件均应由合议庭审判。合议庭的人员组成,因审判程序和法院级别的不同而有所差异。

根据我国刑事诉讼法的有关规定,一是基层人民法院、中级人民法院审判第一审案件,应当由审判员 3 人或者由审判员和人民陪审员共 3 人组成合议庭进行;二是高级人民法院、最高人民法院审判第一审案件,应当由审判员 3 人至 7 人或者由审判员和人民陪审员共 3 人至 7 人组成合议庭进行;三是人民法院审判上诉和抗诉案件,由审判员 3 人至 5 人组成合议庭进行。

最高人民法院复核死刑案件,高级人民法院复核死刑缓期执行的案件,应当由审判员 3 人组成合议庭进行。按照审判监督程序重新审判的案件的审判组织,应当分别按照第一审程序或第二审程序的有关规定另行组成合议庭,原来参加审判的审判人员不能成为该合议庭成员。合议庭的组成人员应当为单数,评议表决按照少数服从多数的民主集中制原则作出决定,作为案件判决的依据。合议庭评议情况应当制作笔录,少数人的意见也应当记入笔录。全体合议庭成员应在合议庭笔录上签名并在判决书上署名。

审判长主持和组织合议庭的活动并指挥法庭审判的进行。审判长由院长或者庭长指定一人担任，院长或者庭长参加合议庭时，由院长或者庭长担任审判长。人民陪审员不能担任合议庭的审判长。

（三）审判委员会

根据人民法院组织法的规定，各级人民法院设立审判委员会，实行民主集中制。审判委员会的任务是总结审判经验，讨论重大的或疑难的案件以及其他有关审判工作的问题。

地方各级人民法院审判委员会的委员由院长提请本级人民代表大会常务委员会任免，最高人民法院审判委员会委员，由最高人民法院院长提请全国人民代表大会常务委员会任免。

四、人民陪审员制度

我国刑事诉讼法规定，最高人民法院和地方各级人民法院审判第一审案件，均可由审判员和人民陪审员组成合议庭。人民陪审员在人民法院履行职务时，同审判员有同等的权利。但是人民陪审员不得担任独任庭和上诉、抗诉案件的审判人员。

根据《全国人民代表大会常务委员会关于完善人民陪审员制度的决定》，人民陪审员的任职条件、任免程序、案件审理范围、权利和义务、任职保障等方面有如下内容：

公民担任人民陪审员，应当具备以下条件：(1)拥护宪法；(2)年满23周岁；(3)品行良好、公道正派；(4)身体健康。担任人民陪审员，一般应当达到大学专科以上文化程度。人民代表大会常务委员会的组成人员，人民法院、人民检察院、公安机关、国家安全机关、司法行政机关的工作人员，执业律师，因犯罪受过刑事处罚的人员，被开除公职的人员等不得担任人民陪审员。

人民陪审员的名额，由基层人民法院根据审判案件的需要，提请同级人民代表大会常务委员会确定。符合担任人民陪审员条件的公民，可以由其所在单位或者户籍所在地的基层组织向基层人民法院推荐，或者本人提出申请，由基层人民法院会同同级人民政府司法行政机关进行审查，并由基层人民法院院长提出人民陪审员人选，提请同级人民代表大会常务委员会任命。人民陪审员的任期为5年。

人民法院审判下列第一审案件，由人民陪审员和法官组成合议庭进行，适用简易程序审理的案件和法律另有规定的案件除外：(1)社会影响较大的刑事、民事、行政案件；(2)刑事案件被告人、民事案件原告或者被告、行政案件原告申请由人民陪审员参加合议庭审判的案件。

人民陪审员和法官组成合议庭审判案件时，合议庭中人民陪审员所占人数比例应当不少于三分之一。

基层人民法院审判案件依法应当由人民陪审员参加合议庭审判的，应当在人民陪审员名单中随机抽取确定。中级人民法院、高级人民法院审判案件依法应当由人民陪审员参加合议庭审判的，在其所在城市的基层人民法院的人民陪审员名单中随机抽取确定。

人民陪审员依法参加人民法院的审判活动，除不得担任审判长外，同法官有同等权利。人民陪审员参加合议庭审判案件，对事实认定、法律适用独立行使表决权。合议庭评议案件时，实行少数服从多数的原则。人民陪审员同合议庭其他组成人员意见出现分歧的，应当将其意见写入笔录，必要时，人民陪审员可以要求合议庭将案件提请院长决定是否提交审判委员会讨论决定。

第二节　人民检察院

一、人民检察院的性质、任务和职责

根据《中华人民共和国人民检察院组织法》规定，人民检察院是国家的法律监督机关。人民检察院通过行使检察权，镇压一切叛国的、分裂国家的和其他反革命活动，打击反革命分子和其他犯罪分子，维护国家的统一，维护无产阶级专政制度，维护社会主义法制，维护社会秩序、生产秩序、工作秩序、教学科研秩序和人民群众生活秩序，保护社会主义的全民所有的财产和劳动群众集体所有的财产，保护公民私人所有的合法财产，保护公民的人身权利、民主权利和其他权利，保卫社会主义现代化建设的顺利进行。人民检察院通过检察活动，教育公民忠于社会主义祖国，自觉地遵守宪法和法律，积极同违法行为作斗争。

根据我国人民检察院组织法的规定，各级人民检察院行使下列职权：

(1)对于叛国案、分裂国家案以及严重破坏国家的政策、法律、法令、政令统一实施的重大犯罪案件，行使检察权；

(2)对于直接受理的刑事案件，进行侦查；

(3)对于公安机关侦查的案件进行审查，决定是否逮捕、起诉或者不起诉；对于公安机关的侦查活动是否合法，实行监督；

(4)对于刑事案件提起公诉,支持公诉;对于人民法院的审判活动是否合法,实行监督;

(5)对于刑事案件判决、裁定的执行和监狱、看守所、劳动改造机关的活动是否合法,实行监督。

根据我国刑事诉讼法第3条的规定,检察、批准逮捕、检察机关直接受理的案件的侦查、提起公诉,由人民检察院负责。该法第8条规定:"人民检察院依法对刑事诉讼实行法律监督。"人民检察院的法律地位有以下三个方面:

第一,是国家的专门公诉机关。除自诉案件外的所有刑事案件,必须由人民检察院向人民法院提起公诉,并派检察官出庭支持公诉。

第二,是国家的侦查机关之一。根据刑事诉讼法的规定,人民检察院负责立案侦查下列案件:贪污贿赂犯罪,国家工作人员的渎职犯罪,国家机关工作人员利用职权实施的非法拘禁、刑讯逼供、报复陷害、非法搜查的侵犯公民人身权利以侵犯公民民主权利的犯罪案件。国家机关工作人员利用职权实施的其他重大的犯罪案件,需要由人民检察院直接受理的时候,经省级以上人民检察院决定,可以由人民检察院立案侦查。

第三,是专门的诉讼监督机关。人民检察院对立案、侦查、审判和生效裁判的执行是否合法有效实行法律监督,根据公安机关的提请审查批准逮捕。

二、人民检察院的组织体系和领导体制

根据我国人民检察院组织法的规定,中华人民共和国设立最高人民检察院、地方各级人民检察院和军事检察院等专门人民检察院。

最高人民检察院是国家的最高检察机关,是全国检察院的领导机关。

地方各级人民检察院分为:

(1)省、自治区、直辖市人民检察院;

(2)省、自治区、直辖市人民检察院分院,自治州和省辖市人民检察院;

(3)县、市、自治县和市辖区人民检察院。

省一级人民检察院和县一级人民检察院,根据工作需要,提请本级人民代表大会常务委员会批准,可以在工矿区、农垦区、林区等区域设置人民检察院,作为派出机构。

专门人民检察院是在最高人民检察院领导下,在特定的组织系统或行业内设立的检察机关,包括军事检察院和铁路运输检察院。铁路运输检察院系统的改革与铁路运输法院的改革同步,铁路运输检察院与铁路运输企业分离,一次性纳入国家司法管理体系。

根据我国宪法和人民检察院组织法的规定,最高人民检察院对全国人民代表大会及其常务委员会负责并报告工作;地方各级人民检察院对产生它的同级人民代表大会及其常务委员会负责并报告工作,最高人民检察院领导地方各级人民检察院和专门人民检察院工作,上级人民检察院领导下级人民检察院的工作。

三、检察委员会

根据我国人民检察院组织法的规定,各级人民检察院设立检察委员会。检察委员会实行民主集中制,在检察长的主持下,讨论决定重大案件和其他重大问题。如果检察长在重大问题上不同意多数人的决定,可以报请本级人民代表大会常务委员会决定。各级人民检察院检察委员会委员由检察长提请本级人民代表大会常务委员会任免。

第三节　公安机关及其他侦查机关和部门

一、公安机关

公安机关是国家的治安保卫机关,是各级人民政府的职能部门,是武装性质的行政执法机关。公安机关的任务是维护社会治安秩序,预防犯罪,侦查和打击犯罪,保护国家、集体和个人所有的财产,保护公民的人身安全和其他合法权益,保卫人民民主专政,保卫社会主义制度,保障社会主义现代化建设的顺利进行。

公安机关在刑事诉讼中是主要的侦查机关、强制措施的主要执行机关和刑罚的执行机关之一。根据公安部《规定》的规定,公安机关在刑事诉讼中的基本职权主要有:依照法律对刑事案件立案、侦查、预审;决定、执行强制措施;对依法不追究刑事责任的不予立案,已经追究的撤销案件;对侦查终结应当起诉的案件,移送人民检察院审查决定;对不够刑事处罚条件的犯罪嫌疑人需要行政处理的,依法予以处理或者移送有关部门;对被判处有期徒刑的罪犯,在被交付执行刑罚前,剩余刑期在 3 个月以下的,代为执行刑罚;执行拘役、剥夺政治权利、驱逐出境。

中华人民共和国公安部是国家的公安领导机关,负责领导和指挥全国的公安工作，并根据协议与国际刑警组织和国外、境外的警察机构，共同打击跨国、跨境犯罪活动。地方各级公安机关按照行政区划设立。在省、自治区、直辖市一级设立公安厅、局；在地区、自治州和市设立公安处(局)；在县、县级市、自治县设立公安局；在直辖市和中等城市的市辖区设立公安分局、另外，按照行业系统设立军队、铁路、民航保卫和公安部门。根据需要在乡、镇、城市街道和其他必要的地方设立公安派出所，作为基层公安机关的派出机关，履行基层公安机关的部分职责。

公安机关上下级之间是领导关系，上级公安机关可以直接领导和指挥下级公安机关的侦查和其他业务活动，也可以调动下级侦查力量参与上级公安机关侦查的案件。公安机关在异地执行拘留、逮捕的时候，应当通知被拘留、逮捕人所在地的公安机关，被拘留、逮捕人所在地的公安机关应当予以配合。

二、其他侦查机关和部门

其他侦查机关和部门是指除人民法院、人民检察院和公安机关外，其他参与刑事诉讼活动、履行重要刑事诉讼职能的侦查机关和部门。

国家安全机关是我国国家安全工作的主管机关，依法担负着与危害国家安全违法犯罪行为作斗争、保卫国家安全、巩固人民民主专政、维护社会主义制度的职能。

根据我国军事体制，中国人民解放军内部设立保卫部门，负责军队内部发生的刑事案件的侦查工作。根据刑事诉讼法和监狱法的规定，罪犯在监狱内犯罪的案件由监狱进行侦查。从 1998 年开始，国家在各级海关设立走私犯罪侦查部门，专门负责对走私案件的侦查工作。海关所属的走私犯罪侦查机构也属于刑事诉讼中的专门机关。军队保卫部门、监狱和海关走私犯罪侦查部门办理刑事案件，适用刑事诉讼法的有关规定，行使与公安机关相同的职权，具有与公安机关同等的诉讼地位。

DISANZHANG

第三章

诉讼参与人

诉讼参与人是指在刑事诉讼中享有一定权利和承担一定义务,除国家专门机关工作人员以外的人。以诉讼参与人与案件处理结果是否有利害关系为标准,可以将诉讼参与人分为当事人和其他诉讼参与人两大类。

第一节 当 事 人

一、当事人的概念

我国刑事诉讼中的当事人,是指与案件事实和诉讼结果有切身利害关系,在诉讼中承担控诉职能或辩护职能的诉讼参与人。根据刑事诉讼法第 106 条第 2 项的规定,当事人包括被害人、自诉人、犯罪嫌疑人、被告人、附带民事诉讼的原告人和被告人。当事人同其他诉讼参与人相比,具有以下两个基本特点:

第一,从实体的角度看,当事人同案件事实有直接具体的切身利害关系,案件的处理结果对其有直接影响。如果没有当事人,对当事人的实体权利的处分和保护就失去了基础,也就不存在进行诉讼的可能和必要。

第二,从程序的角度看,当事人在刑事诉讼中往往处于原告或被告的地位,以自己的名义参加刑事诉讼,是控诉或辩护职能的主要承担者。

二、当事人的范围

(一)被害人

1. 被害人的概念和诉讼地位

刑事诉讼中的被害人,是指其人身权利、民主权利和其他合法权益直接遭受犯罪行为侵害而参加刑事诉讼活动的人,可以是自然人,也可以是单位。被害人在我国的诉讼理论上有广义和狭义之分。狭义上的被害人仅指公诉案件的被害人。刑事诉讼中的被害人具有实体和程序两个方面的特征。

(1)实体方面的特征。主要有以下两个方面:一是合法权益遭受犯罪行为的侵害。从被害权益的性质观察,被害人被侵害的利益具有合法性,即被害人被犯罪行为所侵害的利益是受刑法所保护的。不受刑法所保护的利益即使被侵害了,也不能通过刑法的适用获得保护。二是侵害结果需要由犯罪行为直接侵犯而产生。在实体上,构成刑事诉讼中的被害人是有条件的,他受到的侵害结果必须是由犯罪行为直接侵犯而产生的。正是由于犯罪行为的直接侵害,而使被害人在法律上具有不可替代性和独立品格性。

(2)程序方面的特征。主要有以下两个方面:一是纠纷解决的当事人性。被害人不同于证人、鉴定人、翻译人员、辩护人等其他诉讼参与人,他与诉讼结果有直接的利害关系,在刑事诉讼中属于控诉一方当事人。同时,尽管在刑事诉讼中一般情况下被害人与公诉机关的根本立场是一致的,但两者之间有时也可能出现不一致的情况,因为公诉机关在刑事诉讼中主要维护的是国家和社会的整体利益,国家和社会的整体利益与被害人的个体利益之间有时是不一致的。因此为确保诉讼的公正性,被害人的特殊利益也是需要维护的,这也就决定了被害人在刑事诉讼中具有独立的诉讼地位。二是陈述内容的证据特性。由于刑事案件的隐蔽性、不可逆性及人为破坏性,被害人作为犯罪行为的承受者,其对于有关犯罪过程的陈述是极其宝贵的证据资料。正因为被害人陈述在查清案件事实方面所具有的重要地位,世界上很多国家都采取措施以充分发挥被害人在作证方面的作用。

2. 被害人的诉讼权利和义务

根据刑事诉讼法的规定,被害人的诉讼权利主要有:

(1)被害人对侵犯其人身、财产权利的犯罪事实或者犯罪嫌疑人,有权向公安机关、人民检察院或者人民法院报案或者控告。公安机关、人民检察院或人民法院对被害人提出的控告不予立案的时候,必须将不立案的原因通知被害人。被害人如果不服,有权申请复议。

(2)被害人对于审判人员、检察人员和侦查人员侵犯其诉讼权利和人身侮辱的行为,有权提出控告。

(3)被害人有权依据法律规定的条件,申请负责处理本案的审判人员、检察人员、侦查人员和参与本案诉讼活动的书记员、鉴定人和翻译人员等回避。

(4)被害人有权自案件移送审查起诉之日起委托诉讼代理人。

(5)对于人民检察院作出的不起诉决定,被害人如果不服,可以自收到决定书后7日以内向上一级人民检察院申诉,请求提起公诉;人民检察院维持不起诉决定的,被害人可以向人民法院起诉;被害人也可以不经申诉,直接向人民法院起诉。

(6)有权亲自参加诉讼或委托诉讼代理人参加诉讼。在庭审中,经审判长许可,可以向被告人、证人、鉴定人发问,有权申请通知新的证人到庭,调取新的物证,申请重新鉴定或者勘验。

(7)被害人不服地方各级人民法院作出的第一审判决的,自收到判决书后5日内,有权请求人民检察院提出抗诉。人民检察院自收到被害人及其法定代理人的请求后5日以内,应当作出是否抗诉的决定并且答复请求人。

(8)对已经发生法律效力的判决和裁定,有权向人民法院或者人民检察院提出申诉。

(9)有权在刑事诉讼过程中,提起附带民事诉讼。

被害人的诉讼义务主要是:如实陈述案情和有关情况,不得诬告、陷害和歪曲事实;遵守诉讼程序,积极配合办案机关查明事实等。

(二)自诉人

自诉人,是指在自诉案件中,以个人名义直接向人民法院提起刑事诉讼,要求追究被告人刑事责任的人。凡属可以由人民法院直接受理的案件中的被害人或其法定代理人,均可依法向人民法院提起自诉,成为自诉人。在告诉才处理的犯罪中,如果被害人因受强制、威吓而无法告诉的,被害人的近亲属也可以告诉,而成为自诉人。自诉人在自诉案件中处于刑事原告人的法律地位,法律规定了其广泛的诉讼权利,主要有:

(1)有权提起自诉;

(2)对于告诉才处理的案件和被害人有证据证明的轻微刑事案件,在人民法院宣告判决前,有权同被告人自行和解或者撤回自诉;

(3)有权提起附带民事诉讼;

(4)有权委托诉讼代理人;

(5)有权申请审判人员、书记员、鉴定人、翻译人员回避;

(6)有权参加法庭调查和辩论;

(7)有权对一审未生效的判决、裁定提起上诉;对已生效的判决、裁定不服,有权提出申诉。

自诉人的义务主要是:接受人民法院合法传唤按时到庭;如实提供证据和

陈述事实;遵守法庭纪律;执行生效判决、裁定等。

(三)犯罪嫌疑人、被告人

1. 犯罪嫌疑人、被告人的概念和诉讼地位

在我国的刑事诉讼中,犯罪嫌疑人、被告人是对因涉嫌犯罪而受到刑事追究的人在不同的诉讼阶段的不同称谓。犯罪嫌疑人是指因为涉嫌犯罪而被侦查机关立案侦查,人民检察院审查起诉,但尚未提起公诉交付人民法院审判的诉讼参与人。被告人是指因涉嫌犯罪而被人民检察院提起公诉或者被自诉人提起自诉,并依法接受人民法院审判的诉讼参与人。犯罪嫌疑人、被告人可以是自然人,也可是单位。

犯罪嫌疑人、被告人是重要的诉讼参与人之一,犯罪嫌疑人、被告人重要的诉讼地位决定了其具有不同于其他的诉讼参与人的如下特点:

(1)犯罪嫌疑人、被告人在刑事诉讼中是承担辩护职能的一方,居于诉讼主体的地位。在现代刑事诉讼中,犯罪嫌疑人、被告人可以通过行使包括辩护权在内的众多诉讼权利同追诉方展开对抗,并对诉讼结果施加积极影响的诉讼主体。

(2)犯罪嫌疑人、被告人在刑事诉讼中处于被追诉的地位,与案件的处理结果具有直接利害关系。国家专门机关进行刑事诉讼的直接目的是解决犯罪嫌疑人、被告人的刑事责任问题,因此,犯罪嫌疑人、被告人在刑事诉讼中处于被追诉的地位。同时,国家专门机关为了保障刑事诉讼活动的顺利进行还往往对犯罪嫌疑人、被告人采取了相应的强制措施。这种特殊的地位表明,犯罪嫌疑人、被告人的合法权益又容易遭受刑事诉讼中国家公权力的侵害。

(3)犯罪嫌疑人、被告人的供述和辩解又往往是重要的证据来源。由于犯罪嫌疑人、被告人最清楚自己是否犯罪以及如何实施犯罪,因此,刑事诉讼法规定犯罪嫌疑人、被告人的供述和辩解是重要的诉讼证据。

2. 犯罪嫌疑人的诉讼权利和义务

犯罪嫌疑人、被告人的诉讼权利主要有:

(1)有权用本民族语言文字进行诉讼。

(2)有权及时知悉被控罪名和享有的诉讼权利。

(3)有权申请回避。

(4)有权自行或在辩护人的协助下获得辩护,对于公诉案件,在被侦查机关

第一次讯问后或者采取强制措施之日起，有权聘请律师作为辩护人，提供法律帮助、代理申诉和控告，代为申请变更强制措施；自诉案件中的被告人有权随时委托辩护人。同时也有权拒绝辩护人继续为其辩护，也可以另行委托辩护人辩护。

(5)有权拒绝回答侦查人员提出的与本案无关的问题，不被强迫证实自己有罪。

(6)有权知悉侦查机关用作证据的鉴定意见，有权申请补充鉴定或者重新鉴定。

(7)对审判人员、检察人员、侦查人员侵犯自己诉讼权利和人身侮辱的行为，有权提出控告。

(8)对于人民法院、人民检察院和公安机关采取强制措施超过法定期限的，有权要求解除强制措施。

(9)有权对人民检察院依照刑事诉讼法第 173 条第 2 款的规定作出的不起诉决定提出申诉或者直接向人民法院起诉。

(10)法庭审判中，经审判长许可，在法庭上可以对证人、鉴定人发问；有权对法庭出示的物证进行辨认，对未到庭的证人的证言笔录、鉴定意见、勘验笔录和其他用作证据的文件发表意见；有权申请通知新的证人到庭，调取新的物证，申请重新鉴定或者勘验。

(11)有权反驳控诉，并同控诉方进行辩论。

(12)有权进行最后陈述。

(13)有权阅读讯问笔录、法庭笔录并请求补充或者更正。

(14)不服地方各级人民法院第一审的判决、裁定，有权提出上诉。

(15)对已经发生法律效力的判决、裁定，有权提出申诉。

(16)自诉案件的被告人有权对自诉人提出反诉。

刑事诉讼法在规定了犯罪嫌疑人、被告人诉讼权利的同时，也规定了他们的诉讼义务，主要包括：对侦查人员的讯问，应当如实回答；承受国家专门机关依法采取的强制措施和侦查行为；不得伪造、隐匿证据或者毁灭证据；按时出席并接受法庭审判，遵守法庭秩序；执行人民法院已经发生法律效力的判决和裁定等。

(四)附带民事诉讼的原告人和被告人

1. 附带民事诉讼的原告人和被告人的概念

附带民事诉讼的原告人，是指因被告人的犯罪行为而遭受物质损失，并在刑事诉讼过程中提出赔偿请求的人。附带民事诉讼原告人通常是刑事诉讼中的被害人或者自诉人,如果被害人或者自诉人已经死亡,或者是未成年人、精神病人等无行为能力或者限制行为能力人时,他们的法定代理人、近亲属也可以提起附带民事诉讼,成为附带民事诉讼的原告人。除公民个人外,因犯罪行为遭受物质损失的机关、企业、事业单位也可以成为附带民事诉讼的原告人。如果国家、集体财产遭受损失的,人民检察院在刑事诉讼中也可以提起附带民事诉讼,成为附带民事诉讼的原告人。

附带民事诉讼的被告人,是指对被告人的犯罪行为所直接造成的物质损失负有赔偿责任的人。附带民事诉讼的被告人通常就是刑事案件的被告人。但在有些情况下,刑事被告人的法定代理人、对被告人的犯罪行为所直接造成的物质损失负有赔偿责任的有关单位以及未被追究刑事责任的共同致害人等,也可以成为附带民事诉讼的被告人。

2. 附带民事诉讼的原告人和被告人的诉讼权利和义务

附带民事诉讼的原告人和被告人共同的诉讼权利包括:(1)有权申请回避;(2)有权委托诉讼代理人;(3)有权参加附带民事诉讼部分的法庭调查和法庭辩论;(4)对未生效的一审判决或者裁定中附带民事诉讼部分有权提出上诉。附带民事诉讼的原告人与被告人在刑事诉讼中的诉讼权利虽然有着较多的相同之处,但也有明显的不同:附带民事诉讼的原告人既有权提起附带民事诉讼请求赔偿,也有权撤回赔偿请求;而附带民事诉讼的被告人有权在诉讼中提出反诉。

附带民事诉讼的原告人与被告人都必须履行以下义务:如实陈述案情;接受法庭调查和审判;遵守法庭秩序等。另外,附带民事诉讼的原告人对自己提出的赔偿请求负有举证责任。

第二节 其他诉讼参与人

一、法定代理人

法定代理人是依据法律规定对被代理人负有专门保护义务的人。根据刑事诉讼法第 106 条第 3 项的规定,法定代理人是指被代理人的父母、养父母、监护人和负有保护责任的机关、团体的代表。法定代理权是基于与被代理人的亲属关系或者监护关系而成立的。因此,法定代理人是由法律规定的,不是任意选定的。

法定代理人如果依法参加诉讼,在诉讼中享有与被代理人相同的某些诉讼权利,如申请回避权、上诉权等。法定代理人行使这些诉讼权利具有独立的法律性质,并不需要征得被代理人的同意。

二、诉讼代理人

诉讼代理人,是指接受公诉案件的被害人及其法定代理人或者近亲属、自诉案件的自诉人及其法定代理人以及附带民事诉讼的当事人及其法定代理人的委托,以被代理人的名义参加诉讼的诉讼参与人。

诉讼代理人在授权范围内进行代理活动,同时又具有相对独立性。只要不是越权代理,只要不侵犯他人的合法权益,诉讼代理人的代理活动有一定的能动性和自主性。因为诉讼代理人代理活动必须尊重事实和法律,对于被代理人不正确的意见和请求,诉讼代理人应尽力说服,与被代理人统一意见。否则,双方可解除代理关系。

三、辩护人

辩护人,是指接受犯罪嫌疑人、被告人委托或人民法院指定为犯罪嫌疑人、被告人进行辩护的诉讼参与人。辩护人是在诉讼中执行辩护职能的独立诉讼参与人。辩护人的范围和诉讼权利、义务见“辩护和代理”一章。

四、证人

证人,是指除当事人之外向公安司法机关提供自己感知到的案件情况的诉讼参与人。根据我国刑事诉讼法的规定,凡是了解案件情况,能辨别是非和正确表达的人,都可以充当证人。但从司法实践来看,证人应当符合以下条件:(1)证人必须是了解案件情况的人。这是具备证人资格最基本的条件。证人在诉讼过程中将自己感知到的与案件有关的客观事实情况向公安司法机关进行陈述,从而为查明案件事实提供有力的证据。(2)证人应是犯罪嫌疑人、被告人和被害人以外的第三人。犯罪嫌疑人、被告人和被害人大都了解案件真实情况,但是他们不能担当证人的角色。证人既不是犯罪行为的实施者,也不是犯罪行为的受害者,证人在诉讼中处于中立地位,一般情况下与案件的处理结果没有直接的利害关系。(3)证人必须是能够辨别是非和正确表达的人。刑事诉讼法第60条规定,生理上、精神上有缺陷的或者年幼,不能辨别是非、不能正确表达的人,不能作证人。(4)证人只能是自然人,单位不能作为证人。这是由证人所具有的人身属性决定的。单位作为一种虚拟的人，本身不具有感官，不能感知案件事实，也无法向公安司法机关进行陈述，更不能出庭作证，接受控辩双方的询问和质证。因此，单位不能作为证人。

五、鉴定人

鉴定人，是指受公安司法机关聘请或指定，运用自己的专门知识对案件中某些专门性问题进行科学分析鉴别并作出书面鉴定意见的诉讼参与人。鉴定人必须具备一定的资格：(1)具有解决案件中专门性问题的能力。因此，鉴定人只有具有专门知识和技能，才能对案件中的专门性问题进行分析鉴别后得出鉴定意见。(2)经过公安司法机关的聘请或者指派。(3)不能与案件存在利害关系，否则必须回避，不能担任鉴定人。(4)必须是自然人，单位不能成为鉴定人。单位可以为鉴定提供条件、设备，但其结论要由鉴定人制作，并由鉴定人负责，而不是单位负责。

六、翻译人员

翻译人员，是指受公安司法机关的聘请或指定在诉讼中从事语言文字或手势翻译工作的诉讼参与人。翻译人员不能与本案有利害关系，否则应当回避。翻译人员参加诉讼，是为了协助公安司法机关和诉讼参与人消除语言、文字上的障碍，确保诉讼活动能够顺利进行。

DISIZHANG

第四章

管　　辖

管辖制度是刑事诉讼的一项重要制度,是国家专门机关依法受理刑事案件的职权范围分工。根据我国刑事诉讼法的规定,管辖是指公安机关、人民检察院和人民法院依照法律规定立案受理案件以及人民法院系统内审理第一审刑事案件的分工制度,前者称为立案管辖,后者称为审判管辖。管辖是进行刑事诉讼活动首先予以解决的问题,只有确定了国家专门机关受理刑事案件的权限分工,才能保证其在法定的管辖权范围内行使职权,既不相互推诿,也不越权管辖。

第一节　立案管辖

立案管辖,也称为职能管辖或部门管辖,是指公安机关、人民检察院、人民法院之间在直接受理刑事案件上的权限划分,也即公、检、法三机关直接受理刑事案件的职权范围。立案管辖所要解决的是哪类刑事案件应当由公安机关、人民检察院、人民法院这三个机关中的哪一个机关立案受理的问题。我国刑事诉讼法确定立案管辖的主要根据有两个,一是公安司法机关在刑事诉讼中的具体职责和任务。划分管辖应当与它们各自的性质和职能相适应。这样,有利于公、检、法三机关有效行使职权,有利于发挥它们之间互相配合、互相制约的作用,保障诉讼的顺利进行。二是案件的性质和难易、复杂程度。基于不同的情况,立法上规定不同的案件分别由不同性质的机关予以管辖,有利于保证办理案件工作的质量和效率。

一、公安机关的立案管辖

(一)公安机关立案管辖的案件

根据刑事诉讼法第 18 条第 1 款的规定,刑事案件的侦查由公安机关进行,法律另有规定的除外。公安机关是国家的治安保卫机关,担负着维护社会秩序、保卫社会治安的重要职责。为了履行其职责,国家构建了庞大、严密的公安系统,而且在公安机关人员素质和技术装备上进行了长期不间断的建设。侦查机关具有同犯罪作斗争的丰富经验和必要的专门侦查手段。因此,法律把绝大多数需要侦查的刑事案件交由公安机关立案侦查。

不由公安机关管辖的刑事案件主要包括两类:一是法律明确规定由人民检察院、人民法院管辖的案件。根据刑事诉讼法第 18 条的规定,贪污贿赂等职务犯罪案件由人民检察院管辖,自诉案件由人民法院管辖。二是法律特别规定由其他机关侦查的案件,即由国家安全机关、军队保卫部门和监狱所管辖的案件。

(二)公安机关立案管辖的具体规定

1. 地区管辖。公安部《规定》规定,刑事案件由犯罪地的公安机关管辖。如果由犯罪嫌疑人居住地的公安机关管辖更为适宜的,可以由犯罪嫌疑人居住地的公安机关管辖。犯罪地包括犯罪行为发生地和犯罪结果发生地。犯罪行为发生地,包括犯罪行为的实施地以及预备地、开始地、途经地、结束地等与犯罪行为有关的地点;犯罪行为有连续、持续或者继续状态的,犯罪行为连续、持续或者继续实施的地方都属于犯罪行为发生地。犯罪结果发生地,包括犯罪对象被侵害地、犯罪所得的实际取得地、藏匿地、转移地、使用地、销售地。居住地包括户籍所在地、经常居住地。经常居住地是指公民离开户籍所在地最后连续居住一年以上的地方。法律、司法解释或者其他规范性文件对有关犯罪案件的管辖作出特别规定的,从其规定。

针对或者利用计算机网络实施的犯罪,用于实施犯罪行为的网站服务器所在地、网络接入地以及网站建立者或者管理者所在地,被侵害的计算机信息系统及其管理者所在地,以及犯罪过程中犯罪分子、被害人使用的计算机信息系统所在地公安机关可以管辖。

行驶中的交通工具上发生的刑事案件,由交通工具最初停靠地公安机关管辖;必要时,交通工具始发地、途经地、到达地公安机关也可以管辖。

几个公安机关都有权管辖的刑事案件,由最初受理的公安机关管辖。必要时,可以由主要犯罪地的公安机关管辖。具有下列情形之一的,公安机关可以在职责范围内并案侦查:(1)一人犯数罪的;(2)共同犯罪的;(3)共同犯罪的犯罪嫌疑人还实施其他犯罪的;(4)多个犯罪嫌疑人实施的犯罪存在关联,并案处理有利于查明犯罪事实的。

2. 指定管辖。公安部《规定》第 19 条规定，对管辖不明确或者有争议的刑事案件，可以由有关公安机关协商。协商不成的，由共同的上级公安机关指定管辖。对情况特殊的刑事案件，可以由共同的上级公安机关指定管辖。公安部《规定》第 20 条规定，上级公安机关指定管辖的，应当将指定管辖决定书分别送达被指定管辖的公安机关和其他有关的公安机关。原受理案件的公安机关，在收到上级公安机关指定其他公安机关管辖的决定书后，不再行使管辖权，同时应当将案卷材料移送被指定管辖的公安机关。对指定管辖的案件，需要逮捕犯罪嫌疑人的，由被指定管辖的公安机关提请同级人民检察院审查批准；需要提起公诉的，由该公安机关移送同级人民检察院审查决定。

3. 级别管辖。公安部《规定》第 21 条规定，县级公安机关负责侦查发生在本辖区内的刑事案件。设区的市一级以上公安机关负责重大的危害国家安全犯罪、恐怖活动犯罪、涉外犯罪、经济犯罪、集团犯罪案件的侦查。上级公安机关认为有必要的，可以侦查下级公安机关管辖的刑事案件；下级公安机关认为案情重大需要上级公安机关侦查的刑事案件，可以请求上一级公安机关管辖。

4. 公安机关内部对刑事案件的管辖的分工。公安机关内部对刑事案件的管辖，按照刑事侦查机构的设置及其职责分工确定。

铁路公安机关管辖铁路系统的机关、厂、段、院、校、所、队、工区等单位发生的刑事案件，车站工作区域内、列车内发生的刑事案件，铁路沿线发生的盗窃或者破坏铁路、通信、电力线路和其他重要设施的刑事案件，以及内部职工在铁路线上工作时发生的刑事案件。铁路系统的计算机信息系统延伸到地方涉及铁路业务的网点，其计算机信息系统发生的刑事案件由铁路公安机关管辖。对倒卖、伪造、变造火车票的案件，由最初受理案件的铁路公安机关或者地方公安机关管辖。必要时，可以移送主要犯罪地的铁路公安机关或者地方公安机关管辖。铁路建设施工工地发生的刑事案件由地方公安机关管辖。

民航公安机关管辖民航系统的机关、厂、段、院、校、所、队、工区等单位、机场工作区域内、民航飞机内发生的刑事案件。重大飞行事故刑事案件由犯罪结果发生地机场公安机关管辖。犯罪结果发生地未设机场公安机关或者不在机场公安机关管辖范围内的，由地方公安机关管辖，有关机场公安机关予以协助。

森林公安机关管辖破坏森林和野生动植物资源等刑事案件，大面积林区的森林公安机关还负责辖区内其他刑事案件的侦查。未建立专门森林公安机关的，由所在地公安机关管辖。

海关走私犯罪侦查机构管辖中华人民共和国海关关境内发生的涉税走私犯罪案件和发生在海关监管区内的非涉税走私犯罪案件。

二、人民检察院的立案管辖

（一）人民检察院直接受理的案件

根据刑事诉讼法第18条第2款的规定，贪污贿赂犯罪，国家工作人员的渎职犯罪，国家机关工作人员利用职权实施的非法拘禁、刑讯逼供、报复陷害、非法搜查的侵犯公民人身权利的犯罪以及侵犯公民民主权利的犯罪，由人民检察院立案侦查。对于国家机关工作人员利用职权实施的其他重大的犯罪案件，需要由人民检察院直接受理的时候，经省级以上人民检察院决定，可以由人民检察院立案侦查。因此，检察机关直接侦查的案件主要是国家工作人员的职务犯罪案件。所谓国家工作人员，是指国家机关中从事公务的人员。而根据刑法第93条第2款的规定，下列人员也以国家工作人员论，即国有公司、企业、事业单位、人民团体中从事公务的人员和国家机关、国有公司、企业、事业单位委派到非国有公司、企业、事业单位、社会团体从事公务的人员，以及其他依照法律从事公务的人员。

从以上法律规定可以看出，人民检察院直接受理的刑事案件具有如下特点：一是犯罪行为特定。由人民检察院直接立案侦查的案件均是行为人利用了职权或者职务上的便利所实施的犯罪。其侵犯的客体通常是国家职务行为的廉洁性。二是犯罪主体特定。除共同犯罪、行贿罪和泄露国家秘密罪等少数犯罪的主体可为一般主体外，其他犯罪的主体均为特殊主体，即国家工作人员。

根据人民检察院《规则》（试行）第8条的规定，人民检察院直接自行立案侦查的案件具体包括以下几类：

一是贪污贿赂犯罪。贪污贿赂犯罪是指刑法分则第八章规定的贪污贿赂犯罪及其他章中明确规定依照第八章相关条文定罪处罚的犯罪。具体来讲包括：贪污案（刑法第382条、刑法第183条第2款、刑法第271条第2款、刑法第394条）；挪用公款案（刑法第384条、刑法第185条第2款、刑法第272条第2款）；受贿案（刑法第385条、刑法第388条、刑法第163条第3款、刑法第184条第2款）；单位受贿案（刑法第387条）；利用影响力受贿案（刑法第388条之一）；行贿案（刑法第389条）；对单位行贿案（刑法第391条）；介绍贿赂案（刑法第392条）；单位行贿案（刑法第393条）；巨额财产来源不明案（刑法第395

条第 1 款）；隐瞒不报境外存款案（刑法第 395 条第 2 款）；私分国有资产案（刑法第 396 条第 1 款）；私分罚没财产案（刑法第 396 条第 2 款）。另外，需要注意的是，非国家工作人员受贿案（刑法第 163 条）、对非国家工作人员行贿案（刑法第 164 条第 1 款）、对外国公职人员或者国际公共组织官员行贿案（刑法第 164 条第 2 款）等商业贿赂以及涉及外国公职人员、国际公共组织官员的案件，不是由人民检察院直接受理，而是由公安机关管辖。

二是国家工作人员的渎职犯罪。国家工作人员的渎职犯罪主要规定于我国刑法分则第九章，包括：滥用职权案（刑法第 397 条第 1 款、第 2 款）；玩忽职守案（刑法第 397 条第 1 款、第 2 款）；故意泄露国家秘密案（刑法第 398 条）；过失泄露国家秘密案（刑法第 398 条）；徇私枉法案（刑法第 399 条第 1 款）；民事行政枉法裁判案（刑法第 399 条第 2 款）；执行判决、裁定失职案（刑法第 399 条第 3 款）；执行判决、裁定滥用职权案（刑法第 399 条第 3 款）；枉法仲裁案（刑法第 399 条之一）；私放在押人员案（刑法第 400 条第 1 款）；失职致使在押人员脱逃案（刑法第 400 条第 2 款）；徇私舞弊减刑、假释、暂予监外执行案（刑法第 401 条）；徇私舞弊不移交刑事案件案（刑法第 402 条）；滥用管理公司、证券职权案（刑法第 403 条）；徇私舞弊不征、少征税款案（刑法第 404 条）；徇私舞弊发售发票、抵扣税款、出口退税案（刑法第 405 条第 1 款）；违法提供出口退税凭证案（刑法第 405 条第 2 款）；国家机关工作人员签订履行合同失职被骗案（刑法第 406 条）；违法发放采伐许可证案（刑法第 407 条）；环境监管失职案（刑法第 408 条）；食品监管失职案（刑法第 408 条之一）；传染病防治失职案（刑法第 409 条）；非法批准征用、占用土地案（刑法第 410 条）；非法低价出让国有土地使用权案（刑法第 410 条）；放纵走私案（刑法第 411 条）；商检徇私舞弊案（刑法第 412 条第 1 款）；商检失职案（刑法第 412 条第 2 款）；动植物检疫徇私舞弊案（刑法第 413 条第 1 款）；动植物检疫失职案（刑法第 413 条第 2 款）；放纵制售伪商品犯罪行为案（刑法第 414 条）；放行偷越国（边）境人员案（刑法第 415 条）；不解救被拐卖、绑架妇女、儿童案（刑法第 416 条第 1 款）；阻碍解救被拐卖、绑架妇女、儿童案（刑法第 416 条第 2 款）；帮助犯罪分子逃避处罚案（刑法第 417 条）；招收公务员、学生徇私舞弊案（刑法第 418 条）；失职造成珍贵文物损毁、流失案（刑法第 419 条）；办理偷越国（边）境人员出入境证件案（刑法第 415 条）。

但是，除刑法第九章之外的下列由国家工作人员所实施的具有渎职性质的犯罪由公安机关管辖：非法经营同类营业案（刑法第165条）；为亲友非法牟利案（刑法第166条）；签订、履行合同失职被骗案（刑法第167条）；国有公司、企业人员失职案（刑法第168条）；国有公司、企业人员滥用职权案（刑法第168条）；徇私舞弊低价折股、出售国有资产案（刑法第169条）。

三是国家机关工作人员利用职权实施的侵犯公民人身权利和民主权利的犯罪案件。包括：非法拘禁案（刑法第238条）；非法搜查案（刑法第245条）；刑讯逼供案（刑法第247条）；暴力取证案（刑法第247条）；虐待被监管人案（刑法第248条）；报复陷害案（刑法第254条）；破坏选举案（刑法第256条）。

四是国家机关工作人员利用职权实施的其他重大犯罪案件。国家机关工作人员利用职权实施的其他重大犯罪案件，需要由人民检察院直接受理的时候，经省级以上人民检察院决定，可以由人民检察院立案侦查。人民检察院《规则》（试行）第10条规定，基层人民检察院或者分、州、市人民检察院需要直接立案侦查的，应当层报省级人民检察院决定。分、州、市人民检察院对于基层人民检察院层报省级人民检察院的案件，应当进行审查，提出是否需要立案侦查的意见，报请省级人民检察院决定。报请省级人民检察院决定立案侦查的案件，应当制作提请批准直接受理书，写明案件情况以及需要由人民检察院立案侦查的理由，并附有关材料。省级人民检察院应当在收到提请批准直接受理书后的10日以内作出是否立案侦查的决定。省级人民检察院可以决定由下级人民检察院直接立案侦查，也可以决定直接立案侦查。

（二）人民检察院立案管辖的具体规定

人民检察院对直接受理的案件实行分级立案侦查的制度。

最高人民检察院立案侦查全国性的重大犯罪案件；省、自治区、直辖市人民检察院立案侦查全省（自治区、直辖市）性的重大犯罪案件；分、州、市人民检察院立案侦查本辖区的重大犯罪案件；基层人民检察院立案侦查本辖区的犯罪案件。上级人民检察院在必要的时候，可以直接立案侦查或者组织、指挥、参与侦查下级人民检察院管辖的案件，也可以将本院管辖的案件指定下级人民检察院立案侦查；下级人民检察院认为案情重大、复杂，需要由上级人民检察院立案侦查的案件，可以请求移送上级人民检察院立案侦查。

国家工作人员职务犯罪案件，由犯罪嫌疑人工作单位所在地的人民检察院管辖；如果由其他人民检察院管辖更为适宜的，可以由其他人民检察院管辖。对管辖不明确的案件，可以由有关人民检察院协商确定管辖。对管辖有争议的或者情况特殊的案件，由共同的上级人民检察院指定管辖。几个人民检察院都有权管辖的案件，由最初受理的人民检察院管辖。必要时，可以由主要犯罪地的人民检察院管辖。上级人民检察院可以指定下级人民检察院立案侦查管辖不明或者需要改变管辖的案件。人民检察院在立案侦查中指定异地管辖，需要在异地起诉、审判的，应当在移送审查起诉前与人民法院协商指定管辖的相关事宜。分、州、市人民检察院办理直接立案侦查的案件，需要将属于本院管辖的案件指定下级人民检察院管辖的，应当报请上一级人民检察院批准。

军事检察院、铁路运输检察院等专门人民检察院的管辖以及军队、武装警察与地方互涉刑事案件的管辖，按照有关规定执行。

三、人民法院直接受理的刑事案件

根据刑事诉讼法第 18 条第 3 款的规定，自诉案件，由人民法院直接受理。所谓自诉案件，是指刑事案件不需要经过公安机关或者人民检察院立案侦查，不经过人民检察院提起公诉，由被害人本人或者其法定代理人、近亲属向人民法院起诉，法院可直接受理的案件。根据刑事诉讼法第 204 条以及最高人民法院《解释》第 1 条的规定，自诉案件包括以下三类：

1. 告诉才处理的案件。这类案件是指只有被害人主动向人民法院起诉，人民法院才能够受理。如果没有被害人的告诉，人民法院无权直接受理。需要注意的是，根据刑事诉讼法第 112 条的规定，被害人死亡或者丧失行为能力的，被害人的法定代理人、近亲属有权向人民法院提起诉讼，人民法院应当依法受理。据此，对于告诉才处理的案件，是否追究犯罪嫌疑人的刑事责任，原则上取决于被害人或其法定代理人、近亲属的自由意志，这是当事人意思自治原则在刑事诉讼中的体现。之所以这样规定，是因为这类案件的社会危害性本身就不大，而且与被害人的私权联系紧密，依据被害人的意思来决定是否追诉，更有利于保护被害人的权利。根据最高人民法院《解释》第 1 条的规定，告诉才处理的案件包括，污辱、诽谤案（刑法第 246 条，但严重危害社会秩序和国家利益的除外）；暴力干涉婚姻自由案（刑法第 257 条第 1 款，但引起被害人死亡的除外）；虐待案（刑法第 260 条第 1 款，引起被害人死亡的除外）；侵占案（刑法第 270 条）。这四种案件，犯罪情节轻微、案情比较简单，有些甚至不需要侦查即可查清案件事实，所以适宜由人民法院直接受理。

2. 人民检察院没有提起公诉，被害人有证据证明的轻微刑事案件。这类自诉案件具有两个特点：一是罪行轻微，即无论是其犯罪性质还是犯罪情节均较为轻微;二是被害人有相应的证据证明被告人有罪。根据最高人民法院《解释》第 1 条的规定,这类案件包括以下 8 类:故意伤害案(刑法第 234 条第 1 款);非法侵入住宅案(刑法第 245 条);侵犯通信自由案(刑法第 252 条);重婚案(刑法第 258 条);遗弃案(刑法第 261 条);生产销售伪劣商品案(刑法分则第三章第一节规定的犯罪,但严重危害社会秩序和国家利益的除外);侵犯知识产权案(刑法分则第三章第七节规定的犯罪,但严重危害社会秩序和国家利益的除外);刑法分则第四章、第五章规定的,对被告人可能判处三年有期徒刑以下刑罚的案件。对于这些案件,被害人直接向人民法院起诉的,人民法院应当依法受理。对其中证据不足、可以由公安机关受理的,或者认为对被告人可能判处三年有期徒刑以上刑罚的,应当告知被告人向公安机关报案,或者移送公安机关立案侦查。

3. 被害人有证据证明对被告人侵犯自己人身、财产权利的行为应当依法追究刑事责任,而公安机关或者人民检察院不予追究被告人刑事责任的案件。为了加强对公安机关、检察机关立案管辖工作的监督制约,维护被害人的合法权益,我国刑事诉讼法规定了这种类型的自诉案件。这类案件原本属于公诉案件,之所以将其规定为自诉案件,是为了监督国家的追诉权。这类案件具有以下四个特征:第一,这类案件是侵犯公民人身权利的案件和侵犯财产权利的案件;第二,被告人的行为应当依法被追究刑事责任;第三,公安机关或人民检察院没有依法追究行为人的刑事责任;第四,被害人有证据证明上述事实。

四、立案管辖中的特殊情况

六机关《规定》规定,公安机关侦查刑事案件涉及人民检察院管辖的贪污贿赂案件时,应当将贪污贿赂案件移送人民检察院;人民检察院侦查贪污贿赂案件涉及公安机关管辖的刑事案件,应当将属于公安机关管辖的刑事案件移送公安机关。在上述情况中,如果涉嫌主罪属于公安机关管辖,由公安机关为主侦查,人民检察院予以配合;如果涉嫌主罪属于人民检察院管辖,由人民检察院为主侦查,公安机关予以配合。

具有下列情形之一的,人民法院、人民检察院、公安机关可以在其职责范围内并案处理:一人犯数罪的;共同犯罪的;共同犯罪的犯罪嫌疑人、被告人还实施其他犯罪的;多个犯罪嫌疑人、被告人实施的犯罪存在关联,并案处理有利于查明案件事实的。

公安部《规定》第 29 条规定,公安机关和军队互涉刑事案件的管辖分工按照有关规定办理。公安机关和武装警察部队互涉刑事案件的管辖分工依照公安机关和军队互涉刑事案件的管辖分工的原则办理。列入武装警察部队序列的公安边防、消防、警卫部门人员的犯罪案件，由公安机关管辖。

第二节 审判管辖

审判管辖是指人民法院在审理第一审刑事案件的权限分工，即各级人民法院之间、普通人民法院之间以及同级人民法院之间在审判第一审刑事案件上的权限分工。它所要解决的问题是刑事案件应该由哪种、哪级、哪个人民法院进行第一审审判。解决了由哪个人民法院进行第一审的问题，实际上也就解决了第二审案件的管辖问题。根据人民法院组织法的规定，人民法院除设有最高人民法院外，还有地方各级人民法院和专门人民法院两种。与人民法院的设置相适应，审判管辖分为级别管辖、地区管辖、指定管辖和专门管辖。

一、级别管辖

级别管辖所解决的问题是各级人民法院审判第一审刑事案件的职权范围。级别管辖的划分主要考虑以下三个因素：(1)案件性质和可能判处刑罚的轻重程度；(2)案件社会影响面大小；(3)各级人民法院的职权范围分工和工作负担。根据刑事诉讼法的规定，各级人民法院管辖的第一审刑事案件包括以下几个方面。

（一）基层人民法院管辖的第一审刑事案件

刑事诉讼法第19条规定："基层人民法院管辖第一审普通刑事案件，但是依照本法由上级人民法院管辖的除外。"普通刑事案件的一审原则上由基层人民法院管辖，这是因为基层人民法院的数量最多，分布地区最广，与群众联系最密切，距犯罪地和被告人等当事人居住地最近。

（二）中级人民法院管辖的第一审刑事案件

刑事诉讼法第20条规定，中级人民法院管辖下列第一审刑事案件：(1)危害国家安全、恐怖活动案件；(2)可能判处无期徒刑、死刑的案件。这两类案件都属于性质严重、危害极大、案情复杂的案件。

对于"可能判处无期徒刑、死刑"的判断，只是一种可能性判断，并不必然代表犯罪嫌疑人将来必定被判处无期徒刑、死刑。

（三）高级人民法院管辖的第一审刑事案件

刑事诉讼法第21条规定："高级人民法院管辖的第一审刑事案件，是全省（自治区、直辖市）性的重大刑事案件。"依据上述条文，高级人民法院管辖的刑事案件具有两个特点：一是全省（自治区、直辖市）性的刑事案件；二是重大刑事案件。高级人民院管辖的第一审案件范围不宜过宽，以适应高级人民法院所处的位置和所负担的工作量。

（四）最高人民法院管辖的第一审刑事案件

刑事诉讼法第22条规定："最高人民法院管辖的第一审刑事案件，是全国性的重大刑事案件。"全国性重大刑事案件的标准，立法上没有严格规定，具体由最高人民法院把握。实际上，由最高人民法院审理的第一审刑事案件十分少见。因为，最高人民法院是全国的最高审判机关，除核准死刑、进行司法解释外，还要监督地方各级人民法院和专门人民法院的审判工作，其工作任务相对繁重。所以，由它管辖的第一审刑事案件只能是"全国性的重大刑事案件"。

（五）级别管辖的特殊情况

最高人民法院《解释》第12条、第13条、第14条规定，人民检察院认为可能判处无期徒刑、死刑，向中级人民法院提起公诉的案件，中级人民法院受理后，认为不需要判处无期徒刑、死刑的，应当依法审判，不再交基层人民法院审判。一人犯数罪、共同犯罪和其他需要并案审理的案件，其中一人或者一罪属于上级人民法院管辖的，全案由上级人民法院管辖。上级人民法院决定审判下级人民法院管辖的第一审刑事案件的，应当向下级人民法院下达改变管辖决定书，并书面通知同级人民检察院。

最高人民法院《解释》第15条规定，基层人民法院对可能判处无期徒刑、死刑的第一审刑事案件，应当移送中级人民法院审判。基层人民法院对下列第一审刑事案件，可以请求移送中级人民法院审判：(1)重大、复杂案件；(2)新类型的疑难案件；(3)在法律适用上具有普遍指导意义的案件。需要将案件移送中级人民法院审判的，应当在报请院长决定后，至迟于案件审理期限届满15日前书面请求移送。中级人民法院应当在接到申请后10日内作出决定。不同意移送的，应当下达不同意移送决定书，由请求移送的人民法院依法审判；同意移送的，应当下达同意移送决定书，并书面通知同级人民检察院。

最高人民法院《解释》第21条规定，第二审人民法院发回重新审判的案件，人民检察院撤回起诉后，又向原第一审人民法院的下级人民法院重新提起公诉的，下级人民法院应当将有关情况层报原第二审人民法院。原第二审人民法院根据具体情况，可以决定将案件移送原第一审人民法院或者其他人民法院审判。

二、地区管辖

地区管辖是指同级法院之间，在审判第一审刑事案件上的权限分工。根据我国刑事诉讼法的规定，确定地区管辖的原则主要有两个：

（一）以犯罪地法院管辖为主，以被告人居住地法院管辖为辅

刑事诉讼法第24条规定："刑事案件由犯罪地的人民法院管辖。如果由被告人居住地的人民法院审判更为适宜的，可以由被告人居住地的人民法院管辖。"这说明，在我国确定刑事案件地区管辖的标准有两个：犯罪地和被告人居住地。但是，两者在地区管辖中并非处于同等地位，而是以犯罪地法院管辖为主，以被告人居住地法院管辖为辅。以犯罪地法院管辖为主是指，案件原则上由犯罪地法院管辖。犯罪地包括犯罪预备地、犯罪行为实施地、犯罪结果发生地以及销赃地等。根据最高人民法院《解释》第2条的规定，针对或者利用计算机网络实施的犯罪，犯罪地包括犯罪行为发生地的网站服务器所在地，网络接入地，网站建立者、管理者所在地，被侵害的计算机信息系统及其管理者所在地，被告人、被害人使用的计算机信息系统所在地，以及被害人财产遭受损失所在地。

在审判实践，还有一些特殊案件不能为上述关于管辖的规定所涵盖，最高人民法院《解释》第4条至第11条对其进行了专门规定：

（1）在中华人民共和国领域外的中国船舶内的犯罪，由该船舶最初停泊的中国口岸所在地的人民法院管辖；

（2）在中华人民共和国领域外的中国航空器内的犯罪，由该航空器在中国最初降落地的人民法院管辖；

（3）在国际列车上的犯罪，根据我国与相关国家签订的协定确定管辖；没有协定的，由该列车最初停靠的中国车站所在地或者目的地的铁路运输法院管辖；

（4）中国公民在中国驻外使、领馆内的犯罪，由其主管单位所在地或者原户籍地的人民法院管辖；

（5）中国公民在中华人民共和国领域外的犯罪，由其入境地或者离境前居住地的人民法院管辖；被害人是中国公民的，也可由被害人离境前居住地的人

民法院管辖;

(6)外国人在中华人民共和国领域外对中华人民共和国国家或者公民犯罪,根据刑法应当受处罚的,由该外国人入境地、入境后居住地或者被害中国公民离境前居住地的人民法院管辖;

(7)对中华人民共和国缔结或者参加的国际条约所规定的罪行,中华人民共和国在所承担条约义务的范围内,行使刑事管辖权的,由被告人被抓获地的人民法院管辖;

(8)正在服刑的罪犯在判决宣告前还有其他罪没有判决的,由原审地人民法院管辖;由罪犯服刑地或者犯罪地的人民法院审判更为适宜的,可以由罪犯服刑地或者犯罪地的人民法院管辖。罪犯在服刑期间又犯罪的,由服刑地的人民法院管辖。罪犯在脱逃期间犯罪的,由服刑地的人民法院管辖。但是,在犯罪地抓获罪犯并发现其在脱逃期间的犯罪的,由犯罪地的人民法院管辖。

以被告人居住地法院管辖为辅是指,在案件由被告人居住地的法院管辖更为适宜的,可以由该地人民法院管辖。根据最高人民法院《解释》第 3 条的规定,被告人户籍地为其居住地。经常居住地与户籍地不一致的,经常居住地为其居住地。经常居住地为被告人被追诉前已连续居住一年以上的地方,但住院就医的除外。被告单位登记的住所地为其居住地。主要营业地或者主要办事机构所在地与登记的住所地不一致的,主要营业地或者主要办事机构所在地为其居住地。

(二)以最初受理的法院管辖为主,以主要犯罪地法院管辖为辅

刑事诉讼法第 25 条规定:“几个同级人民法院都有权管辖的案件,由最初受理的人民法院审判。在必要的时候,可以移送主要犯罪地的人民法院审判。”该立法规定主要是为了解决几个辖区的人民法院对同一案件拥有管辖权时,确定应当由哪个法院对案件进行管辖的问题。

三、指定管辖

有些刑事案件的管辖是根据上级人民法院的指定而确定,因此称为指定管辖,它相对于法定管辖而言。刑事诉讼法第 26 条规定:“上级人民法院可以指定下级人民法院审判管辖不明的案件,也可以指定下级人民法院将案件移送其他人民法院审判。”因此指定管辖分为两种情况:一是管辖权不明案件的指定管辖。最高人民法院《解释》第 17 条规定,管辖权发生争议的,应当在审理期限内协商解决;协商不成的,由争议的人民法院分别层报共同的上级人民法院指定

管辖。二是有管辖权的法院不宜或者不能行使管辖权的。最高人民法院《解释》第16条规定，有管辖权的人民法院因案件涉及本院院长需要回避等原因，不宜行使管辖权的，可以请求移送上一级人民法院管辖。上一级人民法院可以管辖，也可以指定与提出请求的人民法院同级的其他人民法院管辖。根据最高人民法院《解释》第19条和第20条的规定，上级人民法院指定管辖，应当将指定管辖决定书分别送达被指定管辖的人民法院和其他有关的人民法院。受理案件的人民法院在收到上级人民法院改变管辖决定书、同意移送决定书或者指定其他人民法院管辖决定书后，对公诉案件，应当书面通知同级人民检察院，并将案卷材料退回，同时书面通知当事人；对自诉案件，应当将案卷材料移送被指定管辖的人民法院，并书面通知当事人。

四、专门管辖

专门管辖是指专门人民法院与地方人民法院之间、专门人民法院之间审判第一审刑事案件的权限分工。它所要解决的是哪些刑事案件应当由专门人民法院审判以及由哪一个专门人民法院审判的问题。目前，在我国有刑事管辖权的专门人民法院有军事法院、铁路运输法院。

军事法院管辖的案件，主要是现役军人和军内在编职工，违反刑法分则第十章军人违反职责罪的案件。现役军人（含军内在编职工）和非军人共同犯罪的，分别由军事法院和地方人民法院或者其他专门法院管辖；涉及国家军事秘密的，全案由军事法院管辖。

铁路运输法院管辖的刑事案件主要是铁路运输系统公安机关负责侦破的刑事案件，如危害、破坏铁路运输和生产的案件，破坏交通设施的案件，列车上发生的犯罪案件以及铁路职工违反规章制度、玩忽职守造成严重后果的犯罪案件。

DIWUZHANG

第五章

回　　避

我国刑事诉讼法中的回避制度，是指与案件或者案件当事人有利害关系或其他关系的侦查人员、检察人员、审判人员及其他人员，为了避免可能影响公正处理案件情况的发生，依照法律规定不得在刑事诉讼中履行职务的一项诉讼制度。回避是一项重要的诉讼制度，它以保障当事人的合法权益和审判的公正为终极目标。

第一节　回避的人员范围、理由和种类

一、回避的人员范围

回避的人员范围，也即回避制度适用的对象。根据刑事诉讼法第 28 条和第 31 条的规定以及相关司法解释，适用回避的人员包括侦查人员、检察人员、审判人员、书记员、翻译人员、鉴定人、司法警察和记录人。

(一) 侦查人员

这里的侦查人员既包括直接负责案件侦查的公安人员和检察人员，也包括有权参与案件讨论和作出处理决定的公安机关负责人与检察机关的检察长、副检察长、检察委员会的成员，以及检察机关相关内设机构的负责人。

(二) 检察人员

检察人员包括人民检察院检察长、副检察长、检察委员会委员、检察员和助理检察员。

(三) 审判人员

审判人员包括人民法院院长、副院长、审判委员会委员、庭长、副庭长、审判员、助理审判员和人民陪审员。

(四) 书记员

这里的书记员是指在案件的起诉和审判阶段担任记录、送达工作的书记

员。书记员的工作虽然通常对诉讼的结果和进程不起决定性作用,但书记员的不公正行为也会影响案件诉讼的顺利进行,甚至导致合议庭对案件作出错误的决定。因此,书记员也应当回避。

(五)翻译人员

翻译人员是指在刑事诉讼中的任何阶段,受聘请或者受指派为诉讼参与人提供语言文字翻译工作的人员。

(六)鉴定人

鉴定人是指在刑事诉讼中受公安机关、检察机关和人民法院的指派或者聘请,就案件的某些专门问题进行鉴定并提供鉴定意见的人员。

(七)人民检察院的司法警察

司法警察又称法警,是配置在人民检察院、人民法院中执行押解、警戒、强制执行以及维护法庭秩序等任务的人员。我国刑事诉讼法未对司法警察的回避作出规定,但人民检察院《规则》(试行)第33条将回避人员的范围扩大到该类主体。

(八)公安机关的记录人

记录人是指在侦查过程中承担讯问笔录、询问笔录等侦查活动记录工作的人员。根据公安部《规定》的规定,记录人也适用有关回避的规定。

二、回避的理由

回避的理由,是指法律明确规定的相关人员应当回避的具体情形。从理论上讲,如果某些办案人员与案件或当事人有某种利害关系或其他关系,就会影响案件的公正处理,在这种情况下,为了保证案件的公正处理,相关办案人员就应当回避。为了使这一抽象的根据具有可操作性,各国刑事诉讼法一般均明确设定了若干个符合这一根据的事实情形,使其成为回避的法定理由。我国刑事诉讼法第28条和第29条对回避的理由作出了明确的规定。

(一)是本案的当事人或者是当事人的近亲属的

审判人员、检察人员、侦查人员等如果本身就是本案的犯罪嫌疑人、被告人、被害人或其他当事人,那么他们就会与其所担当的诉讼角色发生冲突,他们极可能会从维护自身利益的角度进行诉讼活动,难以对案件作出公正客观的处理。同样,这些人员如果是某一方当事人的近亲属,也很可能出于亲情而对该当事人予以偏袒,也容易影响诉讼的公正性。即使公安司法人员事实上没有偏袒一方当事人,能够公正无私地处理案件,但只要他们与案件当事人存有上述关系,刑事诉讼的公正性就会受到其他当事人乃至社会公众的怀疑。因此,这些人员应当回避。至于当事人的近亲属的范围,根据刑事诉讼法第106条第(6)项的确定,包括当事人的"夫、妻、父、母、子、女、同胞兄弟姊妹"。

(二)本人或者他的近亲属和本案有利害关系的

如果办案人员或者他们的近亲属与本案有着某种利害关系,案件的处理结果会直接影响到他们及其近亲属的利益,那么再由他们主持或参与诉讼活动,就可能使案件得不到公正客观的处理。因此,具备这一情形的办案人员不应当参与案件的处理。

(三)担任过本案的证人、鉴定人、辩护人或者诉讼代理人的

办案人员如果在本案中曾担任过证人、鉴定人,即可能对案件事实或案件的实体结局已产生先入为主的预断,容易形成个人偏见,而无法客观地收集、审查、判断证据,因而导致误判。同时,办案人员如果曾担任本案的辩护人或诉讼代理人,则可能与委托过他们的当事人发生过某种特殊关系,而且由于提前对案件事实有所了解,容易形成偏见,可能无法公正、客观地进行刑事诉讼活动,因此也应当回避。

(四)与本案当事人有其他关系,可能影响案件公正处理的

在实践中,办案人员可能与当事人存有上述三种情形以外的其他关系,以至于影响案件的公正处理,也应当回避。例如,办案人员与本案当事人现在或者曾经是邻居、同学、同事、师生等关系,或者有个人之间的恩怨等。应当注意的是,这样的特殊关系一般情况下不足以单独构成回避的理由。只有在这种特殊关系的存在导致案件无法得到公正处理时,相关办案人员才应回避。

(五)违反规定会见当事人及其委托人或接受其请客送礼的

刑事诉讼法第29条规定:"审判人员、检察人员、侦查人员不得接受当事人及其委托的人的请客送礼,不得违反规定会见当事人及其委托的人。审判人员、检察人员、侦查人员违反前款规定的,应当依法追究法律责任。当事人及其法定代理人有权要求他们回避。"根据这一规定,公安司法人员接受当事人及其委托人的"请客送礼",违反规定会见当事人及其委托人,构成回避的理由。

为严格执行这一规定,最高人民法院《解释》第24条进一步规定,审判人员具有下列情形之一的,当事人及其法定代理人有权申请其回避:违反规定会见本案当事人、辩护人、诉讼代理人的;为本案当事人推荐、介绍辩护人、诉讼代理人或者为律师、其他人员介绍办理本案的;索取、接受本案当事人及其委托人的

财物或者其他利益的;接受本案当事人及其委托的人的宴请,或者参加由其支付费用的活动的;向本案当事人及其委托人借用款物的;有其他不正当行为,可能影响公正审判的。对上述几种回避的事由,当事人及其法定代理人应当提供相关证据材料。

而公安部《规定》也对侦查机关办案人员的回避事由进行了明确的规定:违反规定会见本案当事人及其委托人;索取、接受本案当事人及其委托人的财物或者其他利益的;接受本案当事人及其委托人的宴请,或者参加由其支付费用的活动的;有其他不正当行为,可能影响案件公正办理的。

(六)在本案诉讼阶段以前曾参与办理本案的

在本案诉讼阶段以前曾参与办理本案的人员不得再次参与本案的办理。根据刑事诉讼法第 228 条的规定,原审人民法院对于发回重新审判的案件,应当另行组成合议庭,依照第一审程序进行审判。根据刑事诉讼法第 245 条的规定,人民法院按照审判监督程序重新审判的案件,由原审人民法院审理的,应当另行组成合议庭进行。据此,对于第二审法院经过第二审程序裁定发回重审的案件,原审法院负责审理此案的原合议庭组成人员不得再参与对案件的审理;对于人民法院按照审判监督程序重新审判的案件,原负责审判此案的合议庭组成人员也不得再参与对该案的处理。因为参加过本案原审的审判人员对案件事实和案件结局已产生了先入为主的预断,这时他们参与或主持对该案的重审,难以保证审判的公正性。根据最高人民法院《解释》第 25 条第 2 款的规定,在一个审判程序中参与过本案审判工作的合议庭组成人员或者独任审判员,不得再参与本案其他程序的审判。但是,发回重新审判的案件,在第一审人民法院作出裁判后又进入第二审程序或者死刑复核程序的,原第二审程序或者死刑复核程序中的合议庭组成人员不受本款规定的限制。人民检察院《规则》(试行)第 30 条规定:“参加过本案侦查的侦查人员,不得承办本案的审查逮捕、起诉和诉讼监督工作。”

三、回避的种类

根据刑事诉讼法及有关司法解释的规定,回避分为自行回避、申请回避和指令回避三种。

自行回避,是指审判人员、检察人员、侦查人员以及其他人员在诉讼过程中,如果遇有法律规定的应当回避情形时,主动要求回避,退出相关的刑事诉讼活动。刑事诉讼法第 28 条确立了自行回避制度。这种制度的实质是通过公安司法人员的职业自律和自我约束意识，消除可能导致案件得不到公正处理的人为因素，使符合法定回避情形的公安司法人员自觉退出诉讼活动。

申请回避，是指案件当事人及其法定代理人认为审判人员、检察人员、侦查人员等具有法定回避情形，而向他们所在的机关提出申请，要求他们回避。申请公安司法人员回避，是当事人及其法定代理人的一项重要的诉讼权利。公安司法机关有义务保证当事人及其法定代理人充分有效地行使这一权利。

指令回避，是指审判人员、检察人员、侦查人员等遇有法定的回避情形而没有自行回避，当事人及其法定代理人也没有申请其回避，人民法院、人民检察院、公安机关等有关组织或行政负责人有权作出决定，令其退出诉讼活动。指令回避是回避制度的重要组成部分，是对自行回避和申请回避的必要补充。我国刑事诉讼法没有直接规定指令回避制度，但相关的司法解释对指令回避制度作了较为详细的规定：(1)公安机关负责人、侦查人员有应当回避情形的，应当自行提出回避申请，没有自行提出回避申请的，应当责令其回避；(2)应当回避的人员，本人没有自行回避，当事人及其法定代理人也没有申请其回避的，检察长或者检察委员会应当决定其回避；(3)应当回避的审判人员，本人没有自行回避，当事人及其法定代理人也没有申请其回避的，院长或者审判委员会应当决定其回避。

根据申请回避是否需要提出理由，回避在理论上又可分为有因回避和无因回避两种。有因回避又称为附理由的回避，是指拥有回避申请权的诉讼参与者只有在案件具备法定的回避理由的情况下，才能提出要求有关公安司法人员回避的申请。无因回避又可称为强制回避或不附理由的回避，是指有权提出回避申请的人无须提出任何理由，即可要求相关公安司法人员回避，这种申请一旦提出，即可导致这些公安司法人员回避。综上可以看出，我国刑事诉讼法没有规定无因回避制度，当事人及其法定代理人提出回避申请，一般必须提供证据证明某一公安司法人员具有法定的回避理由，属于有因回避。

第二节　回避的程序

一、回避的期间

回避的期间，是指回避都适用于刑事诉讼活动的哪些阶段。根据刑事诉讼法的规定，回避适用于审判人员、检察人员和侦查人员等，因而适用于侦查、起诉和审判等各个诉讼阶段。

刑事诉讼法第185条规定，开庭的时候，审判长告知当事人有权对合议庭组成人员、书记员、公诉人、鉴定人和翻译人员申请回避。根据这一规定，审判长在告知当事人所享有的申请回避权后，当事人即可以申请有关人员回避。刑事诉讼法有关审判阶段适用回避的规定，既适用于第一审程序，也适用于第二审程序和再审程序。

我国刑事诉讼法对侦查、起诉阶段回避的程序没有作出明确的规定，但相关的司法解释却对其作了详细补充。人民检察院《规则》(试行)第20条规定，检察人员在受理举报和办理案件过程中，有刑事诉讼法规定的回避情形的，应当自行提出回避；没有自行提出回避的，人民检察院应当按照相关规定决定其回避，当事人及其法定代理人有权要求其回避。公安部《规定》第30条规定，公安机关负责人、侦查人员符合回避情形的，应当自行提出回避申请，没有自行提出回避申请的，应当责令其回避，当事人及其法定代理人也有权要求他们回避。

二、回避的提起

根据回避提起的主体的不同，回避可以分为回避的提出和回避的申请两种类型。

1. 回避的提出

回避的提出主要是针对自行回避的情形而言，即在刑事诉讼中，公安司法人员遇有本人应当回避的情形时，自己主动提出回避的请求。根据相关司法解释的规定，属于回避人员范围内的人员自行回避的，可以口头或者书面提出，并说明理由。口头提出的，应当记录在案。如人民检察院《规则》(试行)第21条规定："检察人员自行回避的，可以口头或者书面提出，并说明理由。口头提出的，应当记录在案。"最高人民法院《解释》第27条、公安部《规定》第32条也作了类似规定。

2. 回避的申请

回避的申请是指当事人及其法定代理人在发现审判人员、检察人员、侦查人员和其他有关人员具有应当回避的情形时提出的，要求他们退出本案的申请。回避申请权是当事人及其法定代理人依法享有的重要的诉讼权利，在任何诉讼阶段都可以行使。根据相关司法解释的规定，当事人及其法定代理人、诉讼代理人和辩护人的回避要求，应当书面或者口头提出，并说明理由，并且，根据我国刑事诉讼法第29条规定提出回避申请的，应当提供有关证明材料。

三、回避的审查、决定和宣布

回避需要由法定的组织或者人员根据法律规定的回避理由进行审查并作出是否准许的决定。我国刑事诉讼法第30条第1款规定:“审判人员、检察人员、侦查人员的回避,应当分别由院长、检察长、公安机关负责人决定;院长的回避,由本院审判委员会决定;检察长和公安机关负责人的回避,由同级人民检察院检察委员会决定。”根据这一规定,各级法院的正职院长有权决定本院其他审判人员的回避,各级检察院的正职检察长有权决定本院其他检察人员的回避,各级公安机关的正职负责人有权决定本机关从事侦查工作的人员的回避。但法院院长的回避,涉及的问题较多,影响也较大,故而应由本院审判委员会讨论决定。审判委员会讨论院长回避问题时,由副院长主持,院长不得参加。检察长的回避也应由本院检察委员会讨论决定。检察委员会讨论检察长回避问题时,由副检察长主持,检察长不得参加。公安机关内部没有类似于审判委员会或检察委员会这样的组织,为确保检察机关对侦查工作进行有效的法律监督,对公安机关负责人的回避,要由同级检察机关的检察委员会讨论决定。

当事人及其法定代理人对出庭的检察人员、书记员提出回避申请的,人民法院应当通知指派该检察人员出庭的人民检察院,由该院检察长或检察委员会决定。

根据刑事诉讼法第30条的规定,有回避决定权的组织或个人经过对当事人等的回避申请或有关公安司法人员自行回避的请求进行全面审查后,如果发现公安司法人员确有刑事诉讼法规定的回避情形的,应当依法作出决定,令其回避;认为不具有应当回避情形的,有权作出不允许回避的决定。无论是否同意回避申请,作出决定的个人或组织都应当向申请回避的当事人或者法定代理人、辩护人、诉讼代理人宣布,不同意回避申请的,还应告知其有权申请复议。

四、对驳回回避申请的复议

刑事诉讼法第30条、第31条规定,对驳回申请回避的决定,当事人及其法定代理人、辩护人、诉讼代理人可以申请复议一次。这是对当事人及其法定代理人、辩护人、诉讼代理人申请回避诉讼权利的保障性措施。根据最高人民法院《解释》第30条的规定,对当事人及其法定代理人提出的回避申请,人民法院可以口头或者书面作出决定,并将决定告知申请人。当事人及其法定代理人申请回避被驳回的,可以在接到决定时申请复议一次。不属于刑事诉讼法第28条、第29条规定情形的回避申请,由法庭当庭驳回,并告知其不得申请复议。

人民检察院《规则》(试行)第27条也规定:“人民检察院作出驳回申请回避的决定后,应当告知当事人及其法定代理人如不服本决定,有权在收到驳回申请回避的决定书后五日以内向原决定机关申请复议一次。”公安部《规定》第35条第1款规定:“当事人及其法定代理人对驳回申请回避的决定不服的,可以在收到驳回申请回避决定书后五日以内向作出决定的公安机关申请复议。”相关机关对于复议的审查期限,检察机关规定为3日,公安机关规定为5日。

五、回避的效力

回避的决定一经作出,立即发生法律效力,相关的公安司法人员应立即退出刑事诉讼活动。考虑到刑事侦查工作的紧迫性和特殊性,也为了防止审查回避影响侦查活动的及时进行,刑事诉讼法第30条第2款规定,对侦查人员的回避作出决定前,侦查人员不能停止对案件的侦查。根据这一规定,侦查人员在提出回避或当事人申请其回避以后,可以照常进行刑事侦查活动,直到有关组织或个人依法对这一回避进行审查并作出正式的准许回避决定之后,相关侦查人员才能停止对案件的侦查工作。如人民检察院《规则》(试行)第29条规定:“人民检察院直接受理案件的侦查人员或者进行补充侦查的人员在回避决定作出以前或者复议期间,不得停止对案件的侦查。”公安部《规定》第36条第1款规定:“在作出回避决定前,申请或者被申请回避的公安机关负责人、侦查人员不得停止对案件的侦查。”

对于回避决定作出前所取得的证据和进行的诉讼活动是否有效,根据人民检察院《规则》(试行)第31条和公安部《规定》第37条的规定,对符合刑事诉讼法第28条和第29条规定的情形之一而回避的侦查人员、检察人员在回避决定作出前所取得的证据和进行的诉讼行为是否有效,由作出决定的检察长、检察委员会或者公安机关根据案件具体情况作出决定。

对于回避人员范围内的人员,具有应当回避的法定情形而没有回避的,属于程序性违法。经第二审人民法院发现或者根据当事人、诉讼代理人、辩护人的举报,认为第一审人民法院违反回避制度规定的,经查证属实,应当裁定撤销原判,发回原审人民法院重审。

DILIUZHANG

第六章

辩护和代理

第一节　辩护制度概述

一、辩护制度的概念和意义

辩护，是指刑事案件的犯罪嫌疑人、被告人及其辩护人反驳对犯罪嫌疑人、被告人的指控，指出有利于犯罪嫌疑人、被告人的事实和理由，论证犯罪嫌疑人、被告人无罪、罪轻或者应当从轻、减轻、免除处罚，维护犯罪嫌疑人、被告人合法权益的诉讼活动。

辩护权是犯罪嫌疑人、被告人针对指控进行辩解，以维护自己合法权益的一种诉讼权利，我国宪法第 125 条规定，被告人有权获得辩护，这一规定使得被告人享有辩护权成为一项宪法原则。

辩护制度，是法律规定的关于辩护权、辩护种类、辩护方式、辩护人的范围、辩护人的地位、辩护人的权利与义务等一系列规则的总称。它是犯罪嫌疑人、被告人有权获得辩护原则在刑事诉讼中的体现和保障，是现代国家法律制度的重要组成部分。确立辩护制度主要有以下意义：

第一，有利于公安司法机关准确、及时地查明案情和正确适用法律，提高办案质量。刑事案件本身的复杂性和不可逆性，使刑事诉讼成为事后追溯的逆推案件事实的过程，公安司法人员要查清案情，就要积极且全面地收集符合客观事实的证据，又要作综合的调查研究。法律赋予犯罪嫌疑人、被告人辩护权，允许犯罪嫌疑人、被告人及其辩护人提出与控诉主张相反的辩解和理由，从不同角度进行论证，可以使公安司法人员客观全面地了解情况，查明事实，正确适用法律，防止偏听偏信及主观片面性。

第二，有利于维护犯罪嫌疑人、被告人的合法权益。由于犯罪嫌疑人、被告人处于被追诉的地位，有诸多不利，但其在经人民法院判决以前，可能有罪，也可能无罪。犯罪嫌疑人、被告人依法充分行使其辩护权，特别是在辩护人的帮助下行使，就可以克服由于犯罪嫌疑人、被告人年龄、文化水平、法律知识的局限和诉讼心理的制约而带来的不便，更为有效地维护犯罪嫌疑人、被告人的合法权益，防止出现冤假错案等。

第三，有利于对公民进行法制宣传教育。在法庭上通过控辩双方互相辩论，一方面可以使旁听群众全面了解案情，分辨是非，判明曲直，懂得非法与合法的界线、罪与非罪的区别，受到深刻的法制教育，增强法制观念，调动公民同犯罪作斗争的积极性。另一方面，实行辩护制度，可以使被告人和辩护人能够充分陈述对被告人有利的事实和理由，在此基础上法院依法作出的判决，具有说服力，被告人心服口服，易于接受，从而减少不满情绪，有利于其认清罪行，接受改造。

二、我国刑事辩护制度的基本内容

（一）辩护的种类

根据刑事诉讼法第32条、第33条和第34条的规定，可将辩护分为两类：自行辩护和辩护人辩护。

1. 自行辩护

自行辩护，是指犯罪嫌疑人、被告人自己为自己陈述辩解理由的活动。这种辩护贯穿于整个刑事诉讼过程，是犯罪嫌疑人、被告人行使辩护权的最主要的形式。

2. 辩护人辩护

辩护人辩护，是指除了犯罪嫌疑人、被告人自行辩护外，由他人（即辩护人）为维护犯罪嫌疑人、被告人的合法权益而进行的辩护活动。依据辩护人产生方式的不同，辩护人辩护又分为委托辩护和指定辩护。

（1）委托辩护

委托辩护，是指犯罪嫌疑人、被告人及其法定代理人、近亲属，依法委托律师或者其他公民担任辩护人进行辩护的诉讼行为。委托辩护是司法实践中比较常见的辩护方式，为维护自身合法权益，大多数犯罪嫌疑人、被告人除自行辩护外，常常委托辩护人为其进行辩护。

刑事诉讼法第33条规定，犯罪嫌疑人自被侦查机关第一次讯问或者采取强制措施之日起，有权委托辩护人；在侦查期间，只能委托律师作为辩护人。被告人有权随时委托辩护人。侦查机关在第一次讯问犯罪嫌疑人或者对犯罪嫌疑人采取强制措施的时候,应当告知犯罪嫌疑人有权委托辩护人。人民检察院自收到移送审查起诉的案件材料之日起3日以内,应当告知犯罪嫌疑人有权委托辩护人。人民法院自受理案件之日起3日以内,应当告知被告人有权委托辩护人。犯罪嫌疑人、被告人在押期间要求委托辩护人的,人民法院、人民检察院和公安机关应当及时转达其要求。犯罪嫌疑人、被告人在押的,也可以由其监护人、近亲属代为委托辩护人。辩护人接受犯罪嫌疑人、被告人委托后,应当及时告知办理案件的机关。

在侦查阶段,犯罪嫌疑人委托辩护律师的请求可以书面提出,也可以口头提出。口头提出的,公安机关应当制作笔录,由犯罪嫌疑人签名、捺指印。在押的犯罪嫌疑人向看守所提出委托辩护律师要求的,看守所应当及时将其请求转达给办案部门,办案部门应当及时向犯罪嫌疑人委托的辩护律师或者律师事务所转达该项请求。在押的犯罪嫌疑人仅提出委托辩护律师的要求,但提不出具体对象的,办案部门应当及时通知犯罪嫌疑人的监护人、近亲属代为委托辩护律师。犯罪嫌疑人无监护人或者近亲属的,办案部门应当及时通知当地律师协会或者司法行政机关为其推荐辩护律师。

(2)指定辩护

指定辩护,是指犯罪嫌疑人、被告人没有委托辩护人,存在法定的情形,而由公安司法机关通知法律援助机构指派律师为其提供辩护的方式。

刑事诉讼法第34条规定,犯罪嫌疑人、被告人因经济困难或者其他原因没有委托辩护人的,本人及其近亲属可以向法律援助机构提出申请。对符合法律援助条件的,法律援助机构应当指派律师为其提供辩护。犯罪嫌疑人、被告人是盲、聋、哑人,或者是尚未完全丧失辨认或者控制自己行为能力的精神病人,没有委托辩护人的,人民法院、人民检察院和公安机关应当通知法律援助机构指派律师为其提供辩护。犯罪嫌疑人、被告人可能被判处无期徒刑、死刑,没有委托辩护人的,人民法院、人民检察院和公安机关应当通知法律援助机构指派律师为其提供辩护。

此外,在审判阶段,具有下列情形之一,被告人没有委托辩护人的,人民法院可以通知法律援助机构指派律师为其提供辩护:共同犯罪案件中,其他被告人已经委托辩护人;有重大社会影响的案件;人民检察院抗诉的案件;被告人的行为可能不构成犯罪;有必要指派律师提供辩护的其他情形。人民法院通知法律援助机构指派律师提供辩护的,应当将法律援助通知书、起诉书副本或者判决书送达法律援助机构;决定开庭审理的,除适用简易程序审理的以外,应当在开庭15日前将上述材料送达法律援助机构。法律援助通知书应当写明案由、被告人姓名、提供法律援助的理由、审判人员的姓名和联系方式;已确定开庭审理的,应当写明开庭的时间、地点。被告人拒绝法律援助机构指派的律师为其辩护,坚持自己行使辩护权的,人民法院应当准许。属于应当提供法律援助的情形,被告人拒绝指派的律师为其辩护的,人民法院应当查明原因。理由正当的,应当准许,但被告人须另行委托辩护人;被告人未另行委托辩护人的,人民法院应当在3日内书面通知法律援助机构另行指派律师为其提供辩护。

公安部《决定》第45条、第46条规定,公安机关收到在押的犯罪嫌疑人提出的法律援助申请后,应当在24小时以内将其申请转交所在地的法律援助机构,并通知申请人的监护人、近亲属或者其委托的其他人员协助提供有关证件、证明等相关材料。犯罪嫌疑人的监护人、近亲属或者其委托的其他人员地址不详无法通知的,应当在转交申请时一并告知法律援助机构。犯罪嫌疑人拒绝法律援助机构指派的律师作为辩护人或者自行委托辩护人的,公安机关应当在3日以内通知法律援助机构。辩护律师接受犯罪嫌疑人委托或者法律援助机构的指派后,应当及时告知公安机关并出示律师执业证书、律师事务所证明和委托书或者法律援助公函。

(二)辩护人的范围

辩护人的范围,是指哪些人可以接受犯罪嫌疑人、被告人的委托,担任他们的辩护人。对于辩护人的范围,刑事诉讼法第32条第1款作了明确规定:

(1)律师。律师是指具有律师资格证书或法律职业资格证书,并取得律师执业证,为社会提供法律服务的人员。

(2)人民团体或者犯罪嫌疑人、被告人所在单位推荐的人。人民团体是指工会、妇联、共青团等群众性组织。

(3)犯罪嫌疑人、被告人的监护人、亲友。监护人,是指对未成年人和无行为能力或限制行为能力的精神病人承担保护其人身、财产和其他合法权益责任的个人或单位,一般由被监护人的近亲属担任,没有亲属的,也可由有关的机关、团体或单位担任。

同时刑事诉讼法和相关司法解释还规定了不能担任辩护人的情形。如最高人民法院《解释》第35条规定,下列人员不得担任辩护人:(1)正在被执行刑罚或者处于缓刑、假释考验期间的人;(2)依法被剥夺、限制人身自由的人;(3)无行为能力或者限制行为能力的人;(4)人民法院、人民检察院、公安机关、国家安全机关、监狱的现职人员;(5)人民陪审员;(6)与本案审理结果有利害关系的人;(7)外国人或者无国籍人,上述第(4)至第(7)项规定的人员,如果是被告人的监护人、近亲属的,由被告人委托担任辩护人的,可以准许。最高人民法院《解释》第36条规定,审判人员和人民法院其他工作人员从人民法院离任后2年内,不得以律师身份担任辩护人。审判人员和人民法院其他工作人员从人民法院离任后,不得担任原任职法院所审理案件的辩护人,但作为被告人的监护人、近亲属进行辩护的除外。审判人员和人民法院其他工作人员的配偶、子女或者父母不得担任其任职法院所审理案件的辩护人,但作为被告人的监护人、近亲属进行辩护的除外。人民检察院《规则》(试行)也有相似规定。

(三)辩护人的责任

刑事诉讼法第35条规定,辩护人的责任是根据事实和法律,提出犯罪嫌疑人、被告人无罪、罪轻或者减轻、免除其刑事责任的材料和意见,维护犯罪嫌疑人、被告人的诉讼权利和其他合法权益。

(四)辩护人的诉讼权利和诉讼义务

1. 辩护人的诉讼权利

(1)侦查期间辩护律师的权利

刑事诉讼法第36条规定,辩护律师在侦查期间可以为犯罪嫌疑人提供法律帮助;代理申诉、控告;申请变更强制措施;向侦查机关了解犯罪嫌疑人涉嫌的罪名和案件有关情况,提出意见。公安部《规定》第47条规定,辩护律师向公安机关了解案件有关情况的,公安机关应当依法将犯罪嫌疑人涉嫌的罪名以及当时已查明的该罪的主要事实,犯罪嫌疑人被采取、变更、解除强制措施,延长侦查羁押期限等案件有关情况,告知接受委托或者指派的辩护律师,并记录在案。

(2)会见、通信权

辩护律师持律师执业证书、律师事务所证明和委托书或者法律援助公函可以同在押的犯罪嫌疑人、被告人会见和通信。其他辩护人经人民法院、人民检察院许可,也可以同在押的犯罪嫌疑人、被告人会见和通信。辩护人要求会见在押的犯罪嫌疑人、被告人的,看守所应当及时安排会见,至迟不得超过48小时。

危害国家安全犯罪、恐怖活动犯罪、特别重大贿赂犯罪案件,在侦查期间辩护律师会见在押的犯罪嫌疑人,应当经侦查机关许可。人民检察院《规则》(试行)第 45 条规定,有下列情形之一的,属于特别重大贿赂犯罪:①涉嫌贿赂犯罪数额在 50 万元以上,犯罪情节恶劣的;②有重大社会影响的;③涉及国家重大利益的。上述案件,侦查机关应当事先通知看守所。公安机关应报经县级以上公安机关负责人批准,作出许可或者不许可的决定,除有碍侦查或者可能泄露国家秘密的情形外,应当作出许可的决定;对于辩护律师提出的申请,人民检察院侦查部门应当提出是否许可的意见,在 3 日以内报检察长决定并答复辩护律师。公安部《规定》第 49 条规定了"有碍侦查"的情形:①可能毁灭、伪造证据,干扰证人作证或者串供的;②可能引起犯罪嫌疑人自残、自杀或者逃跑的;③可能引起同案犯逃避、妨碍侦查的;④犯罪嫌疑人的家属与犯罪有牵连的。

辩护律师会见在押或者被监视居住的犯罪嫌疑人时,看守所或者监视居住执行机关应当采取必要的管理措施,保障会见顺利进行,并告知其遵守会见的有关规定。辩护律师会见犯罪嫌疑人时,公安机关不得监听,不得派员在场。

辩护律师会见在押的犯罪嫌疑人、被告人,可以了解案件有关情况,提供法律咨询等;自案件移送审查起诉之日起,可以向犯罪嫌疑人、被告人核实有关证据。具体包括:①犯罪嫌疑人的基本情况;②犯罪嫌疑人是否实施或参与所涉嫌的犯罪;③犯罪嫌疑人关于案件事实和情节的陈述;④犯罪嫌疑人关于其无罪、罪轻的辩解;⑤被采取强制措施的法律手续是否完备,程序是否合法;⑥被采取强制措施后其人身权利、诉讼权利是否受到侵犯;⑦其他需要了解的与案件有关的情况。

(3)查阅案卷权

辩护律师自人民检察院对案件审查起诉之日起,可以查阅、摘抄、复制(可以采用复印、拍照、扫描等方式)本案的案卷材料(包括诉讼文书的证据材料)。其他辩护人经人民法院、人民检察院许可,也可以查阅、摘抄、复制上述材料。合议庭、审判委员会的讨论记录以及其他依法不公开的材料不得查阅、摘抄、复制。

自案件移送审查起诉之日起,律师以外的辩护人向人民检察院申请查阅、摘抄、复制本案的案卷材料的,人民检察院公诉部门应当对申请人是否具备辩护人资格进行审查并提出是否许可的意见,在 3 日以内报检察长决定并书面通知申请人。

对于律师以外的辩护人申请查阅、摘抄、复制案卷材料或者申请同在押、被监视居住的犯罪嫌疑人会见和通信，具有下列情形之一的，人民检察院可以不予许可：①同案犯罪嫌疑人在逃的；②案件事实不清，证据不足，或者遗漏罪行、遗漏同案犯罪嫌疑人需要补充侦查的；③涉及国家秘密或者商业秘密的；④有事实表明存在串供、毁灭、伪造证据或者危害证人人身安全可能的。

辩护律师或者经过许可的其他辩护人到人民检察院查阅、摘抄、复制本案的案卷材料，由案件管理部门及时安排，由公诉部门提供案卷材料。因公诉部门工作等原因无法及时安排的，应当向辩护人说明，并安排辩护人自即日起 3 个工作日以内阅卷，公诉部门应当予以配合。查阅、摘抄、复制案卷材料，应当在人民检察院设置的专门场所进行。必要时，人民检察院可以派员在场协助。辩护人复制案卷材料可以采取复印、拍照等方式，人民检察院只收取必需的工本费用。对于承办法律援助案件的辩护律师复制必要的案卷材料的费用，人民检察院应当根据具体情况予以减收或者免收。

案件移送审查逮捕或者审查起诉后，辩护人认为在侦查期间公安机关收集的证明犯罪嫌疑人无罪或者罪轻的证据材料未提交，申请人民检察院向公安机关调取的，人民检察院案件管理部门应当及时将申请材料移送侦查监督部门或者公诉部门办理。经审查，认为辩护人申请调取的证据已收集并且与案件事实有联系的，应当予以调取；认为辩护人申请调取的证据未收集或者与案件事实没有联系的，应当决定不予调取并向辩护人说明理由。公安机关移送相关证据材料的，人民检察院应当在 3 日以内告知辩护人。

(4)申请调取证据和调查取证权

刑事诉讼法第 39 条规定，辩护人认为在侦查、审查起诉期间公安机关、人民检察院收集的证明犯罪嫌疑人、被告人无罪或者罪轻的证据材料未提交的，有权申请人民检察院、人民法院调取。申请人应当以书面形式提出，并提供相关线索或者材料。人民法院接受申请后，应当向人民检察院调取。人民检察院移送相关证据材料后，人民法院应当及时通知辩护人。

刑事诉讼法第 41 条规定，辩护律师经证人或者其他有关单位和个人同意，可以向他们收集与本案有关的材料，也可以申请人民检察院、人民法院收集、调取证据，或者申请人民法院通知证人出庭作证。人民检察院、人民法院认为需要调查取证的，应当由人民检察院、人民法院收集、调取证据，不得向律师签发准许调查决定书，让律师收集、调取证据。

辩护律师向证人或者有关单位、个人收集、调取与本案有关的证据材料，因证人或者有关单位、个人不同意，申请人民法院收集、调取，或者申请通知证人出庭作证，人民法院认为确有必要的，应当在5日内作出同意的决定。

辩护律师直接申请人民法院向证人或者有关单位、个人收集、调取证据材料，人民法院认为确有收集、调取必要，且不宜或者不能由辩护律师收集、调取的，应当同意。人民法院收集、调取证据材料时，辩护律师可以在场。

辩护律师经人民检察院或者人民法院许可，并且经被害人或者其近亲属、被害人提供的证人同意，可以向他们收集与本案有关的材料。辩护律师向被害人或者其近亲属、被害人提供的证人收集与本案有关的材料，向人民检察院提出申请的，人民检察院应当在7日以内作出是否许可的决定，通知辩护律师。人民检察院没有许可的，应当书面说明理由。

(5)申诉、控告权

辩护人认为公安机关、人民检察院、人民法院及其工作人员有阻碍其依法行使诉讼权利的下列行为之一的，有权向同级或者上一级人民检察院申诉或者控告：①对辩护人提出的回避要求不予受理或者对不予回避决定不服的复议申请不予受理的；②未依法告知犯罪嫌疑人、被告人有权委托辩护人的；③未转达在押的或者被监视居住的犯罪嫌疑人、被告人委托辩护人的要求的；④应当通知而不通知法律援助机构为符合条件的犯罪嫌疑人、被告人或者被申请强制医疗的人指派律师提供辩护或者法律援助的；⑤在规定时间内不受理、不答复辩护人提出的变更强制措施申请或者解除强制措施要求的；⑥未依法告知辩护律师犯罪嫌疑人涉嫌的罪名和案件有关情况的；⑦违法限制辩护律师同在押、被监视居住的犯罪嫌疑人、被告人会见和通信的；⑧违法不允许辩护律师查阅、摘抄、复制本案的案卷材料的；⑨违法限制辩护律师收集、核实有关证据材料的；⑩没有正当理由不同意辩护律师提出的收集、调取证据或者通知证人出庭作证的申请，或者不答复、不说明理由的；⑪未依法提交证明犯罪嫌疑人、被告人无罪或者罪轻的证据材料的；⑫未依法听取辩护人的意见的；⑬未依法将开庭的时间、地点及时通知辩护人的；⑭未依法向辩护人及时送达本案的法律文书或者及时告知案件移送情况的；⑮阻碍辩护人在法庭审理过程中依法行使诉讼权利的；⑯其他阻碍辩护人依法行使诉讼权利的。人民检察院对申诉或者控告应当及时进行审查，情况属实的，通知有关机关予以纠正并应当在10日以内将处理情况书面答复提出申诉或者控告的辩护人。

(6)依法提供或者表达辩护意见的权利

辩护律师在侦查期间可以为犯罪嫌疑人提供法律帮助;代理申诉、控告;申请变更强制措施;向侦查机关了解犯罪嫌疑人涉嫌的罪名和案件有关情况,提出意见,包括犯罪嫌疑人涉嫌的罪名及当时已查明的该罪的主要事实,犯罪嫌疑人被采取、变更、解除强制措施的情况,侦查机关延长侦查羁押期限等情况,具体为:①有关强制措施的条件、期限、适用程序的法律规定;②有关侦查人员、检察人员及审判人员回避的法律规定;③犯罪嫌疑人对侦查人员的提问有如实回答的义务以及对本案无关的问题有拒绝回答的权利;④犯罪嫌疑人要求自行书写供述的权利,对侦查人员制作的讯问笔录核对、补充、改正、附加说明的权利以及在承认笔录没有错误后应当签名或盖章的义务;⑤犯罪嫌疑人享有侦查机关应当将用作证据的鉴定意见向其告知的权利及可以申请补充鉴定或者重新鉴定的权利;⑥犯罪嫌疑人的辩护权;⑦犯罪嫌疑人的申诉权和控告权;⑧刑法关于犯罪嫌疑人所涉嫌的罪名的有关规定;⑨刑法关于自首、立功及其他相关的规定;⑩有关刑事案件管辖的法律规定;⑪其他有关法律问题。

人民检察院审查批准逮捕,可以询问证人等诉讼参与人,听取辩护律师的意见;辩护律师提出要求的,应当听取辩护律师的意见。

在案件侦查终结前,辩护律师提出要求的,侦查机关应当听取辩护律师的意见,并记录在案。辩护律师提出书面意见的,应当附卷。

人民检察院审查案件,应当讯问犯罪嫌疑人,听取辩护人、被害人及其诉讼代理人的意见,并记录在案。辩护人、被害人及其诉讼代理人提出书面意见的,应当附卷。

在开庭以前,审判人员可以召集公诉人、当事人和辩护人、诉讼代理人,对回避、出庭证人名单、非法证据排除等与审判相关的问题,了解情况,听取意见。

最高人民法院复核死刑案件,应当讯问被告人,辩护律师提出要求的,应当听取辩护律师的意见。

对未成年犯罪嫌疑人、被告人应当严格限制适用逮捕措施。人民检察院审查批准逮捕和人民法院决定逮捕,应当讯问未成年犯罪嫌疑人、被告人,听取辩护律师的意见。

2. 辩护人的诉讼义务

(1)认真履行职务的义务

不管是接受委托的辩护人,还是受法律援助机构指派、进行法律援助的辩护律师,都应当竭尽所能履行自己的辩护职责,认真对待,负责到底,无正当理由,不得拒绝辩护。但是委托事项违法、委托人利用律师提供的服务从事违法活动或者委托人故意隐瞒与案件有关的重要事实的,辩护人有权拒绝辩护。

(2)依法辩护义务

辩护人或者其他任何人,不得帮助犯罪嫌疑人、被告人隐匿、毁灭、伪造证据或者串供,不得威胁、引诱证人作伪证以及进行其他干扰司法机关诉讼活动的行为。违反此规定的,应当依法追究法律责任,辩护人涉嫌犯罪的,应当由办理辩护人所承办案件的侦查机关以外的侦查机关办理。辩护人是律师的,应当及时通知其所在的律师事务所或者所属的律师协会。公安机关、人民检察院发现辩护人涉嫌犯罪,或者接受报案、控告、举报、有关机关的移送,依照侦查管辖分工进行审查后认为符合立案条件的,应当按照规定报请办理辩护人所承办案件的侦查机关的上一级侦查机关指定其他侦查机关立案侦查,或者由上一级侦查机关立案侦查。不得指定办理辩护人所承办案件的侦查机关的下级侦查机关立案侦查。

人民检察院发现辩护人有帮助犯罪嫌疑人、被告人隐匿、毁灭、伪造证据或者串供,或者威胁、引诱证人作伪证以及其他干扰司法机关诉讼活动的行为,可能涉嫌犯罪的,经检察长批准,应当按照下列规定办理:①涉嫌犯罪属于公安机关管辖的,应当将辩护人涉嫌犯罪的线索或者证据材料移送同级公安机关按照有关规定处理;②涉嫌犯罪属于人民检察院管辖的,应当报请上一级人民检察院立案侦查或者由上一级人民检察院指定其他人民检察院立案侦查。上一级人民检察院不得指定办理辩护人所承办案件的人民检察院的下级人民检察院立案侦查。

(3)部分证据展示义务

辩护人收集的有关犯罪嫌疑人不在犯罪现场、未达到刑事责任年龄、属于依法不负刑事责任的精神病人的证据,应当及时告知公安机关、人民检察院。之所以规定辩护人的证据展示义务,是因为这些证据可能会涉及刑事诉讼程序的终止,如撤销案件、不起诉。为了更好地保护犯罪嫌疑人的合法权益,法律规定辩护人对收集到的上述证据负有及时告知的义务。

(4)接受委托及时告知义务

辩护人接受犯罪嫌疑人、被告人委托后,应当及时(应当在接受委托或者指派之日起 3 日内)告知办理案件的机关。

(5)发现部分犯罪时检举义务

辩护律师对在执业活动中知悉的委托人的有关情况和信息,有权予以保密。但是,辩护律师在执业活动中知悉委托人或者其他人,准备或者正在实施危害国家安全、公共安全以及严重危害他人人身安全的犯罪的,应当及时告知司法机关。辩护律师告知人民检察院其委托人或者其他人员准备实施、正在实施危害国家安全、公共安全以及严重危及他人人身安全犯罪的,人民检察院应当接受并立即移送有关机关依法处理。人民检察院应当为反映有关情况的辩护律师保密。

(6)遵守诉讼纪律义务

辩护人作为一类重要的诉讼参与人,在刑事诉讼中拥有重要的地位是毋庸置疑的,辩护人能否正确合理地运用法律所赋予的诉讼权利维护犯罪嫌疑人、被告人的合法权益,直接关系到诉讼程序能否顺利进行和诉讼结果是否公正。所以,辩护人有义务遵守诉讼纪律,按出庭通知中告知的开庭时间、地点准时出席法庭进行辩护;在法庭上服从审判长的指挥,会见在押犯罪嫌疑人、被告人时遵守看守所的规定。

第二节　代　　理

一、刑事代理制度的概念

刑事诉讼中的代理,是指代理人接受公诉案件的被害人及其法定代理人或者近亲属、自诉案件的自诉人及其法定代理人、附带民事诉讼的当事人及其法定代理人的委托,以被代理人名义参加诉讼,并由被代理人承担代理行为所产生的法律后果的诉讼活动。

刑事代理制度,是法律关于刑事诉讼中代理权、代理人的范围、代理的种类与方式、代理人的职责、代理人的权利与义务等一系列法律规范的总称。刑事诉讼法、律师法等法律是刑事代理制度的直接法律渊源,另外《律师办理刑事案件规范》、最高人民法院、最高人民检察院、公安部等出台的相关司法解释也给司法实践中的刑事代理提供了法律依据。

二、刑事代理制度的种类

根据刑事诉讼法第 44 条的规定,可以将我国的刑事代理制度分为公诉案件的代理、自诉案件的代理和刑事附带民事诉讼案件的代理。

（一）公诉案件中的代理

公诉案件中的代理，是指诉讼代理人接受公诉案件的被害人及其法定代理人或者近亲属的委托，代理被害人参加诉讼，以维护被害人的合法权益的诉讼活动。

（1）诉讼代理人的范围

刑事诉讼法第45条规定的诉讼代理的积极范围和消极范围和辩护人的范围相同。

（2）代理人介入诉讼的时间

刑事诉讼法第44条规定，公诉案件的被害人及其法定代理人或者近亲属，附带民事诉讼的当事人及其法定代理人，自案件移送审查起诉之日起，有权委托诉讼代理人。法律条文的规定将诉讼代理人介入刑事诉讼的时间严格限定在“自案件移送审查起诉之日起”，相比刑事诉讼法第33条规定的辩护人介入诉讼的时间来说，在侦查阶段是不允许诉讼代理人介入的。

（3）公诉机关的告知义务

人民检察院自收到移送审查起诉的案件材料之日起3日以内，应当告知被害人及其法定代理人或者其近亲属、附带民事诉讼的当事人及其法定代理人有权委托诉讼代理人，并告知如果经济困难的，可以申请法律援助。

告知可以采取口头或者书面方式。口头告知的，应当制作笔录，由被告知人签名；书面告知的，应当将送达回执入卷；无法告知的，应当记录在案。被害人有法定代理人的，应当告知其法定代理人；没有法定代理人的，应当告知其近亲属。

法定代理人或者近亲属为二人以上的，可以只告知其中一人，告知法定代理人时应当按照父母、养父母、监护人、负有保护责任的机关、团体的代表的顺序择先进行；告知近亲属时应当按夫、妻、父、母、子、女、同胞兄弟姐妹的顺序择先进行。

（4）诉讼代理人的权利和义务

相比辩护人的诉讼权利而言，诉讼代理人因当事人与犯罪嫌疑人、被告人可能被羁押或监视居住的情况不同，除了不享有会见、通信权以外，其他权利均享有。阅卷权、调查取证权、发表意见权、检举控告权等权利的行使都是代理人参与刑事诉讼的重要方式和途径。法律规定，在法庭审理过程中，代理律师应依法指导、协助或代理委托人行使以下诉讼权利：①陈述案件事实；②出示、宣读有关证据；③请求法庭通知未到庭的证人、鉴定人和勘验检查笔录制作人出庭作证;④经审判长许可,向被告人、证人、鉴定人、勘验检查笔录制作人发问;⑤对各项证据发表意见;⑥对被告人及其辩护人向被害人提出的威胁性、诱导性或与本案无关的发问提出异议;⑦申请通知新的证人到庭,调取新的证据,申请重新鉴定或者勘验;⑧必要时,请求法庭延期审理;⑨被害人及其法定代理人不服一审判决的,代理律师可以协助或代理委托人,在其收到判决书后 5 日内,请求人民检察院抗诉。

关于诉讼代理人的诉讼义务,刑事诉讼法没有明确规定,《律师办理刑事案件规范》第 140 条规定,在法庭审理过程中,代理律师应与公诉人互相配合,依法行使控诉职能,与被告人及其辩护人展开辩论。代理意见与公诉意见不一致的,代理律师应从维护被害人的合法权益出发,独立发表代理意见,并可与公诉人展开辩论。

(二)自诉案件的代理

自诉案件的代理,是指代理人接受自诉人及其法定代理人的委托参加诉讼,以维护自诉人的合法权益的诉讼活动。

关于自诉案件诉讼代理人介入诉讼的时间,刑事诉讼法第 44 条规定,自诉案件的自诉人及其法定代理人,附带民事诉讼的当事人及其法定代理人,有权随时委托诉讼代理人。人民法院自受理自诉案件之日起 3 日内,应当告知自诉人及其法定代理人或者其近亲属、附带民事诉讼的当事人及其法定代理人,有权委托诉讼代理人,并告知如果经济困难的,可以申请法律援助。

(三)附带民事诉讼中的代理

附带民事诉讼中的代理,是指诉讼代理人接受附带民事诉讼的当事人及其法定代理人的委托,在所受委托的权限范围内,代理参加诉讼,以维护当事人及其法定代理人的合法权益的诉讼活动。

由于附带民事诉讼在本质上属于民事诉讼,国家为了节约司法资源,提高诉讼效率,因此特别规定可以在刑事诉讼的过程中附带解决当事人因违法犯罪行为所产生的民事侵权纠纷,双方的诉讼代理人在附带民事诉讼中可以行使与其在一般民事诉讼中同样的权利与义务。根据刑事诉讼法,参照民事诉讼法的相关规定,诉讼代理人在诉讼活动过程中有权收集、调查证据,参与法庭调查和法庭辩论,提出代理意见,在当事人授予和解权、撤诉权、反诉权的情况下,还可以行使这些权利。

DIQIZHANG

第七章

证　据

第一节　刑事证据的概念和意义

一、刑事证据的概念和特征

根据我国刑事诉讼法的规定,刑事证据是指用于证明案件事实的材料。具体包括:(1)物证;(2)书证;(3)证人证言;(4)被害人陈述;(5)犯罪嫌疑人、被告人供述和辩解;(6)鉴定意见;(7)勘验、检查、辨认、侦查实验等笔录;(8)视听资料、电子数据。证据必须经过查证属实,才能作为定案的根据。刑事证据具有以下三个特点。

(一)客观性

证据的客观性,是指作为案件证据的客观物质痕迹和主观知觉痕迹都是对已经发生的案件事实的客观反映,不是主观想象、猜测和捏造的事物。任何刑事案件都是在一定的时间、地点发生的,一经发生就是客观存在的,是无法改变的。案件一旦发生,肯定会留下一定的痕迹,或者留下了指纹、足迹、血迹或者橇压痕迹等;或者为现场证人所看到、听到;或者为拍摄工具所拍下,而这些都是客观的,他们都会以不同的证据种类表现出来,例如,书证、物证、勘验检查笔录、证人证言、被害人陈述、鉴定意见、犯罪嫌疑人、被告人供述和辩解。

在这些证据中,书证、物证、勘验检查笔录的客观性非常明显,而证人证言、被害人陈述、鉴定意见、犯罪嫌疑人、被告人供述和辩解是通过人所表达出来的,不一定能够客观反映案件事实,甚至是虚假反映案件事实,因此,很多人认为证据并不都具有客观性,有些证据是具有主观性的。那么,应当如何来理解证据的主观性与客观性呢?实际上,不仅所有的痕迹、物品、文件等实物证据是客观存在的事实,案件事实为当事人所亲自实施或经历,为在场的人所了解,形成反映形象并用言词陈述出来,同样是对案件事实的反映。例如,鉴定意见虽然是专家利用自己的经验与知识对专门性问题形成的主观判断，但是，这种主观判断不是凭空而来的，它是建立在案件事实基础上的。对证据的审查判断不能离开其客观性，也不能忽视其主观性。当然，在过去，我们对证据的客观性强调比较多而对证据的主观性关注不够。当然，如果只强调主观性而忽视客观性也是不对的。忽视任何一个方面，都不利于对证据的理解与运用。

（二）关联性

关联性，也称为相关性，是指证据必须与案件事实有实质性联系，从而对案件事实有证明作用。关联性是证据的一种客观属性，其根源于证据事实同案件事实之间的客观联系，而不是办案人员的主观想象或者强加的联系，它是案件事实作用于客观事物以及有关人员的主观所产生的。证据与案件事实相关联的形式是多种多样、十分复杂的。其中最常见的首先是因果联系，即证据事实是犯罪的原因或结果的事实；其次是与犯罪相关的空间、时间、条件、方法、手段的事实。就关联方式而言，包括直接关联和间接关联、必然关联与偶然关联，肯定性关联与否定性关联等。不管证据与案件事实之间存在何种联系，其中都表明证据反映了一定的案件情节。如有的能反映犯罪的动机，有的能反映犯罪人的年龄等身份情况，有的能反映犯罪手段，有的能反映犯罪过程和实施犯罪的环境、条件，有的能反映犯罪后果，有的能反映犯罪事实不存在或犯罪并非为犯罪嫌疑人、被告人所为等。应当着重指出，正是由于证据的关联性，才使证据对查明案件事实，确定犯罪嫌疑人、被告人是否犯罪、犯罪情节轻重具有证明力。所谓证明力，是指证据所具有的对案件事实的证明作用，也就是证据对证明案件事实的价值。证据对案件事实有无证明力，以及证明力的大小，取决于证据本身与案件事实有无联系，以及联系的紧密、强弱程度。一般说来，如果证据与案件事实之间的联系紧密，则该证据的证明力较强，在诉讼中所起的作用也较大。

（三）合法性

合法性，也称为法律性，是指证据的形式、收集、出示和查证，都由法律予以规范和调整，作为定案根据的证据必须符合法律规定的采证标准，为法律所容许。在我国刑事诉讼中，规范和调整证据的法律规范主要包括以下内容。

1. 证据应当由法定人员依法定程序予以收集。根据我国刑事诉讼法第50条的规定，审判人员、检察人员、侦查人员必须依照法定程序，收集能够证实犯罪嫌疑人、被告人有罪或者无罪、犯罪情节轻重的各种证据。严禁刑讯逼供和以威胁、引诱、欺骗以及其他非法方法收集证据，不得强迫任何人证实自己有罪。根据该法第41条的规定，辩护律师向被害人收集与本案有关的材料，要经人民检察院或者人民法院许可，并且经被害人同意，等等。刑事诉讼法具体规定了讯问犯罪嫌疑人、被告人和询问证人以及勘验、检查、搜查、扣押物证、书证、侦查实验等侦查取证行为的程序，收集证据必须符合这些法定程序。

2. 证据必须具备法定形式、具有合法的来源。刑事诉讼法规定证据有八种形式。不属于这些法定证据形式的，不得采纳为证据。为保证证据形式的合法性，证据来源必须合法。例如，证人证言必须出自合格的证人；犯罪嫌疑人、被告人供述和辩解必须由犯罪嫌疑人、被告人本人作出；讯问笔录应当由犯罪嫌疑人、被告人签名或者盖章；等等。

3. 证据必须经法定程序出示和查证。依照法律，证人证言必须在法庭上经过公诉人、被害人和被告人、辩护人双方询问、质证；物证必须当庭出示，让当事人辨认；未到庭的证人的证言笔录、鉴定意见、勘验笔录和其他作为证据的文书，应当当庭宣读，听取公诉人、当事人和辩护人、诉讼代理人的意见。未经法庭查证属实的材料，均不得作为定案的根据。

为了保证证据的合法性，我国刑事诉讼法第54条规定了非法证据排除规则，规定采用刑讯逼供等非法方法收集的犯罪嫌疑人、被告人供述和采用暴力、威胁等非法方法收集的证人证言、被害人陈述，应当予以排除。收集物证、书证不符合法定程序，可能严重影响司法公正的，应当予以补正或者作出合理解释；不能补正或者作出合理解释的，对该证据应当予以排除。在侦查、审查起诉、审判时发现有应当排除的证据的，应当依法予以排除，不得作为起诉意见、起诉决定和判决的依据。可见，刑事诉讼法对证据的合法性提出了明确的要求。

二、刑事证据的意义

(一)刑事证据是刑事诉讼活动的核心

一切的诉讼活动都是围绕证据进行的，如果没有证据就没有刑事诉讼。刑事诉讼的开始需要有一定的证据。在我国，刑事诉讼是从立案开始的，而立案的条件就是有犯罪事实，需要追究刑事责任；这就需要根据一定的证据进行；采取强制措施也需要相应的证据；此外，检察机关作出起诉、不起诉决定和法院作出有罪判决等都离不开证据。可以说，证据就是刑事诉讼的核心，离开了证据就无法进行刑事诉讼。

（二）保障无辜的人不受刑事追究

保障无罪的人不受刑事追究，是刑事诉讼法的重要任务之一。因此，刑事诉讼法规定，审判、检察、侦查人员应当全面收集证实犯罪嫌疑人、被告人有罪或罪重和犯罪嫌疑人、被告人无罪或罪轻的证据。只有坚持全面收集运用证据，把对刑事案件的处理建立在切实可靠的证据上，才能保障无罪的人不受刑事追究，避免冤假错案的发生。

（三）有效打击犯罪的关键

在现代法治社会，无罪推定和证据裁判主义是刑事诉讼的基本原则，而定罪的权力在人民法院。需要明确，对于犯罪的追究是一种有序的追究，这就要求对犯罪的追究建立在可靠的证据之上，否则无法有效打击犯罪，甚至可能冤枉无辜。

第二节　法定的证据种类

一、证据种类的概述

证据种类是指根据证据的表现形式，在法律上对证据所进行的分类。大陆法系国家一般将证据种类规定在法典中，英美法系国家通过判例或单行法规对证据进行种类划分。我国的证据种类是由诉讼法明确规定的，也可以称为法定的证据种类。关于证据种类的划分，各国和地区不尽一致。英美证据法一般将证据分为以下三种基本形式，即口头证据、书面证据、实物证据。有的也将司法认知作为一种证据形式。大陆法系的证据种类通常有人的证据、物的证据、书证。

我国刑事诉讼法第48条规定："可以用于证明案件事实的材料，都是证据。证据包括：（一）物证；（二）书证；（三）证人证言；（四）被害人陈述；（五）犯罪嫌疑人、被告人供述和辩解；（六）鉴定意见；（七）勘验、检查、辨认、侦查实验等笔录；（八）视听资料、电子数据。证据必须经过查证属实，才能作为定案的根据。"

二、物证

（一）物证的概念和意义

物证，是指能够以其外部特征、存在状况、物质属性证明案件事实的物品或痕迹。在刑事诉讼中，常见的物证有：犯罪的工具，如杀人用的刀、盗窃使用的万能钥匙等；犯罪行为直接侵害的物质对象，如被盗的赃物、被破坏的财物；犯罪行为留下的痕迹，如指纹、脚印、血迹等；犯罪行为所产生的物品，如非法制造的枪支等。

物证是刑事诉讼中被广泛使用的证据，具有重要的意义：第一，可以为侦查提供线索，确定侦查方向；第二，可以鉴别其他证据的真伪；第三，可以借助物证迫使犯罪分子交代罪行；第四，物证在法制宣传中具有重要意义。

（二）物证的特征

物证是刑事证据中的重要证据，具有以下特征：

1. 物证具有较强的稳定性和可靠性。这是物证区别于其他证据种类的一个最重要的特征。物证一旦形成并且固定保全以后，一般情况下，只要不发生人为的损坏或者灭失，在一定的时期内就会客观、稳定地存在，以其自身的特征来证明案件事实。正是基于这一特点，物证在诉讼证明中发挥着越来越大的作用。

2. 物证往往需要借助专门的人员和技术进行判断。物证的种类繁多，有些传统物证我们能够靠感官直接识别，如杀人用的刀、被撞坏的汽车等。但是，随着犯罪手段的发展，很多案件中往往难以寻找到这样的物证，而是搜寻到像毛发、体液、灰尘、血迹等单纯靠我们的感官无法识别的微量物证。类似这样的物证有一个共同的特点，即需要借助专门的人员、设备、技术才能够作出正确的判断和识别。随着科学技术的不断发展，物证发挥作用的领域会越来越大，证据制度的发展历史已经证明了这一点。

3. 物证往往只能证明案件的一个静态的环节。单独的一个物证一般不能动态地反映案件的主要过程，通常只能证明案件的一个静态的环节。例如，在杀人现场提取的王某的足迹只能够证明王某到过现场，但并不能证明王某实施了杀人行为。因此，物证往往需要与其他证据相结合才能够充分发挥证明案件事实的作用。

（三）物证的收集、保管和运用

物证的证明力虽然很强，但是它必须经过办案人员的收集和审查判断才能发挥作用。物证可能被伪造，也可能在诉讼过程中发生物理和化学变化，因此，必须经过严格的程序进行收集和审查判断，才能作为定案的根据。在刑事诉讼中，收集和保管物证是公安司法机关的重要职责。收集物证主要通过勘验、检查、搜查、扣押等方法进行。根据刑事诉讼法第 135 条的规定，任何单位和个人，有义务按照人民检察院和公安机关的要求，交出可以证明犯罪嫌疑人有罪或者无罪的物证、书证、视听资料等证据。公安司法机关收集、调取的物证应当是原物。只有在原物不便搬运、不易保存或者依法应当由有关部门保管、处理或者依法应当返还时,才可以拍摄或者制作足以反映原物外形或者内容的照片、录像或者复制品。物证的照片、录像或者复制品经与原物核实无误或者经鉴定证明为真实的,或者以其他方式确能证明其真实的,可以作为证据使用。原物的照片、录像或者复制品,不能反映原物的外形和特征的,不能作为证据使用。

对于物证的审查判断应当着重从以下方面进行:第一,审查物证的来源。这是判断物证与案件是否有关联性的重要环节。第二,审查物证是否经过伪造。物证的客观性虽然很强,但是它也能够被伪造。因此,在审查判断时一定要辨明真伪。第三,审查物证在收集和保管的过程中是否受到污染。有些物证在收集和保管的过程中如果受到污染,其证明力就会被大打折扣。例如,从现场提取的血迹如果受到了污染,那么,据此所作的DNA检测结果就是不可靠的。第四,审查物证的收集程序是否合法。

三、书证

(一)书证的概念和意义

书证,是指以文字、符号、图画等形式所表达的思想内容来证明案件事实的书面材料。在刑事诉讼中,常见的书证有:反映行为人身份的书证,如身份证、户口本、工作证等;反映人与人之间往来关系的书证,如合同、借条、日记等;贪污案件中的账册等。书证的载体很多,除了我们经常见到的纸张以外,还有衣服、墙壁、木头、石头等。

书证大多在诉讼前就已经形成,而且都有明确的意思表示,可以比较直观地证明一定的事实,在诉讼中具有重要意义:第一,有些书证可以直接证明案件的性质、作案动机和目的;第二,可以鉴别其他证据的真伪;第三,可以揭露犯罪分子的虚假陈述;第四,在贪污等经济犯罪中,书证起着非常重要的作用。

(二)书证的特征

1. 表现形式及制作方法具有多样性。书证的表现方式既可以是文字、图形,也可以是符号;书证的载体既可以是纸张,也可以是木头、石头、金属或者其他材料;制作书证的工具既可以是笔,也可以是刀等;制作书证的方法既可以是书写,也可以是雕、刻等。

2. 书证一旦形成就具有稳定性。书证的内容一旦用文字、符号、图形等方式固定下来,就具有了较强的稳定性,不像证人证言、口供等那样容易发生改变。即使书证的内容被人以某种方式改变,一般也会留下改变的痕迹,这种痕迹也具有一定的稳定性。

3. 书证所证明的内容一般比较明确。书证的证明价值是通过文字、符号、图形等直观形式来实现的。而这些文字、符号、图形一般有着固定的含义,因此,书证所证明的内容一般都是很明确的。

(三)书证的收集、保管和运用

书证主要是由公安司法人员通过勘验、搜查、扣押等方法收集,也有些是机关、团体、企事业单位和公民提供的。在勘验、搜查中,发现可以用以证明犯罪嫌疑人、被告人有罪或无罪的书证,应当依照有关规定实施扣押。关于犯罪嫌疑人、被告人的邮件、电报一类的书证,侦查人员认为需要扣押时,应经公安机关或者人民检察院批准,然后通知邮电机关将其检交扣押。收集书证力求取得原件。提交书证的单位和个人提交原件确有困难时,可以提交照片、副本、节录本,但要与原件核对无误。收集、调取的书证应当是原件。只有在取得原件确有困难时,才可以使用副本或者复制件。书证的副本、复制件,经与原件核实无误或者经鉴定证明为真实的,或者以其他方式确能证明其真实的,可以作为证据使用。书证有被更改或者更改迹象且不能作出合理解释的,或者书证的副本、复制件不能反映书证原件及其内容的,不能作为证据使用。

公安司法机关对收集的书证应当妥善保管,不得损毁。根据刑事诉讼法的规定,扣押书证时,侦查人员应当会同在场见证人和被扣押书证持有人在一式两份的清单上签名或盖章,一份交给持有人,另一份附卷备查。对于扣押的书证,经查明确实与案件无关的,应当迅速退回原主或者原邮电机关。对于扣押的文件,要妥善保管或者封存,不得使用或者损毁。对于扣押的秘密文件,除在扣押的清单上注明发现和收缴的情况外,应对文件的封面、编号、标题、全文等进行拍照、存入案卷,原件按内部规定的机要收发手续退回原发文机关,但应附函说明,在本案办结前须妥善保存。

对书证的审查判断主要应当从以下方面进行:第一,审查书证是否伪造,有无涂改,是原件还是复制件;第二,书证是在什么情况下制作的,制作人是否受到威胁或欺骗等;第三,书写内容是否有错误;第四,记载的内容与案件是否有联系,对专业性较强的文书要进行鉴定。

四、证人证言

(一)证人证言的概念和意义

证人证言,是指证人就其所了解的案件情况向公安司法机关所作的陈述。

刑事诉讼法第60条规定:“凡是知道案件情况的人,都有作证的义务。生理上、精神上有缺陷或者年幼,不能辨别是非、不能正确表达的人,不能作证人。”根据该规定,刑事诉讼中的证人,是指了解案件情况向公安司法机关作证的人。

在我国,证人作证应当满足以下条件:第一,证人必须了解案件情况。这是公民具备证人资格的首要条件。第二,证人必须能够辨别是非,能够正确表达。如果由于生理上、精神上存在缺陷或者年幼而导致其不能辨别是非或者不能正确表达,则不能作为证人。虽然有生理、精神方面的缺陷或者属于未成年人,但是具有相应辨别、表达能力的,仍然可以作为证人。第三,证人是当事人以外的自然人。证人是就其感知的案件事实向公安司法机关进行陈述的人,因此应当是自然人,包括本国人、外国人和无国籍人。

证人证言在刑事诉讼中具有重要的作用。证人证言能够较生动、全面地反映案件的事实情况,可以作为认定案件事实的依据或者用于判断其他证据的真伪。

(二)证人证言的特点

证人证言具有以下特点:第一,证人证言比物证更加全面、生动、形象、具体;第二,证人通常与案件没有直接利害关系,其陈述比被害人陈述和犯罪嫌疑人、被告人供述真实、可靠;第三,证人证言是证人主观对客观的认识和反映,受人的主观影响较大。

(三)证人证言的收集和运用

收集证人证言的主要途径是询问证人。收集证人证言应当注意以下问题:第一,询问证人,应当告知他应当如实提供证言以及作伪证应当承担的法律责任;第二,询问证人应当个别和口头进行;第三,严禁对证人采用刑讯逼供、威胁、利诱、欺骗等非法方法收集证言;第四,对证人证言要进行客观、全面的记录。

对证人证言应当着重从以下方面进行审查判断:(1)证言的内容是否为证人直接感知;(2)证人作证时的年龄、认知、记忆和表达能力,生理和精神状态是否影响作证;(3)证人与案件当事人、案件处理结果有无利害关系;(4)询问证人是否个别进行;(5)询问笔录的制作、修改是否符合法律有关规定,是否注明询问的起止时间和地点,首次询问时是否告知证人有关作证的权利义务和法律责任,证人对询问笔录是否核对确认;(6)询问未成年证人时,是否通知其法定代理人或者有关人员到场,其法定代理人或者有关人员是否到场;(7)证人证言有无以暴力、威胁等非法方法收集的情形;(8)证言之间以及与其他证据之间能否相互印证,有无矛盾。证人证言具有下列情形之一的,不得作为定案的根据:(1)询问证人没有个别进行的;(2)书面证言没有经证人核对确认的;(3)询问聋、哑人,应当提供通晓聋、哑手势的人员而未提供的;(4)询问不通晓当地通用语言、文字的证人,应当提供翻译人员而未提供的。

处于明显醉酒、中毒或者麻醉等状态,不能正常感知或者正确表达的证人所提供的证言,不得作为证据使用。证人的猜测性、评论性、推断性的证言,不得作为证据使用,但根据一般生活经验判断符合事实的除外。

(四)对证人等的保护

人民法院、人民检察院和公安机关应当保障证人及其近亲属的安全。对证人及其近亲属进行威胁、侮辱、殴打或者打击报复,构成犯罪的,依法追究刑事责任;尚不够刑事处罚的,依法给予治安管理处罚。对于危害国家安全犯罪、恐怖活动犯罪、黑社会性质的组织犯罪、毒品犯罪等案件,证人、鉴定人、被害人因在诉讼中作证,本人或者其近亲属的人身安全面临危险的,人民法院、人民检察院和公安机关应当采取以下一项或者多项保护措施:(1)不公开真实姓名、住址和工作单位等个人信息;(2)采取不暴露外貌、真实声音等出庭作证措施;(3)禁止特定的人员接触证人、鉴定人、被害人及其近亲属;(4)对人身和住宅采取专门性保护措施;(5)其他必要的保护措施。证人、鉴定人、被害人认为因在诉讼中作证,本人或者其近亲属的人身安全面临危险的,可以向人民法院、人民检察院、公安机关请求予以保护。人民法院、人民检察院、公安机关依法采取保护措施,有关单位和个人应当配合。

五、被害人陈述

(一)被害人陈述的概念和意义

被害人陈述,是指刑事案件的被害人就其受害情况和所了解的其他与案件有关的情况向公安司法机关所作的陈述。在英美证据法中,被害人陈述一般被视为证人证言,不作为独立的证据种类。我国刑事诉讼法考虑到被害人的特殊诉讼地位和其陈述的特殊性,将被害人陈述作为一种独立的证据。

被害人陈述对于公安司法机关查明犯罪事实和查获犯罪嫌疑人、被告人具有重要意义:第一,被害人所陈述的案件事实,是公安司法机关查明和认定案件事实的重要证据,有利于侦查人员查获犯罪嫌疑人;第二,被害人陈述有利于公安司法机关查明犯罪事实。被害人陈述对于公安司法机关判断案件性质,确定侦查方向和范围,收集、核实其他证据,揭露和证实犯罪有着特别重要的作用。

(二)被害人陈述的特征

第一,具有客观真实性。被害人是遭受犯罪行为直接侵害的人,与犯罪嫌疑人和犯罪行为有过直接或间接的接触,因此,被害人的陈述一般说来比较客观真实,而且有着直接、生动、形象、具体的特点。

第二,被害人陈述具有一定的虚假性。由于被害人深受犯罪行为的侵害,对犯罪嫌疑人和被告人非常愤怒,一般惩罚犯罪嫌疑人、被告人的都有强烈愿望,被害人在陈述中往往会夸大犯罪嫌疑人、被告人的犯罪事实和情节。因此,被害人的陈述往往具有虚假的一面。此外,受其他主观和客观因素(如遗忘等)的影响,被害人的陈述有时也会与实际情况有所出入。

(三)被害人陈述的收集与审查判断

被害人陈述的收集与证人证言基本相同。在询问被害人时,要注意其受到犯罪行为侵害的特点,防止因收集被害人陈述的方法简单粗暴而给被害人造成精神上和生理上的二次伤害。对于身心受到伤害的被害人要进行必要的安抚。此外,还要注意保护被害人的名誉,打消其思想顾虑,使其如实、大胆地陈述。

对于被害人陈述既不能盲目相信,也不能随意否定,而是应当慎重地进行审查判断。主要应当从以下方面进行:第一,审查被害人的人品和平时表现;第二,审查被害人与犯罪嫌疑人、被告人的关系;第三,审查被害人陈述的形成背景;第四,审查被害人陈述是否存在矛盾,与其他证据之间是否存在矛盾。

六、犯罪嫌疑人、被告人供述和辩解

(一)犯罪嫌疑人、被告人供述和辩解的概念和意义

犯罪嫌疑人、被告人供述和辩解,是指犯罪嫌疑人、被告人在刑事诉讼中就其被指控的犯罪事实以及其他案件事实向公安司法机关所作的陈述,俗称口供。犯罪嫌疑人、被告人供述和辩解的内容,主要包括犯罪嫌疑人、被告人承认自己有罪的供述和说明自己无罪、罪轻的辩解,以及犯罪嫌疑人、被告人对他人共同犯罪事实的检举和揭发。

犯罪嫌疑人、被告人检举揭发他人犯罪的情况一般可以分为两种情况:一是对同案被告人共同犯罪部分的检举揭发。这种检举揭发的内容与被告人自己的犯罪行为有一定联系,可以在本案中作为证据使用,因而属于犯罪嫌疑人、被告人供述和辩解的组成部分。二是对同案被告人共同犯罪以外罪行的检举揭发。这种检举揭发,从内容上讲,与被告人本人犯罪的事实无关,不属于犯罪

嫌疑人、被告人供述和辩解的组成部分，而属于证人证言。这种检举揭发经查证属实，则表明被告人认罪态度好，可以作为对被告人从轻处罚的依据。

犯罪嫌疑人、被告人的供述和辩解，对于全面分析研究案情，正确认定案件事实，公正处理案件，具有重要意义。犯罪嫌疑人、被告人口供，经查证属实的，可以作为定案的根据，特别是对认定犯罪的动机和目的具有重要作用；犯罪嫌疑人、被告人的口供可以为发现和收集其他证据提供线索，也是审查核实其他证据真伪的一种手段；犯罪嫌疑人、被告人的口供是衡量其犯罪后态度的重要材料，对正确量刑有一定作用；犯罪嫌疑人、被告人的辩解是犯罪嫌疑人、被告人行使辩护权的一种方式，是犯罪嫌疑人、被告人免受错误追究的重要保障。

（二）犯罪嫌疑人、被告人供述和辩解的特点

犯罪嫌疑人、被告人供述和辩解具有以下特点：

1. 犯罪嫌疑人、被告人供述和辩解可能全面、直接地反映案件事实情况

犯罪嫌疑人、被告人是案件的当事人，他对自己是否实施犯罪、罪行的轻重以及犯罪的具体过程和情节知道得最清楚。因此，他所作的有罪供述，会更直接、更全面地反映其犯罪的动机、目的、手段、时间、地点、后果等事实情况；他所作的无罪或罪轻的辩解，也会提出一些具体的事实根据和理由，使公安司法人员全面了解案件的情况；他所作的揭发检举他人犯罪的陈述，可以反映其认罪态度和思想状况。

2. 犯罪嫌疑人、被告人供述和辩解虚假的可能性很大

犯罪嫌疑人、被告人作为被追诉的对象，案件的处理结果与其有很大的利害关系。他的供述和辩解直接影响到公安司法机关对他的处理。因此，犯罪嫌疑人、被告人为了逃避法律制裁，往往要隐瞒罪行、避重就轻或者否认实施犯罪，甚至编造谎言。此外，在少数情况下，亲属之间或者朋友之间也有为了代替承担法律责任而虚假承认犯罪的情况。

3. 犯罪嫌疑人、被告人供述和辩解具有反复性和不稳定性

犯罪嫌疑人、被告人在刑事诉讼中处于被追诉的地位，在诉讼的进程中，思想不断发生变化，表现在口供上就是时供时翻，具有反复性和不稳定性。

（三）对犯罪嫌疑人、被告人供述和辩解的收集和审查判断

犯罪嫌疑人、被告人供述和辩解主要是通过讯问的方法获得。在对犯罪嫌疑人、被告人进行讯问时必须严格遵守法律的规定。对犯罪嫌疑人、被告人供述和辩解应当着重审查以下内容：(1)讯问的时间、地点，讯问人的身份、人数以

及讯问方式等是否符合法律有关规定;(2)讯问笔录的制作、修改是否符合法律有关规定,是否注明讯问的具体起止时间和地点,首次讯问时是否告知犯罪嫌疑人、被告人相关权利和法律规定,犯罪嫌疑人、被告人是否核对确认;(3)讯问未成年犯罪嫌疑人、被告人时,是否通知其法定代理人或者有关人员到场,其法定代理人或者有关人员是否到场;(4)犯罪嫌疑人、被告人的供述有无以刑讯逼供等非法方法收集的情形;(5)犯罪嫌疑人、被告人的供述是否前后一致,有无反复以及出现反复的原因;犯罪嫌疑人、被告人的所有供述和辩解是否均已随案移送;(6)犯罪嫌疑人、被告人的辩解内容是否符合案情和常理,有无矛盾;(7)犯罪嫌疑人、被告人的供述和辩解与同案犯罪嫌疑人、被告人的供述和辩解以及其他证据能否相互印证,有无矛盾。必要时,可以调取讯问过程的录音录像,犯罪嫌疑人、被告人进出看守所的健康检查记录、笔录,并结合录音录像、记录、笔录对上述内容进行审查。

犯罪嫌疑人、被告人供述具有下列情形之一的,不得作为定案的根据:(1)讯问笔录没有经犯罪嫌疑人、被告人核对确认的;(2)讯问聋、哑人,应当提供通晓聋、哑手势的人员而未提供的;(3)讯问不通晓当地通用语言、文字的犯罪嫌疑人、被告人,应当提供翻译人员而未提供的。

七、鉴定意见

(一)鉴定意见的概念和意义

鉴定意见,是由鉴定人接受委托或聘请,运用自己的专门知识和现代科学技术手段,对诉讼中所涉及的某些专门性问题进行检测、分析、判断后,所出具的结论性书面意见。在英美法系中,鉴定人被称为专家证人,将鉴定意见作为专家提供的证言,而不作为一种独立的证据种类。

我国的司法鉴定主要包括以下种类:(1)司法医学鉴定(包括法医病理鉴定、法医临床鉴定、法医物证鉴定、法医毒物鉴定、司法精神病鉴定等);(2)物证技术鉴定(包括文书司法鉴定、痕迹司法鉴定、微量物证鉴定和声像资料司法鉴定等);(3)司法会计鉴定;(4)建筑工程司法鉴定;(5)产品质量司法鉴定;(6)工程造价司法鉴定;(7)资产评估司法鉴定;(8)农业司法鉴定;(9)环境监测司法鉴定;(10)税务司法鉴定;(11)计算机司法鉴定;(12)知识产权司法鉴定。

鉴定意见在刑事诉讼中发挥着非常重要的作用:第一,鉴定意见是揭示某些物品、痕迹证明力的重要手段,有时甚至是唯一手段。如从现场提取的指纹和血迹,只有经过鉴定才能发挥应有的证明作用。第二,鉴定意见是确定死亡原因、伤害程度、当事人的生理和精神状态等专门性问题的重要依据。第三,鉴定意见具有科学性,是审查其他证据的重要手段。

(二)鉴定意见的特点

鉴定意见具有以下特点:第一,鉴定意见是主观性和客观性的统一。鉴定意见是鉴定人运用自己的知识和经验对专门性问题提出的结论性意见,就这一点来说,其具有主观性。但是,鉴定人的意见并非主观想象,而是基于客观的事实和证据,例如血迹、指纹等作出的判断。第二,鉴定意见具有科学性和权威性的特点。鉴定人具备科学知识,可以运用科学的设备和方法对专门性问题作出判断,因此其具有科学性。鉴定人是在某一领域具备专门知识的人,因此,其对专门问题的判断具有权威性。第三,鉴定意见并没有预定的证明力。鉴定意见虽然具备科学性和权威性,但是它并没有预定的证明力,也必须经过庭审质证才能够作为定案的根据。因为,鉴定意见由于种种主客观的原因,也可能出现错误。

(三)对鉴定意见的审查判断

对鉴定意见应当着重审查以下内容:(1)鉴定机构和鉴定人是否具有法定资质;(2)鉴定人是否存在应当回避的情形;(3)检材的来源、取得、保管、送检是否符合法律有关规定,与相关提取笔录、扣押物品清单等记载的内容是否相符,检材是否充足、可靠;(4)鉴定意见的形式要件是否完备,是否注明提起鉴定的事由、鉴定委托人、鉴定机构、鉴定要求、鉴定过程、鉴定方法、鉴定日期等相关内容,是否由鉴定机构加盖司法鉴定专用章并由鉴定人签名、盖章;(5)鉴定程序是否符合法律有关规定;(6)鉴定的过程和方法是否符合相关专业的规范要求;(7)鉴定意见是否明确;(8)鉴定意见与案件待证事实有无关联;(9)鉴定意见与勘验、检查笔录及相关照片等其他证据是否矛盾;(10)鉴定意见是否依法及时告知相关人员,当事人对鉴定意见有无异议。

鉴定意见具有下列情形之一的,不得作为定案的根据:(1)鉴定机构不具备法定资质,或者鉴定事项超出该鉴定机构业务范围、技术条件的;(2)鉴定人不具备法定资质,不具有相关专业技术或者职称,或者违反回避规定的;(3)送检材料、样本来源不明,或者因污染不具备鉴定条件的;(4)鉴定对象与送检材料、样本不一致的;(5)鉴定程序违反规定的;(6)鉴定过程和方法不符合相关专业的规范要求的;(7)鉴定文书缺少签名、盖章的;(8)鉴定意见与案件待证事实没有关联的；(9)违反有关规定的其他情形。此外，经人民法院通知，鉴定人拒不出庭作证的，鉴定意见不得作为定案的根据。

八、勘验、检查、辨认、侦查实验笔录

(一)勘验、检查、辨认、侦查实验笔录概念

勘验、检查笔录，是指办案人员对与犯罪有关的场所、物品、人身、尸体进行勘验、检查后所作的书面记录。勘验笔录，是指公安司法机关对于与案件有关的现场进行勘验、检查时所制作的实况记录。勘验笔录由现场文字、现场绘图和现场照片三部分组成。检查笔录，是公安司法机关对与犯罪案件有关的物品、人身、尸体进行检查时，所作的客观记录。勘验、检查笔录具有以下特点：第一，客观性强。因为勘验、检查笔录记录的只能是观察到的事实，而不允许办案人员进行分析判断。第二，反映的内容比较全面。勘验、检查笔录不仅应当全面反映被勘验、检查对象本身的全面情况，而且应当客观地反映对象与周围事物的关系；而且笔录都是当场制作，这就更能客观全面地反映事实和情况。第三，记录手段多种多样。勘验、检查笔录以文字记载为主，但也可以用图画、照片、模型等手段表达，还可以用录音、录像，可以形象、生动地表现勘验、检查对象的真实情况。

辨认是在侦查人员组织被害人、证人、犯罪嫌疑人等对犯罪嫌疑人以及怀疑与犯罪有关的物品、尸体、场所进行识别认定的一种侦查措施。辨认笔录是以笔录的方式对辨认过程和辨认结果的全面、客观记载。

侦查实验，是为了验证在某种条件下的某种情况、某种行为能否发生或发现，而按照原来的条件进行模拟实验的一种活动。对这种实验条件、实验过程和实验结果的客观记载，就是侦查实验笔录。

(二)勘验、检查、辨认、侦查实验笔录与其他证据的区别

勘验、检查、辨认、侦查实验笔录不同于鉴定意见：勘验、检查、辨认、侦查实验笔录由办案人员制作，鉴定意见则由办案机关指派或者聘请的鉴定人制作；勘验、检查、辨认、侦查实验笔录是对所见情况的客观记载，鉴定意见的主要内容是鉴定人对案件专门性问题的分析判断意见；通过勘验、检查、辨认、侦查实验大多是解决案件中的一般性问题，鉴定则是解决案件中的专门性问题。同时勘验、检查、辨认、侦查实验笔录也不同于物证、书证：勘验、检查、辨认、侦查实验笔录所反映的是物品等的特征、空间位置、相互关系等，并非物证书证本身；勘验、检查、辨认、侦查实验笔录是在案发后由公安司法人员制作的，而物证、书

证形成于案发之前或者案发过程中。

(三)对勘验、检查、辨认、侦查实验笔录的审查

对勘验、检查笔录应当着重审查以下内容:(1)勘验、检查是否依法进行,笔录的制作是否符合法律有关规定,勘验、检查人员和见证人是否签名或者盖章。(2)勘验、检查笔录是否记录了提起勘验、检查的事由,勘验、检查的时间、地点,在场人员、现场方位、周围环境等,现场的物品、人身、尸体等的位置、特征等情况,以及勘验、检查、搜查的过程;文字记录与实物或者绘图、照片、录像是否相符;现场、物品、痕迹等是否被伪造、有无被破坏;人身特征、伤害情况、生理状态有无伪装或者变化等。(3)补充进行勘验、检查的,是否说明了再次勘验、检查的原由,前后勘验、检查的情况是否矛盾。勘验、检查笔录存在明显不符合法律有关规定的情形且不能作出合理解释或者说明的,不得作为定案的根据。

对辨认笔录应当着重审查辨认的过程、方法,以及辨认笔录的制作是否符合有关规定。辨认笔录具有下列情形之一的,不得作为定案的根据:(1)辨认不是在侦查人员主持下进行的;(2)辨认前使辨认人见到辨认对象的;(3)辨认活动没有个别进行的;(4)辨认对象没有混杂在具有类似特征的其他对象中,或者供辨认的对象数量不符合规定的;(5)辨认中给辨认人明显暗示或者明显有指认嫌疑的;(6)违反有关规定、不能确定辨认笔录真实性的其他情形。

对侦查实验笔录应当着重审查实验的过程、方法,以及笔录的制作是否符合有关规定。侦查实验的条件与事件发生时的条件有明显差异,或者存在影响实验结论科学性的其他情形的,侦查实验笔录不得作为定案的根据。

九、视听资料、电子数据

(一)视听资料、电子数据的概念与特点

视听资料,是指以录音、录像、光盘、电脑以及其他科技手段所记录、储存的图像、音响、数据、信息等资料来证明案件事实的一种证据。视听资料的形式多种多样,主要包括录音资料、录像资料、电子计算机和其他高科技设备储存的资料。视听资料具有以下特点:第一,视听资料的形成、储存和再现,具有高度的准确性和逼真性;第二,有各种言词证据不具备的直观性,可以将与案件有关的形象和声音,甚至案件发生的实况再现出来;第三,具有物证、书证不具备的动态连续性;第四,视听资料容易被伪造、篡改,而且被伪造、篡改后,凭人的感官往往难以发现。

电子数据,是指以电子形式存在的、用作证据使用的一切材料及派生物。

电子数据既包括反映法律关系产生、变更或消灭的电子信息正文本身，又包括反映电子信息生成、存储、传递、修改、增删等过程的电子记录，还包括电子信息所处的硬件和软件环境。诸如电子邮件、电子数据交换、网上聊天记录、网络博客、手机短信、电子签名、域名、电子公告牌记录、电子资金划拨记录、网页等文件均属于电子数据。电子数据具有以下特点：第一，电子数据的存在需要借助于一定的电子介质；第二，电子数据可以通过互联网快速地传播；第三，人们对电子数据的感知，必须借助于电子设备，并且不能脱离特定的系统环境。

（二）对视听资料、电子数据的审查

对视听资料应当着重审查以下内容：(1)是否附有提取过程的说明，来源是否合法。(2)是否为原件，有无复制及复制份数；是复制件的，是否附有无法调取原件的原因、复制件制作过程和原件存放地点的说明，制作人、原视听资料持有人是否签名或者盖章。(3)制作过程中是否存在威胁、引诱当事人等违反法律有关规定的情形。(4)是否写明制作人、持有人的身份，制作的时间、地点、条件和方法。(5)内容和制作过程是否真实，有无剪辑、增加、删改等情形。(6)内容与案件事实有无关联。对视听资料有疑问的，应当进行鉴定。

对电子邮件、电子数据交换、网上聊天记录、博客、微博客、手机短信、电子签名、域名等电子数据，应当着重审查以下内容：(1)是否随原始存储介质移送；在原始存储介质无法封存、不便移动或者依法应当由有关部门保管、处理、返还时，提取、复制电子数据是否由二人以上进行，是否足以保证电子数据的完整性，有无提取、复制过程及原始存储介质存放地点的文字说明和签名。(2)收集程序、方式是否符合法律及有关技术规范；经勘验、检查、搜查等侦查活动收集的电子数据，是否附有笔录、清单，并经侦查人员、电子数据持有人、见证人签名；没有持有人签名的，是否注明原因；远程调取境外或者异地的电子数据的，是否注明相关情况；对电子数据的规格、类别、文件格式等注明是否清楚。(3)电子数据内容是否真实，有无删除、修改、增加等情形。(4)电子数据与案件事实有无关联。(5)与案件事实有关联的电子数据是否全面收集。对电子数据有疑问的，应当进行鉴定或者检验。

视听资料、电子数据具有下列情形之一的，不得作为定案的根据：(1)经审查无法确定真伪的；(2)制作、取得的时间、地点、方式等有疑问，不能提供必要证明或者作出合理解释的。

第三节 证据的分类

一、刑事证据的分类的概念与意义

刑事证据的分类,也称为刑事证据学理论上的分类,是指在理论上按照一定的标准从不同的角度对刑事证据所作的划分。刑事证据的分类不同于刑事证据的种类。刑事证据种类是指根据证据的表现形式,在法律上对证据所进行的分类。刑事证据的分类与种类具有以下区别:第一,划分的标准不同。第二,所具有的约束力不同。

刑事证据的分类具有重要的理论意义与实践意义:从理论方面,对刑事证据进行分类,可以深入认识与分析不同证据的特点,进而研究不同证据在收集、审查判断中的规则。从实践方面,对刑事证据进行分类,便于公安司法人员根据不同证据的特点,客观、全面地收集和审查判断证据,从而提高办案质量,保证司法公正。

二、证据分类

理论上对证据有不同的分类,常见的有如下分类。

(一)言词证据与实物证据

根据证据的表现形式不同,可以将证据分为言词证据和实物证据。凡是表现为人的陈述,即以言词作为表现形式的证据,是言词证据。凡是表现为物品和痕迹和以其内容具有证据价值的书面文件,即以实物作为表现形式的证据,是实物证据。

在法律规定的几种证据中,证人证言、当事人陈述、被害人陈述、被告人供述与辩解、鉴定意见等属于言词证据。鉴定意见虽然表现为书面形式,但其实质是鉴定人就案件中的专门性问题所作的判断,而且在法庭审理时,当事人等有权对鉴定人就鉴定意见发问,鉴定人有义务作出回答,因此,鉴定意见属于言词证据。

物证、书证、勘验检查笔录、现场笔录、视听资料属于实物证据。勘验检查笔录,现场笔录是对有关现场、人身、物品、痕迹等与案件有关的实物证据特征的书面记录,是对实物证据的内容的固定和反映,因此,属于实物证据。视听资料都是通过一定的录音带、录像带、光盘等实物加以储存和反映的,属于实物证据。

言词证据的特点是能够形象、生动地反映客观事实,可以从动态上揭示案件发生的原因、过程、后果和具体情节,而且提供证据的人能及时补充、修正他所了解的事实,回答办案人员提出的问题,澄清某些疑点。但是,由于言词证据是经过证人、被害人、犯罪嫌疑人、被告人、鉴定人等的感知、判断、记忆、陈述这几个程序形成的,其陈述受感受力、记忆力、判断力、表达能力等影响,不能如实反映案件事实的可能性较大,甚至还有可能歪曲、伪造、隐瞒事实。因此,在收集和运用言词证据时应当注意:(1)在收集言词证据的过程中,严禁使用刑讯逼供、利诱以及其他非法方法;(2)应当如实收集言词证据,特别是对年老、重病者更应如此;(3)针对言词证据易变的特点,应当注意对言词证据的固定,如对于陈述要全面、如实地进行记录,并依法予以核对签名;(4)应当注意陈述人的个体情况,如与案件的关系,感知、记忆、陈述的能力、条件,以及有无其他因素影响等。

实物证据的特点是受人为因素的影响较小,相对于言词证据来说更加客观。但是,除视听资料外,其所反映的案件事实不仅不如言词证据形象、生动和具体,而且所含信息量较小,通常只能证明案件事实的某个片段,对案件主要事实的证明多是间接的。此外,实物证据在很多情况下需要运用科学技术手段才能够发挥其证明力。因此,在收集和运用实物证据时应当注意以下方面:(1)应当及时、客观、细致、全面,注意充分运用现代化科技手段,避免遗漏或在收集中破坏实物证据的证明价值;(2)凡是需要鉴定或者检验的实物证据,都必须进行鉴定或检验;(3)对收集到的实物证据应当开列清单,妥善保管;(4)审查实物证据,应当注意其是否被伪造、是否受环境的影响而发生变化、收集的程序和使用的技术是否规范等。

(二)原始证据与传来证据

按照证据的来源划分,凡是直接来源于案件事实,未经复制、转述的证据是原始证据;凡是间接来源于案件事实,经过复制、转述的证据,是传来证据。在诉讼中,当事人和证人关于案件事实的亲自所为、亲自感受、亲见亲闻的陈述,物证的原物和书证、视听资料的原件以及鉴定意见、勘验笔录、检查笔录、现场笔录等均属于原始证据;当事人、证人从其他人那里得知的案件事实的陈述,物证、视听资料的复制品以及书证的副本、复印件等属于传来证据。

一般来说,直接来源于案件事实的原始证据比传来证据可靠。同是传来证据,距离原始证据越接近通常越可靠。因为证据材料转手和复制的次数越多,其所含信息发生误差的可能性越大。反之,原始证据没有经过转手和复制,发生误差的可能性就越小。因此,在查明案件事实的过程中,公安司法人员应当尽可能收集原始证据。

对于转述多次的证人证言和书证、物证的复制品,应当查明其来源,尽量收集原始证人的证言,文件的原件和原始物证。在司法实践中,凡是能够将原始证据附卷的,都应当附卷,作为定案的根据,以便再次审查。在法庭调查中,应当坚持原始证人、亲自感受案情的被害人等亲自出席法庭,亲自陈述并接受质证。

传来证据与原始证据相比可靠性较差,但是传来证据在查明案情中具有不可忽视的作用。其作用表现在以下方面:第一,可以作为发现原始证据的线索;第二,在特定情况下,可以作为审查原始证据是否真实的手段;第三,在无法取得原始证据或取得原始证据确有困难时,代替原始证据;第四,可以增强原始证据的证明力。

运用传来证据应当遵循以下规则:第一,没有正确的来源或者来源不明的传说、文字材料,不能作为定案的根据;第二,只有在不能取得原始证据或者取得确有困难时,才能用传来证据代替;第三,应当尽可能收集和运用距离原始证据最近的传来证据;第四,如果某一案件只有传来证据而没有原始证据,不能认定犯罪嫌疑人、被告人有罪。

(三)有利于被追诉人的证据与不利于被追诉人的证据

根据证据的证明作用可以把证据分为有利于被追诉人的证据与不利于被追诉人的证据。凡是能够证明犯罪嫌疑人、被告人无罪、罪轻以及应当从轻处罚或者减轻、免除刑事责任的证据,是有利于被追诉人的证据。有利于被追诉人的证据又可以分为绝对有利于被追诉人的证据和相对有利于被追诉人的证据。前者主要是指无罪证据和其他不应追究刑事责任的证据。后者是指罪轻、从轻、减轻或者免于处罚的证据,此种证据相对于指控而言,减轻了被追诉人的刑事责任,具有一定的相对性。

在具体案件中,同一个证据究竟是属于有利于被追诉人的证据,还是属于不利于被追诉人的证据,有可能发生变化。一方面是因为公安司法人员对证据的认识,有一个从不全面到全面的认识过程,只有将证据全部联系起来,才能准确地作出评判;另一方面是因为除了无罪证据外,有利于或不利于被追诉人是一个相对概念,是分别相对于具体的指控而言的。需要指出的是,这种有利与不利之间的转化并不是证据的客观内容发生了变化,而是该证据相对于不同的控诉,其作用有所变化。

(四)直接证据与间接证据

根据证据与案件主要事实的关系,即证据能否单独直接证明案件主要事实,可以把证据分为直接证据和间接证据。常见的直接证据有犯罪嫌疑人、被告人的有罪供述、证人证言、被害人陈述等。凡是能够单独、直接证明案件主要事实的证据,称为直接证据。凡是不能单独、直接证明案件主要事实,而需要与其他证据相结合才能证明的证据,称为间接证据。常见的间接证据有反映犯罪嫌疑人、被告人到过现场的痕迹、物品,反映犯罪动机、目的的证据,案发后犯罪嫌疑人、被告人为掩盖罪行而实施的毁灭证据、伪造现场的行为等。

直接证据的最大优点是能够单独证明犯罪是否为犯罪嫌疑人、被告人所为,而无须经过推理。当存在直接证据时,只要查证属实,就可以认定或排除犯罪嫌疑人、被告人有罪。但是,直接证据多为言词证据,具有易变、不稳定的特点,因此,直接证据的收集和运用应当注意:(1)收集、审查和运用直接证据应注意严格依照法定程序进行,严禁刑讯逼供和以威胁、利诱、欺骗等;(2)应当坚持孤证不能定案的原则。

间接证据的特点是:其与案件主要事实的联系是间接的,一个间接证据只能证明案件主要事实的某个片段,必须经过推理。间接证据虽然不能直接证明案件的主要事实,但是在诉讼中发挥着重要的作用:第一,在侦破案件中,往往是发现犯罪嫌疑人的先导;第二,是获得直接证据的手段;第三,是鉴别直接证据真伪的手段,在很多情况下可以加强直接证据的证明力;第四,在某些案件中,没有直接证据,可以只根据充分、确实的间接证据认定犯罪嫌疑人、被告人有罪。根据最高人民法院《解释》的规定和司法实践经验,没有直接证据,但间接证据同时符合下列条件的,可以认定被告人有罪:第一,证据已经查证属实;第二,证据之间相互印证,不存在无法排除的矛盾和无法解释的疑问;第三,全案证据已经形成完整的证明体系;第四,根据证据认定案件事实足以排除合理怀疑,结论具有唯一性;第五,运用证据进行的推理符合逻辑和经验。

第四节　刑事诉讼证明

一、刑事诉讼证明的概念和特点

证明的概念是证明制度的基础,对证明概念的不同认识决定了对证明主体、证明责任、证明标准等重大问题的不同认识。刑事诉讼证明,是指刑事诉讼中的证明主体依照法定程序,运用证据来查明和确定案件事实的诉讼活动。刑事诉讼证明贯穿于侦查、起诉、审判各个阶段。刑事诉讼中的证明有广义和狭义两种。狭义的证明是指侦查人员、检察人员和审判人员依照法定程序收集证据、审查判断证据,运用证据来确定有无犯罪,是谁实施了犯罪,犯罪人的罪责轻重,以及其他有关事实的诉讼活动;广义上的证明是指除司法人员依法运用证据确定案件事实的诉讼活动以外,还包括当事人和其他诉讼参与人依法提供证据、运用证据证明自己诉讼主张的活动。

刑事诉讼中的证明具有以下特点:

第一,刑事诉讼证明的主体是人民法院、人民检察院和公安机关;刑事诉讼的当事人也应当依法提供证据,证明自己的指控或者主张。

第二,刑事诉讼证明的任务是确定案件事实的真实情况。也就是说,在刑事诉讼中,要证明犯罪事实是否发生,犯罪嫌疑人、被告人是否实施了犯罪,以及有无从重、从轻、减轻或者免除其刑事责任的情节等。

第三,刑事诉讼的证明必须依法进行,才具有诉讼上的有效性。刑事诉讼证明是由国家法律所调整的诉讼活动,从证明任务、证明主体、证明责任、证明范围、证明手段到收集、审查、运用证据的规则和程序等,都有明确的法律规定,公安司法人员必须严格依照法律规定加以证明。

第四,从刑事诉讼证明的内容看,刑事诉讼证明贯穿于刑事诉讼的全过程;在证明方法上事实推断与逻辑推断相结合。从刑事诉讼案件中确定其证明对象,依法收集各种证据,再根据已知的证据事实和生活经验推断案件未知的证明对象。

二、证明对象

证明对象是指证明主体需要用证据证明的案件事实,又称为待证事实。明确证明对象对于确定刑事诉讼中证明的方向,指导证据的收集和运用,使案件得到正确、及时处理,提高诉讼效率具有重要意义。刑事诉讼的核心问题是严格依照法定程序解决犯罪嫌疑人、被告人的刑事责任问题。因此,证明对象必须是与犯罪嫌疑人、被告人定罪量刑有关的事实和涉及诉讼程序公正的事实情况。具体来说,刑事证明对象包括以下两类事实。

(一)实体法事实

参照最高人民法院《解释》的规定,并结合司法实践,需要运用证据证明的案件实体事实主要包括:(1)犯罪嫌疑人、被告人、被害人的身份;(2)犯罪事实是否存在;(3)犯罪是否为犯罪嫌疑人、被告人所实施;(4)犯罪嫌疑人、被告人有无刑事责任能力,有无罪过,实施犯罪的动机、目的;(5)实施犯罪的时间、地点、手段、后果以及案件起因等;(6)犯罪嫌疑人、被告人在共同犯罪中的地位、作用;(7)犯罪嫌疑人、被告人有无从重、从轻、减轻、免除处罚情节;(8)有关附带民事诉讼、涉案财物处理的事实;(9)与定罪量刑有关的其他事实。

(二)程序法事实

需要运用证据加以证明的程序事实主要包括:(1)关于管辖的事实。(2)关于回避的事实。(3)关于延期审理的事实。(4)耽误诉讼期限是否有不可抗拒的原因或者其他正当理由的事实。(5)影响采取强制措施的事实,如犯罪嫌疑人、被告人是否患有严重疾病、生活不能自理,怀孕或者正在哺乳自己婴儿的妇女,将影响有关机关能否采取逮捕这一强制措施。(6)违反法定程序的事实,如根据刑事诉讼法第227条的规定,第二审人民法院发现第一审人民法院的审理有违反法律规定的诉讼程序的情形的,应当裁定撤销原判,发回原审人民法院重新审判。第一审人民法院的审理是否存在违反法定程序的情形需要证据加以证明。(7)影响执行的事实,例如,刑事诉讼法第254条规定的暂予监外执行的条件和第260条所规定的减、免罚金的条件均需要相应证据加以证明。(8)其他需要证明的程序事实。

三、证明责任

(一)我国的证明责任与证明职责

对证明概念认识的不同决定了证明责任概念的不同。我国证据法理论中的传统观点将证明责任区分为证明职责和举证责任。司法机关承担的证明责任称为证明职责,当事人承担的证明责任叫举证责任。这种观点本身无论从理论上还是从实践上,都是能自成体系的,并且在我国的证据法学理论中占据主导地位。按照这种界定,“证明责任”的含义与西方国家的证明责任的含义并不对应;而“举证责任”倒是与西方的证明责任大致对应。现在有的学者主张证明责任与举证责任是等同的,而且应当使用证明责任的表述,证明责任只适用于有诉讼主张的主体,具体内容包括提出证据的责任、说服责任和不利后果的承担责任。这种观点基本采用了美国证明责任的概念。但是这种概念对司法机关的自向证明没有研究和体现。我们认为,公安司法机关基于职责在诉讼证明中所负的责任应当称为证明职责;控辩双方提出证据证明自己主张的责任称为证明责任。证明责任与证明职责最主要的区别在于证明责任可以体现为风险的负担,而证明职责不存在风险负担的问题。

(二)我国证明职责的承担

在公诉案件中,公安司法机关承担证明职责。根据刑事诉讼法第50条的规定,审判人员、检察人员、侦查人员必须依照法定程序,收集能够证实犯罪嫌疑人、被告人有罪或者无罪、犯罪情节轻重的各种证据。严禁刑讯逼供和以威胁、引诱、欺骗以及其他非法方法收集证据,不得强迫任何人证实自己有罪。人民法院、人民检察院、公安机关在刑事诉讼中分别代表国家行使审判权、检察权和侦查权,收集证据,查明案件事实是法律赋予的职责。根据刑事诉讼法的规定,公安机关报请批准逮捕,必须提供所依据的证据;侦查终结,将案件移送人民检察院审查起诉时,必须提供支持其所认定的犯罪事实的证据。人民检察院审查以后,认为事实不清、证据不足的,可以退回公安机关补充侦查,也可以自行侦查。人民检察院决定提起公诉的案件,也必须认为证明犯罪嫌疑人犯罪事实的证据确实、充分,足以作出有罪判决。人民法院对被告人定罪量刑,必须建立在犯罪事实清楚、证据确实充分的基础上。第一审法院的未生效判决如果证据不足,将由第二审法院予以撤销或改判。即使是生效判决,如果证据不足,认定事实错误,也将由法定的机关按照审判监督程序对案件进行再审,纠正错判。

在自诉案件中法院同样负有证明职责。在法庭审理过程中,审判人员对证据有疑问时,与公诉案件一样,可以休庭对证据进行调查核实,可以进行勘验、检查和鉴定。法院经过调查核实证据,认为证据已经确实、充分,才能作出有罪判决。公安机关、人民检察院、人民法院对案件所作出的追诉犯罪或者有罪处理的决定或裁判,在证据上应当达到法律规定的证明要求。如果没有达到法律规定的证明要求,则应当作出撤销案件、不起诉或者宣告无罪的决定。总之,证明职责是刑事诉讼中对公安司法机关行使职权的一项非常重要的要求,在理论上加以确认,对正确实现刑事诉讼任务具有重要意义。

(三)我国证明责任的承担

1. 公诉案件中证明责任的承担

刑事诉讼法第49条规定,公诉案件中被告人有罪的举证责任由人民检察院承担。在公诉案件中,由公诉方承担证明责任,被告人一般不承担证明责任。在公诉案件的审判阶段,公诉人负有证明责任,应当向法庭提出证据,证明起诉书指控的被告人的犯罪事实。如果公诉人举不出证据或者所举出的证据达不到法律规定的确实、充分的要求，根据无罪推定原则法庭就会对被告人作出无罪判决。犯罪嫌疑人、被告人一般不承担证明责任。不能因为犯罪嫌疑人、被告人不能证明自己无罪便得出犯罪嫌疑人、被告人有罪的结论。

犯罪嫌疑人、被告人不承担证明责任的例外是“巨额财产来源不明罪”和“非法持有国家绝密、机密文件资料、物品罪”。我国刑法第395条规定，国家工作人员的财产或者支出明显超过合法收入，差额巨大的，可以责令说明来源。不能说明其来源是合法的，差额部分以非法所得论。对于此类案件，首先承担证明责任的是追诉机关，当追诉机关收集到足够证据，证明某国家机关工作人员的财产或者支出明显超出其合法收入且数额巨大时，证明责任就转移到犯罪嫌疑人身上，他必须说明差额部分的来源是合法的，如果不能说明，差额部分以非法所得论。刑法第282条第2款规定：“非法持有属于国家绝密、机密的文件、资料或者其他物品，拒不说明来源与用途的，处三年以下有期徒刑、拘役或者管制。”在本罪中，只要司法机关能证明犯罪嫌疑人、被告人不该持有而持有属于国家绝密、机密文件、资料、物品，那么在此情况下，犯罪嫌疑人、被告人即承担来源与用途合法的证明责任。

在我国的公诉案件中，被告人总体上不承担证明责任，但在特定的情况下承担一定的证明责任。根据我国的情况，犯罪嫌疑人、被告人对其辩护主张应负提出相关证据或证据来源的证明推进责任的特定情况，应包括如下几个方面：主张有阻却违法性的事由存在；主张有阻却犯罪构成要件事实存在；主张有阻却刑事责任的事由存在；主张有刑事诉讼法第15条所规定的不追究刑事责任的情况存在；主张有从轻、减轻处罚的事由存在；主张其他辩护事由存在，且只有犯罪嫌疑人、被告人才有可能提出有关证据或证据线索的情况。这些情况，一旦犯罪嫌疑人、被告人提出相应证据或证据线索，有关主张是否成立的证明责任仍回归到公诉机关身上。

2. 自诉案件证明责任的承担

刑事诉讼法第49条规定，自诉案件中被告人有罪的举证责任由自诉人承担。因此，在自诉案件中，自诉人负有证明责任。自诉人向人民法院提出控诉时，必须提供证据。人民法院认为缺乏罪证，而自诉人又提不出补充证据时，人民法院应当说服自诉人撤回自诉，或者裁定驳回。

自诉案件中的被告人同样不负证明责任。如果被告人在诉讼过程中提起反诉，他在反诉中便成为自诉人，对反诉就承担证明责任，必须提供证据来证明反诉的主张和事实。

四、证明标准

证明标准也称为证明要求，是指按照法律规定认定案件事实所要求达到的程度或者标准。刑事诉讼法第 160 条规定，公安机关侦查终结的案件，应当做到犯罪事实清楚，证据确实、充分，并且写出起诉意见书，连同案卷材料、证据一并移送同级人民检察院审查决定。刑事诉讼法第 172 条规定，人民检察院认为犯罪嫌疑人的犯罪事实已经查清，证据确实、充分，依法应当追究刑事责任的，应当作出起诉决定，按照审判管辖的规定，向人民法院提起公诉，并将案卷材料、证据移送人民法院。刑事诉讼法第 195 条第 1 项规定，案件事实清楚，证据确实、充分，依据法律认定被告人有罪的，应当作出有罪判决。在我国的刑事诉讼中，认定犯罪嫌疑人、被告人有罪的证明标准是案件事实清楚，证据确实、充分。我国刑事诉讼法规定，公安机关侦查终结移送审查起诉，人民检察院对犯罪嫌疑人提起公诉，人民法院对被告人作出有罪判决，必须做到案件事实清楚，证据确实、充分。所谓案件事实清楚，是指与定罪量刑有关的事实和情节，都必须查清。证据确实、充分中的“确实”是对证据质的要求，“充分”是对证据量的要求，质和量的统一就是确实、充分。证据确实、充分，应当符合以下条件：(1)定罪量刑的事实都有证据证明。只是对证据量的要求，证据量的多少是影响人民法院裁判案件正确性的条件之一，只有被收集证据的数量达到充足的程度，才能保障尽可能地从这些证据中筛选出能证明案件事实的证据。(2)据以定案的证据均经法定程序查证属实。这是对证据在质上的要求，即要求“证据确实”。(3)综合全案证据，对所认定事实已排除合理怀疑。证明标准一词具有主观性和客观性的双重含义。事实上，所有的证据都是盖然的，对作为定案根据的证据的取舍，实际上就是排除主观合理怀疑后的相对确信。“排除合理怀疑”在我国刑事诉讼证明标准中的用途是对证据确实、充分的进一步解释，不能说我国刑事诉讼中确立了排除一切合理怀疑的证明标准。

五、证明过程

(一)证据的收集

收集证据，就是侦查、检察、审判人员和辩护律师，运用侦查手段或者依法进行调查，发现和提取能够证实案情的证据材料的诉讼活动。收集证据是查明案件事实的前提，是完成证明任务、实现证明过程的基础。收集证据是查明案件真实情况的必要步骤，是为追究犯罪者刑事责任或者证明被告人无罪奠定基础的工作,是判断和使用证据的前提和先决条件。

1. 收集证据的主体是公安司法机关的工作人员、当事人、辩护律师及其诉讼代理人

收集证据是法律赋予司法机关的职责和辩护律师与当事人的诉讼权利。我国刑事诉讼法第50条规定,审判人员、检察人员、侦查人员必须依照法定程序,收集能够证实犯罪嫌疑人、被告人有罪或者无罪、犯罪情节轻重的各种证据。严禁刑讯逼供和以威胁、引诱、欺骗以及其他非法方法收集证据,不得强迫任何人证实自己有罪。必须保证一切与案件有关或者了解案情的公民,有客观地充分地提供证据的条件,除特殊情况外,可以吸收他们协助调查。该法第52条规定,人民法院、人民检察院和公安机关有权向有关单位和个人收集、调取证据。有关单位和个人应当如实提供证据。最高人民法院《解释》规定,行政机关在行政执法和查办案件过程中收集的物证、书证、视听资料、电子数据等证据材料,在刑事诉讼中可以作为证据使用;经法庭查证属实,且收集程序符合有关法律、行政法规规定的,可以作为定案的根据。根据法律、行政法规规定行使国家行政管理职权的组织,在行政执法和查办案件过程中收集的证据材料,视为行政机关收集的证据材料。人民检察院《规则》(试行)同时规定,行政机关在行政执法和查办案件过程中收集的鉴定意见、勘验、检查笔录,经人民检察院审查符合法定要求的,可以作为证据使用。

刑事诉讼法第35条规定:"辩护人的责任是根据事实和法律,提出犯罪嫌疑人、被告人无罪、罪轻或者减轻、免除其刑事责任的材料和意见,维护犯罪嫌疑人、被告人的诉讼权利和其他合法权益。"刑事诉讼法还规定,自诉人如果直接向人民法院提出自诉,必须提出必要的证据。对于缺乏罪证的自诉案件,如果自诉人提不出补充证据,人民法院则应当说服自诉人撤回自诉,或者裁定驳回。

《中华人民共和国律师法》第31条规定:"律师担任辩护人的,应当根据事实和法律,提出犯罪嫌疑人、被告人无罪、罪轻或者减轻、免除其刑事责任的材料和意见,维护犯罪嫌疑人、被告人的诉讼权利和其他合法权益。"律师法进一步规定,律师参加诉讼活动,依照诉讼法的规定,可以收集、查阅与本案有关的材料,同被限制人身自由的人会见和通信,出席法庭,参与诉讼,以及享有法律规定的其他权利。

根据上述法律规定,对于司法机关来说,收集证据是它们必须履行的职责;

对于辩护律师和某些当事人来说，收集证据则是法律赋予他们的诉讼权利。这些规定明确了收集证据的主体，只属于两类人员，一类是国家专门机关的侦查人员、检察人员、审判人员，另一类则是充当辩护人的律师以及某些当事人，除此之外，任何人都不得从事收集证据的活动。

2. 收集证据贯穿于刑事诉讼的全过程

收集证据是刑事诉讼中最基本的诉讼活动，贯穿于侦查、起诉和审判的各个阶段。尽管收集证据主要是侦查阶段的任务，但在审查起诉阶段，人民检察院如果认为证据不足时，还可以事后补充收集证据。刑事诉讼法第 191 条规定："法庭审理过程中，合议庭对证据有疑问的，可以宣布休庭，对证据进行调查核实。人民法院调查核实证据，可以进行勘验、检查查封、扣押、鉴定和查询、冻结。"根据刑事诉讼法第 198 条的规定，在法庭审判过程中，还可以根据当事人的申请，决定延期审理，调取新的物证。由此可见，在进入审判阶段以后，当人民法院发现证据有疑问时，也可依其职权，补充收集证据或者对证据进行核查。总之，只要案件还没有最后判决，随时都有可能需要补充收集证据。

3. 收集证据必须符合法定的程序

根据刑事诉讼法的规定，收集证据必须符合法定的程序，否则就有可能成为非法证据。所谓非法证据，是指办案人员经过非法程序或者使用非法方法取得的证据。刑事诉讼法第 54 条规定，采用刑讯逼供等非法方法收集的犯罪嫌疑人、被告人供述和采用暴力、威胁等非法方法收集的证人证言、被害人陈述，应当予以排除。收集物证、书证不符合法定程序，可能严重影响司法公正的，应当予以补正或者作出合理解释；不能补正或者作出合理解释的，对该证据应当予以排除。依据上述规定，刑事诉讼中非法证据的排除有以下两种情况：一是采用刑讯逼供等非法方法收集的犯罪嫌疑人、被告人供述和采用暴力、威胁等非法方法收集的证人证言、被害人陈述，应当予以排除。刑讯逼供是指使用肉刑或者变相使用肉刑，使犯罪嫌疑人、被告人在肉体或者精神上遭受剧烈疼痛或者痛苦以逼取供述的行为。其他非法方法是指违法程度和对犯罪嫌疑人、被告人的强迫程度与刑讯逼供或者暴力、威胁相当而迫使其违背意愿供述的方法。二是收集物证、书证不符合法定程序，可能严重影响司法公正的，应当予以补正或者作出合理解释；不能补正或者作出合理解释的，对该证据应当予以排除。在侦查、审查起诉、审判时发现有应当排除的证据的，应当依法予以排除，不得作为起诉意见、起诉决定和判决的依据。

在侦查阶段发现有应当排除的证据的，经县级以上公安机关负责人批准，应当依法予以排除，不得作为提请批准逮捕、移送审查起诉的依据。人民检察院对采用刑讯逼供等非法方法收集的犯罪嫌疑人供述和采用暴力、威胁等非法方法收集的证人证言、被害人陈述，应当依法排除，不得作为报请逮捕、批准或者决定逮捕、移送审查起诉以及提起公诉的依据。收集物证、书证不符合法定程序，可能严重影响司法公正的，人民检察院应当及时要求侦查机关补正或者作出合理解释；不能补正或者无法作出合理解释的，对该证据应当予以排除。对侦查机关的补正或者解释，人民检察院应当予以审查。经侦查机关补正或者作出合理解释的，可以作为批准或者决定逮捕、提起公诉的依据。其中可能严重影响司法公正是指收集物证、书证不符合法定程序的行为明显违法或者情节严重，可能对司法机关办理案件的公正性造成严重损害；补正是指对取证程序上的非实质性瑕疵进行补救；合理解释是指对取证程序的瑕疵作出符合常理及逻辑的解释。人民检察院经审查发现存在刑事诉讼法第54条规定的非法取证行为，依法对该证据予以排除后，其他证据不能证明犯罪嫌疑人实施犯罪行为的，应当不批准或者决定逮捕，已经移送审查起诉的，可以将案件退回侦查机关补充侦查或者作出不起诉决定。

（二）证据的审查判断

证据的审查判断就是侦查人员、检察人员和审判人员对收集、保全后的证据进行分析、研究，辨别其真伪，确定其证据能力和证明力的诉讼活动。

1. 对单个证据的审查

对单个证据的审查，首先应当从真实性、关联性和合法性等方面进行审查。真实性，是指证据必须客观真实，任何虚假的证据都不得作为认定案件事实的根据。这就要求司法工作人员应当着重审查证据形成的时间、地点、条件等因素，善于鉴别和排除虚假的材料。根据司法实践经验，审查判断证据的真实性，一般应从审查判断证据的来源和审查判断证据的内容两个方面进行。

证据的关联性，又称证据的相关性，是指证据与案件事实之间的内在联系性。证据必须与案件事实存在着某种联系，能够证明案件的某一真实情况。审查判断证据的关联性，一般从三个方面进行：一是分析判断证据与案件事实之间有无客观联系；二是分析判断证据与案件事实之间联系的形式和性质；三是分析判断证据与案件事实之间联系的确定性程度。

证据的合法性，又称证据的法律性，是指证据的形式以及证据的收集和运用必须符合法律的规定。作为认定案件事实根据的证据必须符合法律规定的形式,具有合法性,否则就可能因不符合证据能力方面的要求而丧失证据资格,不能作为证据采纳。根据法律规定和司法实践经验,审查判断证据的合法性,一般应从三个方面进行:一是审查判断证据是否具备法定的形式,手续是否完备;二是审查判断收集证据的程序是否合法;三是审查判断证据的运用是否合法。

2. 从不同证据种类与分类的特点来审查判断

证据有不同的种类和相应的分类,应当根据其不同的特点来进行审查判断。例如,审查实物证据,要注意其有无被伪造、变造或者由于受客观环境影响而发生变形、损坏或灭失等情况;对于言词证据则应注意审查有无影响其真实性的主观动机、是否受到外界压力等因素。再如,一般而言,原始证据的证明力大于传来证据,但原始证据的证明力也是相对的,不是固定不变的。因此,要注意审查判断原始的物品、痕迹是否因时间久远而变形或毁损,被害人、证人是否故意作虚假陈述,或者因记忆衰退而表述得不真实。对于传来证据,应当查明其来源与出处。

3. 全案证据互相印证,加以审查判断

对全案证据互相印证,进行综合审查判断时,应当特别注意以下几个方面:首先,审查单个证据前后内容是否一致的问题。例如,证人在几次询问中就相同的问题提供的证言前后是否有变化,犯罪嫌疑人、被告人的供述是否有先供后翻现象。如果发现犯罪嫌疑人、被告人时供时翻,证人提供的证言前后不一致,就应当深究其因,不能轻易采信。其次,要审查证据与证据之间是否一致,在相互印证中辨明真伪。例如,要注意分析同案犯口供,不同证人的证言,被害人的陈述,书证、物证与勘验、检查笔录之间有无矛盾,以便发现问题,进一步查证核实。

(三)运用证据,认定案件事实

在收集、保全证据以及审查判断证据的基础上,司法人员必须综合运用证据,加以分析判断来认定案件事实,即对案件的基本事实作出最后认定的结论。根据相关法律规定和司法解释,运用证据认定案件时应注意以下几个问题。

1. 只有单个证据不能认定被告人有罪,即“孤证不能定罪”。我国刑事诉讼法第 53 条作出了仅凭口供不能定案的规定,即“只有被告人供述,没有其他证据的,不能认定被告人有罪和处以刑罚”。我们认为,在刑事诉讼中,只要没有其他证据加以印证,任何单个证据都不能单独作为认定案件事实的根据。这是因为刑事诉讼涉及公民的财产权、人身权甚至生命权,在定罪时必须慎之又慎。

2. 在运用间接证据定案时要更加谨慎。任何一个间接证据都不能单独、直接证明案件的主要事实。只有将间接证据与直接证据联系起来,或者将一定数量的、确实充分的间接证据联系起来,构成一个完整的证明体系,对主要事实的证明达到“唯一性”,排除合理怀疑的情况下,才能作出有罪认定。

3. 把案件内所有证据与案件事实联系起来,据以认定案件事实的证据应当在整体上形成一个严密的证明体系,对主要事实的证明要通过排除合理怀疑,形成“唯一性”的结论,总体上达到犯罪事实清楚,证据确实、充分的要求。这是最重要的一条定罪规则。

4. 贯彻疑罪从无原则。对全案证据进行综合审查判断后,可能出现定罪证据不足、无罪又难下定论的情况,这就是办案中不时出现的“疑案”。对于这种疑案,确实存在判有罪可能冤枉无辜,判无罪可能放纵罪犯的两难选择。但是,根据无罪推定原则以及我国刑事诉讼法第 171 条第 4 款关于证据不足应当不起诉的规定和第 195 条第(3)项关于证据不足应当作无罪判决的规定,对达不到“证据确实、充分”的案件,我们应当本着宁纵勿枉的精神,坚决作出无罪的处理。

DIBAZHANG

第八章

强制措施

第一节 强制措施的概念和意义

一、强制措施的概念和特点

我国刑事诉讼中的强制措施，是指公安机关、人民检察院和人民法院为保证刑事诉讼的顺利进行，依法对犯罪嫌疑人、被告人所采取的在一定期限内暂时限制或剥夺其人身自由的各种强制方法。我国刑事诉讼法规定了五种强制措施，按照强制力度从轻到重依次为：拘传、取保候审、监视居住、拘留和逮捕。刑事诉讼中的强制措施具有以下特点。

第一，适用主体的特定性。根据我国刑事诉讼法的规定，在刑事诉讼中，有权适用强制措施的主体仅限于公安机关、人民检察院和人民法院。另外，国家安全机关、军队保卫部门和监狱在侦查所管辖的案件时，也有权适用强制措施。除上述法定机关或部门外，任何机关、团体和个人均无权适用强制措施。由于强制措施的适用直接涉及公民的人身自由，因此适用主体特定性的要求有助于防止因强制措施的滥用而导致侵害公民人身自由现象的发生。

第二，适用对象的特定性。根据刑事诉讼法的规定，强制措施只能适用于犯罪嫌疑人、被告人，包括现行犯和重大嫌疑分子，不适用于其他诉讼参与人。刑事诉讼中的强制措施是一种对人的行为，适用于犯罪嫌疑人、被告人，不适用于物。刑事诉讼中有些带有强制性的诉讼行为，如扣押等，不属于强制措施。因此公安司法机关不得随意扩大适用范围，否则即为违法，需要承担相应的法律责任。

第三，适用目的的特定性。适用强制措施的目的在于保障刑事诉讼活动的顺利进行，即防止犯罪嫌疑人、被告人等可能实施的妨碍诉讼活动顺利进行的行为。而不是通过适用强制措施对犯罪嫌疑人、被告人进行惩罚。可见，并非每一个刑事案件中的每一个犯罪嫌疑人、被告人都必须被采取强制措施。在刑事诉讼中,是否适用强制措施以及适用何种强制措施,必须考虑是否具备适用强制措施的条件和案件情况以及犯罪嫌疑人、被告人本身的具体情况。

第四,适用过程的暂时性。我国刑事诉讼法对各种强制措施规定了不同的期限,适用期限届满或根据案情的变化及需要,必须及时予以撤销或者变更,不得任意延长适用期限,以免侵犯公民的人身权利。

二、强制措施的意义

适用强制措施的主要意义在于确保刑事诉讼活动的顺利进行,具体而言,其意义主要体现在以下方面。

1. 可以防止犯罪嫌疑人、被告人逃避侦查、起诉和审判。一般而言,某个人一旦涉嫌犯罪而且有可能真正实施了犯罪行为的话,在犯罪行为实施后总是会力图逃避法律的制裁,当其感到可能被追究或者已经受到追究时,就往往逃跑或者隐藏起来。如果犯罪嫌疑人、被告人不能及时被抓获,不仅会影响案件事实的查明,而且还有可能导致公安司法机关不能及时结案,不能对犯罪嫌疑人、被告人定罪和量刑,从而妨碍刑事诉讼活动的顺利进行。如果公安司法机关及时对犯罪嫌疑人、被告人适用了强制措施,依法限制甚至暂时剥夺了犯罪嫌疑人、被告人的人身自由,就能有效地防止其逃避侦查、起诉和审判,顺利地进行刑事诉讼。

2. 可以防止和排除犯罪嫌疑人、被告人可能进行妨碍公安司法机关迅速查明案件事实的活动。查明案件事实是公安司法机关处理案件的基础,而案件事实又是通过证据来加以证实的。因此,公安司法机关查明案件事实的过程实际上又是收集和运用证据的过程。犯罪嫌疑人、被告人出于逃避刑事制裁的本能,往往会通过实施一定的行为来妨碍公安司法机关迅速查明案件事实,如隐匿、毁灭、伪造证据,与同案犯罪嫌疑人、被告人之间进行串供,订立攻守同盟,威胁证人等。如果犯罪嫌疑人、被告人的这些行为得逞,必将损害刑事追诉的效果。因此,对犯罪嫌疑人、被告人适用相应的强制措施,通过限制甚至暂时剥夺他们的人身自由,从而保证公安司法机关准确及时地查明案件事实。

3. 可以防止犯罪嫌疑人、被告人继续进行犯罪活动。一些犯罪嫌疑人、被告人,特别是那些真正有罪的犯罪嫌疑人、被告人,在实施犯罪以后,往往还要伺机进行新的犯罪活动,从而给社会造成新的危害。如果公安司法机关及时对其适用相应的强制措施，限制和暂时剥夺了其人身自由，就可以使他们失去了再犯罪的条件。

4. 可以防止自杀等意外事件的发生。有的犯罪嫌疑人、被告人可能感到自己所犯罪行严重，难以逃脱法律的严厉制裁，也有的感到被适用刑罚后会身败名裂，就有可能产生畏罪心理而最终出现自杀现象。这种情况一旦发生就会使刑事诉讼的进行毫无意义。一旦公安司法机关通过适用强制措施，特别是采取羁押的方法，将犯罪嫌疑人、被告人置于严格的监控之下，就可以有效地防止自杀等意外事件的发生。

5. 可以震慑犯罪，维护社会的稳定。通过适用强制措施不仅有助于确保刑事诉讼活动的顺利进行，同时还可以对社会上的不法分子和不安定人员起到一定程度的震慑作用。进而起到有效预防犯罪、减少犯罪、安定民心、维护社会稳定的作用。

第二节　拘传、取保候审、监视居住

一、拘传

（一）拘传的概念和特点

拘传是指公安机关、人民检察院和人民法院对于未被拘留、逮捕的犯罪嫌疑人、被告人强制其到指定地点接受讯问的一种强制措施。它是我国刑事诉讼法所规定的强制措施中最轻的一种。

拘传这种强制措施具有以下特点：第一，拘传所适用的对象是未被羁押的犯罪嫌疑人、被告人。如果犯罪嫌疑人、被告人已经被逮捕、拘留，即已经被羁押，公安司法机关可以直接对其进行讯问，因此，没有必要再适用拘传这种强制措施。第二，拘传的目的是强制犯罪嫌疑人、被告人到指定的地点接受讯问，因此拘传没有羁押的效力，在讯问后，应当将被拘传的人立即释放。如果经过讯问，认为需要羁押被拘传人，则需要办理相应的手续。

刑事诉讼中的拘传和传唤是两种性质不同且各自独立的诉讼行为。传唤是要求犯罪嫌疑人、被告人以及其他诉讼参与人接到传票或传唤通知后按照指定时间、地点自行到案接受讯问或询问，本身具有通知的性质，没有强制性，也不能使用戒具或者押送犯罪嫌疑人、被告人到案；拘传是强制措施，执行拘传的人员可以强制犯罪嫌疑人、被告人到指定的讯问地点，如果犯罪嫌疑人、被告人抗拒拘传，可以使用戒具等适当的强制方法。对于犯罪嫌疑人、被告人，公安司法机关既可以先行传唤，对经合法传唤无正当理由而不到案接受讯问的再进行拘传，也可以根据案件情况直接进行拘传。传唤不仅可以对犯罪嫌疑人、被告人适用，还可以对其他当事人，如自诉人、被害人、附带民事诉讼的原告人和被告人等适用，甚至对某些其他诉讼参与人，如证人也可适用。而拘传仅适用于犯罪嫌疑人和被告人。

（二）拘传的适用程序

拘传虽是最轻的强制措施，由于其要在一定程度上限制犯罪嫌疑人、被告人的人身自由，必须遵守法定的程序。

1. 进行拘传必须经县（区）以上公安机关负责人、人民检察院检察长或人民法院院长批准，并填写拘传证。拘传证应记明犯罪嫌疑人或者被告人的姓名、性别、年龄、住所、案由、拘传的法律根据，签发日期，并由签发人签名或者盖章。

2. 执行拘传时，应向被拘传人出示拘传证，执行人员应为 2 人以上。对抗拒拘传的犯罪嫌疑人、被告人，执行人员有权使用戒具，强制其到案。

3. 拘传犯罪嫌疑人、被告人应当出示拘传证，并责令其在拘传证上签名、捺指印。犯罪嫌疑人、被告人到案后，应当责令其在拘传证上填写到案时间；拘传结束后，应当由其在拘传证上填写拘传结束时间。犯罪嫌疑人、被告人拒绝填写的，侦查人员、检察人员或审判人员应当在拘传证上注明。

4. 对不需要逮捕、拘留的犯罪嫌疑人，可以传唤到犯罪嫌疑人所在市、县内的指定地点或者到他的住处进行讯问，但是应当出示人民检察院或者公安机关的证明文件。对在现场发现的犯罪嫌疑人，经出示工作证件，可以口头传唤，但应当在讯问笔录中注明。传唤、拘传持续的时间不得超过 12 小时；案情特别重大、复杂，需要采取拘留、逮捕措施的，传唤、拘传持续的时间不得超过 24 小时。不得以连续传唤、拘传的形式变相拘禁犯罪嫌疑人。传唤、拘传犯罪嫌疑人，应当保证犯罪嫌疑人的饮食和必要的休息时间。

5. 拘传期限届满，未作出采取其他强制措施决定的，应当立即结束拘传。

二、取保候审

（一）取保候审的概念、决定机关和适用条件

1. 取保候审的概念

刑事诉讼中的取保候审，是指公安机关、人民检察院和人民法院依法责令

犯罪嫌疑人、被告人提供保证人或者交纳保证金并出具保证书,保证不逃避或者妨碍侦查、起诉、审判,并随传随到的一种强制措施。

2. 取保候审的决定机关和适用条件

刑事诉讼法第 65 条规定,公安机关、人民检察院和人民法院根据案件的情况,对犯罪嫌疑人、被告人可以取保候审。由此可见,公安机关、人民检察院和人民法院在刑事诉讼中均可以根据案件的需要适用取保候审。

根据刑事诉讼法第 51 条以及公安部的《规定》第 77 条、最高人民检察院《规则》(试行)第 83 条和最高人民法院《解释》第 116 条的规定,对于有下列情节之一的犯罪嫌疑人、被告人,可以取保候审:

(1)可能判处管制、拘役或者独立适用附加刑的;

(2)可能判处有期徒刑以上刑罚,采取取保候审不致发生社会危险性的;

(3)患有严重疾病、生活不能自理,怀孕或者正在哺乳自己婴儿的妇女,采取取保候审不致发生社会危险性的;

(4)羁押期限届满,案件尚未办结,需要采取取保候审的。

对于取保候审的适用对象,除了上述法律规定以外,公安部《规定》和最高人民检察院《规则》(试行)还对不能适用取保候审的情形作了明确规定。根据公安部《规定》第 78 条的规定,对累犯、犯罪集团的主犯,以自伤、自残办法逃避侦查的犯罪嫌疑人,严重暴力犯罪以及其他严重犯罪的犯罪嫌疑人,不得取保候审。最高人民检察院《规则》(试行)第 84 条规定:"人民检察院对于严重危害社会治安的犯罪嫌疑人,以及其他犯罪性质恶劣、情节严重的犯罪嫌疑人不得取保候审。"

根据刑事诉讼法第 65 条的规定,取保候审由公安机关执行。

(二)取保候审的适用

1. 取保候审的方式

根据刑事诉讼法第 66 条规定,人民法院、人民检察院和公安机关决定对犯罪嫌疑人、被告人取保候审,应当责令犯罪嫌疑人、被告人提出保证人或者交纳保证金。可见,我国刑事诉讼中的取保候审有两种方式:保证人制度和保证金制度。

(1)保证人制度

保证人是指由犯罪嫌疑人、被告人提出的为其担保的人。一般而言,保证人是犯罪嫌疑人、被告人的亲属和朋友,保证人应当保证犯罪嫌疑人、被告人不逃避侦查、起诉和审判,并保证犯罪嫌疑人、被告人随传随到。

根据人民检察院《规则》(试行)和最高人民法院《解释》的规定,对符合取保候审条件的,具有下列情形之一的犯罪嫌疑人、被告人,人民检察院、人民法院决定取保候审时,可以责令其提供1至2名保证人:无力交纳保证金的;系未成年人或者已满75周岁的人;其他不宜收取保证金的。

根据刑事诉讼法第67条的规定,保证人必须符合以下条件:与本案无牵连;有能力履行保证义务;享有政治权利,人身自由未受到限制;有固定的住处和收入。

对于犯罪嫌疑人、被告人采取保证人保证的,如果保证人在取保候审期间情况发生变化,不愿继续担保或者丧失担保条件,应当责令被取保候审人重新提出保证人或者交纳保证金,或者作出变更强制措施的决定。负责执行的公安机关应当自发现保证人不愿继续担保或者丧失担保条件之日起3日以内通知决定取保候审的机关。

保证人应当履行以下义务:监督被保证人遵守刑事诉讼法第69条的规定;发现被保证人可能发生或者已经发生违反刑事诉讼法第69条规定的行为的,应当及时向执行机关报告。被保证人有违反刑事诉讼法第69条规定的行为,保证人未履行保证义务的,对保证人处以罚款,构成犯罪的,依法追究刑事责任。公安部《规定》第99条规定,被保证人违反应当遵守的规定,保证人未履行保证义务的,查证属实后,经县级以上公安机关负责人批准,对保证人处1000元以上20000元以下罚款;构成犯罪的,依法追究刑事责任。公安部《规定》第100条、第101条规定,决定对保证人罚款的,应当报经县级以上公安机关负责人批准,制作对保证人罚款决定书,在3日以内向保证人宣布,告知其如果对罚款决定不服,可以在5日以内向作出决定的公安机关申请复议。公安机关应当在收到复议申请后7日以内作出决定。保证人对复议决定不服的,可以在收到复议决定书后5日以内向上一级公安机关申请复核一次。上一级公安机关应当在收到复核申请后7日以内作出决定。对上级公安机关撤销或者变更罚款决定的,下级公安机关应当执行。对于保证人罚款的决定已过复议期限,或者经上级公安机关复核后维持原决定的,公安机关应当及时通知指定的银行将保证人罚款按照国家的有关规定上缴国库,并在3日以内通知决定取保候审的机关。

(2)保证金制度

刑事诉讼法除规定由保证人担保即“人保”之外,还规定了财产保证,即保证金制度,是由犯罪嫌疑人、被告人交纳一定数量的保证金作为担保的制度。

刑事诉讼法对保证金的具体数额没有作出规定，人民检察院《规则》（试行）第90条规定，采取保证金担保方式的，人民检察院可以根据犯罪嫌疑人的社会危险性，案件的性质、情节、危害后果，可能判处刑罚的轻重，犯罪嫌疑人的经济状况等，责令犯罪嫌疑人交纳1000元以上的保证金，对于未成年犯罪嫌疑人可以责令交纳500元以上的保证金。采取保证金担保方式的，被取保候审人拒绝交纳保证金或者交纳保证金不足决定数额时，人民检察院应当作出变更取保候审措施、变更保证方式或者变更保证金数额的决定，并将变更情况通知公安机关。公安部《规定》第83条规定，犯罪嫌疑人的保证金起点数额为人民币1000元。具体数额应当综合考虑保证诉讼活动正常进行的需要、犯罪嫌疑人的社会危险性、案件的性质、情节、可能判处刑罚的轻重以及犯罪嫌疑人的经济状况等情况确定。

县级以上公安机关应当在其指定的银行设立取保候审保证金专门账户，委托银行代为收取和保管保证金。提供保证金的人，应当一次性将保证金存入取保候审保证金专门账户。保证金应当以人民币交纳。保证金应当由办案部门以外的部门管理。严禁截留、坐支、挪用或者以其他任何形式侵吞保证金。

2. 取保候审的适用程序

公安机关需要对犯罪嫌疑人取保候审的，应当制作呈请取保候审报告书，说明取保候审的理由、采取的保证方式以及应当遵守的规定，经县级以上公安机关负责人批准，制作取保候审决定书。取保候审决定书应当向犯罪嫌疑人宣读，由犯罪嫌疑人签名、捺指印。人民检察院《规则》（试行）规定，被羁押或者监视居住的犯罪嫌疑人及其法定代理人、近亲属或者辩护人申请取保候审，经审查符合取保候审条件的，经检察长决定，可以对犯罪嫌疑人取保候审。被羁押或者监视居住的犯罪嫌疑人及其法定代理人、近亲属或者辩护人向人民检察院申请取保候审，人民检察院应当在3日以内作出是否同意的答复。经审查符合取保候审条件的，对被羁押的犯罪嫌疑人依法办理取保候审手续；经审查不符合取保候审条件的，应当告知申请人，并说明不同意取保候审的理由。

人民法院、人民检察院和公安机关决定对犯罪嫌疑人、被告人取保候审，应当责令犯罪嫌疑人、被告人提出保证人或者交纳保证金。犯罪嫌疑人、被告人提出的保证人经审查同意后，应当要求保证人出具保证书，保证承担法律规定的义务。对于采取保证金担保方式的，应当根据犯罪嫌疑人、被告人犯罪的性质和危害后果的大小，悔罪态度及其经济状况、承受能力等决定保证金的数额。

犯罪嫌疑人、被告人提供保证人或交纳保证金后，人民法院、人民检察院或者公安机关应当制作取保候审决定书，并由本机关负责人签发，取保候审由公安机关执行。公安机关决定取保候审的，可以自己直接执行；人民法院、人民检察院决定取保候审的，应当将取保候审决定书和另行填发的执行取保候审通知书送达公安机关执行。以保证人方式担保的，还应当将保证书同时送达公安机关。

负责执行的公安机关应当向被取保候审的犯罪嫌疑人、被告人宣布取保候审决定书，并告知其在取保候审期间应当遵守的规定。保证人担保的，应在执行机关工作人员的主持下，由保证人和被取保候审的犯罪嫌疑人、被告人履行担保手续，并告知保证人应当履行的义务和被保证人应当遵守的规定及违反规定应承担的法律责任。公安部《规定》规定，公安机关决定取保候审的，应当及时通知被取保候审人居住地的派出所，并由居住地的派出所执行。必要时，办案部门可以协助执行。采取保证人担保形式的，应当同时送交有关法律文书、被取保候审人基本情况、保证人基本情况等材料。采取保证金担保形式的，应当同时送交有关法律文书、被取保候审人基本情况和保证金交纳情况等材料。

人民法院、人民检察院决定取保候审的，负责执行的县级公安机关应当在收到法律文书和有关材料后24小时以内，指定被取保候审人居住地派出所核实情况后执行。执行取保候审的派出所应当履行下列职责：告知被取保候审人必须遵守的规定，及其违反规定或者在取保候审期间重新犯罪应当承担的法律后果；监督、考察被取保候审人遵守有关规定，及时掌握其活动、住址、工作单位、联系方式及变动情况；监督保证人履行保证义务；被取保候审人违反应当遵守的规定以及保证人未履行保证义务的，应当及时制止、采取紧急措施，同时告知决定机关。执行取保候审的派出所可以责令被取保候审人定期报告有关情况并制作笔录。被取保候审人无正当理由不得离开所居住的市、县。有正当理由需要离开所居住的市、县的，应当经负责执行的派出所负责人批准。人民法院、人民检察院决定取保候审的，负责执行的派出所在批准被取保候审人离开所居住的市、县前，应当征得决定机关同意。

3. 执行机关对违反法律规定的处理

根据刑事诉讼法第69条的规定，被取保候审的犯罪嫌疑人、被告人应当履行的义务是：(1)未经执行机关批准不得离开所居住的市、县；(2)住址、工作单位和联系方式发生变动的，在24小时以内向执行机关报告；(3)在传讯的时候及时到案;(4)不得以任何形式干扰证人作证;(5)不得毁灭、伪造证据或者串供。

人民法院、人民检察院和公安机关可以根据案件情况,责令被取保候审的犯罪嫌疑人、被告人遵守以下一项或者多项规定:(1)不得进入特定的场所;(2)不得与特定的人员会见或者通信;(3)不得从事特定的活动;(4)将护照等出入境证件、驾驶证件交执行机关保存。

公安部《规定》第 91 条规定,被取保候审人无正当理由不得离开所居住的市、县。有正当理由需要离开所居住的市、县的,应当经负责执行的派出所负责人批准。人民法院、人民检察院决定取保候审的,负责执行的派出所在批准被取保候审人离开所居住的市、县前,应当征得决定机关同意。

被取保候审的犯罪嫌疑人、被告人违反前两款规定,已交纳保证金的,没收部分或者全部保证金,并且区别情形,责令犯罪嫌疑人、被告人具结悔过,重新交纳保证金、提出保证人,或者监视居住、予以逮捕。最高人民法院《解释》第 123 条规定,人民法院发现使用保证金保证的被取保候审人违反刑事诉讼法第 69 条第 1 款、第 2 款规定的,应当提出没收部分或者全部保证金的书面意见,连同有关材料一并送交负责执行的公安机关处理。人民法院收到公安机关已经没收保证金的书面通知或者变更强制措施的建议后,应当区别情形,在 5 日内责令被告人具结悔过,重新交纳保证金或者提出保证人,或者变更强制措施,并通知公安机关。人民法院决定对被依法没收保证金的被告人继续取保候审的,取保候审的期限连续计算。人民检察院《规则》(试行)第 99 条规定,人民检察院发现犯罪嫌疑人违反刑事诉讼法第 69 条的规定,已交纳保证金的,应当书面通知公安机关没收部分或者全部保证金,并且根据案件的具体情况,责令犯罪嫌疑人具结悔过,重新交纳保证金、提出保证人或者决定监视居住、予以逮捕。公安机关发现犯罪嫌疑人违反刑事诉讼法第 69 条的规定,提出没收保证金或者变更强制措施意见的,人民检察院应当在收到意见后 5 日以内作出决定,并通知公安机关。对犯罪嫌疑人继续取保候审的,取保候审的时间应当累计计算。对犯罪嫌疑人决定监视居住的,应当办理监视居住手续,监视居住的期限应当重新计算并告知犯罪嫌疑人。公安部《规定》规定,需要没收保证金的,应当经过严格审核后,报县级以上公安机关负责人批准,制作没收保证金决定书。决定没收 5 万元以上保证金的,应当经设区的市一级以上公安机关负责人批准。没收保证金的决定,公安机关应当在 3 日以内向被取保候审人宣读,并责令其在没收保证金决定书上签名、捺指印;被取保候审人在逃或者具有其他情形不能到场的,应当向其成年家属、法定代理人、辩护人或者单位、居住地的居民委员会、村民委员会宣布,由其成年家属、法定代理人、辩护人或者单位、居住地的居民委员会或者村民委员会的负责人在没收保证金决定书上签名。被取保候审人或者其成年家属、法定代理人、辩护人、单位、居民委员会、村民委员会负责人拒绝签名的,公安机关应当在没收保证金决定书上注明。公安机关在宣读没收保证金决定书时,应当告知如果对没收保证金的决定不服,被取保候审人或者其法定代理人可以在 5 日以内向作出决定的公安机关申请复议。公安机关应当在收到复议申请后 7 日以内作出决定。被取保候审人或者其法定代理人对复议决定不服的,可以在收到复议决定书后 5 日以内向上一级公安机关申请复核一次。上一级公安机关应当在收到复核申请后 7 日以内作出决定。对上级公安机关撤销或者变更没收保证金决定的,下级公安机关应当执行。没收保证金的决定已过复议期限,或者经上级公安机关复核后维持原决定的,公安机关应当及时通知指定的银行将没收的保证金按照国家的有关规定上缴国库,并在 3 日以内通知决定取保候审的机关。

犯罪嫌疑人、被告人有违反下列取保候审规定的行为,应当予以逮捕:故意实施新的犯罪的;企图自杀、逃跑的;毁灭、伪造证据,干扰证人作证或者串供的;对被害人、举报人、控告人实施打击报复的;经传唤,无正当理由不到案,影响诉讼活动正常进行的;擅自改变联系方式或者居住地,导致无法传唤,影响诉讼活动正常进行的;未经批准,擅自离开所居住的市、县,影响审判活动正常进行,或者两次未经批准,擅自离开所居住的市、县的;违反规定进入特定场所、与特定人员会见或者通信、从事特定活动,影响诉讼活动正常进行,或者两次违反有关规定的;依法应当决定逮捕的其他情形。对违反取保候审规定,需要予以逮捕的,可以对犯罪嫌疑人、被告人先行拘留。

4. 取保候审的撤销和变更

刑事诉讼法第 77 条规定,取保候审最长不得超过 12 个月,在取保候审期间,不得中断对案件的侦查、起诉和审理。犯罪嫌疑人、被告人在取保候审期间未违反刑事诉讼法第 69 条规定的,取保候审结束的时候,凭解除取保候审的通知或者有关法律文书到银行领取退还的保证金。

犯罪嫌疑人、被告人被取保候审后,如果情况发生变化的,应当根据情况及时变更或撤销。这些情况主要有:(1)发现不应当追究刑事责任或者取保候审期限届满的;(2)严重疾病已经痊愈,哺乳婴儿期满,应当逮捕的;(3)决定拘留或者逮捕的;(4)保证人要求取消保证,撤回保证书的;(5)被取保候审的人在取保候审的期间违反应当遵守的规定的等。犯罪嫌疑人、被告人及其法定代理人、近亲属或者犯罪嫌疑人、被告人委托的律师及其他辩护人对人民法院、人民检察院或者公安机关采取取保候审措施超过法定期限的,有权要求解除取保候审。

发现不应当追究刑事责任或者取保候审期限届满,或者需要变更强制措施的,原决定机关应当作出撤销或者变更取保候审的决定,送达执行机关执行。执行机关在执行过程中发现应当撤销或变更取保候审措施的,应当及时通知原决定机关。

三、监视居住

(一)监视居住的概念和适用条件

刑事诉讼中的监视居住,是公安机关、人民检察院和人民法院在刑事诉讼中,依法责令犯罪嫌疑人、被告人在一定期限内未经批准不得离开住处或指定的居所,并对其行动加以监视和控制的一种强制措施。

刑事诉讼法第72条规定,人民法院、人民检察院和公安机关对符合逮捕条件,有下列情形之一的犯罪嫌疑人、被告人,可以监视居住:(1)患有严重疾病、生活不能自理的;(2)怀孕或者正在哺乳自己婴儿的妇女;(3)系生活不能自理的人的唯一扶养人;(4)因为案件的特殊情况或者办理案件的需要,采取监视居住措施更为适宜的;(5)羁押期限届满,案件尚未办结,需要采取监视居住措施的。

对符合取保候审条件,但犯罪嫌疑人、被告人不能提出保证人,也不交纳保证金的,可以监视居住。

(二)监视居住的适用程序

1. 监视居住的决定

公安机关、人民检察院和人民法院对符合法定情形的犯罪嫌疑人、被告人采取监视居住的,应当由办案人员提出监视居住意见书,经办案部门负责人审核后,由公安机关负责人、人民检察院检察长、人民法院院长批准,制作监视居住决定书和执行监视居住通知书。

2. 监视居住的执行

(1)监视居住由公安机关执行。公安部《规定》规定,对犯罪嫌疑人监视居住,应当制作呈请监视居住报告书,说明监视居住的理由、采取监视居住的方式以及应当遵守的规定，经县级以上公安机关负责人批准，制作监视居住决定书。监视居住决定书应当向犯罪嫌疑人宣读，由犯罪嫌疑人签名、捺指印。公安机关决定监视居住的，由被监视居住人住处或者指定居所所在地的派出所执行，办案部门可以协助执行。必要时，也可以由办案部门负责执行，派出所或者其他部门协助执行。人民法院、人民检察院决定监视居住的，负责执行的县级公安机关应当在收到法律文书和有关材料后24小时以内，通知被监视居住人住处或者指定居所所在地的派出所，核实被监视居住人身份、住处或者居所等情况后执行。必要时，可以由人民法院、人民检察院协助执行。负责执行监视居住的派出所或者办案部门应当严格对被监视居住人进行监督考察，确保安全。对于人民法院、人民检察院决定监视居住的，应当及时将监视居住的执行情况报告决定机关。

(2)监视居住的场所。刑事诉讼法第73条规定，监视居住应当在犯罪嫌疑人、被告人的住处执行；无固定住处的，可以在指定的居所执行。对于涉嫌危害国家安全犯罪、恐怖活动犯罪、特别重大贿赂犯罪，在住处执行可能有碍侦查的，经上一级人民检察院或者公安机关批准，也可以在指定的居所执行。但是，不得在羁押场所、专门的办案场所执行。公安部《规定》规定，监视居住应当在犯罪嫌疑人、被告人住处执行；无固定住处的，可以在指定的居所执行。对于涉嫌危害国家安全犯罪、恐怖活动犯罪，在住处执行可能有碍侦查的，经上一级公安机关批准，也可以在指定的居所执行。根据人民检察院《规则》(试行)和公安部《规定》的规定，有下列情形之一的，属于"有碍侦查"：可能毁灭、伪造证据，干扰证人作证或者串供的；可能引起犯罪嫌疑人自残、自杀或者逃跑的；可能引起同案犯逃避、妨碍侦查的；犯罪嫌疑人、被告人在住处执行监视居住有人身危险的；犯罪嫌疑人、被告人的家属或者所在单位人员与犯罪有牵连的；可能对举报人、控告人、证人及其他人员等实施打击报复的。指定居所监视居住的，不得要求被监视居住人支付费用。固定住处，是指被监视居住人在办案机关所在的市、县内生活的合法住处；指定的居所，是指公安机关根据案件情况，在办案机关所在的市、县内为被监视居住人指定的生活居所。指定的居所应当符合下列条件：具备正常的生活、休息条件；便于监视、管理；保证安全。采取指定居所监视居住的，不得在看守所、拘留所、监狱等羁押、监管场所以及留置室、讯问室等专门的办案场所、办公区域执行。

指定居所监视居住的，除无法通知的以外，应当在执行监视居住后24小时以内,通知被监视居住人的家属。公安部《规定》规定,指定居所监视居住的,除无法通知的以外,应当制作监视居住通知书,在执行监视居住后 24 小时以内,由决定机关通知被监视居住人的家属。有下列情形之一的,属于本条规定的"无法通知":不讲真实姓名、住址、身份不明的;没有家属的;提供的家属联系方式无法取得联系的;因自然灾害等不可抗力导致无法通知的。无法通知的情形消失以后,应当立即通知被监视居住人的家属。无法通知家属的,应当在监视居住通知书中注明原因。

刑事诉讼法第 74 条规定,指定居所监视居住的期限应当折抵刑期。被判处管制的,监视居住 1 日折抵刑期 1 日;被判处拘役、有期徒刑的,监视居住 2 日折抵刑期 1 日。

(3)检察机关对指定居所监视居住的监督。人民检察院《规则》(试行)规定,人民检察院应当依法对指定居所监视居住的决定是否合法实行监督。对于下级人民检察院报请指定居所监视居住的案件,由上一级人民检察院侦查监督部门依法对决定是否合法进行监督。对于公安机关决定指定居所监视居住的案件,由作出批准决定公安机关的同级人民检察院侦查监督部门依法对决定是否合法进行监督。对于人民法院因被告人无固定住处而指定居所监视居住的,由同级人民检察院公诉部门依法对决定是否合法进行监督。

被指定居所监视居住人及其法定代理人、近亲属或者辩护人认为侦查机关、人民法院的指定居所监视居住决定存在违法情形,提出控告或者举报的,人民检察院应当受理,并报送或者移送人民检察院《规则》(试行)第 118 条规定的承担监督职责的部门办理。

人民检察院可以要求侦查机关、人民法院提供指定居所监视居住决定书和相关案件材料。经审查,发现存在下列违法情形的,应当及时通知有关机关纠正:不符合指定居所监视居住的适用条件的;未按法定程序履行批准手续的;在决定过程中有其他违反刑事诉讼法规定的行为的。

人民检察院监所检察部门发现下列违法情形的,应当及时提出纠正意见:在执行指定居所监视居住后 24 小时以内没有通知被监视居住人的家属的;在羁押场所、专门的办案场所执行监视居住的;为被监视居住人通风报信、私自传递信件、物品的;对被监视居住人刑讯逼供、体罚、虐待或者变相体罚、虐待的;有其他侵犯被监视居住人合法权利或者其他违法行为的。被监视居住人及其法定代理人、近亲属或者辩护人对于公安机关、人民检察院侦查部门或者侦查人员存在上述违法情形提出控告的,人民检察院控告检察部门应当受理并及时移送监所检察部门处理。

(4)被监视居住人应当遵守的法律规定及违反规定应当承担的法律后果。刑事诉讼法第75条规定,被监视居住的犯罪嫌疑人、被告人应当遵守以下规定:未经执行机关批准不得离开执行监视居住的处所;未经执行机关批准不得会见他人或者通信;在传讯的时候及时到案;不得以任何形式干扰证人作证;不得毁灭、伪造证据或者串供;将护照等出入境证件、身份证件、驾驶证件交执行机关保存。被监视居住的犯罪嫌疑人、被告人违反前款规定,情节严重的,可以予以逮捕;需要予以逮捕的,可以对犯罪嫌疑人、被告人先行拘留。人民检察院《规则》(试行)规定,犯罪嫌疑人有下列违反监视居住规定的行为,人民检察院应当对犯罪嫌疑人予以逮捕:故意实施新的犯罪行为的;企图自杀、逃跑,逃避侦查、审查起诉的;实施毁灭、伪造证据或者串供、干扰证人作证行为,足以影响侦查、审查起诉工作正常进行的;对被害人、证人、举报人、控告人及其他人员实施打击报复的。犯罪嫌疑人有下列违反监视居住规定的行为,人民检察院可以对犯罪嫌疑人予以逮捕:未经批准,擅自离开执行监视居住的处所,造成严重后果,或者两次未经批准,擅自离开执行监视居住的处所的;未经批准,擅自会见他人或者通信,造成严重后果,或者两次未经批准,擅自会见他人或者通信的;经传讯不到案,造成严重后果,或者经两次传讯不到案的。

(5)对被监视居住人的监控。执行机关对被监视居住的犯罪嫌疑人、被告人,可以采取电子监控、不定期检查等监视方法对其遵守监视居住规定的情况进行监督;在侦查期间,可以对被监视居住的犯罪嫌疑人的通信进行监控。

3. 监视居住的期限

根据刑事诉讼法第77条的规定,监视居住的期限最长不能超过6个月。在监视居住期间,不得中断对案件的侦查、起诉和审理。发现不应当追究刑事责任或者监视居住期限届满的,应当及时解除监视居住。犯罪嫌疑人、被告人及其法定代理人或者犯罪嫌疑人、被告人委托的律师及其他辩护人对于公安机关、人民检察院和人民法院采取监视居住措施超过法定期限的,也有权要求解除监视居住。

4. 监视居住的解除、变更

监视居住期限届满,或者发现具有刑事诉讼法第15条规定的不应追究刑事责任的情形的,应当解除或撤销监视居住。解除或撤销监视居住,应当由办案人员提出意见,部门负责人审核后,由公安机关负责人、人民检察院检察长、人民法院院长批准,制作解除监视居住通知书或撤销监视居住通知书。解除监视居住通知书或撤销监视居住通知书应当送达被监视居住犯罪嫌疑人、被告人。人民检察院、人民法院决定解除或者撤销监视居住的,还应当通知负责执行的公安机关。公安部《规定》第 119 条规定,公安机关决定解除监视居住,应当经县级以上公安机关负责人批准,制作解除监视居住决定书,并及时通知执行的派出所或者办案部门、被监视居住人和有关单位。人民法院、人民检察院作出解除、变更监视居住决定的,公安机关应当及时解除并通知被监视居住人和有关单位。

第三节　拘　　留

一、拘留的概念和特点

刑事诉讼中的拘留,又称刑事拘留,是指公安机关、人民检察院在侦查过程中对于现行犯或者重大嫌疑分子,在遇有法定的紧急情况时依法采取的临时剥夺其人身自由的一种强制措施。

刑事诉讼中的拘留具有以下特点:

第一,有权决定拘留的机关只能是公安机关和人民检察院,而且主要是公安机关。由于拘留是在侦查过程中,在遇有法定的紧急情况时依法采取的临时剥夺现行犯或者重大嫌疑分子的人身自由的一种强制措施。因此有权决定采取拘留的机关一般是公安机关,人民检察院在对直接受理案件的侦查过程中,对于犯罪嫌疑人犯罪后企图自杀、逃跑或者在逃的以及有毁灭、伪造证据或者串供可能的,也有权决定拘留。其他任何机关(包括人民法院)、团体和个人则无权决定拘留。不论是公安机关决定的拘留还是人民检察院决定的拘留,一律由公安机关执行。

第二,拘留是在紧急情况下适用的一种处置办法。在侦查过程中,侦查机关常常会遇到某些紧急情况,来不及办理逮捕手续而又需要立即暂时剥夺现行犯或者重大嫌疑分子的人身自由,这样才有可能制止犯罪,顺利收集证据以及防止其实施妨碍侦查活动顺利进行的行为。如果没有紧急情况,公安机关、人民检察院有时间办理逮捕手续的,就不应当适用拘留这种强制措施。

第三，拘留是一种临时性的措施。我国刑事诉讼法对被拘留人的羁押期限作了明确规定，而且根据刑事诉讼法的规定还可以看出，随着侦查活动的推进和案情的变化，拘留也会发生变更，或者转为逮捕，或者变更为取保候审或监视居住，或者释放被拘留的人。

二、拘留的适用条件

根据刑事诉讼法的规定，适用拘留必须同时具备两个条件：

一是拘留的对象是现行犯或者重大嫌疑分子。所谓现行犯，是指正在实施犯罪行为或犯罪后即时被发现的人；所谓重大嫌疑分子，是指有证据证明具有重大犯罪嫌疑的人。

二是具有法定紧急情形。对于法定紧急情形，我国刑事诉讼法第 80 条作了明确规定。根据刑事诉讼法第 80 条的规定，公安机关对于现行犯或者重大嫌疑分子，如果有下列情形之一的，可以先行拘留：(1)正在预备犯罪、实行犯罪或者在犯罪后被即时发觉的；(2)被害人或者在场亲眼看见的人指认他犯罪的；(3)在身边或者住处发现有犯罪证据的；(4)犯罪后企图自杀、逃跑或者在逃的；(5)有毁灭、伪造证据或者串供可能的；(6)不讲真实姓名、住址、身份不明的；(7)有流窜作案、多次作案、结伙作案重大嫌疑的。

此外，根据刑事诉讼法第 163 条的规定，人民检察院在直接受理案件的侦查中，对于符合上述规定中的“犯罪后企图自杀、逃跑或者在逃的”和“有毁灭、伪造证据或者串供可能的”两种情形下的犯罪嫌疑人，人民检察院有权决定拘留。

三、拘留的程序

(一)拘留的决定

根据公安部《规定》第 121 条的规定，公安机关拘留犯罪嫌疑人，应当填写呈请拘留报告书，经县级以上公安机关负责人批准，制作拘留证。紧急情况下，对于符合公安部《规定》第 120 条所列情形之一的，应当将犯罪嫌疑人带至公安机关后立即审查，办理法律手续。

人民检察院《规则》(试行)规定，人民检察院拘留犯罪嫌疑人，应当首先由负责案件侦查的侦查人员提出意见，报侦查部门负责人审核后由检察长决定。人民检察院作出拘留决定后，应当将有关法律文书和案由、犯罪嫌疑人基本情况的材料送交同级公安机关执行。必要时人民检察院可以协助公安机关执行。公安部《规定》规定，人民检察院决定拘留犯罪嫌疑人的，由县级以上公安机关凭人民检察院送达的决定拘留的法律文书制作拘留证并立即执行。必要时，可以请人民检察院协助。拘留后,应当及时通知人民检察院。公安机关未能抓获犯罪嫌疑人的,应当将执行情况和未能抓获犯罪嫌疑人的原因通知作出拘留决定的人民检察院。对于犯罪嫌疑人在逃的,在人民检察院撤销拘留决定之前,公安机关应当组织力量继续执行。

根据《中华人民共和国全国人民代表大会组织法》和《中华人民共和国地方各级人民代表大会和地方各级人民政府组织法》以及最高人民检察院《规则》(试行)的规定,担任县级以上人民代表大会代表的犯罪嫌疑人因现行犯被拘留的,拘留机关应当立即向该代表所属的人民代表大会主席团或者常务委员会报告;因为其他情形需要拘留的,拘留机关应当报请该代表所属的人民代表大会主席团或者常务委员会许可。拘留本级人民代表大会的犯罪嫌疑人,决定拘留的机关应当立即向其所在地的人民代表大会主席团或者常务委员会报告或者报请许可。拘留担任上级人民代表大会代表的犯罪嫌疑人,应当立即层报该代表所属的人民代表大会同级的公安机关或者人民检察院报告或者报请许可。拘留担任下级人民代表大会代表的犯罪嫌疑人,可以直接向该代表所属的人民代表大会主席团或者常务委员会报告或者报请许可,也可以委托该代表所属的人民代表大会同级的公安机关或者人民检察院报告或者报请许可;拘留担任乡、民族乡、镇的人民代表大会的代表,由县级公安机关或者人民检察院报告乡、民族乡、镇的人民代表。对担任两级以上的人民代表大会的代表的犯罪嫌疑人,应当分别委托该代表所属的人民代表大会同级的公安机关或者人民检察院报请许可。

(二)拘留的执行

拘留由公安机关执行。公安机关执行拘留时,应当注意以下问题。

1. 公安机关执行拘留,必须向被拘留人出示拘留证,并向其宣布拘留,责令其在拘留证上签名或者按手印。被拘留人拒绝签名的,执行人员应当在拘留证上注明。如果被拘留人抗拒拘留的,执行人员可以采取适当的强制方法,如使用戒具,必要时可使用武器。情况紧急,来不及办理有关手续的,应当在将犯罪嫌疑人带回公安机关后立即办理法律手续。

人民检察院直接立案侦查的案件,公安机关拘留犯罪嫌疑人后,应当立即将执行回执送达作出拘留决定的人民检察院。公安机关未能抓获犯罪嫌疑人的,应当在24小时以内,将执行情况和未能抓获犯罪嫌疑人的原因通知作出拘留决定的人民检察院。对于犯罪嫌疑人在逃的,在人民检察院撤销拘留决定之前,公安机关应当组织力量继续执行,人民检察院应当及时向公安机关提供新的情况和线索。

2. 公安机关在异地执行拘留的时候应当通知被拘留人所在地的公安机关,被拘留人所在地的公安机关应当予以配合。

3. 执行拘留后,除有碍侦查或者无法通知的情形外,公安机关或者人民检察院应当将拘留的原因和羁押的处所,在24小时以内通知被拘留人的家属或者其所在单位。有下列情形之一的,属于"无法通知"情形:不讲真实姓名、住址、身份不明的;没有家属的;提供的家属联系方式无法取得联系的;因自然灾害等不可抗力导致无法通知的。所谓有碍侦查的情况,主要是指:可能毁灭、伪造证据,干扰证人作证或者串供的;可能引起同案犯逃避、妨碍侦查的;犯罪嫌疑人的家属与犯罪有牵连的。无法通知、有碍侦查的情形消失以后,应当立即通知被拘留人的家属。

4. 公安机关或者人民检察院对于被拘留的人,应当在拘留后的24小时以内进行讯问。在发现不应当拘留的时候,必须立即释放,并发给释放证明。不应当拘留的情形主要有:犯罪行为没有发生,或者被拘留的行为不构成犯罪的;虽有犯罪行为,但依法不应追究刑事责任的;虽有犯罪行为,但不是被拘留人所为的;犯罪行为虽是被拘留人所为,但被拘留人不具备刑事诉讼法第80条规定的情形的。经过讯问,发现被拘留人犯有严重罪行,依法逮捕而证据还不充足的,可以适用取保候审或者监视居住等强制措施。

(三)拘留的期限

对被拘留的犯罪嫌疑人,经过审查认为需要逮捕的,应当在拘留后的3日以内,提请人民检察院审查批准。在特殊情况下,经县级以上公安机关负责人批准,提请审查批准逮捕的时间可以延长1日至4日。对流窜作案、多次作案、结伙作案的重大嫌疑分子,经县级以上公安机关负责人批准,提请审查批准逮捕的时间可以延长至30日。可见,一般情况下,拘留的期限为10日;特殊情况下,拘留的期限为14日;对于流窜作案、多次作案、结伙作案的重大嫌疑分子的拘留期限可达37日。所谓"流窜作案",是指跨市、县管辖范围连续作案,或者在居住地作案后逃跑到外市、县继续作案;"多次作案",是指三次以上作案;"结伙作案",是指二人以上共同作案。

犯罪嫌疑人不讲真实姓名、住址,身份不明的,应当对其身份进行调查。经县级以上公安机关负责人批准,拘留期限自查清其身份之日起计算,但不得停止对其犯罪行为的侦查取证。对符合逮捕条件的犯罪嫌疑人,也可以按其自报的姓名提请批准逮捕。

公安部《规定》第127条规定,对被拘留的犯罪嫌疑人审查后,根据案件情况报经县级以上公安机关负责人批准,分别作出如下处理:需要逮捕的,在拘留期限内,依法办理提请批准逮捕手续;应当追究刑事责任,但不需要逮捕的,依法直接向人民检察院移送审查起诉,或者依法办理取保候审或者监视居住手续后,向人民检察院移送审查起诉;拘留期限届满,案件尚未办结,需要继续侦查的,依法办理取保候审或者监视居住手续;具有依法撤销案件情形的,释放被拘留人,发给释放证明书;需要行政处理的,依法予以处理或者移送有关部门。

四、扭送及其处理

为动员广大群众同犯罪作斗争,协助公安司法机关缉拿犯罪分子,刑事诉讼法第82条规定了扭送。即对于有下列情形的人,任何公民都可以将其立即扭送到公安机关、人民检察院或者人民法院处理:正在实行犯罪或者犯罪后即时被发觉的;通缉在案的;越狱逃跑的;正在被追捕的。

对于被扭送人的处理,应由受理机关审查后根据案件的具体情况作出决定。公安机关、人民检察院或者人民法院,对于公民扭送来的现行犯,都应当收留并立即进行讯问,同时向扭送的公民询问发现被扭送人及扭送的过程,弄清扭送的原因和基本事实。询问、讯问都应当制作笔录。经审查认为已构成犯罪,需要追究刑事责任,应按公、检、法机关的分工,移送主管机关处理;需要拘留或者逮捕的,分别办理拘留、逮捕手续;认为不应当拘留、逮捕的,应当向扭送的公民讲明理由,做好工作,将被扭送人放回。

第四节　逮　　捕

一、逮捕的概念和意义

逮捕是在刑事诉讼过程中,公安机关、人民检察院、人民法院在一定期限内依法剥夺犯罪嫌疑人、被告人的人身自由,并予以羁押的一种强制措施。逮捕是刑事强制措施中最严厉的一种。它不仅剥夺了被逮捕人的人身自由,而且逮捕后除发现存在不应当追究刑事责任的情形或者符合变更强制措施的条件的以外,对被逮捕人的羁押期限一般要到人民法院判决生效为止。

逮捕是同犯罪作斗争的重要手段。在刑事诉讼中，适用逮捕的意义主要表现为：正确及时地适用逮捕这一强制措施，可以有效地防止犯罪嫌疑人、被告人犯罪后逃跑、继续犯罪、毁灭或者伪造证据、串供、自杀，有助于全面收集证据查明案情，保证侦查、起诉和审判工作的顺利进行。但是，由于逮捕的适用又直接涉及公民的人身自由，而公民的人身自由不受非法侵犯是公民的一项宪法性权利。因此，如果对逮捕的适用不当，也会造成公民人身权利受到侵犯的严重后果。在适用逮捕的时候，要求公安司法机关必须依照法定的权限，准确把握逮捕的条件，严格遵循逮捕的程序，最大限度地防止错捕，坚持贯彻“少捕”“慎捕”的刑事政策，切实保障公民的宪法权利不受侵犯。

二、逮捕的权限

我国宪法规定，中华人民共和国公民的人身自由不受侵犯。任何公民，非经人民检察院批准或者决定或者人民法院决定，并由公安机关执行，不受逮捕。根据刑事诉讼法的规定，逮捕犯罪嫌疑人、被告人，必须经过人民检察院批准或者人民法院决定，并由公安机关执行。

人民检察院的批准逮捕和决定逮捕。人民检察院的批准逮捕是指公安机关立案侦查的案件，公安机关在侦查过程中需要逮捕犯罪嫌疑人的，应当提请人民检察院批准，只有经过人民检察院的批准，公安机关才能实施逮捕。人民检察院的决定逮捕是指人民检察院对自行侦查的案件在侦查的过程中需要逮捕犯罪嫌疑人的或者在审查起诉阶段，人民检察院对于公安机关侦查阶段没有逮捕的犯罪嫌疑人，发现新情况，认为有逃跑、串供可能的，需要逮捕的，由人民检察院自行决定。

人民法院的决定逮捕。人民法院决定逮捕是指人民法院受理的公诉案件，被告人在审前的侦查以及审查起诉阶段没有被逮捕羁押，在审理过程中人民法院发现有逮捕必要的或者人民法院在审理自诉案件的过程中，认为需要逮捕被告人的，由人民法院作出逮捕的决定。

上述不论是由人民检察院批准逮捕和决定逮捕的还是由人民法院决定逮捕的，都必须由公安机关执行。

三、逮捕的条件

刑事诉讼法第 79 条规定，对有证据证明有犯罪事实，可能判处徒刑以上刑罚的犯罪嫌疑人、被告人，采取取保候审尚不足以防止发生下列社会危险性的，应当予以逮捕：(1)可能实施新的犯罪的；(2)有危害国家安全、公共安全或者社会秩序的现实危险的;(3)可能毁灭、伪造证据,干扰证人作证或者串供的;(4)可能对被害人、举报人、控告人实施打击报复的;(5)企图自杀或者逃跑的。

对有证据证明有犯罪事实,可能判处10年有期徒刑以上刑罚的,或者有证据证明有犯罪事实,可能判处徒刑以上刑罚,曾经故意犯罪或者身份不明的,应当予以逮捕。

被取保候审、监视居住的犯罪嫌疑人、被告人违反取保候审、监视居住规定,情节严重的,可以予以逮捕。

公安部《规定》第130条规定,有证据证明有犯罪事实,是指同时具备下列情形:有证据证明发生了犯罪事实;有证据证明该犯罪事实是犯罪嫌疑人实施的;证明犯罪嫌疑人实施犯罪行为的证据已有查证属实的。此处规定的"犯罪事实"既可以是单一犯罪行为的事实,也可以是数个犯罪行为中任何一个犯罪行为的事实。

根据最高人民法院《解释》、人民检察院《规则》(试行)和公安部《规定》的规定,被取保候审人违反取保候审规定,具有下列情形之一的,可以提请批准逮捕:涉嫌故意实施新的犯罪行为的;有危害国家安全、公共安全或者社会秩序的现实危险的;实施毁灭、伪造证据或者干扰证人作证、串供行为,足以影响诉讼活动正常进行的;对被害人、举报人、控告人实施打击报复的;企图自杀、逃跑,逃避侦查的;未经批准,擅自离开所居住的市、县,情节严重的,或者两次以上未经批准,擅自离开所居住的市、县的;经传讯无正当理由不到案,情节严重的,或者经两次以上传讯不到案的;违反规定进入特定场所、从事特定活动或者与特定人员会见、通信两次以上的。被监视居住人违反监视居住规定,具有下列情形之一的,可以提请批准逮捕:涉嫌故意实施新的犯罪行为的;实施毁灭、伪造证据或者干扰证人作证、串供行为,足以影响侦查工作正常进行的;对被害人、举报人、控告人实施打击报复的;企图自杀、逃跑,逃避侦查的;未经批准,擅自离开执行监视居住的处所,情节严重的,或者两次以上未经批准,擅自离开执行监视居住的处所的;未经批准,擅自会见他人或者通信,情节严重的,或者两次以上未经批准,擅自会见他人或者通信的;经传讯无正当理由不到案,情节严重的,或者经两次以上传讯不到案的。

四、逮捕的程序

(一)逮捕的批准、决定程序

1. 一般规定

人民检察院审查批准或者决定逮捕犯罪嫌疑人,由侦查监督部门办理。侦查监督部门办理审查逮捕案件,应当指定办案人员进行审查。办案人员应当审阅案卷材料和证据,依法讯问犯罪嫌疑人、询问证人等诉讼参与人、听取辩护律师意见,制作审查逮捕意见书,提出批准或者决定逮捕、不批准的意见,经部门负责人审核后,报请检察长批准;重大案件应当经检察委员会讨论决定。侦查监督部门办理审查逮捕案件,不另行侦查,不得直接提出采取取保候审措施的意见。

侦查监督部门办理审查逮捕案件,可以讯问犯罪嫌疑人;有下列情形之一的,应当讯问犯罪嫌疑人:对是否符合逮捕条件有疑问的;犯罪嫌疑人要求向检察人员当面陈述的;侦查活动可能有重大违法行为的;案情重大疑难复杂的;犯罪嫌疑人系未成年人的;犯罪嫌疑人是盲、聋、哑人或者是尚未完全丧失辨认或者控制自己行为能力的精神病人的。讯问未被拘留的犯罪嫌疑人,讯问前应当征求侦查机关的意见,并做好办案安全风险评估预警工作。是否符合逮捕条件有疑问主要包括罪与非罪界限不清的,据以定罪的证据之间存在矛盾的,犯罪嫌疑人的供述前后矛盾或者违背常理的,有无社会危险性难以把握的,以及犯罪嫌疑人是否达到刑事责任年龄需要确认等情形。重大违法行为是指办案严重违反法律规定的程序,或者存在刑讯逼供等严重侵犯犯罪嫌疑人人身权利和其他诉讼权利等情形。

在审查逮捕中对被拘留的犯罪嫌疑人不予讯问的,应当送达听取犯罪嫌疑人意见书,由犯罪嫌疑人填写后及时收回审查并附卷。经审查发现应当讯问犯罪嫌疑人的,应当及时讯问。讯问犯罪嫌疑人时,检察人员不得少于二人。犯罪嫌疑人被送交看守所羁押后,讯问应当在看守所内进行。讯问时,应当首先查明犯罪嫌疑人的基本情况,依法告知犯罪嫌疑人的诉讼权利和义务,听取其供述和辩解,有检举揭发他人犯罪线索的,应当予以记录,并依照有关规定移送有关部门处理。讯问犯罪嫌疑人应当制作讯问笔录,并交犯罪嫌疑人核对或者向其宣读,经核对无误后逐页签名、盖章或者捺指印并附卷。犯罪嫌疑人请求自行书写供述的,应当准许,但不得以自行书写的供述代替讯问笔录。

侦查监督部门办理审查逮捕案件,必要时,可以询问证人、被害人、鉴定人等诉讼参与人,并制作笔录附卷。

在审查逮捕过程中,犯罪嫌疑人已经委托辩护律师的,侦查监督部门可以听取辩护律师的意见。辩护律师提出要求的,应当听取辩护律师的意见。对辩护律师的意见应当制作笔录附卷。辩护律师提出不构成犯罪、无社会危险性、不适宜羁押、侦查活动有违法犯罪情形等书面意见的，办案人员应当审查，并在审查逮捕意见书中说明是否采纳的情况和理由。

对于公安机关立案侦查的案件，侦查监督部门审查逮捕时发现存在人民检察院《规则》(试行)第 73 条第 1 款规定情形的，可以调取公安机关讯问犯罪嫌疑人的录音、录像并审查相关的录音、录像，对于重大、疑难、复杂的案件，必要时可以审查全部录音、录像。经审查讯问犯罪嫌疑人录音、录像，发现侦查机关讯问不规范，讯问过程存在违法行为，录音、录像内容与讯问笔录不一致等情形的，应当逐一列明并向侦查机关书面提出，要求侦查机关予以纠正、补正或者书面作出合理解释。发现讯问笔录与讯问犯罪嫌疑人录音、录像内容有重大实质性差异的，或者侦查机关不能补正或者作出合理解释的，该讯问笔录不能作为批准逮捕或者决定逮捕的依据。

被害人对人民检察院以没有犯罪事实为由作出的不批准逮捕决定不服提出申诉的，由作出不批准逮捕决定的人民检察院刑事申诉检察部门审查处理。对以其他理由作出的不批准逮捕决定不服提出申诉的，由侦查监督部门办理。

2. 人民检察院批准逮捕的程序

公安机关需要提请批准逮捕犯罪嫌疑人的，应当经县级以上公安机关负责人批准，制作提请批准逮捕书，连同案卷材料、证据，一并移送同级人民检察院审查批准。

对公安机关提请批准逮捕的犯罪嫌疑人，已被拘留的，人民检察院应当在收到提请批准逮捕书后的 7 日以内作出是否批准逮捕的决定；未被拘留的，应当在收到提请批准逮捕书后的 15 日以内作出是否批准逮捕的决定，重大、复杂的案件，不得超过 20 日。

上级公安机关指定犯罪地或者犯罪嫌疑人居住地以外的下级公安机关立案侦查的案件，需要逮捕犯罪嫌疑人的，由侦查该案件的公安机关提请同级人民检察院审查批准逮捕，人民检察院应当依法作出批准或者不批准逮捕的决定。

对公安机关提请批准逮捕的犯罪嫌疑人，人民检察院经审查认为符合逮捕条件的，应当作出批准逮捕的决定，连同案卷材料送达公安机关执行，并可以对收集证据、适用法律提出意见。

对公安机关提请批准逮捕的犯罪嫌疑人，具有人民检察院《规则》(试行)第 143 条和第 144 条规定情形，人民检察院作出不批准逮捕决定的，应当说明理由，连同案卷材料送达公安机关执行。需要补充侦查的,应当同时通知公安机关。

对于人民检察院批准逮捕的决定,公安机关应当立即执行,并将执行回执及时送达作出批准决定的人民检察院;如果未能执行,也应当将回执送达人民检察院,并写明未能执行的原因。对于人民检察院决定不批准逮捕的,公安机关在收到不批准逮捕决定书后,应当立即释放在押的犯罪嫌疑人或者变更强制措施,并将执行回执在收到不批准逮捕决定书后的 3 日以内送达作出不批准逮捕决定的人民检察院。

人民检察院办理审查逮捕案件,发现应当逮捕而公安机关未提请批准逮捕的犯罪嫌疑人的,应当建议公安机关提请批准逮捕。如果公安机关仍不提请批准逮捕或者不提请批准逮捕的理由不能成立的,人民检察院也可以直接作出逮捕决定,送达公安机关执行。对已作出的批准逮捕决定发现确有错误的,人民检察院应当撤销原批准逮捕决定,送达公安机关执行。对已作出的不批准逮捕决定发现确有错误,需要批准逮捕的,人民检察院应当撤销原不批准逮捕决定,并重新作出批准逮捕决定,送达公安机关执行。对因撤销原批准逮捕决定而被释放的犯罪嫌疑人或者逮捕后公安机关变更为取保候审、监视居住的犯罪嫌疑人,又发现需要逮捕的,人民检察院应当重新作出逮捕决定。

公安机关对人民检察院不批准逮捕的决定,认为有错误的时候,可以要求复议,但是必须将被拘留的人立即释放。如果意见不被接受,可以向上一级人民检察院提请复核。上级人民检察院应当立即复核,作出是否变更的决定,通知下级人民检察院和公安机关执行。对公安机关要求复议的不批准逮捕的案件,人民检察院侦查监督部门应当另行指派办案人员复议,并在收到提请复议书和案卷材料后的 7 日以内作出是否变更的决定,通知公安机关。对公安机关提请上一级人民检察院复核的不批准逮捕的案件,上一级人民检察院侦查监督部门应当在收到提请复核意见书和案卷材料后的 15 日以内由检察长或者检察委员会作出是否变更的决定,通知下级人民检察院和公安机关执行。如果需要改变原决定,应当通知作出不批准逮捕决定的人民检察院撤销原不批准逮捕决定,另行制作批准逮捕决定书。必要时,上级人民检察院也可以直接作出批准逮捕决定,通知下级人民检察院送达公安机关执行。

人民检察院作出不批准逮捕决定,并且通知公安机关补充侦查的案件,公安机关在补充侦查后又提请复议的,人民检察院应当告知公安机关重新提请批准逮捕。公安机关坚持复议的,人民检察院不予受理。公安机关补充侦查后应当提请批准逮捕而不提请批准逮捕的，按照人民检察院《规则》（试行）第 321 条的规定办理。

人民检察院通过审查批准批捕有权监督公安机关的侦查活动是否合法。刑事诉讼法第 98 条规定，人民检察院在审查批准逮捕工作中，如果发现公安机关的侦查活动有违法情况，应当通知公安机关予以纠正，公安机关应当将纠正情况通知人民检察院。

3. 人民检察院决定逮捕的程序

（1）省级以下（不含省级）人民检察院决定逮捕的程序

省级以下（不含省级）人民检察院直接受理立案侦查的案件，需要逮捕犯罪嫌疑人的，应当报请上一级人民检察院审查决定。监所、林业等派出人民检察院立案侦查的案件，需要逮捕犯罪嫌疑人的，应当报请上一级人民检察院审查决定。

下级人民检察院报请审查逮捕的案件，由侦查部门制作报请逮捕书，报检察长或者检察委员会审批后，连同案卷材料、讯问犯罪嫌疑人录音、录像一并报上一级人民检察院审查，报请逮捕时应当说明犯罪嫌疑人的社会危险性并附相关证据材料。侦查部门报请审查逮捕时，应当同时将报请情况告知犯罪嫌疑人及其辩护律师。

犯罪嫌疑人已被拘留的，下级人民检察院侦查部门应当在拘留后 7 日以内报上一级人民检察院审查逮捕。上一级人民检察院应当在收到报请逮捕书后 7 日以内作出是否逮捕的决定，特殊情况下，决定逮捕的时间可以延长 1 日至 3 日。犯罪嫌疑人未被拘留的，上一级人民检察院应当在收到报请逮捕书后 15 日以内作出是否逮捕决定，重大、复杂的案件，不得超过 20 日。报送案卷材料、送达法律文书的路途时间计算在上一级人民检察院审查逮捕期限以内。

对于重大、疑难、复杂的案件，下级人民检察院侦查部门可以提请上一级人民检察院侦查监督部门和本院侦查监督部门派员介入侦查，参加案件讨论。上一级人民检察院侦查监督部门和下级人民检察院侦查监督部门认为必要时，可以报经检察长批准，派员介入侦查，对收集证据、适用法律提出意见，监督侦查活动是否合法。

上一级人民检察院经审查，对符合人民检察院《规则》（试行）第 305 条规定情形的，应当讯问犯罪嫌疑人。讯问时，按照人民检察院《规则》（试行）第 307 条的规定进行。对未被拘留的犯罪嫌疑人，讯问前应当征求下级人民检察院侦查部门的意见。讯问犯罪嫌疑人,可以当面讯问,也可以通过视频讯问。通过视频讯问的,上一级人民检察院应当制作笔录附卷。下级人民检察院应当协助做好提押、讯问笔录核对、签字等工作。因交通、通讯不便等原因,不能当面讯问或者视频讯问的,上一级人民检察院可以拟定讯问提纲,委托下级人民检察院侦查监督部门进行讯问。下级人民检察院应当及时将讯问笔录报送上一级人民检察院。对已被拘留的犯罪嫌疑人,上一级人民检察院拟不讯问的,应当向犯罪嫌疑人送达听取犯罪嫌疑人意见书。因交通不便等原因不能及时送达的,可以委托下级人民检察院侦查监督部门代为送达。下级人民检察院应当及时回收意见书,并报上一级人民检察院。经审查发现应当讯问犯罪嫌疑人的,应当及时讯问。

上一级人民检察院决定逮捕的,应当将逮捕决定书连同案卷材料一并交下级人民检察院,由下级人民检察院通知同级公安机关执行。必要时,下级人民检察院可以协助执行。下级人民检察院应当在公安机关执行逮捕 3 日以内,将执行回执报上一级人民检察院。上一级人民检察院作出逮捕决定的,可以对收集证据、适用法律提出意见。

上一级人民检察院决定不予逮捕的,应当将不予逮捕决定书连同案卷材料一并交下级人民检察院,同时书面说明不予逮捕的理由。犯罪嫌疑人已被拘留的,下级人民检察院应当通知公安机关立即释放,并报上一级人民检察院;案件需要继续侦查,犯罪嫌疑人符合取保候审、监视居住条件的,由下级人民检察院依法决定取保候审或者监视居住。

上一级人民检察院作出不予逮捕决定,认为需要补充侦查的,应当制作补充侦查提纲,送达下级人民检察院侦查部门。

对应当逮捕而下级人民检察院未报请逮捕的犯罪嫌疑人,上一级人民检察院应当通知下级人民检察院报请逮捕犯罪嫌疑人。下级人民检察院不同意报请逮捕犯罪嫌疑人的,应当说明理由。经审查理由不成立的,上一级人民检察院可以依法作出逮捕决定。

对被逮捕的犯罪嫌疑人,作出逮捕决定的人民检察院发现不应当逮捕的,应当撤销逮捕决定,并通知下级人民检察院送达同级公安机关执行,同时向下级人民检察院说明撤销逮捕的理由。下级人民检察院认为上一级人民检察院作出的不予逮捕决定有错误的,应当在收到不予逮捕决定书后 5 日以内报请上一级人民检察院重新审查,但是必须将已被拘留的犯罪嫌疑人立即释放或者变更为其他强制措施。上一级人民检察院侦查监督部门在收到报请重新审查逮捕意见书和案卷材料后，应当另行指派办案人员审查，在 7 日以内作出是否变更的决定。

基层人民检察院，分、州、市人民检察院对直接受理立案侦查的案件进行审查起诉时，发现需要逮捕犯罪嫌疑人的，应当报请上一级人民检察院审查决定逮捕。报请工作由公诉部门负责。

(2)最高人民检察院、省级人民检察院决定逮捕的程序

最高人民检察院、省级人民检察院办理直接受理立案侦查的案件，需要逮捕犯罪嫌疑人的，由侦查部门填写逮捕犯罪嫌疑人意见书，连同案卷材料、讯问犯罪嫌疑人录音、录像一并移送本院侦查监督部门审查。犯罪嫌疑人已被拘留的，侦查部门应当在拘留后 7 日以内将案件移送本院侦查监督部门审查。

对侦查部门移送审查逮捕的案件，犯罪嫌疑人已被拘留的，应当在侦查监督部门收到逮捕犯罪嫌疑人意见书后的 7 日以内，由检察长或者检察委员会决定是否逮捕，特殊情况下，决定逮捕的时间可以延长 1 日至 3 日；犯罪嫌疑人未被拘留的，应当在侦查监督部门收到逮捕犯罪嫌疑人意见书后的 15 日以内由检察长或者检察委员会决定是否逮捕，重大、复杂的案件，不得超过 20 日。

对侦查部门移送审查逮捕的犯罪嫌疑人，经检察长或者检察委员会决定逮捕的，侦查监督部门应当将逮捕决定书连同案卷材料、讯问犯罪嫌疑人录音、录像送交侦查部门，由侦查部门通知公安机关执行，必要时人民检察院可以协助执行，并可以对收集证据、适用法律提出意见。

对侦查部门移送审查逮捕的犯罪嫌疑人，经检察长或者检察委员会决定不予逮捕的，侦查监督部门应当将不予逮捕的决定连同案卷材料、讯问犯罪嫌疑人录音、录像移交侦查部门。犯罪嫌疑人已被拘留的，侦查部门应当通知公安机关立即释放。

对应当逮捕而本院侦查部门未移送审查逮捕的犯罪嫌疑人，侦查监督部门应当向侦查部门提出移送审查逮捕犯罪嫌疑人的建议。如果建议不被采纳，侦查监督部门可以报请检察长提交检察委员会决定。

最高人民检察院、省级人民检察院办理直接受理立案侦查的案件，已经作出不予逮捕的决定，又发现需要逮捕犯罪嫌疑人的，应当重新办理逮捕手续。

4. 人民法院决定逮捕的程序

人民法院在审判刑事案件的过程中，认为需要逮捕被告人的，先由承办案

件的审判人员提出逮捕意见，呈请院长或者审判委员会决定。院长或者审判委员会决定逮捕的，签发逮捕决定书，送交公安机关执行。如果是公诉案件还应当通知人民检察院。

5. 逮捕几种特殊犯罪嫌疑人的审批程序

根据最高人民检察院《规则》（试行）的规定，以下几种情况下的逮捕，需要经过有关部门的批准或者报请有关部门备案。

（1）人民检察院对担任本级人民代表大会代表的犯罪嫌疑人批准或者决定逮捕，应当报请本级人民代表大会主席团或者常务委员会许可。对担任上级人民代表大会代表的犯罪嫌疑人批准或者决定逮捕，应当层报该代表所属的人民代表大会同级的人民检察院报请许可。对担任下级人民代表大会代表的犯罪嫌疑人批准或者决定逮捕，可以直接报请该代表所属的人民代表大会同级的人民检察院报请许可；对担任乡、民族乡、镇的人民代表大会代表的犯罪嫌疑人批准或者决定逮捕，由县级人民检察院报告乡、民族乡、镇的人民代表大会。对担任两级以上的人民代表大会的代表的犯罪嫌疑人批准或者决定逮捕的，应当分别委托该代表所属的人民代表大会同级的人民检察院报请许可。

（2）外国人、无国籍人涉嫌危害国家安全犯罪的案件或者涉及国与国之间政治、外交关系的案件以及在适用法律上确有疑难的案件，需要逮捕犯罪嫌疑人的，由分、州、市人民检察院审查并提出意见，层报最高人民检察院审查。最高人民检察院经征求外交部的意见后，决定批准逮捕。经审查认为不需要逮捕的，可以直接作出不批准逮捕的决定。外国人、无国籍人涉嫌其他犯罪的案件，由分、州、市人民检察院审查并提出意见，报请省级人民检察院审查。省级人民检察院经征求同级政府外事部门的意见后，决定批准逮捕，同时报请最高人民检察院备案。经审查认为不需要逮捕的，可以直接作出不批准逮捕的决定。

（3）人民检察院审查逮捕危害国家安全的案件、涉外案件以及检察机关直接立案侦查的案件，在批准逮捕后，应当报上一级人民检察院备案。上级人民检察院对报送的备案材料应当进行审查，发现错误的，应当在10日以内将审查意见通知报送备案的下级人民检察院或者直接予以纠正。

（二）逮捕的执行程序

逮捕犯罪嫌疑人、被告人，必须由公安机关执行。

公安机关接到人民检察院的批准逮捕决定书、决定逮捕通知书或者人民法院的逮捕决定书以后，由县级以上公安机关负责人签发逮捕证，立即派员执行，并将执行回执及时送达批准或决定逮捕的人民检察院或者决定逮捕的人民法院。如果由于犯罪嫌疑人、被告人死亡、逃跑或其他原因未能执行的,也应当将回执送达原批准或决定机关,并说明未能执行的理由。

执行逮捕的人员不得少于 2 人,执行逮捕时必须向被逮捕人出示逮捕证,宣布逮捕,并责令被逮捕人在逮捕证上签字或者按指印,被逮捕人拒绝签字或者按指印的,应当加以注明。遇有被逮捕人抗拒逮捕的,可以使用戒具,必要时可以使用武器。

公安机关异地执行逮捕时,应当通知被逮捕人所在地的公安机关,被逮捕人所在地的公安机关应当予以配合。

省级以下(不含省级)人民检察院决定逮捕,决定逮捕后,应当立即将被逮捕人送看守所羁押。除无法通知的以外,下级人民检察院侦查部门应当把逮捕的原因和羁押的处所,在 24 小时以内通知被逮捕人的家属。对于无法通知的,在无法通知的情形消除后,应当立即通知其家属。对被逮捕的犯罪嫌疑人,下级人民检察院侦查部门应当在逮捕后 24 小时以内进行讯问。下级人民检察院在发现不应当逮捕的时候,应当立即释放犯罪嫌疑人或者变更强制措施,并向上一级人民检察院报告。对已被释放或者变更为其他强制措施的犯罪嫌疑人,又发现需要逮捕的,应当重新报请审查逮捕。

最高人民检察院、省级人民检察院办理直接受理立案侦查的案件,逮捕犯罪嫌疑人后,应当立即将被逮捕人送看守所羁押。除无法通知的以外,侦查部门应当把逮捕的原因和羁押的处所,在 24 小时以内通知被逮捕人的家属。对于无法通知的,在无法通知的情形消除后,应当立即通知其家属。最高人民检察院、省级人民检察院办理直接受理立案侦查的案件,对被逮捕的犯罪嫌疑人,侦查部门应当在逮捕后 24 小时以内进行讯问。

发现不应当逮捕的,应当经检察长批准,撤销逮捕决定或者变更为其他强制措施,并通知公安机关执行,同时通知侦查监督部门。对被释放或者被变更逮捕措施的犯罪嫌疑人,又发现需要逮捕的,应当重新移送审查逮捕。

人民检察院或者人民法院决定逮捕的,公安机关在执行逮捕后,应当及时通知决定机关。接到通知后,人民检察院或者人民法院应当把逮捕的原因和羁押的处所,在 24 小时以内通知被逮捕人的家属或者他的所在单位。确实无法通知的,应记录在案;因有碍侦查而不能通知的,应经检察长批准,并将原因写明附卷。

人民法院、人民检察院对于各自决定逮捕的人,公安机关对于经人民检察院批准逮捕的人,都应当在逮捕后24小时以内进行讯问。发现不应当逮捕的,必须立即释放,发给释放证明。在此之后,如果发现对犯罪嫌疑人、被告人采取逮捕措施不当的,应当及时撤销或者变更。公安机关释放被逮捕的人或者变更强制措施的,应当通知原批准逮捕的人民检察院。

被逮捕羁押的犯罪嫌疑人、被告人及其法定代理人,近亲属或者犯罪嫌疑人、被告人委托的律师及其他辩护人有权申请取保候审。批准或者决定逮捕的机关经审查认为采取取保候审不致发生社会危险的,可以决定取保候审。

五、羁押的必要性审查以及不当强制措施的撤销和变更

刑事诉讼法第93条规定,犯罪嫌疑人、被告人被逮捕后,人民检察院仍应当对羁押的必要性进行审查。对不需要继续羁押的,应当建议予以释放或者变更强制措施。有关机关应当在10日以内将处理情况通知人民检察院。

侦查阶段的羁押必要性审查由侦查监督部门负责;审判阶段的羁押必要性审查由公诉部门负责。监所检察部门在监所检察工作中发现不需要继续羁押的,可以提出释放犯罪嫌疑人、被告人或者变更强制措施的建议。犯罪嫌疑人、被告人及其法定代理人、近亲属或者辩护人可以申请人民检察院进行羁押必要性审查,申请时应当说明不需要继续羁押的理由,有相关证据或者其他材料的,应当提供。

人民检察院发现有下列情形之一的,可以向有关机关提出予以释放或者变更强制措施的书面建议:案件证据发生重大变化,不足以证明有犯罪事实或者犯罪行为系犯罪嫌疑人、被告人所为的;案件事实或者情节发生变化,犯罪嫌疑人、被告人可能被判处管制、拘役、独立适用附加刑、免予刑事处罚或者判决无罪的;犯罪嫌疑人、被告人实施新的犯罪,毁灭、伪造证据,干扰证人作证,串供,对被害人、举报人、控告人实施打击报复,自杀或者逃跑等的可能性已被排除的;案件事实基本查清,证据已经收集固定,符合取保候审或者监视居住条件的;继续羁押犯罪嫌疑人、被告人,羁押期限将超过依法可能判处的刑期的;羁押期限届满的;因为案件的特殊情况或者办理案件的需要,变更强制措施更为适宜的;其他不需要继续羁押犯罪嫌疑人、被告人的情形。释放或者变更强制措施的建议书应当说明不需要继续羁押犯罪嫌疑人、被告人的理由及法律依据。

人民检察院可以采取以下方式进行羁押必要性审查:对犯罪嫌疑人、被告

人进行羁押必要性评估；向侦查机关了解侦查取证的进展情况；听取有关办案机关、办案人员的意见；听取犯罪嫌疑人、被告人及其法定代理人、近亲属、辩护人，被害人及其诉讼代理人或者其他有关人员的意见；调查核实犯罪嫌疑人、被告人的身体健康状况；查阅有关案卷材料，审查有关人员提供的证明不需要继续羁押犯罪嫌疑人、被告人的有关证明材料；其他方式。

人民检察院向有关办案机关提出对犯罪嫌疑人、被告人予以释放或者变更强制措施的建议的，应当要求有关办案机关在10日以内将处理情况通知人民检察院。有关办案机关没有采纳人民检察院建议的，应当要求其说明理由和依据。

对人民检察院办理的案件，经审查认为不需要继续羁押犯罪嫌疑人的，应当建议办案部门予以释放或者变更强制措施。

人民法院、人民检察院和公安机关如果发现对犯罪嫌疑人、被告人采取强制措施不当的，应当及时撤销或者变更。公安机关释放被逮捕的人或者变更逮捕措施的，应当通知原批准的人民检察院。

犯罪嫌疑人、被告人及其法定代理人、近亲属或者辩护人有权申请变更强制措施。人民法院、人民检察院和公安机关收到申请后，应当在3日以内作出决定；不同意变更强制措施的，应当告知申请人，并说明不同意的理由。

犯罪嫌疑人、被告人被羁押的案件，不能在刑事诉讼法规定的侦查羁押、审查起诉、一审、二审期限内办结的，对犯罪嫌疑人、被告人应当予以释放；需要继续查证、审理的，对犯罪嫌疑人、被告人可以取保候审或者监视居住。

人民法院、人民检察院或者公安机关对被采取强制措施法定期限届满的犯罪嫌疑人、被告人，应当予以释放、解除取保候审、监视居住或者依法变更强制措施。犯罪嫌疑人、被告人及其法定代理人、近亲属或者辩护人对于人民法院、人民检察院或者公安机关采取强制措施法定期限届满的，有权要求解除强制措施。

DIJIUZHANG

第九章

附带民事诉讼

第一节　附带民事诉讼概述

一、附带民事诉讼的概念和特点

附带民事诉讼,是指公安司法机关在刑事诉讼过程中,在解决犯罪嫌疑人、被告人刑事责任的同时,附带解决犯罪嫌疑人、被告人的犯罪行为所造成物质损失的赔偿问题而进行的诉讼活动。

附带民事诉讼兼具刑事诉讼和民事诉讼的特征,其自身特点主要表现为以下几个方面。

第一,附带民事诉讼程序的附属性。附带民事诉讼以刑事案件的成立为前提,必须在刑事诉讼的过程中提起,其起诉时效、上诉期限、管辖法院都取决于刑事案件的规定,附带民事诉讼的判决同样和刑事诉讼的判决具有一致性,不能和刑事案件的判决相违背。因此,从根本上来说,附带民事诉讼是以刑事诉讼为依据,如果刑事诉讼不成立或者被撤销、决定不起诉,那么附带民事诉讼也就没有了存在的必要性。

第二,附带民事诉讼性质的特殊性。与刑事诉讼相比而言,附带民事诉讼从根本上解决的是民事赔偿问题,和民事诉讼中的损害赔偿诉讼一样,属于民事诉讼的性质。但是,它又和一般的民事诉讼不同,是因犯罪行为而引起的损害赔偿诉讼,为了提高诉讼程序的效率,法律允许当事人在刑事诉讼中提起,由审判刑事案件的审判组织进行统一审理,在节约司法资源的同时,也使当事人之间的矛盾及时解决,属于一种特殊的民事诉讼。

第三,附带民事诉讼法律依据的复合性。刑事诉讼法第 100 条规定,附带民事诉讼原告人或者人民检察院可以申请人民法院采取保全措施。人民法院采取保全措施,适用民事诉讼法的有关规定。由此可以看出附带民事诉讼可以兼具民事诉讼法和刑事诉讼法的规定，除刑事诉讼法有特殊规定的以外，可以适用民事诉讼法的相关规定，以便解决司法实践中的强制措施、财产保全和先予执行等问题。

二、附带民事诉讼的成立条件

根据最高人民法院《解释》第 145 条的规定，附带民事诉讼的提起应当符合以下条件。

1. 起诉人符合法定条件。在司法实践中，起诉人主要有以下几种情况：一是被害人。最高人民法院《解释》第 138 条规定，被害人因人身权利受到犯罪侵犯或者财物被犯罪分子毁坏而遭受物质损失的，有权在刑事诉讼过程中提起附带民事诉讼。二是被害人的法定代理人、近亲属。最高人民法院《解释》第 138 条规定，被害人死亡或者丧失行为能力的，其法定代理人、近亲属有权提起附带民事诉讼。最高人民法院《解释》第 144 条规定，被害人或者其法定代理人、近亲属仅对部分共同侵害人提起附带民事诉讼的，人民法院应当告知其可以对其他共同侵害人，包括没有被追究刑事责任的共同侵害人，一并提起附带民事诉讼，但共同犯罪案件中同案犯在逃的除外。被害人或者其法定代理人、近亲属放弃对其他共同侵害人的诉讼权利的，人民法院应当告知其相应法律后果，并在裁判文书中说明其放弃诉讼请求的情况。三是人民检察院。刑事诉讼法第 99 条第 2 款规定，如果是国家财产、集体财产遭受损失的，人民检察院在提起公诉的时候，可以提起附带民事诉讼。最高人民法院《解释》第 142 条规定，国家财产、集体财产遭受损失，受损失的单位未提起附带民事诉讼，人民检察院在提起公诉时提起附带民事诉讼的，人民法院应当受理。人民检察院提起附带民事诉讼的，应当列为附带民事诉讼原告人。

2. 有明确的被告人。在刑事诉讼中，对被告人的犯罪行为造成的物质损失承担赔偿责任的人是附带民事诉讼被告人。最高人民法院《解释》第 143 条规定，下列是附带民事诉讼中依法负有赔偿责任的人：一是刑事被告人以及未被追究刑事责任的其他共同侵害人。被害人或者其法定代理人、近亲属仅对部分共同侵害人提起附带民事诉讼的，人民法院应当告知其可以对其他共同侵害人，包括没有被追究刑事责任的共同侵害人，一并提起附带民事诉讼，但共同犯罪案件中同案犯在逃的除外（共同犯罪案件，同案犯在逃的，不应列为附带民事诉讼被告人。逃跑的同案犯到案后，被害人或者其法定代理人、近亲属可以对其提起附带民事诉讼，但已经从其他共同犯罪人处获得足额赔偿的除外）。被害人或者其法定代理人、近亲属放弃对其他共同侵害人的诉讼权利的，人民法院应当告知其相应法律后果,并在裁判文书中说明其放弃诉讼请求的情况。二是刑事被告人的监护人。这里针对的主要是未成年刑事被告人,因其没有直接经济来源,不可能单独承担被害人的物质损害赔偿请求,作为监护人的法定职责,其赔偿责任由监护人代为承担。此时,附带民事诉讼的被告人仍列刑事被告人本人。三是死刑罪犯的遗产继承人。在这种情形下对被害人的经济赔偿应当看作是已经死亡的刑事被告人的生前债务,属于遗产的清偿范围。根据《中华人民共和国继承法》中的遗产继承原则,如果该继承人声明放弃继承则不得继续以其为附带民事诉讼的被告人。四是共同犯罪案件中,案件审结前死亡的被告人的遗产继承人。五是对被害人的物质损失依法应当承担赔偿责任的其他单位和个人。在《最高人民法院关于在审理经济纠纷案件中涉及经济犯罪嫌疑若干问题的规定》第 8 条规定,被害人对因单位犯罪行为造成经济损失的,对法律规定应当承担刑事责任的个人未能返还财物而遭受经济损失提起附带民事诉讼的,受理刑事案件的人民法院应当依法一并审理。此外,附带民事诉讼被告人的亲友自愿代为赔偿的,应当准许。

3. 有请求赔偿的具体要求和事实、理由。原告人提起附带民事诉讼,不仅要求有明确的被告人,还必须有具体的诉讼请求,即提出应当赔偿的具体数额,同时对加害事实造成的物质损失,要有事实根据,并且应当承担举证责任。首先,被害人所遭受的损失是物质损失。被害人因人身权利受到犯罪侵犯或者财物被犯罪分子毁坏而遭受物质损失的,有权在刑事诉讼过程中提起附带民事诉讼;被害人死亡或者丧失行为能力的,其法定代理人、近亲属有权提起附带民事诉讼。因受到犯罪侵犯,提起附带民事诉讼或者单独提起民事诉讼要求赔偿精神损失的,人民法院不予受理。被告人非法占有、处置被害人财产的,应当依法予以追缴或者责令退赔。被害人提起附带民事诉讼的,人民法院不予受理。追缴、退赔的情况,可以作为量刑情节考虑。其次,被害人遭受的物质损失是由被告人的犯罪行为直接造成的,换言之,就是被害人的物质损失和被告人的犯罪行为之间必须具有因果关系。这种损失包括已经遭受的实际损失(如被破坏的物品,被害人的医疗费、营养费等)和必然遭受的损失(如因伤残减少的劳动收入、后续治疗费等)。还需注意,这种损失必须是发生在犯罪行为过程中或者犯罪行为之后,如果发生在犯罪行为之前,如因债权债务纠纷引起的刑事犯罪,债权债务就不是这里所说的"物质损失"的范畴。

4. 属于人民法院受理附带民事诉讼的范围。人民法院对原告人提起附带民事诉讼进行审查,符合法律规定的条件的应当予以受理,同时根据最高人民法院《解释》的规定,人民法院对于原告人提起附带民事诉讼具有以下情形的不予受理:一是因受到犯罪侵犯,提起附带民事诉讼或者单独提起民事诉讼要求赔偿精神损失的,人民法院不予受理。二是被告人非法占有、处置被害人财产或者国家财产、集体财产的,应当依法予以追缴或者责令退赔。被害人或者人民检察院提起附带民事诉讼的,人民法院不予受理。追缴、退赔的情况,可以作为量刑情节考虑。三是国家机关工作人员在行使职权时,侵犯他人人身、财产权利构成犯罪,被害人或者其法定代理人、近亲属提起附带民事诉讼的,人民法院不予受理,但应当告知其可以依法申请国家赔偿。四是侦查、审查起诉期间,有权提起附带民事诉讼的人提出赔偿要求,经公安机关、人民检察院调解,当事人双方已经达成协议并全部履行,被害人或者其法定代理人、近亲属又提起附带民事诉讼的,人民法院不予受理,但有证据证明调解违反自愿、合法原则的除外。五是被害人或者其法定代理人、近亲属提起附带民事诉讼的,人民法院应当在 7 日内决定是否立案。符合刑事诉讼法第 99 条以及最高人民法院《解释》有关规定的,应当受理;不符合的,裁定不予受理。

第二节　附带民事诉讼的程序

一、附带民事诉讼的提起

(一)提起附带民事诉讼的期间

1. 提起时间

附带民事诉讼应当在刑事案件立案后及时提起,提起附带民事诉讼应当提交附带民事起诉状。

侦查、审查起诉期间,有权提起附带民事诉讼的人提出赔偿要求,经公安机关、人民检察院调解,当事人双方已经达成协议并全部履行,被害人或者其法定代理人、近亲属又提起附带民事诉讼的,人民法院不予受理,但有证据证明调解违反自愿、合法原则的除外。

2. 终止时间

附带民事诉讼应当在一审判决宣告以前提起,第一审期间未提起附带民事诉讼,在第二审期间提起的,第二审人民法院可以依法进行调解;调解不成的,告知当事人可以在刑事判决、裁定生效后另行提起民事诉讼。若被害人或者其法定代理人、近亲属在刑事诉讼过程中未提起附带民事诉讼,而是另行提起民事诉讼的，人民法院可以根据物质损失情况进行调解或者另行作出民事判决。

（二）提起附带民事诉讼的方式

对于附带民事诉讼的起诉方式，最高人民法院的司法解释规定为：提起附带民事诉讼应当提交附带民事起诉状。根据司法实践，如果书写诉状确有困难的，可以口头起诉，审判人员应当对原告人的口头诉状请求详细询问，并制作笔录，向原告人宣读；原告人确认无误后，应当签名或者盖章。

人民检察院在提起公诉时一并提起附带民事诉讼的，则只能采取书面的方式。

二、附带民事诉讼的审前处理

（一）附带民事诉讼的受理

被害人或者其法定代理人、近亲属提起附带民事诉讼的，人民法院应当在7日内决定是否立案。符合刑事诉讼法第99条以及最高人民法院《解释》有关规定的，应当受理；不符合的，裁定不予受理。

（二）附带民事诉讼受理后的处理

人民法院受理附带民事诉讼后，应当在5日内将附带民事起诉状副本送达附带民事诉讼被告人及其法定代理人，或者将口头起诉的内容及时通知附带民事诉讼被告人及其法定代理人，并制作笔录。

人民法院送达附带民事起诉状副本时，应当根据刑事案件的审理期限，确定被告人及其法定代理人提交附带民事答辩状的时间。

（三）附带民事诉讼的保全

人民法院对可能因被告人的行为或者其他原因，使附带民事判决难以执行的案件，根据附带民事诉讼原告人的申请，可以裁定采取保全措施，查封、扣押或者冻结被告人的财产；附带民事诉讼原告人未提出申请的，必要时，人民法院也可以采取保全措施。人民法院采取保全措施，适用民事诉讼法的有关规定。有权提起附带民事诉讼的人因情况紧急，不立即申请保全将会使其合法权益受到难以弥补的损害的，可以在提起附带民事诉讼前，向被保全财产所在地、被申请人居住地或者对案件有管辖权的人民法院申请采取保全措施。申请人在人民法院受理刑事案件后15日内未提起附带民事诉讼的，人民法院应当解除保全措施。

（四）附带民事诉讼的先予执行

附带民事诉讼的先予执行，是指人民法院受理附带民事诉讼之后、作出判决前，根据民事原告人的请求而决定由被告人先付给其一定款项或特定物并立即执行的措施。关于先予执行，刑事诉讼法中并没有相关规定，在《最高人民法院关于审理刑事附带民事诉讼案件有关问题的批复》中表明:对于附带民事诉讼当事人提出先予执行申请的,人民法院应当依照民事诉讼法的有关规定,裁定先予执行或驳回申请。

三、附带民事诉讼的审理

刑事诉讼法第 101 条规定,人民法院审理附带民事诉讼案件,可以进行调解,或者根据物质损失情况作出判决、裁定。由此确定了附带民事诉讼调解、审判并重的结案处理方式。

(一)附带民事诉讼的调解

人民法院审理附带民事诉讼案件,可以根据自愿、合法的原则进行调解。经调解达成协议的,应当制作调解书。调解书经双方当事人签收后,即具有法律效力。调解达成协议并即时履行完毕的,可以不制作调解书,但应当制作笔录,经双方当事人、审判人员、书记员签名或者盖章后即发生法律效力。调解未达成协议或者调解书签收前当事人反悔的,附带民事诉讼应当同刑事诉讼一并判决。

附带民事诉讼当事人就民事赔偿问题达成调解、和解协议的,赔偿范围、数额不受人身损害赔偿标准和《中华人民共和国道路交通安全法》规定的限制。

人民法院准许人民检察院撤回起诉的公诉案件,对已经提起的附带民事诉讼,可以进行调解;不宜调解或者经调解不能达成协议的,应当裁定驳回起诉,并告知附带民事诉讼原告人可以另行提起民事诉讼。

人民法院认定公诉案件被告人的行为不构成犯罪,对已经提起的附带民事诉讼,经调解不能达成协议的,应当一并作出刑事附带民事判决。

(二)附带民事诉讼的审判

1. 审判原则

附带民事诉讼应当同刑事案件一并审判,只有为了防止刑事案件审判的过分迟延,才可以在刑事案件审判后,由同一审判组织继续审理附带民事诉讼。

2. 审判程序

(1)审判组织

附带民事诉讼应当由审判刑事案件的同一审判组织继续审理;同一审判组织的成员确实不能继续参与审判的,可以更换。

(2)法庭秩序

附带民事诉讼原告人经传唤,无正当理由拒不到庭,或者未经法庭许可中途退庭的,应当按撤诉处理。刑事被告人以外的附带民事诉讼被告人经传唤,无正当理由拒不到庭，或者未经法庭许可中途退庭的，附带民事部分可以缺席判决。

(3)证明责任

附带民事诉讼当事人对自己提出的主张，有责任提供证据。延续了民事诉讼"谁主张、谁举证"的原则。

(4)判决结果

对附带民事诉讼作出判决，应当根据犯罪行为造成的物质损失，结合案件具体情况，确定被告人应当赔偿的数额。犯罪行为造成被害人人身损害的，应当赔偿医疗费、护理费、交通费等为治疗和康复支付的合理费用，以及因误工减少的收入。造成被害人残疾的，还应当赔偿残疾生活辅助具费等费用；造成被害人死亡的，还应当赔偿丧葬费等费用。

人民检察院提起附带民事诉讼的，人民法院经审理，认为附带民事诉讼被告人依法应当承担赔偿责任的，应当判令附带民事诉讼被告人直接向遭受损失的单位作出赔偿；遭受损失的单位已经终止，有权利义务继受人的，应当判令其向继受人作出赔偿；没有权利义务继受人的，应当判令其向人民检察院交付赔偿款，由人民检察院上缴国库。

审理刑事附带民事诉讼案件，人民法院应当结合被告人赔偿被害人物质损失的情况认定其悔罪表现，并在量刑时予以考虑。

3. 诉讼费用，人民法院审理附带民事诉讼案件，不收取诉讼费。

(三)附带民事诉讼的上诉

第二审人民法院审理对附带民事诉讼部分提出上诉的案件，原告一方要求增加赔偿数额，第二审人民法院可以依法进行调解。经调解未达成协议或者调解书送达前一方反悔的，第二审人民法院应当依照刑事诉讼法、民事诉讼法的有关规定作出判决或者裁定。

对附带民事判决、裁定的上诉、抗诉期限，应当按照刑事部分的上诉、抗诉期限确定。附带民事部分另行审判的，上诉期限也应当按照刑事诉讼法规定的期限确定。

刑事附带民事诉讼案件，只有附带民事诉讼当事人及其法定代理人上诉的，第一审刑事部分的判决在上诉期满后即发生法律效力。但第二审人民法院仍应当对全案进行审查。经审查，第一审判决的刑事部分并无不当的，第二审人民法院只需就附带民事部分作出处理；第一审判决的附带民事部分事实清楚，适用法律正确的，应当以刑事附带民事裁定维持原判，驳回上诉。

DISHIZHANG

第十章

期间、送达

第一节 期　　间

一、期间概述

刑事诉讼中的期间，是指公安司法机关以及当事人和其他诉讼参与人进行刑事诉讼活动所应当遵循的时间期限。刑事诉讼期间原则上由法律明文规定，个别情况下可以由公安司法机关指定。前者是法定期间，后者为指定期间。

刑事诉讼中，与期间紧密相连的另一个概念是期日。期日是指公安司法机关和诉讼参与人共同进行刑事诉讼活动的特定时间。期间和期日都是刑事诉讼中规范时间的概念。二者的主要区别有：(1)期间是指公安司法机关和诉讼参与人各自单独进行某项诉讼活动的时间要求；期日是公安司法机关和诉讼参与人共同进行某项诉讼活动的时间要求。(2)期间原则上由法律规定，一般不能变更；期日由公安司法机关指定，遇有特殊情形时，可以另行指定。(3)期间为一个时间段，即从一个期日起至另一个期日的一段时间；期日是一个特定的时间单位，如某日、某时。

二、期间的计算

根据我国刑事诉讼法的规定，期间以时、日、月计算。刑事诉讼中还存在以年为单位的期间，如追诉期限、申诉期限、刑罚执行期限等。

以时为计算单位的，开始之时不计算在期间内，从下一时起计算。

以日计算的，开始之日不计算在期间以内，从次日起计算。

以月计算的，一般原则是：(1)按公历月计算，开始月和开始月的开始日都计算在期间内。(2)如果期满日相当于开始月的某日实际不存在，应当将期满日向前迁移，而不顺延至下一个月。例如，1 月 30 日开始补充侦查，应当在一个月内补充侦查完毕，期满之日应当是 2 月 30 日，由于 2 月没有 30 日，所以此时的期满之日应当是当年 2 月的最后一日，即 28 日或 29 日。（3）遇有以半月为期的，均以 15 天计。

期间的最后一日为法定节假日的，以节假日后的第一个工作日为期间届满的日期。节假日有变通规定的，以实际休假日后的第一个工作日为期间届满的日期。例如被告人上诉的期间届满之日为 10 月 1 日，则应顺延至国庆节后的第一个工作日。但是，对于犯罪嫌疑人、被告人或者罪犯在押期间，应当至期间实际届满之日为准，不得因节假日而延长实际羁押期限。例如罪犯应当在 10 月 1 日刑满释放，则应当在国庆节当天释放，而不得顺延至国庆节后的第一个工作日释放。

对于法定期间的计算，不包括路途上的时间。上诉状或者其他文件在期满前交邮的，文书到达司法机关时已经超过法定期限，仍然有效。认定效力的依据是看上诉状或其他文件邮寄的邮戳是否是上诉期限内。例如被告人上诉期限为 9 月 30 日，上诉人在 9 月 30 日向有权受理上诉请求的人民法院邮寄了上诉状，10 月 8 日该人民法院收到上诉状，上诉人的上诉行为有效。

侦查期间，发现犯罪嫌疑人另有重要罪行的，重新计算侦查羁押期限。公安机关或者人民检察院补充侦查完毕后移送人民检察院或者人民法院的，人民检察院或者人民法院重新计算审查起诉或者审理期限。人民检察院和人民法院改变管辖的公诉案件，从改变后的办案机关收到案件之日起计算办案期限。由简易程序转为普通程序的第一审刑事案件的期限，自案件转为普通程序次日起重新计算。

不计入法定期间的法定情形包括：（1）犯罪嫌疑人不讲真实姓名、住址，身份不明的，侦查期限自查清其身份之日起计算，但是不得停止对其犯罪行为的侦查取证。（2）犯罪嫌疑人、被告人在押的案件，对他们做精神病鉴定的期间，不计入办案期限。除此之外的其他鉴定时间都应当计入办案期限。对于因鉴定时间较长，办案期限届满仍不能终结的案件，自期限届满之日起，应当对被逮捕的犯罪嫌疑人、被告人变更强制措施，改为取保候审或者监视居住。（3）中止审理的期限一般不计入审理期限。（4）因另行委托、指定辩护人，法院决定延期审理的，自案件决定延期审理之日起至第 10 日为止，辩护人准备辩护的时间不计入审理期限。（5）因当事人、诉讼代理人、辩护人申请通知新的证人到庭、提取新的证据、申请重新鉴定或者勘验，法院决定延期审理 1 个月之内的期间不计入审理期限，等等。

三、期间的恢复

期间的恢复是指当事人由于不能抗拒的原因或者其他正当理由在法定期限内没有完成应当进行的诉讼行为的,在障碍消除后的一定期限内,申请法院准许其继续进行应当在期满前完成的诉讼行为的一种补救措施。

根据我国刑事诉讼法的规定,期间恢复必须具备的条件是:(1)必须由当事人提出恢复期间的申请;(2)期间的耽误必须是由于不可抗拒的原因或有其他正当理由;(3)当事人的申请应当是障碍消除后的5日内提出;(4)必须经人民法院裁定批准,期间才能恢复。

四、法定期间

法定期间是指由法律规定的诉讼期间。根据我国刑事诉讼法的规定,法定期间主要包括:

(一)强制措施期间

传唤、拘传持续的时间不得超过12小时;案情特别重大、复杂,需要采取拘留、逮捕措施的,传唤、拘传持续的时间不得超过24小时。不得以连续传唤、拘传的形式变相拘禁犯罪嫌疑人、被告人。

取保候审最长不得超过12个月,监视居住最长不得超过6个月。

公安机关对被拘留的人,认为需要逮捕的,应当在拘留后3日以内,提请人民检察院审查批准。在特殊情况下,提请审查批准时间可以延长1日至4日。对于流窜作案、多次作案、结伙作案的重大嫌疑分子,提请审查批准的时间可以延长至30日。人民检察院应当自接到公安机关提请批准逮捕书后的7日以内,作出批准逮捕或者不批准逮捕的决定。

人民检察院对直接受理的案件中被拘留人,认为需要逮捕的,应当在14日以内作出决定。在特殊情况下,决定逮捕的时间可以延长1日至3日。

(二)侦查羁押期间

对犯罪嫌疑人逮捕后的侦查羁押期限不得超过两个月。案情复杂、期限届满不能终结的案件,可以经上一级人民检察院批准延长1个月。对于符合刑事诉讼法第156条规定的四种情形(以下简称"四类案件"),包括交通十分不便的边远地区的重大复杂案件,重大的犯罪集团案件,流窜作案的重大复杂案件以及犯罪涉及面广、取证困难的重大复杂案件,在上述的3个月侦查羁押期限内不能办结的,经省、自治区、直辖市人民检察院批准或者决定,可以延长2个月。对于犯罪嫌疑人可能判处10年有期徒刑以上刑罚的,在上述的期限内仍不能侦查终结的，经省、自治区、直辖市人民检察院批准或者决定，可以再延长2个月，因为特殊原因，在较长时间内不宜交付审判的特别重大复杂的案件，由最高人民检察院报请全国人民代表大会常务委员会批准延期审理。

（三）审查起诉期间

人民检察院对于公安机关移送起诉的案件，应当在1个月内作出决定，重大、复杂的案件，可以延长半个月。

对于补充侦查的案件，应当在1个月内补充侦查完毕。补充侦查以两次为限。

被害人对于人民检察院作出的不起诉决定不服的，可以在收到决定书后7日内向上一级人民检察院提出申诉。被不起诉人对于人民检察院因“犯罪情节轻微，依照刑法规定不需要判处刑罚或者免除刑罚”而作出的不起诉决定不服的，可以在收到决定书后7日内向作出决定的人民检察院申诉。

（四）一审程序期间

人民法院对于按照普通程序审理的公诉案件，决定是否受理，应当在7日内审查完毕。人民法院应当在开庭10日前将人民检察院的起诉书副本送达被告人；应当在开庭3日前将开庭的时间、地点通知人民检察院；至迟应当在开庭3日前将传票送达当事人，将通知书送达辩护人、诉讼代理人、证人、鉴定人和翻译人员；公开审判的案件，在开庭3日前先期公布案由、被告人姓名、开庭时间和地点。检察人员在庭审中发现提起诉讼的案件需要补充侦查并提出建议的，人民检察院应当在1个月内补充侦查完毕。在法庭审判过程中，检察机关建议补充侦查，法院决定延期审理的，延期审理时间不得超过1个月。人民法院当庭宣告判决的，应当在5日内将判决书送达当事人和提起公诉的人民检察院；定期宣告判决的，应当在宣告后立即将判决书送达当事人和提起公诉的人民检察院。

人民法院审理公诉案件，应当在受理后2个月以内宣判，至迟不得超过3个月。对于可能判处死刑的案件或者附带民事诉讼的案件，以及有刑事诉讼法第156条规定的“四类案件”情形之一的，经上一级人民法院批准，可以延长3个月；因特殊情况还需要延长的，报请最高人民法院批准。人民法院改变管辖的案件，从改变管辖后的人民法院收到案件之日起计算审理期限。人民检察院补充侦查的案件，补充侦查完毕移送人民法院后，人民法院重新计算审理期限。

人民法院审理自诉案件的期限，被告人羁押的，适用上述规定；未被羁押的，应当在受理后 6 个月内宣判。

适用简易程序审理的案件，人民法院应当在受理后 20 日以内审结；对可能判处的有期徒刑超过 3 年的，可以延长至 1 个半月。

（五）上诉、抗诉期间

刑事判决的上诉、抗诉期间为 10 日；刑事裁定的上诉、抗诉期间为 5 日。被害人及其法定代理人不服地方各级人民法院一审判决，有权自收到判决书之日起 5 日内请求人民检察院提出抗诉；人民检察院应在收到请求后 5 日内作出是否抗诉决定。

（六）二审程序期间

通过原审人民法院提出上诉的，原审人民法院应当在 3 日内将上诉状连同案卷、证据移送上一级人民法院，同时将上诉状副本送交同级人民检察院和对方当事人；直接向第二审人民法院提出上诉的，第二审人民法院应当在 3 日内将上诉状交原审人民法院送交同级人民检察院和对方当事人。第二审人民法院必须在开庭 10 日前通知人民检察院查阅案卷。

第二审人民法院受理上诉、抗诉案件，应当在 2 个月以内审结。对于可能判处死刑的案件或者附带民事诉讼的案件，以及刑事诉讼法第 156 条规定的情形之一的，经省、自治区、直辖市高级人民法院批准或者决定，可以延长 2 个月；因特殊情况还需要延长的，报请最高人民法院批准。最高人民法院受理上诉、抗诉案件的审理期限，由最高人民法院决定。

（七）再审程序期间

人民法院按照审判监督程序重新审判的案件，应当在作出提审、再审决定之日起 3 个月内审结；需要延长期限的，不得超过 6 个月。接受抗诉的人民法院按照审判监督程序审判抗诉的案件，审理期限适用前述规定；对需要指令下级人民法院再审的，应当自接受抗诉之日起 1 个月内作出决定，下级人民法院审理案件的期限适用前述规定。

（八）执行期间

下级人民法院接到最高人民法院执行死刑的命令后，应当在 7 日内交付执行。

人民检察院认为暂予监外执行不当的，应当自接到通知之日起 1 个月内将书面意见送交批准暂予监外执行的机关。批准暂予监外执行的机关接到人民检察院书面意见后，应当立即对该决定进行重新核查。

高级、中级人民法院应当自收到减刑、假释建议书之日起 1 个月内依法裁定;案情复杂或者情况特殊的,可以延长 1 个月。人民检察院认为人民法院减刑、假释裁定不当的,应当在收到裁定书副本后 20 日内,向人民法院提出书面纠正意见,人民法院应当在收到书面纠正意见后 1 个月内重新组成合议庭进行审理,作出最终裁定。

第二节　送　　达

一、送达概述

刑事诉讼中的送达,是指公安机关、人民检察院、人民法院等专门机关按照法定的程序和方式将有关诉讼文件送交收件人的一种诉讼活动。送达的主体是公安司法机关,送达的内容是有关的诉讼文件,送达的对象可以是公民个人,也可以是机关、单位,送达必须依照法定的程序和方式进行。

送达有利于诉讼参与人及时了解刑事诉讼程序的进展及自身享有的诉讼权利和承担的诉讼义务,推动刑事诉讼顺利进行和保障诉讼参与人的合法权利,有利于促进国家专门机关依法履行职责。

二、送达的方式

按照我国刑事诉讼法和相关司法解释的规定,刑事诉讼中的送达主要有以下几种方式:

(一)直接送达

直接送达是指公安司法机关派员将诉讼文书直接送交收件人的送达方式。这种方式也是公安司法机关最常用的方式。一般由公安司法人员将诉讼文书直接交给收件人本人,收件人本人在送达回证上记明收到的日期,并签名或者盖章。如本人不在,可以将诉讼文书交给他的成年家属或者所在单位的负责人员代收,由代收人在送达回证上记明收到的日期,并签名或盖章。

(二)留置送达

留置送达是指收件人本人或者代收人拒绝签收向其送达的诉讼文书时,送达人依法将诉讼文书留在收件人住处的送达方式。根据相关规定,收件人本人或者代收人拒绝签收或者拒绝签名、盖章的时候,送达人可以邀请他的邻居或者其他见证人到场,说明情况,在送达回证上注明拒绝的事由、送达日期,由送达人、见证人签名或者盖章,并把诉讼文书留在收件人住处或者单位后,即视为送达。

(三)委托送达

委托送达是指公安司法机关直接送达诉讼文书有困难的,委托收件人所在地的公安司法机关代为交给收件人的送达方式。委托送达应当将委托函、委托送达的诉讼文书及送达回证,寄送收件人所在地的公安司法机关,由受托机关派专人及时送达收件人,然后将送达回证及时退回委托送达机关。

(四)邮寄送达

邮寄送达是指公安司法机关通过邮局将诉讼文书用挂号方式邮寄给收件人的送达方式。邮寄送达应当将诉讼文书、送达回证挂号邮寄给收件人。挂号回执上注明的日期为送达日期。

(五)转交送达

转交送达是指公安司法机关将诉讼文书交收件人所在机关、单位代收后再转交给收件人的送达方式。转交送达仅适用收件人较为特殊的情形。收件人为军人的,可以通过所在部队团以上单位的政治部门转交;收件人正在服刑的,可以通过监狱或其他执行机关转交;收件人正在接受强制性教育措施的,可以通过执行强制性教育措施的单位转交。代为转交的部门、单位收到诉讼文书后,应当立即交收件人签收,并将送达回证及时退回公安司法机关。

DISHIYIZHANG

第十一章

立　　案

刑事诉讼中的立案，是指公安司法机关对于报案、控告、举报、自首以及自诉人起诉等材料，依照各自的职能管辖范围进行审查后，认为有犯罪事实发生并需要追究刑事责任时，决定将其作为刑事案件进行侦查或审判的一种诉讼活动。立案是法律赋予公安司法机关特有的权力和职责，其他任何机关和个人都无立案权。立案是我国刑事诉讼一个独立、必经的诉讼阶段，是刑事诉讼活动开始的标志。刑事案件只有立案后，才能进行公诉案件的侦查、起诉、审判和自诉案件的审判活动。立案应依照法律规定的职权原则和管辖范围进行。

第一节　立案的材料来源和条件

一、立案的材料来源

立案的材料来源，是指公安司法机关获取有关犯罪事实及犯罪嫌疑人情况的材料的渠道或途径。立案作为刑事诉讼活动开始的标志，必须具备相应的根据。没有根据，公安司法机关不能够任意启动立案程序。这些根据就是说明犯罪事实和犯罪嫌疑人存在的材料，是公安司法机关决定是否立案的根据。

根据刑事诉讼法的规定和刑事司法实践，立案材料的来源主要有以下几种渠道和途径：

（一）公安机关或者人民检察院自行发现的犯罪事实或者犯罪嫌疑人

在我国，公安机关、人民检察院是享有侦查权、同犯罪作斗争的专门机关，在履行职责时，应当积极主动地发现、获取犯罪线索，予以立案侦查。如公安机关在值勤、巡逻等治安防范活动中，发现犯罪线索、犯罪嫌疑人；在侦查过程中，通过询问证人、被害人，发现新的犯罪证据和犯罪嫌疑人；人民检察院通过审查批捕、审查起诉以及在对直接受理案件的立案侦查活动中，发现犯罪证据和犯罪嫌疑人等。在办案过程中或者在执行其他任务过程中,一旦发现新的犯罪事实或犯罪嫌疑人符合立案条件的,就必须主动、迅速地立案侦查,对于不属于自己管辖范围的,应及时将这些材料移送给有管辖权的机关处理,需采取紧急措施的,应先采取紧急措施,再移送有关机关处理。

(二)单位和个人的报案或者举报

在我国,向公安司法机关报案或举报,既是单位和个人依法享有的权利,也是其依法应当履行的义务。任何单位和个人,如果发现有犯罪事实或者犯罪嫌疑人,都应当积极主动地向司法机关报案或举报,使犯罪分子得到法律制裁。单位和个人的报案或者举报,已成为公安司法机关立案的最主要、最普遍的材料来源。

报案和举报都是向公安司法机关提供犯罪线索或事实材料,但二者也有所不同,报案是指单位或者个人将其发现的犯罪事实,向公安机关、人民检察院、人民法院揭露和报告的行为,报案通常能够确定犯罪事实,但不明确犯罪嫌疑人为何人;举报则是指单位或者个人出于公民责任感向公安机关、人民检察院、人民法院检举揭发其发现的犯罪嫌疑人或犯罪事实的行为,举报除能够提供犯罪事实以外,通常还能提供明确的犯罪嫌疑人及犯罪嫌疑人的有关情况,举报的案件事实及证据材料也比报案要详细、具体得多。

(三)被害人的报案或者控告

所谓控告是指人身权利、财产权利遭受犯罪行为侵害的被害人向公安机关、人民检察院或者人民法院控诉与告发不法侵害的事实或者犯罪嫌疑人的有关情况,要求依法追究其刑事责任的诉讼行为。根据刑事诉讼法的有关规定,对于自诉案件,被害人死亡或者丧失行为能力的,其法定代理人、近亲属也有权向人民法院提出控告。控告与被害人报案的区别表现为:控告有明确的犯罪嫌疑人,而被害人报案则往往不能指出明确的犯罪嫌疑人。

被害人是犯罪行为直接侵害的对象,具有维护自己合法权益、及时制止犯罪、惩罚犯罪、尽快挽回损失的强烈愿望,一般能够积极主动地向公安司法机关报案或者控告,同时,被害人又是犯罪事实的亲身经历者,往往与犯罪嫌疑人有所接触,对犯罪事实和犯罪嫌疑人掌握的情况较多,因此被害人能够提供更为具体、详细的与犯罪事实和犯罪嫌疑人有关的案件情况。因此,被害人的报案和控告也是立案材料的重要来源。

(四)犯罪人的自首

自首,是指犯罪分子实施犯罪行为后,自动投案,如实交代自己的罪行,并接受公安司法机关的审查和裁判的行为。犯罪人自首,一般是犯罪分子在犯罪之后,在尚未受到讯问、未被采取强制措施之前,出于本人的意愿而向有关公安司法机关承认自己实施了犯罪,并且自愿置于有关机关的控制之下,如实交代自己的主要犯罪事实。但根据有关司法解释,犯罪人向基层组织、所在单位负责人投案的;罪行尚未被司法机关发觉,仅因形迹可疑被有关组织查询、教育后,主动供述犯罪事实的;犯罪分子在犯罪后逃逸,在被缉捕、追捕的过程中,经查实犯罪分子确实已经准备去投案,或者正在投案的途中,被公安司法机关逮捕的;犯罪分子在外地或生病等原因,请他人代为投案,或者用信函、电话、电报报案后,能够如实供述罪行的;被家长、监护人或其他家属主动报案或扭送归案的,只要符合如实供述罪行的条件,都应视为自首。被采取强制措施的犯罪嫌疑人、被告人和正在服刑的罪犯,如实供述司法机关还未掌握的本人其他罪行的,也以自首论。公安机关、人民检察院或者人民法院对于犯罪人的自首,都应当接受,对于不属于自己管辖的,应当移送主管机关处理,对于属于自己管辖范围的,应当迅速进行审查,作出是否立案的决定。

(五)其他途径

司法实践中,上级机关交办的案件、群众的扭送、党的纪检部门查处后移送追究刑事责任的案件以及其他行政执法机关移送的案件等也是立案材料的来源。

二、立案的条件

立案的条件,是指公安司法机关立案必须具备的理由和根据,也就是决定刑事案件成立,开始进行刑事追究所必须具备的法定条件。公安司法机关对于接受的报案、控告、举报和自首的材料并不是都会必然地予以立案侦查或审判,而是要经过依法审查,认为符合法定的立案条件后才予以立案。根据刑事诉讼法第 110 条的规定,刑事诉讼立案必须具备以下条件。

(一)有犯罪事实

有犯罪事实是指有刑法规定的犯罪事实发生,并且该犯罪事实的发生有一定的证据证明,这是立案的首要条件。具体而言,包括两方面的含义:其一,在刑事诉讼中,需要立案追究刑事责任的只能是依照刑法规定构成犯罪的行为,包括正在预备犯罪、实施犯罪、犯罪未遂、犯罪中止或者已经实施完毕的犯罪行为。需说明的是,立案要求的有犯罪事实仅指有某种触犯刑法的社会危害行为的发生,并不要求在立案审查阶段即查清犯罪过程、具体的犯罪情节、犯罪嫌疑人情况等全部犯罪事实,因为立案只是刑事诉讼的启动程序,案件尚未进行侦查或审理,犯罪事实需要由立案后的侦查或审理活动来查明。其二,必须有相关的事实材料证明犯罪事实确已发生和存在,而不是出于公安司法工作人员的随意猜测和主观臆断。

(二)需要追究刑事责任

需要追究刑事责任是指依照法律规定应当追究犯罪行为人的刑事责任。这是立案的法律要件。立案以追究刑事责任、实现国家刑罚权为目的,因此,只有依法需要追究刑事责任即应当给予刑罚处罚时才能立案,也只有这样的立案才具有实际意义。但并不是所有犯罪事实都需要追究刑事责任,如果依照法律规定不需要追究刑事责任时,就必须首先在立案时予以排除。

根据刑事诉讼法第 15 条规定,有以下情形之一的,不追究刑事责任,不应当立案:(1)情节显著轻微、危害不大,不认为是犯罪的;(2)犯罪已过追诉时效期限的;(3)经特赦令免除刑罚的;(4)依照刑法告诉才处理的犯罪,没有告诉或者撤回告诉的;(5)犯罪嫌疑人、被告人死亡的;(6)其他法律规定免予追究刑事责任的。根据司法实践和刑法的相关规定,有下列情形之一的,也不应当追究刑事责任:(1)精神病人在不能辨认或者不能控制自己行为时造成危害结果的,不负刑事责任。(2)为了使国家、公共利益、本人或者他人的人身、财产和其他权利免受正在进行的不法侵害而采取的正当防卫行为,并且防卫行为没有明显超过必要限度的;对正在进行行凶、杀人、抢劫、强奸、绑架以及其他严重危及人身安全的暴力犯罪,采取防卫行为,造成不法侵害人伤亡的,不负刑事责任。(3)为了使国家、公共利益、本人或者他人的人身、财产和其他权利免受正在发生的危险不得已采取的紧急避险行为没有过度,不负刑事责任。

当然,在立案这个阶段,只能要求公安机关、人民检察院或人民法院在查明有无犯罪事实存在的基础上,初步判明是否需要追究刑事责任,而不能要求其确定具体的刑事责任。

(三)符合管辖的规定

立案时仅满足上述两个条件还不能解决某个具体案件应由哪一个机关立案的问题,如果这个问题解决不好势必会造成公安司法机关之间的管辖冲突,因此,立案还必须符合有关管辖的规定。刑事诉讼法及有关规定都明确要求公安司法机关立案的案件应当是属于自己管辖的案件,对于不属于自己管辖的,在接受有关案件材料后,应当移送主管机关处理,并且通知报案人、控告人、举报人,对于不属于自己管辖而必须采取紧急措施的,应当先采取紧急措施,然后移送主管机关。

自诉案件的立案与公诉案件的立案不同,它同起诉和受理相重合,并同审判相连接。自诉人起诉后,只要符合立案条件,人民法院就应当受理并进行审判。因此,自诉案件的立案条件应当高于公诉案件,即自诉案件的立案条件除了应当具备公诉案件的立案条件以外,根据最高人民法院《解释》的规定,还应当具备下列条件:(1)案件属于自诉案件的范围;(2)案件属于该人民法院管辖;(3)刑事案件的被害人告诉的;(4)有明确的被告人、具体的诉讼请求和能证明被告人犯罪事实的证据。

第二节　立案的程序

一、对立案材料的接受

对立案材料的接受,又称受案,是指公安机关、人民检察院、人民法院对报案、控告、举报、自首材料的受理,它是立案程序的开始。报案、控告、举报、自首材料是刑事案件立案材料的最主要来源,公安机关、人民检察院、人民法院必须及时予以妥善处理,为以后的各阶段刑事诉讼活动做好准备。根据刑事诉讼法有关规定,对立案材料的接受,应当注意以下几点。

1. 公安机关、人民检察院或者人民法院对于报案、控告、举报和犯罪人的自首都应当接受,不得以任何借口推诿或者拒绝。对于不属于自己管辖的,应当移送主管机关处理,并且通知报案人、控告人、举报人;对于不属于自己管辖而又必须采取紧急措施的,应当先采取紧急措施,然后移送主管机关处理。实践中,报案人、控告人、举报人可能并不知晓具体应该向哪个机关报案、控告、举报,如果要求报案人、控告人、举报人按照案件的主管机关进行报案、控告、举报,不仅会给报案人、控告人、举报人造成许多不便,打消其积极性,也会造成不同机关之间的推诿,影响案件的及时立案、侦查。因此,刑事诉讼法关于管辖的划分是针对公、检、法机关的职责权限而言的,单位或个人的报案、举报、控告以及犯罪人的自首并不受该规定的限制。

2. 为了便于有关单位和个人报案、控告、举报以及犯罪人自首,法律规定报案、控告、举报、自首既可以用书面形式提出,也可以用口头形式提出,二者具有同等法律效力,公安司法机关都应当接受。接受口头报案、控告、举报的工作人员,应当仔细问明有关犯罪事实的情节或犯罪嫌疑人的特征等并制作接受报案、控告、举报笔录,经宣读无误后,由报案人、控告人、举报人签名或者盖章,必要时可以录音,以固定证据资料。对于单位的书面报案、控告、举报,应有单位公章,并由单位负责人签名或盖章,避免事后无人负责和诬告陷害。对于电话举报的,也应当制作笔录。

3. 为了保证控告、举报的真实性,准确地揭露犯罪,既防止诬告、陷害好人,又能充分保障单位或公民行使控告、举报的权利,接受控告、举报的工作人员,应当向控告人、举报人说明诬告应负的法律责任,要求其控告和举报的内容实事求是、客观准确。但是,工作人员要注意严格区别错告与诬告,对报案、控告、举报失实的甚至是错告,只要不是故意捏造事实,伪造证据,就不能认为是诬告。将错告与诬告严加区别,有利于解除报案人、控告人、举报人的思想顾虑,鼓励知情人报案、控告、举报,有利于依靠群众打击犯罪。

4. 公安机关、人民检察院或者人民法院应当保障报案人、控告人、举报人及其近亲属的安全。报案人、控告人、举报人如果不愿公开自己的姓名和报案、控告、举报的行为,应当为他保守秘密。公安司法机关应当采取必要措施切实保障报案人、控告人、举报人及其近亲属的人身、财产安全,为不愿公开自己的姓名的报案人、控告人、举报人保守秘密,防止打击报复发生。这种保密措施没有时间限制,在整个刑事诉讼活动中乃至刑事诉讼活动完全结束之后,公、检、法机关都负有为要求保守秘密的报案人、控告人、举报人保守秘密的义务和责任。

5. 公安机关、人民检察院、人民法院在接受立案的材料后,应当制作《受理刑事案件登记表》,作为公安司法机关管理刑事案件的原始材料,应当妥善保管,存档备查。这里的《受理刑事案件登记表》主要内容应包括:(1)报案人、控告人、举报人的基本情况、报案时间和方式;(2)发案的时间和详细地点;(3)被告人或者犯罪嫌疑人的基本情况及其特征;(4)简要案情;(5)受害情况以及损失物品的数量和特征。

人民检察院举报中心负责统一管理犯罪案件线索,并将收到的犯罪案件线索逐件登记;人民检察院对于管理的要案线索实行分级备案的管理制度:县、处级干部的要案线索一律报省级人民检察院备案,其中涉嫌犯罪数额特别巨大或者犯罪后果特别严重的,层报最高人民检察院备案;厅、局以上干部的要案线索一律报最高人民检察院备案。要案线索的备案,应当逐案填写《要案线索备案表》。备案应当在受理后7日内办理;情况紧急的,应当在备案之前及时报告。接到备案的上级人民检察院对于备案材料应当及时审查,如果有不同的意见,则应当在10日以内将审查意见通知报送备案的下级人民检察院。

二、对立案材料的审查和处理

(一)对立案材料的审查

对立案材料的审查是指公安机关、人民检察院、人民法院对报案、控告、举报、自首材料进行核对、调查的活动。审查是立案阶段最为重要的工作步骤,是立案程序的中心环节,是能否正确、及时立案的关键,其任务是查明线索材料是否符合立案条件,从而作出是否立案的决定。审查材料的过程就是确认有无犯罪事实和分析判断是否需要追究刑事责任的过程,因此立案与否取决于对立案材料的审查结果。刑事诉讼法第110条规定,人民法院、人民检察院或者公安机关对于报案、控告、举报和自首的材料,应当按照管辖范围,迅速进行审查。依据该规定,对立案材料的审查应注意以下方法和步骤。

1. 公安机关、人民检察院、人民法院对于报案、控告、举报、自首的材料或自己发现的各种材料,应当审查是否属于自己的管辖范围。

2. 公安机关、人民检察院、人民法院审查报案、控告、举报、自首的材料或自己发现的各种材料是否符合立案条件时应当迅速、及时。这主要是为了及时打击犯罪,维护当事人和诉讼参与人的合法权益,提高诉讼效率等。审查的内容主要包括:

(1)对材料所反映的事实和适用法律进行审查。审查事实,首先要审查有无事件发生;然后审查已经发生的事件是否属于犯罪案件。如果属于犯罪案件,还要审查是否需要追究行为人的刑事责任。

(2)对材料所反映的犯罪事实有无确实证据或证据线索进行审查。审查证据,是对立案材料进行审查的关键内容,根据公安部《规定》和人民检察院《规则》(试行)等的规定,一般采用如下方法:一是向报案人、控告人、举报人或自首人进行询问或讯问;二是向有关单位或组织调阅与犯罪事实及犯罪嫌疑人有关的证据材料;三是委托有关单位、组织对某些问题代为调查,对重大、复杂案件或线索,根据需要和可能,还可以商请派员协助调查;四是对特殊案件在紧急情况下可以采取必要的专门调查措施,如勘验、鉴定等;五是对自诉案件,人民法院的告诉申诉庭应当认真进行审查,认为证据不充分的,告知自诉人提出补充证据,在立案前法院一般不再进行调查。

3. 根据刑事诉讼法有关立案条件的规定，作出是否立案的决定。如果认为现有材料足以表明犯罪事实存在并需要追究刑事责任时，应当立即立案；对于经过审查认为现有证据尚不足以判明是否具有犯罪事实和应否追究刑事责任的，可以要求报案人、控告人、举报人补充证实立案材料或者进一步说明情况。如果在此基础上仍不能确定有无犯罪事实的时候，也可以委托报案、控告、举报的机关、团体、企事业单位对某些问题代为调查。公安司法机关也可以自行调查、收集证据。值得注意的是，公安司法机关在此时适用的调查方法，除了暴力犯罪并情况紧急外，一般不得采取限制人身自由的强制措施，并且不得查封、扣押、冻结被查对象的财产。对于自诉案件，人民法院在审查过程中，如果认为自诉人提出的证据不充分，可以要求自诉人提出补充证实有关犯罪事实的材料，但是，法院在立案前不能进行调查。

(二)对立案材料的处理

对立案材料的处理是指公安司法机关对于报案、控告、举报或自首的材料进行审查后，依据事实、证据和法律规定所作出的结论和处置。刑事诉讼法第110条规定："人民法院、人民检察院或者公安机关对于报案、控告、举报和自首的材料，应当按照管辖范围，迅速进行审查，认为有犯罪事实需要追究刑事责任的时候，应当立案；认为没有犯罪事实，或者犯罪事实显著轻微，不需要追究刑事责任的时候，不予立案，并且将不立案的原因通知控告人。控告人如果不服，可以申请复议。"由于公、检、法三机关在刑事诉讼中职能分工不同，直接受理的刑事案件范围不同，因而对立案材料的处理也有所区别。

1. 公安机关

公安机关对接受的案件或者发现的犯罪线索，应当迅速进行审查，经过审查分别作出以下处理：(1)认为有犯罪事实，但不属于自己管辖的案件，应当立即报经县级以上公安机关负责人批准，制作移送案件通知书，移送有管辖权的机关处理；对于不属于自己管辖又必须采取紧急措施的，应当先采取紧急措施，然后办理手续，移送主管机关。(2)对告诉才处理的案件，应当将案件材料和有关证据及时移交有管辖权的人民法院，并告知当事人向人民法院起诉。(3)对于不够刑事处罚标准但需要给予行政处理的，依法予以处理或者移送有关部门。(4)认为没有犯罪事实，或者犯罪事实显著轻微不需要追究刑事责任，或者具有其他依法不追究刑事责任情形的，接受单位应当制作呈请不予立案报告书，经县级以上公安机关负责人批准，不予立案；对有控告人的案件，决定不予立案的,公安机关应当制作不予立案通知书,并在3日以内送达控告人。(5)认为有犯罪事实需要追究刑事责任,且属于自己管辖的,由接受单位制作刑事案件立案报告书,经县级以上公安机关负责人批准,予以立案。(6)对行政执法机关移送的案件,公安机关应当自接受案件之日起3日以内进行审查,认为有犯罪事实,需要追究刑事责任,依法决定立案的,应当书面通知移送案件的行政执法机关;认为没有犯罪事实,或者犯罪事实显著轻微,不需要追究刑事责任,依法不予立案的,应当说明理由,并将不予立案通知书送达移送案件的行政执法机关,相应退回案件材料。

2. 人民检察院

人民检察院对接受的犯罪案件材料,应当迅速进行审查,并根据具体情况和管辖规定,在7日以内作出以下处理:(1)属于人民检察院管辖的,按照相关规定移送检察院有关部门或者其他人民检察院办理。(2)不属于人民检察院管辖的,移送有管辖权的机关处理,并且通知报案人、控告人、举报人、自首人。移送举报线索,应当移送举报材料原件,重要举报线索的移送,还应当经检察长批准。(3)对案件事实或者线索不明的,应当进行必要的调查核实,收集相关材料,查明情况后及时移送有管辖权的机关或者部门办理。

人民检察院侦查部门对举报中心移交的举报线索进行审查后,认为有犯罪事实需要初查的,应当报检察长或者检察委员会决定。初查由侦查部门负责,在刑罚执行和监管活动中发现的应当由人民检察院直接立案侦查的案件线索,由监所检察部门负责初查。对于重大、复杂的案件线索,监所检察部门可以商请侦查部门协助初查;必要时也可以报检察长批准后,移送侦查部门初查,监所检察部门予以配合。各级人民检察院初查的分工,按照检察机关直接立案侦查案件分级管辖的规定确定。上级人民检察院在必要时,可以直接初查或者组织、指挥、参与下级人民检察院的初查,可以将下级人民检察院管辖的案件线索指定辖区内其他人民检察院初查,也可以将本院管辖的案件线索交由下级人民检察院初查;下级人民检察院认为案情重大、复杂,需要由上级人民检察院初查的案件线索,可以提请移送上级人民检察院初查。检察长或者检察委员会决定初查的,承办人员应当制订初查工作方案,经侦查部门负责人审核后,报检察长审批。

初查一般应当秘密进行,不得擅自接触初查对象。公开进行初查或者接触初查对象,应当经检察长批准。在初查过程中,可以采取询问、查询、勘验、检查、鉴定、调取证据材料等不限制初查对象人身、财产权利的措施。不得对初查对象采取强制措施,不得查封、扣押、冻结初查对象的财产,不得采取技术侦查措施。

人民检察院对于直接受理的案件,经审查认为有犯罪事实需要追究刑事责任的,应当制作立案报告书,经检察长批准后予以立案。在决定立案之日起3日以内,将立案备案登记表、提请立案报告和立案决定书一并报送上一级人民检察院备案。人民检察院决定对人民代表大会代表立案,应当向该代表所属的人民代表大会主席团或者常务委员会进行通报。

人民检察院决定不予立案的,如果是被害人控告的,应当制作不立案通知书,写明案由和案件来源、决定不立案的原因和法律依据,由侦查部门在15日以内送达控告人,同时告知本院控告检察部门。控告人如果不服,可以在收到不立案通知书后10日以内申请复议。

3. 人民法院

人民法院直接受理自诉案件,对收到的自诉案件材料经审查不属于自己管辖的,应当将材料移送有管辖权的机关处理。对属于自己管辖的自诉案件,如果经审查认为符合受理条件的,应当决定立案,并书面通知自诉人或者代为告诉人。审查后不符合立案条件的,应当在收到自诉状或口头告诉的第2日起15日内作出不立案决定,并书面通知自诉人或代为告诉人。自诉人或代为告诉人坚持起诉的,应当由负责审查起诉的审判人员制作驳回起诉的裁定书,报庭长或者院长批准后,予以驳回并送达自诉人或代为告诉人。

对人民检察院维持不起诉决定的案件,被害人可以向人民法院起诉。被害人也可以不经申诉,直接向人民法院起诉。人民法院受理案件后,人民检察院应当将有关案件材料移送人民法院。

第三节 立案监督

人民检察院对不立案的监督,简称立案监督,是指人民检察院认为公安机关对应当立案侦查的案件而不立案侦查的,有权要求公安机关说明不立案的理由或者通知其应当立案的法律监督活动。检察机关是我国的法律监督机关,在刑事诉讼中有权对整个刑事诉讼活动进行监督,立案是刑事诉讼程序中的一个独立环节,自然也应当接受检察机关的监督,因而检察机关对立案活动实行法律监督,是刑事诉讼法律监督的重要内容之一。根据刑事诉讼法第111条以及最高人民检察院《规则》(试行)的相关规定,人民检察院依法对公安机关的刑事立案活动实行监督。

第一,人民检察院对公安机关不立案实施监督的材料来源主要有两个方面:一是通过人民检察院的各种业务活动发现公安机关可能存在应当立案侦查而不立案侦查的情形;二是被害人及其法定代理人、近亲属或者行政执法机关,认为公安机关对其控告或者移送的案件应当立案侦查而不立案侦查,或者当事人认为公安机关不应当立案而立案,向人民检察院提出的,人民检察院应当受理并进行审查。

第二,人民检察院控告检察部门受理对公安机关应当立案而不立案或者不应当立案而立案的控告、申诉,应当根据事实和法律进行审查,并可以要求控告人、申诉人提供有关材料,认为需要公安机关说明不立案或者立案理由的,应当及时将案件移送侦查监督部门办理。人民检察院侦查监督部门经过调查、核实有关证据材料,认为需要公安机关说明不立案理由的,经检察长批准,应当要求公安机关书面说明不立案的理由。人民检察院要求公安机关说明不立案或者立案理由,应当制作要求说明不立案理由通知书或者要求说明立案理由通知书,及时送达公安机关,并且告知公安机关在收到要求说明不立案理由通知书或者要求说明立案理由通知书后7日以内,书面说明不立案或者立案的情况、依据和理由,连同有关证据材料回复人民检察院。公安机关应当在收到通知书后7日以内制作不立案理由说明书,客观反映不立案或者立案的情况、依据和理由,连同有关证据材料复印件回复人民检察院。

第三,公安机关说明不立案或者立案的理由后,人民检察院侦查监督部门应当进行审查,认为公安机关不立案或者立案理由不能成立的,经检察长或者检察委员会讨论决定,应当通知公安机关立案或者撤销案件。人民检察院通知公安机关立案或者撤销案件的,应当制作通知立案书或者通知撤销案件书,说明依据和理由,连同证据材料送达公安机关。侦查监督部门认为公安机关不立案或者立案理由成立的,应当通知控告检察部门,由其在10日以内将不立案或者立案的理由和根据告知被害人及其法定代理人、近亲属或者行政执法机关。

第四,公安机关应当在收到通知立案书后15日以内决定立案,对通知撤销案件书没有异议的应当立即撤销案件,并将立案决定书或者撤销案件决定书复印件及时送达人民检察院。人民检察院通知公安机关立案或者撤销案件的，应当依法对执行情况进行监督。公安机关在收到通知立案书或者通知撤销案件书后超过15日不予立案或者既不提出复议、复核也不撤销案件的，人民检察院应当发出纠正违法通知书予以纠正。公安机关仍不纠正的，报上一级人民检察院协商同级公安机关处理。公安机关立案后3个月以内未侦查终结的，人民检察院可以向公安机关发出立案监督案件催办函，要求公安机关及时向人民检察院反馈侦查工作进展情况。对于由公安机关管辖的国家机关工作人员利用职权实施的重大犯罪案件，人民检察院通知公安机关立案，公安机关不予立案的，经省级以上人民检察院决定，人民检察院可以直接立案侦查。

第五，人民检察院侦查监督部门或者公诉部门发现本院侦查部门对应当立案侦查的案件不报请立案侦查或者对不应当立案侦查的案件进行立案侦查的，应当建议侦查部门报请立案侦查或者撤销案件；建议不被采纳的，应当报请检察长决定。

DISHIERZHANG

第十二章

侦　查

侦查是指享有侦查权的机关或部门在办理案件的过程中，依法进行的专门调查工作和采取的有关强制措施。在我国，侦查具有以下特点：侦查是国家特定机关的一种专门职权。侦查的内容包括依法进行的专门调查工作和有关的强制性措施。侦查活动必须依照法律规定进行。在公诉案件中，侦查程序是案件的必经程序，是提起公诉的必要准备，非经侦查，便无从确定应否起诉。只有经过了侦查，才能对案件进行起诉和审判。

第一节　公安机关对刑事案件的侦查

在我国，公安机关是主要的侦查机关，大部分刑事案件都由公安机关负责侦查。对已经立案的刑事案件，公安机关应当及时进行侦查，全面、客观地收集、调取犯罪嫌疑人有罪或者无罪、罪轻或者罪重的证据材料。经过侦查，对有证据证明有犯罪事实的案件，应当进行预审，对收集、调取的证据材料的真实性、合法性及证明力予以审查、核实。公安机关侦查犯罪，应当严格依照法律规定的条件和程序采取强制措施和侦查措施，严禁在没有证据的情况下，仅凭怀疑就对犯罪嫌疑人采取强制措施和侦查措施。

一、讯问犯罪嫌疑人

（一）讯问犯罪嫌疑人的概念和意义

讯问犯罪嫌疑人，是指侦查人员依照法定程序，对犯罪嫌疑人就案件事实进行面对面审查的一项诉讼活动。讯问犯罪嫌疑人的任务是收集、核实有关事实和证据，查明犯罪嫌疑人是否有犯罪行为，以及犯罪的动机、目的、手段、后果和其他具体情节，以弄清案件的真实情况。

由于犯罪嫌疑人对于自己是否实施了犯罪，以及如何实施的犯罪最为清楚,所以,通过对犯罪嫌疑人的讯问,一方面可以揭露和证实犯罪嫌疑人的犯罪行为,查明犯罪的动机、目的、犯罪经过等具体情节,判明犯罪的性质;另一方面,通过讯问犯罪嫌疑人,可以给犯罪嫌疑人以辩护的机会,直接听取犯罪嫌疑人的申辩,保护犯罪嫌疑人的合法权益,保障无罪的人不受刑事追究。

(二)讯问犯罪嫌疑人的程序

由于犯罪嫌疑人是被控犯有罪行、同案件的处理结果有直接利害关系的人,因此,讯问犯罪嫌疑人的工作又是一项十分复杂的工作。为了保证讯问的正确进行,必须依照刑事诉讼法规定的程序,运用科学的方法进行。

1. 讯问的主体

讯问犯罪嫌疑人,必须由侦查人员进行。讯问的时候,侦查人员不得少于2人,其意义在于:(1)可以审记分开,提高工作效率;(2)可以互相监督,防止违法乱纪,也可以防止犯罪嫌疑人遭到诬陷;(3)可以防止犯罪嫌疑人行凶报复,保证讯问工作的顺利进行。

2. 讯问的时间、地点

公安机关对于不需要拘留、逮捕的犯罪嫌疑人,经办案部门负责人批准,可以传唤到犯罪嫌疑人所在市、县内的指定地点或者到他的住处进行讯问。传唤犯罪嫌疑人时,应当出示传唤证和侦查人员的工作证件,并责令其在传唤证上签名、捺指印。犯罪嫌疑人到案后,应当由其在传唤证上填写到案时间。传唤结束时,应当由其在传唤证上填写传唤结束时间。犯罪嫌疑人拒绝填写的,侦查人员应当在传唤证上注明。对在现场发现的犯罪嫌疑人,侦查人员经出示工作证件,可以口头传唤,并将传唤的原因和依据告知被传唤人。在讯问笔录中应当注明犯罪嫌疑人到案方式,并由犯罪嫌疑人注明到案时间和传唤结束时间。对自动投案或者群众扭送到公安机关的犯罪嫌疑人,可以依法传唤。

传唤持续的时间不得超过12小时。案情特别重大、复杂,需要采取拘留、逮捕措施的,经办案部门负责人批准,传唤持续的时间不得超过24小时。不得以连续传唤的形式变相拘禁犯罪嫌疑人。传唤期限届满,未作出采取其他强制措施决定的,应当立即结束传唤。传唤、拘传、讯问犯罪嫌疑人,应当保证犯罪嫌疑人的饮食和必要的休息时间,并记录在案。

3. 讯问前的准备

在讯问犯罪嫌疑人之前,侦查人员应当认真地审阅全部案卷材料,仔细地分析案情,确定讯问的重点和应查明的全部问题。必要时应当制作讯问提纲,使讯问工作有目的、有计划地进行。第一次讯问,应当问明犯罪嫌疑人的姓名、别名、曾用名、出生年月日、户籍所在地、现住地、籍贯、出生地、民族、职业、文化程度、家庭情况、社会经历、是否属于人大代表、政协委员、是否受过刑事处罚或者行政处理等情况。

此外,还应注意,讯问同案的犯罪嫌疑人,应当个别进行,未被讯问的犯罪嫌疑人不得在场,以防止同案犯罪嫌疑人之间互相串供或影响。一般在侦查阶段也不宜在同案犯罪嫌疑人之间进行对质。

4. 讯问的步骤、方法

侦查人员讯问犯罪嫌疑人时,应当首先讯问犯罪嫌疑人是否有犯罪行为,并告知犯罪嫌疑人如实供述自己罪行可以从轻或者减轻处罚的法律规定,让他陈述有罪的情节或者无罪的辩解,然后向他提出问题。犯罪嫌疑人对侦查人员的提问,应当如实回答。但是对与本案无关的问题,有拒绝回答的权利。

侦查人员在讯问犯罪嫌疑人的时候,应当告知犯罪嫌疑人如实供述自己罪行可以从宽处理的法律规定。

5. 讯问聋、哑等犯罪嫌疑人的特殊要求

讯问聋、哑的犯罪嫌疑人,应当有通晓聋、哑手势的人参加,并在讯问笔录上注明犯罪嫌疑人的聋、哑情况,以及翻译人员的姓名、工作单位和职业。讯问不通晓当地语言文字的犯罪嫌疑人,应当配备翻译人员。

6. 讯问笔录的制作

讯问犯罪嫌疑人,应当制作讯问笔录。讯问笔录是重要的证据材料,侦查人员应当将问话和犯罪嫌疑人的供述或者辩解如实地记录清楚,制作讯问笔录应当使用能够长期保持字迹的材料。

讯问笔录应当交犯罪嫌疑人核对,对于没有阅读能力的,应当向他宣读。如果记载有遗漏或者差错,应当允许犯罪嫌疑人补充或者更正,并捺指印。笔录经犯罪嫌疑人核对无误后,应当由其在笔录上逐页签名、捺指印,并在末页写明"以上笔录我看过(或向我宣读过),和我说的相符"。拒绝签名、捺指印的,侦查人员应当在笔录上注明。讯问笔录上所列项目,应当按照规定填写齐全。侦查人员、翻译人员应当在讯问笔录上签名。

犯罪嫌疑人请求自行书写供述的,应当准许;必要时,侦查人员也可以要求犯罪嫌疑人亲笔书写供词。犯罪嫌疑人应当在亲笔供词上逐页签名、捺指印。侦查人员收到后,应当在首页右上方写明"于某年某月某日收到",并签名。

7. 讯问时录音、录像的规定

讯问犯罪嫌疑人，在文字记录的同时，可以对讯问过程进行录音或者录像。对于可能判处无期徒刑、死刑的案件或者其他重大犯罪案件，应当对讯问过程进行录音或者录像。这里的“可能判处无期徒刑、死刑的案件”，是指应当适用的法定刑或者量刑档次包含无期徒刑、死刑的案件。“其他重大犯罪案件”，是指致人重伤、死亡的严重危害公共安全犯罪、严重侵犯公民人身权利犯罪，以及黑社会性质组织犯罪、严重毒品犯罪等重大故意犯罪案件。对讯问过程录音或者录像的，应当对每一次讯问全程不间断进行，保持完整性。不得选择性地录制，不得剪接、删改。

二、询问证人、被害人

（一）询问证人的概念和意义

询问证人，是侦查人员依照法定程序，以言词的方式向了解案件事实情况的人进行调查的一项诉讼活动。询问证人是一种重要的侦查手段。询问证人的目的是收集证人所了解的案件情况，查明案件事实，核对犯罪嫌疑人口供和其他证据。绝大多数刑事案件的侦查都要对有关的证人进行询问，因为证人证言是最普遍的证据来源之一，对于查明案件事实的真相、揭露犯罪者、查证或者核实犯罪行为、正确处理案件有着十分重要的意义。

（二）询问证人的程序

询问证人是一项法律性很强的诉讼活动，在询问证人时必须按照法定程序和科学的询问方法进行。

1. 询问证人的地点和人数

询问证人、被害人，可以在现场进行，也可以到证人、被害人所在单位、住处或者证人、被害人提出的地点进行。在必要的时候，可以通知证人、被害人到公安机关提供证言。在现场询问证人、被害人，侦查人员应当出示工作证件。到证人、被害人所在单位、住处或者证人、被害人提出的地点询问证人、被害人，应当经办案部门负责人批准，制作询问通知书。询问前，侦查人员应当出示询问通知书和工作证件。为保证询问证人的合法性，询问证人只能由侦查人员进行，一般不得少于2人。

2. 询问前的准备

侦查人员在询问前必须仔细分析研究案件情况，应明确询问的目的和要求，制订询问提纲或要点，掌握证人的身份，证人与案件以及犯罪嫌疑人、被害人的关系，了解证人的心理状况，以便有针对性地做好思想动员工作，使他们提供客观、公正的证言。

3. 询问证人的步骤、方法

为了保证证人如实提供证据，询问证人时，应当告知他必须如实地提供证据、证言和有意作伪证或者隐匿罪证应负的法律责任。侦查人员不得向证人、被害人泄露案情或者表示对案件的看法，严禁采用暴力、威胁等非法方法询问证人、被害人。询问证人，一般先让证人就他所知道的情况作连续的详细叙述，并问明所叙述的事实的来源，然后根据其叙述结合案件中应当判明的事实和有关情节，向证人提出问题，让证人回答。

一案有多个证人的应当分别进行询问，不能把几个证人集中在一起，采用座谈或开讨论会的方式进行询问，以免互相影响。这样不仅有利于证人在作证时毫无顾虑地充分提供证据，也有利于侦查人员对证人证言可靠性进行判断，达到弄清案件事实真相的目的。

4. 询问笔录的制作

询问证人，应当制作询问笔录。询问笔录是重要的证据材料，侦查人员应当如实地记录清楚，力求反映证人作证的原意。询问笔录应当交证人核对，对于没有阅读能力的，应当向他宣读。如果记载有遗漏或者差错，证人可以提出补充或者改正。证人认为笔录没有错误后，应当签名或者盖章。侦查人员也应当在笔录上签名。证人请求自行书写证词的，应当准许。必要的时候，侦查人员也可以让证人亲笔书写证词。

（三）询问被害人的概念和程序

询问被害人，是指侦查人员依照法定程序以言词方式，就被害人遭受侵害的事实和犯罪嫌疑人的有关情况向被害人进行调查了解的一种侦查活动。在公诉案件中，被害人的陈述也是一种重要的证据来源。根据刑事诉讼法的规定，询问证人的各项规定，均适用于询问被害人。但是由于被害人和证人在诉讼中的地位不同，即被害人是犯罪行为的直接受害人，同案件有着切身的利害关系，因此，在对被害人进行询问时，既要认真听取被害人的陈述，同时又要特别注意审查其陈述的内容是否真实。第一次询问被害人时，应当告知其有提起附带民事诉讼的权利。

三、勘验、检查

（一）勘验、检查的概念和意义

勘验、检查，是侦查人员对于与犯罪有关的场所、物品、人身、尸体等进行勘查、检验或检查,以发现和收集犯罪活动所遗留下来的各种痕迹和物品的一种诉讼活动。勘验、检查二者性质是一样的,只是对象不同。勘验的对象是现场、物品和尸体,而检查的对象则是活人的身体。

勘验、检查是侦查中经常采用的一种重要的侦查方法,是侦查破案的首要环节,尤其是对抢劫、凶杀、强奸、放火、盗窃、投毒等刑事案件的侦破,具有特别重要的作用。通过勘验、检查,可以对获得的具有证据意义的各种物品特征、痕迹、伤害情况或生理状态进行分析研究,有利于侦查人员判断案件性质,分析犯罪情况与特点,确定侦查方向和范围,对于查明犯罪事实和犯罪人具有重要意义。

(二)勘验、检查的程序

勘验、检查的基本程序是:(1)侦查人员对于与犯罪有关的场所、物品、人身、尸体应当进行勘验或者检查,及时提取、采集与案件有关的痕迹、物证、生物样本等。在必要的时候,可以指派或者聘请具有专门知识的人,在侦查人员的主持下进行勘验、检查。(2)侦查人员执行勘验、检查,必须持有公安机关的证明文件。(3)侦查人员应当邀请两名与案件没有利害关系的人作为见证人参加勘验、检查工作。(4)公安机关进行勘验、检查后,人民检察院要求复验、复查的,公安机关应当进行复验、复查,并可以通知人民检察院派员参加。(5)勘验、检查的情况应当制作笔录,由参加勘查、检查的人员和见证人签名或者盖章。

根据刑事诉讼法的规定,勘验、检查可以分为现场勘查、物品检验、人身检查、尸体检验和侦查实验。

1. 现场勘查

任何单位和个人,都有义务保护犯罪现场,并且立即通知公安机关派员勘验。发案地派出所、巡警等部门应当妥善保护犯罪现场和证据,控制犯罪嫌疑人,并立即报告公安机关主管部门。

现场勘查,由县级以上公安机关侦查部门负责。其中,一般案件的现场勘查,由侦查部门负责人指定的人员现场指挥;重大、特别重大案件的现场勘查,由侦查部门负责人现场指挥。必要时,发案地公安机关负责人应当亲自到现场指挥。执行勘查的侦查人员接到通知后,应当立即赶赴现场,勘查现场,应当持有刑事犯罪现场勘查证。勘查现场,应当拍摄现场照片、绘制现场图,制作笔录,由参加勘查的人和见证人签名。对重大案件的现场,应当录像。

2. 物品检验

物品是刑事诉讼中经常使用的一种证据。它对发现和揭露犯罪、查获犯罪人有重要意义。在侦查过程中，侦查人员应当及时地收集对查明案件真实情况有意义的物品和痕迹，防止其消失或被毁灭。

在检验物品时，必须认真、细致。需要经专门技术人员进行鉴定的，应当指派或聘请鉴定人进行。

物品检验应制作检验笔录，记明检验过程和物品、痕迹的特征，如物品的形状、材料、体积、重量、颜色、商标、痕迹的位置、大小、形状等。参加检验的人员和见证人应在笔录上签名或盖章。

3. 人身检查

为了确定被害人、犯罪嫌疑人的某些特征、伤害情况或者生理状态，可以对人身进行检查，提取指纹信息，采集血液、尿液等生物样本。人身检查只能由侦查人员进行，必要时，可以指派、聘请法医或者医师进行。采集血液等生物样本应当由医师进行。

犯罪嫌疑人如果拒绝检查、提取、采集的，侦查人员认为必要的时候，经办案部门负责人批准，可以强制检查、提取、采集。

检查妇女的身体，应当由女工作人员或者医师进行。对强奸案件的被害人，一般不得进行生殖器和处女膜检查，特殊需要检查的，应当征得本人及其家属同意，经地（市）公安处（局）长批准，在指定的医院由女医师或女法医进行。

检查的情况应当制作笔录，由参加检查的侦查人员、检查人员、被检查人员和见证人签名。被检查人员拒绝签名的，侦查人员应当在笔录中注明。

4. 尸体检验

尸体检验包括尸表检验和尸体解剖两部分。对尸体在现场上的位置、姿势、尸体上的伤痕和尸体衣着、附着物以及尸体的变化等的检验，称为尸表检验。对尸体内部进行的检验，称为尸体解剖。对于通过尸表检验，仍不能确定死亡的原因的案件，还需要进行尸体解剖检验。

为了确定死因，经县级以上公安机关负责人批准，可以解剖尸体，并且通知死者家属到场，让其在解剖尸体通知书上签名。死者家属无正当理由拒不到场或者拒绝签名的，侦查人员应当在解剖尸体通知书上注明。对身份不明的尸体，无法通知死者家属的，应当在笔录中注明。

解剖尸体可根据案件的不同要求进行系统解剖或局部解剖。解剖的场所应限于在公安机关、人民检察院、人民法院以及医学院校附设的法医科室进行。检验尸体的一切情况应详细写成笔录,由侦查人员、法医或医师、死者的家属或者见证人等共同签名或盖章,并注明时间。

5. 侦查实验

侦查实验,是指为了确定与案件有关的事实或者现象在某种条件下是否可能发生,而按照原来的条件将该事实或现象加以重演的侦查活动。通过侦查实验,可以解决下列问题:(1)确定在一定条件下能否听到或者看到某种情况;(2)确定在一定时间内能否完成某一行为;(3)确定在什么条件下能够发生某种现象;(4)确定在某种条件下某种行为和某种痕迹是否吻合一致或使用某种工具能否留下某种痕迹;(5)确定某种痕迹在什么条件下会发生变异;(6)确定某种事件是怎样发生的等。

为了查明案情,在必要的时候,经县级以上公安机关负责人批准,可以进行侦查实验。侦查实验应当在和受审查事件发生时尽量相似的条件下进行。为了正确估计由于客观条件的变化对实验结果可能发生的影响,发现因条件不同而出现的差异,必须坚持对同一情况在不同的条件下进行反复实验,以便对实验结果作出正确的评断。进行侦查实验,禁止一切足以造成危险、侮辱人格或者有伤风化的行为。

对侦查实验的经过和结果,应当制作侦查实验笔录,由参加实验的人签名。必要时,应当对侦查实验过程进行录音或者录像。

四、搜查

(一)搜查的概念和意义

搜查,是指侦查人员对犯罪嫌疑人以及可能隐藏罪犯或者犯罪证据的人的身体、物品、住处和其他有关的地方进行搜索、检查的一种侦查活动。

搜查是一种强制性的侦查行为。搜查的目的在于收集证据,查获犯罪嫌疑人。搜查可以直接获取犯罪证据并促使有犯罪证据的人对犯罪嫌疑人进行揭发、检举,甚至可以当即查获犯罪嫌疑人,从而制止其继续犯罪,危害社会。搜查也可以发现对犯罪嫌疑人无罪的物证、书证,对于查明案件事实,保证无罪的人不受刑事追究具有重要作用。

(二)搜查的程序

1. 为了收集犯罪证据、查获犯罪嫌疑人,经县级以上公安机关负责人批准,侦查人员可以对犯罪嫌疑人以及可能隐藏罪犯或者犯罪证据的人的身体、物品、住处和其他有关的地方进行搜查。执行搜查的侦查人员不得少于二人，在搜查前，应当了解被搜查对象的基本情况、搜查现场及周围环境，确定搜查的范围和重点，明确搜查人员的分工和责任。

2. 进行搜查，必须向被搜查人出示搜查证。侦查人员向被搜查人出示搜查证后，应责令其在搜查证上签字或捺指印。如果被搜查人拒绝，侦查人员应在搜查证上注明“被搜查人拒绝签字”的字样，然后责令被搜查人或者他的家属交出与犯罪有关的证据，如果拒不交出的，便可以进行搜查。在执行逮捕、拘留的时候，遇有下列紧急情况之一，不另用搜查证也可以进行搜查：(1)可能随身携带凶器的；(2)可能隐藏爆炸、剧毒等危险物品的；(3)可能隐匿、毁弃、转移犯罪证据的；(4)可能隐匿其他犯罪嫌疑人的；(5)其他突然发生的紧急情况。

3. 搜查时，应当有被搜查人或者他的家属、邻居或者其他见证人在场，并且对被搜查人或者其家属说明阻碍搜查、妨碍公务应负的法律责任。搜查时，如果遇到阻碍，可以强制进行搜查。对以暴力、威胁方法阻碍搜查的，应当予以制止，或者由司法警察将其带离现场，阻碍搜查构成犯罪的，应当依法追究刑事责任。搜查应当全面、细致、及时，并且指派专人严密注视搜查现场的动向。进行搜查的人员，应当遵守纪律，服从指挥，文明执法，不得无故损坏搜查现场的物品，不得擅自扩大搜查对象和范围。对于查获的重要书证、物证、视听资料、电子数据及其放置、存储地点应当拍照，并且用文字说明有关情况，必要的时候可以录像。搜查妇女的身体，应当由女工作人员进行。

4. 搜查的情况应当制作笔录，由侦查人员和被搜查人或者他的家属，邻居或者其他见证人签名。如果被搜查人拒绝签名，或者被搜查人在逃，他的家属拒绝签名或者不在场的，侦查人员应当在笔录中注明。

五、查封、扣押物证、书证

(一)查封、扣押物证、书证的概念和意义

查封、扣押物证、书证，是侦查机关依法强行封存、扣留和提存与案件有关的财物、文件的一种侦查活动。

查封、扣押物证、书证的主要目的在于保全证据，防止其被损坏或隐匿。侦查人员通过查封、扣押行为，可以获取能够证明案件事实的物证、书证，保证物证、书证发挥其在刑事诉讼中应有的价值。

(二)查封、扣押物证、书证的程序

1. 在侦查活动中发现的可用以证明犯罪嫌疑人有罪或者无罪的各种财物、

文件,应当查封、扣押;但与案件无关的财物、文件,不得查封、扣押。

2.在侦查过程中需要扣押财物、文件的,应当经办案部门负责人批准,制作扣押决定书;在现场勘查或者搜查中需要扣押财物、文件的,由现场指挥人员决定;但扣押财物、文件价值较高或者可能严重影响正常生产经营的,应当经县级以上公安机关负责人批准,制作扣押决定书。

在侦查过程中需要查封土地、房屋等不动产,或者船舶、航空器以及其他不宜移动的大型机器、设备等特定动产的,应当经县级以上公安机关负责人批准并制作查封决定书。

3.执行查封、扣押的侦查人员不得少于2人,并出示侦查机关的证明文件。在进行查封时,侦查人员可以责令持有人主动交出应当查封、扣押的财物、文件,持有人拒绝交出应当查封、扣押的财物、文件的,公安机关可以强制查封、扣押。

4.对查封、扣押的财物和文件,应当会同在场见证人和被查封、扣押财物、文件的持有人查点清楚,当场开列查封、扣押清单一式3份,写明财物或者文件的名称、编号、数量、特征及其来源等,由侦查人员、持有人和见证人签名,一份交给持有人,一份交给公安机关保管人员,一份附卷备查。查封、扣押的情况应当制作笔录,由侦查人员、持有人和见证人签名。对于无法确定持有人的财物、文件或者持有人拒绝签名的,侦查人员应当在清单中注明。依法扣押文物、金银、珠宝、名贵字画等贵重财物的,应当拍照或者录像,并及时鉴定、估价。对作为犯罪证据但不便提取的财物、文件,经登记、拍照或者录像、估价后,可以交财物、文件持有人保管或者封存,并且开具登记保存清单一式2份,由侦查人员、持有人和见证人签名,一份交给财物、文件持有人,另一份连同照片或者录像资料附卷备查。财物、文件持有人应当妥善保管,不得转移、变卖、毁损。

5.侦查人员认为需要扣押犯罪嫌疑人的邮件、电报的时候,应当经县级以上公安机关负责人批准,制作扣押邮件、电报通知书,即可通知邮电部门或者网络服务单位检交扣押。不需要继续扣押的时候,应当经县级以上公安机关负责人批准,制作解除扣押邮件、电报通知书,立即通知邮电部门或者网络服务单位。

6.对查封、扣押的财物及其孳息、文件,公安机关应当妥善保管,以供核查。任何单位和个人不得使用、调换、损毁或者自行处理。经查明确实与案件无关的,应当在3日以内解除查封、扣押,退还原主或者原邮电部门、网络服务单位;

原主不明确的,应当采取公告方式告知原主认领。在通知原主或者公告后6个月以内,无人认领的,按照无主财物处理,登记后上缴国库。

六、查询、冻结存款、汇款等财产

(一)查询、冻结存款、汇款等财产的概念和意义

查询、冻结存款、汇款等财产,是指公安机关、人民检察院根据侦查犯罪的需要,依法向银行或者其他金融机构、证券公司、邮电部门或企业查询犯罪嫌疑人的存款、汇款、债券、股票、基金份额等财产,在必要时予以冻结的活动。

侦查机关在某些情况下,根据侦查犯罪的需要,可以查询、冻结犯罪嫌疑人的存款、汇款等财产,如重大经济犯罪嫌疑人确有可能携款潜逃的;存款有可能被转移的;以及在存款、汇款对查清犯罪事实、执行刑罚、补偿受害人具有重要作用等情况下,都需要冻结犯罪嫌疑人的存款、汇款。因此,查询、冻结存款、汇款等财产,既可以有助于查清犯罪嫌疑人的犯罪情况,同时也可以为国家、集体和公民个人挽回经济损失,维护国家、集体的经济利益和公民个人的财产利益。

(二)查询、冻结存款、汇款等财产的程序

1.公安机关根据侦查犯罪的需要,可以依照规定查询、冻结犯罪嫌疑人的存款、汇款、债券、股票、基金份额等财产,并可以要求有关单位和个人配合,但应当经县级以上公安机关负责人批准,制作协助查询财产通知书或协助冻结财产通知书,通知金融机构等单位执行。

2.犯罪嫌疑人的存款、汇款、债券、股票、基金份额等财产已被冻结的,不得重复冻结,但可以轮候冻结。

3.冻结存款、汇款等财产的期限为6个月。冻结债券、股票、基金份额等证券的期限为2年。有特殊原因需要延长期限的,公安机关应当在冻结期限届满前办理继续冻结手续。每次续冻存款、汇款等财产的期限最长不得超过6个月;每次续冻债券、股票、基金份额等证券的期限最长不得超过2年。继续冻结的,应当重新办理冻结手续。逾期不办理继续冻结手续的,视为自动解除冻结。

4.冻结存款、汇款等财产后应区分以下情况作出处理:第一,对于在侦查中犯罪嫌疑人死亡而对其被冻结的存款、汇款等财产应当依法予以没收或返还被害人的,侦查机关可以申请人民法院裁定并通知冻结的银行或其他金融机构、证券公司、邮电机关或企业上缴国库或返还被害人;第二,对于冻结在银行或者其他金融机构、证券公司、邮电机关或企业的赃款,应当向人民法院随案移送该银行或其他金融机构、证券公司、邮电机关或企业出具的证明文件,待人民法院

作出生效判决后,由人民法院通知该银行或者其他金融机构、证券公司、邮电机关或企业上缴国库;第三,不需要继续冻结犯罪嫌疑人存款、汇款、债券、股票、基金份额等财产时,侦查机关应当经县级以上公安机关负责人批准,制作协助解除冻结财产通知书,通知金融机构等单位执行;第四,对冻结的存款、汇款、债券、股票、基金份额等财产,经查明确实与案件无关的,应当在3日以内通知金融机构等单位解除冻结,并通知被冻结存款、汇款、债券、股票、基金份额等财产的所有人。

七、鉴定

(一)鉴定的概念和意义

鉴定是指侦查机关指派或者聘请具有专门知识的人,就案件中某些专门性问题进行鉴别、判断,作出结论的一种侦查手段。在侦查中,鉴定是一种重要的侦查手段,它对及时收集证据,准确揭露犯罪,正确认定案件事实,都有重要作用。

根据法律的规定,鉴定人必须具备4个条件,即必须是自然人;必须具备专门知识;必须经侦查机关聘请或者指派;必须与本案及本案当事人没有利害关系。而鉴定的范围相当广泛,在司法实践中,侦查机关通常进行的鉴定有:(1)法医鉴定,即对与案件有关的尸体、人身、分泌物、排泄物、胃内物、毛发等进行鉴别判断的活动,用以确定死亡原因、时间、伤害情况、凶器种类、毒物种类等;(2)司法精神病鉴定,即对人的精神状态、责任能力进行鉴别判断的活动,用以确定犯罪嫌疑人、被害人、证人精神是否正常,有无辨别是非的能力或有无行为能力;(3)刑事科学技术鉴定,主要是指对指纹、脚印、字迹、弹痕等进行鉴别的活动,以确定这些痕迹与案件发现的相应痕迹是否同一;(4)会计鉴定,即对账目、表册、单据支票、发票等书面材料进行鉴别判断的活动,以确定是否符合会计制度,有无伪造涂改等;(5)一般技术鉴定,即对涉及工业、运输、建筑等专门技术问题进行的鉴别判断活动,以确定事故的性质和原因。

(二)鉴定的程序

1. 刑事技术鉴定,由县级以上公安机关指派其刑事技术部门专职人员或者其他专职人员负责进行。其他专门性问题需要聘请具有鉴定资格的人进行鉴定的,应当经县级以上公安机关负责人批准后,制作鉴定聘请书。

2. 公安机关应当为鉴定人进行鉴定提供必要的条件,及时向鉴定人送交有关检材和对比样本等原始材料,介绍与鉴定有关的情况,并且明确提出要求鉴定解决的问题。禁止暗示或者强迫鉴定人作出某种鉴定意见。侦查人员应当做好检材的保管和送检工作,并注明检材送检环节的责任人,确保检材在流转环节中的同一性和不被污染。

3. 鉴定人应当按照鉴定规则,运用科学方法独立进行鉴定。鉴定人进行鉴定后,应当出具鉴定意见、检验报告,同时附上鉴定机构和鉴定人的资质证明,并且签名或者盖章。多个鉴定人的鉴定意见不一致的,应当在鉴定意见上写明分歧的内容和理由,并且分别签名或者盖章。

4. 对鉴定意见,侦查人员应当进行审查。对经审查作为证据使用的鉴定意见,公安机关应当及时告知犯罪嫌疑人、被害人或者其法定代理人。如果犯罪嫌疑人、被害人对鉴定意见有异议提出申请,经县级以上公安机关负责人批准后,可以补充鉴定或者重新鉴定。其中,重新鉴定的,侦查机关应当另行指派或者聘请鉴定人。经审查,发现有下列情形之一的,经县级以上公安机关负责人批准,应当补充鉴定:鉴定内容有明显遗漏的;发现新的有鉴定意义的证物的;对鉴定证物有新的鉴定要求的;鉴定意见不完整,委托事项无法确定的;其他需要补充鉴定的情形。经审查,不符合上述情形的,经县级以上公安机关负责人批准,作出不准予补充鉴定的决定,并在作出决定后 3 日以内书面通知申请人。有下列情形之一的,经县级以上公安机关负责人批准,应当重新鉴定:鉴定程序违法或者违反相关专业技术要求的;鉴定机构、鉴定人不具备鉴定资质和条件的;鉴定人故意作虚假鉴定或者违反回避规定的;鉴定意见依据明显不足的;检材虚假或者被损坏的;其他应当重新鉴定的情形。重新鉴定,应当另行指派或者聘请鉴定人。经审查,不符合上述情形的,经县级以上公安机关负责人批准,作出不准予重新鉴定的决定,并在作出决定后 3 日以内书面通知申请人。

5. 对犯罪嫌疑人作精神病鉴定的时间不计入办案期限,其他鉴定时间都应当计入办案期限。

八、辨认

(一)辨认的概念和意义

辨认是指在侦查人员的主持下,由被害人、证人或者犯罪嫌疑人对与犯罪有关的物品、文件、尸体、场所或者犯罪嫌疑人进行辨别和确认的一种侦查活动。

通过辨认活动,可以对与犯罪有关的物品、文件、场所的真实性以及死者的身份情况和犯罪嫌疑人是否为作案人予以辨别确认,从而为侦查工作提供线索和证据，进而有利于查明案情，正确认定案件事实，迅速查获犯罪人，为侦查破案提供重要依据。

（二）辨认的程序

1. 辨认应当在侦查人员的主持下进行，主持辨认的侦查人员不得少于2人。其中对犯罪嫌疑人的辨认，应当经侦查机关或侦查部门负责人批准。

2. 组织辨认前，侦查人员应当向辨认人详细询问辨认对象的具体特征，禁止辨认人见到辨认对象，以防止辨认人无根据地进行辨认和先入为主。同时，应当告知辨认人有意作假辨认应负的法律责任。

3. 几名辨认人对同一辨认对象进行辨认时，应当由辨认人个别进行。

4. 辨认时，应当将辨认对象混杂在特征相类似的其他对象中，不得给辨认人任何暗示。辨认犯罪嫌疑人时，被辨认的人数不得少于7人；对犯罪嫌疑人照片进行辨认的，照片中的人数不得少于10人；辨认物品时，混杂的同类物品不得少于5件。对场所、尸体等特定辨认对象进行辨认，或者辨认人能够准确描述物品独有特征的，陪衬物不受数量的限制。对犯罪嫌疑人的辨认，辨认人不愿意公开进行时，可以在不暴露辨认人的情况下进行，并应当为其保守秘密。

5. 对辨认的经过和结果，应当制作辨认笔录，由侦查人员、辨认人、见证人签名或盖章，并注明时间。必要时，应当对辨认过程进行录音或者录像。

九、技术侦查措施

（一）技术侦查的概念和意义

技术侦查，是指公安机关、人民检察院根据侦查犯罪的需要，在经过严格的批准手续后，运用技术设备收集证据或查获犯罪分子的一种特殊侦查措施。根据侦查实践，技术侦查措施包括监听、监视、网络监控、截取电子邮件、秘密拍照、秘密录像、电子通讯定位等。技术侦查措施的适用对于及时收集证据、正确认定案件事实、迅速查获犯罪人等都有重要意义。

（二）技术侦查的程序

1. 技术侦查的主体

在我国，只有公安机关、人民检察院等侦查机关有权采取技术侦查措施，其他任何机关、团体、个人均无权采取。

2. 技术侦查的适用范围

公安机关在立案后，根据侦查犯罪的需要，可以对下列严重危害社会的犯罪案件采取技术侦查措施：(1)危害国家安全犯罪、恐怖活动犯罪、黑社会性质的组织犯罪、重大毒品犯罪案件;(2)故意杀人、故意伤害致人重伤或者死亡、强奸、抢劫、绑架、放火、爆炸、投放危险物质等严重暴力犯罪案件;(3)集团性、系列性、跨区域性重大犯罪案件;(4)利用电信、计算机网络、寄递渠道等实施的重大犯罪案件,以及针对计算机网络实施的重大犯罪案件;(5)其他严重危害社会的犯罪案件,依法可能判处7年以上有期徒刑的。公安机关追捕被通缉或者批准、决定逮捕的在逃的犯罪嫌疑人、被告人,可以采取追捕所必需的技术侦查措施。

人民检察院在立案后,对于涉案数额在10万元以上、采取其他方法难以收集证据的重大贪污、贿赂犯罪案件以及利用职权实施的严重侵犯公民人身权利的重大犯罪案件,经过严格的批准手续,可以采取技术侦查措施,交有关机关执行。

3. 技术侦查的批准

需要采取技术侦查措施的,应当根据侦查犯罪的需要,确定采取技术侦查措施的种类和适用对象,制作呈请采取技术侦查措施报告书,报设区的市一级以上公安机关负责人批准,制作采取技术侦查措施决定书。

人民检察院等部门决定采取技术侦查措施,交公安机关执行的,由设区的市一级以上公安机关按照规定办理相关手续后,交负责技术侦查的部门执行,并将执行情况通知人民检察院等部门。

批准采取技术侦查措施的决定自签发之日起3个月以内有效。在有效期限内,对不需要继续采取技术侦查措施的,办案部门应当立即书面通知负责技术侦查的部门解除技术侦查措施;负责技术侦查的部门认为需要解除技术侦查措施的,报批准机关负责人批准,制作解除技术侦查措施决定书,并及时通知办案部门。对复杂、疑难案件,采取技术侦查措施的有效期限届满仍需要继续采取技术侦查措施的,经负责技术侦查的部门审核后,报批准机关负责人批准,制作延长技术侦查措施期限决定书。批准延长期限,每次不得超过3个月。有效期限届满,负责技术侦查的部门应当立即解除技术侦查措施。

4. 技术侦查的执行

采取技术侦查措施,必须严格按照批准的措施种类、适用对象和期限执行。采取技术侦查措施收集的物证、书证及其他证据材料,侦查人员应当制作相应的说明材料,写明获取证据的时间、地点、数量、特征以及采取技术侦查措施的批准机关、种类等,并签名和盖章。

采取技术侦查措施收集的材料在刑事诉讼中可以作为证据使用。使用技术侦查措施收集的材料作为证据时,可能危及有关人员的人身安全,或者可能产生其他严重后果的,应当采取不暴露有关人员身份和使用的技术设备、侦查方法等保护措施。采取技术侦查措施收集的材料作为证据使用的,采取技术侦查措施决定书应当附卷。

侦查人员对采取技术侦查措施过程中知悉的国家秘密、商业秘密和个人隐私,应当保密;对采取技术侦查措施获取的与案件无关的材料,必须及时销毁。采取技术侦查措施获取的材料,只能用于对犯罪的侦查、起诉和审判,不得用于其他用途。公安机关依法采取技术侦查措施,有关单位和个人应当配合,并对有关情况予以保密。

5. 秘密侦查与控制下交付

为了查明案情,在必要的时候,经县级以上公安机关负责人决定,可以由侦查人员或者公安机关指定的其他人员隐匿身份实施侦查。隐匿身份实施侦查时,不得使用促使他人产生犯罪意图的方法诱使他人犯罪,不得采用可能危害公共安全或者发生重大人身危险的方法。

对涉及给付毒品等违禁品或者财物的犯罪活动,为查明参与该项犯罪的人员和犯罪事实,根据侦查需要,经县级以上公安机关负责人决定,可以实施控制下交付。

公安机关实施隐匿身份侦查和控制下交付收集的材料在刑事诉讼中可以作为证据使用。使用隐匿身份侦查和控制下交付收集的材料作为证据时,可能危及隐匿身份人员的人身安全,或者可能产生其他严重后果的,应当采取不暴露有关人员身份等保护措施。

十、通缉

(一)通缉的概念和意义

通缉是公安机关对应当逮捕而在逃的犯罪嫌疑人,通令缉拿归案的一种侦查措施。通缉是公安机关通力合作、协同作战,有效地同犯罪作斗争的有效方式。它对依靠群众的力量抓获在逃的犯罪嫌疑人,防止其继续犯罪,保证侦查、审判工作的顺利进行,具有重要意义。

(二)通缉的程序

1. 决定通缉。在侦查过程中需要通缉应当逮捕的犯罪嫌疑人如果在逃,公安机关可以发布通缉令,采取有效措施,追捕归案。

2. 制作通缉令。通缉令中应当尽可能写明被通缉人的姓名、别名、曾用名、绰号、性别、年龄、民族、籍贯、出生地、户籍所在地、居住地、职业、身份证号码、衣着和体貌特征、口音、行为习惯,并附被通缉人近期照片、可以附指纹及其他物证的照片。除了必须保密的事项以外,应当写明发案的时间、地点和简要案情。此外,还应包括发布通缉令的机关、时间,并加盖公章。

3. 发布通缉令。县级以上公安机关在自己管辖的地区内,可以直接发布通缉令;超出自己管辖的地区,应当报请有权决定的上级公安机关发布。通缉令的发送范围,由签发通缉令的公安机关负责人决定。为发现重大犯罪线索,追缴涉案财物、证据,查获犯罪嫌疑人,必要时,经县级以上公安机关负责人批准,可以发布悬赏通告。悬赏通告应当写明悬赏对象的基本情况和赏金的具体数额。通缉令、悬赏通告应当广泛张贴,并可以通过广播、电视、报刊、计算机网络等方式发布。

4. 补发通报。通缉令发出后,如果发现新的重要情况可以补发通报。通报必须注明原通缉令的编号和日期。

5. 布置查缉。公安机关接到通缉令后,应当及时布置查缉。为防止犯罪嫌疑人逃往境外,需要对犯罪嫌疑人在口岸采取边控措施的,应当按照有关规定制作边控对象通知书,经县级以上公安机关负责人审核后,层报省级公安机关批准,办理全国范围内的边控措施。需要限制犯罪嫌疑人人身自由的,应当附有关法律文书。紧急情况下,需要采取边控措施的,县级以上公安机关可以出具公函,先向当地边防检查站交控,但应当在 7 日以内按照规定程序办理全国范围内的边控措施。抓获犯罪嫌疑人后,报经县级以上公安机关负责人批准,凭通缉令或者相关法律文书羁押,并通知通缉令发布机关进行核实,办理交接手续。

6. 撤销通缉令。经核实,犯罪嫌疑人已经自动投案、被击毙或者被抓获,以及发现有其他不需要采取通缉、边控、悬赏通告的情形的,发布机关应当在原通缉、通知、通告范围内,撤销通缉令、边控通知、悬赏通告。

十一、侦查终结

侦查终结,是指侦查机关对于自己立案侦查的刑事案件,经过一系列侦查活动,认为事实已经清楚,证据确实、充分,从而决定不再继续进行侦查并对犯罪嫌疑人依法作出处理或者提出处理意见,结束全部侦查的一种诉讼活动。侦查终结是侦查工作的最后一个阶段,是根据侦查的结果,对案件事实作出实事求是的结论,并依法对犯罪嫌疑人提出处理意见的诉讼活动。侦查终结的案件必须同时具备以下条件:(1)案件事实清楚;(2)证据确实、充分;(3)犯罪性质和罪名认定正确;(4)法律手续完备;(5)依法应当追究刑事责任。

根据我国刑事诉讼法及相关法律规定,侦查终结应当遵守下列程序和要求。

1. 案件侦查终结前,辩护律师提出要求的,公安机关应当听取辩护律师的意见,根据情况进行核实,并记录在案。辩护律师提出书面意见的,应当附卷。对辩护律师收集的犯罪嫌疑人不在犯罪现场、未达到刑事责任年龄、属于依法不负刑事责任的精神病人的证据,公安机关应当进行核实并将有关情况记录在案,有关证据应当附卷。

2. 侦查终结的案件,侦查人员应当制作结案报告。结案报告应当包括以下内容:(1)犯罪嫌疑人的基本情况;(2)是否采取了强制措施及其理由;(3)案件的事实和证据;(4)法律依据和处理意见。

3. 侦查终结案件的处理,由县级以上公安机关负责人批准;重大、复杂、疑难的案件应当经过集体讨论。

4. 侦查终结后,应当将全部案卷材料按照要求装订立卷。向人民检察院移送案件时,只移送诉讼卷,侦查卷由公安机关存档备查。

5. 对侦查终结的案件,应当制作起诉意见书,经县级以上公安机关负责人批准后,连同全部案卷材料、证据,以及辩护律师提出的意见,一并移送同级人民检察院审查决定;同时将案件移送情况告知犯罪嫌疑人及其辩护律师。

共同犯罪案件的起诉意见书,应当写明每个犯罪嫌疑人在共同犯罪中的地位、作用、具体罪责和认罪态度,并分别提出处理意见。

被害人提出附带民事诉讼的,应当记录在案;移送审查起诉时,应当在起诉意见书末页注明。

6. 经过侦查,发现具有下列情形之一的,应当撤销案件:(1)没有犯罪事实的;(2)情节显著轻微、危害不大,不认为是犯罪的;(3)犯罪已过追诉时效期限的;(4)经特赦令免除刑罚的;(5)犯罪嫌疑人死亡的;(6)其他依法不追究刑事责任的。

对于经过侦查,发现有犯罪事实需要追究刑事责任,但不是被立案侦查的犯罪嫌疑人实施的,或者共同犯罪案件中部分犯罪嫌疑人未达到刑事处罚条件的，应当对有关犯罪嫌疑人终止侦查，并对该案件继续侦查。

需要撤销案件或者对犯罪嫌疑人终止侦查的，办案部门应当制作撤销案件或者对犯罪嫌疑人终止侦查报告书，报县级以上公安机关负责人批准。公安机关决定撤销案件或者对犯罪嫌疑人终止侦查时，原犯罪嫌疑人在押的，应当立即释放，发给释放证明书。原犯罪嫌疑人被逮捕的，应当通知原批准逮捕的人民检察院。对原犯罪嫌疑人采取其他强制措施的，应当立即解除强制措施；需要行政处理的，依法予以处理或者移交有关部门。

公安机关作出撤销案件决定后，应当在 3 日以内告知原犯罪嫌疑人、被害人或者其近亲属、法定代理人以及案件移送机关。公安机关作出终止侦查决定后，应当在 3 日以内告知原犯罪嫌疑人。

公安机关撤销案件以后又发现新的事实或者证据，认为有犯罪事实需要追究刑事责任的，应当重新立案侦查。对于犯罪嫌疑人终止侦查后又发现新的事实或者证据，认为有犯罪事实需要追究刑事责任的，应当继续侦查。

第二节　检察机关对直接受理案件的侦查

根据法律的规定，人民检察院立案侦查的案件仅限于国家工作人员的贪污贿赂犯罪、渎职犯罪和国家机关工作人员利用职权实施的非法拘禁、刑讯逼供、非法搜查等侵犯公民人身权利的犯罪以及侵犯公民民主权利的犯罪。对于国家机关工作人员利用职权实施的其他重大犯罪案件，需要由人民检察院直接受理时，经省级人民检察院决定，可以由人民检察院立案侦查。刑事诉讼法关于侦查的所有规定均适用于人民检察院直接受理的案件。但考虑到检察机关性质及其直接受理案件的特殊性，刑事诉讼法对检察机关侦查权的行使作了专门规定。

一、对犯罪嫌疑人的拘留和讯问

对于人民检察院直接受理的案件，人民检察院作出的拘留决定，应当将有关法律文书和案由、犯罪嫌疑人基本情况的材料送交同级公安机关执行，公安机关应当立即执行，人民检察院可以协助公安机关执行。人民检察院对直接受理的案件中被拘留的人，应当在拘留后的 24 小时以内进行讯问，在发现不应当拘留的时候，必须立即释放，发给释放证明。

二、对犯罪嫌疑人的逮捕

人民检察院对直接受理的案件中被拘留的人，认为需要逮捕的，应当在14日以内作出决定。在特殊情况下，决定逮捕的时间可以延长1日至3日。对不需要逮捕的，应当立即释放；对需要继续侦查，并且符合取保候审、监视居住条件的，依法取保候审或者监视居住。

三、对侦查终结案件的处理

人民检察院侦查终结的案件，应当作出提起公诉、不起诉或者撤销案件的决定。

1. 经过侦查，认为犯罪事实清楚，证据确实、充分，依法应当追究刑事责任的案件，侦查人员应当写出侦查终结报告，并且制作起诉意见书，然后报送侦查部门负责人审核，检察长批准；经检察长批准提出起诉意见的，侦查部门应当将起诉意见书和其他案卷材料，一并移送本院公诉部门审查。对于国家或者集体财产遭受损失的，侦查部门在提出提起公诉意见的同时，可以提出提起附带民事诉讼的意见。

2. 对于犯罪情节轻微，依照刑法规定不需要判处刑罚或者免除刑罚的案件，侦查人员应当写出侦查终结报告，并且制作不起诉意见书，然后报送侦查部门负责人审核，检察长批准；经检察长批准提出不起诉意见的，侦查部门应当将不起诉意见书和其他案卷材料，一并移送本院公诉部门审查。

3. 人民检察院在侦查过程中或者侦查终结后，发现具有下列情形之一的，侦查部门应当拟制作撤销案件意见书，报请检察长或者检察委员会决定：(1)具有刑事诉讼法第15条规定情形之一的；(2)没有犯罪事实的，或者依照刑法规定不负刑事责任或者不是犯罪的；(3)虽有犯罪事实，但不是犯罪嫌疑人所为的。对于共同犯罪的案件，如有符合本条规定情形的犯罪嫌疑人，应当撤销对该犯罪嫌疑人的立案。

检察长或者检察委员会决定撤销案件的，侦查部门应当将撤销案件意见书连同本案全部案卷材料，在法定期限届满7日前报上一级人民检察院审查；重大、复杂案件在法定期限届满10日前报上一级人民检察院审查。对于共同犯罪案件，应当将处理同案犯罪嫌疑人的有关法律文书以及案件事实、证据材料复印件等，一并报送上一级人民检察院。上一级人民检察院侦查部门应当对案件事实、证据和适用法律进行全面审查，必要时可以讯问犯罪嫌疑人。上一级人民检察院侦查部门经审查后，应当提出是否同意撤销案件的意见，报请检察长或者检察委员会决定。上一级人民检察院审查下级人民检察院报送的拟撤销案件,应当于收到案件后 7 日以内批复;重大、复杂案件,应当于收到案件后 10 日以内批复下级人民检察院。情况紧急或者因其他特殊原因不能按时送达的,可以先行通知下级人民检察院执行。

上一级人民检察院同意撤销案件的,下级人民检察院应当作出撤销案件决定,并制作撤销案件决定书。上一级人民检察院不同意撤销案件的,下级人民检察院应当执行上一级人民检察院的决定。报请上一级人民检察院审查期间,犯罪嫌疑人羁押期限届满的,应当依法释放犯罪嫌疑人或者变更强制措施。撤销案件的决定,应当分别送达犯罪嫌疑人所在单位和犯罪嫌疑人。犯罪嫌疑人死亡的,应当送达犯罪嫌疑人原所在单位。如果犯罪嫌疑人在押,应当制作决定释放通知书,通知公安机关依法释放。

人民检察院直接立案侦查的案件,对犯罪嫌疑人没有采取取保候审、监视居住、拘留或者逮捕措施的,侦查部门应当在立案后 2 年以内提出移送审查起诉、移送审查不起诉或者撤销案件的意见;对犯罪嫌疑人采取取保候审、监视居住、拘留或者逮捕措施的,侦查部门应当在解除或者撤销强制措施后 1 年以内提出移送审查起诉、移送审查不起诉或者撤销案件的意见。

第三节　补充侦查

一、补充侦查的概念和意义

补充侦查,是指侦查机关依照法定程序,在原有侦查工作的基础上,就部分事实情况继续进行侦查的诉讼活动。补充侦查并不是每个刑事案件都必须经过的一个诉讼程序。如果经过侦查案件事实已经查清,证据确实、充分,没有需要重新侦查的事实和情况,就不存在补充侦查的问题。侦查工作从补充侦查方面看,补充侦查以后才是真正的侦查终结。补充侦查对于检查侦查工作质量、提高办案质量、保障公民合法权益不受侵犯具有重要意义。

二、不同诉讼阶段的补充侦查

(一)审查批捕阶段的补充侦查

刑事诉讼法第 88 条规定:“人民检察院对于公安机关提请批准逮捕的案件进行审查后,应当根据情况分别作出批准逮捕或者不批准逮捕的决定。对于批准逮捕的决定，公安机关应当立即执行，并且将执行情况及时通知人民检察院。对于不批准逮捕的，人民检察院应当说明理由，需要补充侦查的，应当同时通知公安机关。”根据上述规定，在审查逮捕阶段需要补充侦查的，由人民检察院通知公安机关进行。对于人民检察院不批准逮捕并通知补充侦查的，公安机关应当按照人民检察院的补充侦查提请补充侦查。公安机关补充侦查完毕，认为符合逮捕条件的，应当重新提请批准逮捕。

(二)审查起诉阶段的补充侦查

在审查起诉阶段，经过审查，对于需要补充侦查的案件，有两种解决途径。

1. 退回补充侦查

退回补充侦查的案件必须是公安机关立案侦查的案件，人民检察院不能将自己直接受理的案件退给公安机关补充侦查。人民检察院认为犯罪事实不清、证据不足或者遗漏罪行、遗漏同案犯罪嫌疑人等情形需要补充侦查的，应当提出具体的书面意见，连同案卷材料一并退回公安机关补充侦查。对人民检察院退回补充侦查的案件，公安机关原侦查部门应当对案件的事实、证据和定性处理意见进行认真全面的审查，分析研究人民检察院退回补充侦查意见，根据不同情况，报县级以上公安机关负责人批准，分别作如下处理：(1)原认定犯罪事实清楚，证据不够充分的，应当在补充证据后，制作补充侦查报告书，移送人民检察院审查；对无法补充的证据，应当作出说明。(2)在补充侦查过程中，发现新的同案犯或者新的罪行，需要追究刑事责任的，应当重新制作起诉意见书，移送人民检察院审查。(3)发现原认定的犯罪事实有重大变化，不应当追究刑事责任的，应当重新提出处理意见，并将处理结果通知退查的人民检察院。(4)原认定犯罪事实清楚，证据确实、充分，人民检察院退回补充侦查不当的，应当说明理由，移送人民检察院审查。

对于退回公安机关补充侦查的案件，应当在1个月以内补充侦查完毕。补充侦查以2次为限。补充侦查完毕移送审查起诉后，人民检察院重新计算审查起诉期限。

2. 自行补充侦查

人民检察院对于公安机关立案侦查的案件，经过审查，认为需要补充侦查的，也可以自行侦查，必要时可以要求公安机关提供协助。人民检察院公诉部门对本院侦查部门移送审查起诉的案件审查后，认为犯罪事实不清、证据不足或者遗漏罪行、遗漏同案犯罪嫌疑人等情形需要补充侦查的，应当向侦查部门提出补充侦查的书面意见，连同案卷材料一并退回侦查部门补充侦查；必要时也可以自行侦查，可以要求侦查部门予以协助。

人民检察院在审查起诉中决定自行侦查的，应当在审查起诉期限内侦查完毕。

（三）法庭审判阶段的补充侦查

在法庭审判过程中，检察人员发现提起公诉的案件需要补充侦查，提出建议的，人民法院可以延期审理，允许人民检察院对案件进行补充侦查，人民检察院应当在1个月以内补充侦查完毕。公诉人在法庭审理过程中建议延期审理的次数不得超过2次。

第四节　侦查救济与侦查监督

一、侦查救济

侦查救济，是指在侦查阶段，当事人和辩护人、诉讼代理人、利害关系人在自己的合法权益受到侵害时要求有关机关予以纠正或处理的一种事后性补救措施。

当事人和辩护人、诉讼代理人、利害关系人对于司法机关及其工作人员有下列行为之一的，有权向该机关申诉或者控告：（1）采取强制措施法定期限届满，不予以释放、解除或者变更的；（2）应当退还取保候审保证金不退还的；（3）对与案件无关的财物采取查封、扣押、冻结措施的；（4）应当解除查封、扣押、冻结不解除的；（5）贪污、挪用、私分、调换、违反规定使用查封、扣押、冻结的财物的。受理申诉或者控告的机关应当及时进行调查核实，并在收到申诉、控告之日起30日以内作出处理决定，书面回复申诉人、控告人。发现公安机关及其侦查人员有上述行为之一的，应当立即纠正。对处理不服的，可以向同级人民检察院申诉；对于人民检察院直接受理的案件，可以向上一级人民检察院申诉。

二、侦查监督

（一）侦查监督的概念和内容

侦查监督，是指人民检察院依法对公安机关和侦查人员的侦查活动是否合法进行的监督。侦查监督的内容，是指需要人民检察院通过履行侦查监督职能予以发现和纠正的侦查机关或部门和侦查人员在侦查活动中的违法行为。

人民检察院依法对公安机关的侦查活动是否合法实行监督，主要发现和纠正以下违法行为：(1)采用刑讯逼供以及其他非法方法收集犯罪嫌疑人供述的；(2)采用暴力、威胁等非法方法收集证人证言、被害人陈述，或者以暴力、威胁等方法阻止证人作证或者指使他人作伪证的；(3)伪造、隐匿、销毁、调换、私自涂改证据，或者帮助当事人毁灭、伪造证据的；(4)徇私舞弊，放纵、包庇犯罪分子的；(5)故意制造冤案、假案、错案的；(6)在侦查活动中利用职务之便谋取非法利益的；(7)非法拘禁他人或者以其他方法非法剥夺他人人身自由的；(8)非法搜查他人身体、住宅，或者非法侵入他人住宅的；(9)非法采取技术侦查措施的；(10)在侦查过程中不应当撤案而撤案的；(11)对与案件无关的财物采取查封、扣押、冻结措施，或者应当解除查封、扣押、冻结不解除的；(12)贪污、挪用、私分、调换、违反规定使用查封、扣押、冻结的财物及其孳息的；(13)应当退还取保候审保证金不退还的；(14)违反刑事诉讼法关于决定、执行、变更、撤销强制措施规定的；(15)侦查人员应当回避而不回避的；(16)应当依法告知犯罪嫌疑人诉讼权利而不告知，影响犯罪嫌疑人行使诉讼权利的；(17)阻碍当事人、辩护人、诉讼代理人依法行使诉讼权利的；(18)讯问犯罪嫌疑人依法应当录音或者录像而没有录音或者录像的；(19)对犯罪嫌疑人拘留、逮捕、指定居所监视居住后依法应当通知家属而未通知的；(20)在侦查中有其他违反刑事诉讼法有关规定的行为的。

(二)侦查监督的程序

1. 人民检察院在审查逮捕、审查起诉中，应当审查公安机关的侦查活动是否合法。

2. 人民检察院根据需要可以派员参加公安机关对于重大案件的讨论和其他侦查活动，发现违法行为，情节较轻的可以口头纠正，情节较重的应当报请检察长批准后，向公安机关发出纠正违法通知书。

3. 对于重大、疑难、复杂的案件，人民检察院认为确有必要时，可以派员适时介入侦查活动，对收集证据、适用法律提出意见，监督侦查活动是否合法。

4. 对于公安机关执行人民检察院批准或者不批准逮捕决定的情况，以及释放被逮捕的犯罪嫌疑人或者变更逮捕措施的情况，人民检察院发现有违法情形的，应当通知纠正。

5. 通过受理诉讼参与人对于公安机关和侦查人员侵犯其诉讼权利和人身侮辱的行为向人民检察院提出的控告并及时审查，从中发现违法行为。

6. 人民检察院发现侦查机关或者侦查人员决定、执行、变更、撤销强制措施等活动中有违法情形的，应当及时提出纠正意见。

7. 人民检察院发现公安机关侦查活动中的违法行为，对于情节较轻的，可以由检察人员以口头方式向侦查人员或者公安机关负责人提出纠正意见，并及时向本部门负责人汇报；必要的时候，由部门负责人提出。对于情节较重的违法情形，应当报请检察长批准后，向公安机关发出纠正违法通知书。构成犯罪的，移送有关部门依法追究刑事责任。

人民检察院发出纠正违法通知书的，应当根据公安机关的回复，监督落实情况；没有回复的，应当督促公安机关回复。人民检察院提出的纠正意见不被接受，公安机关要求复查的，应当在收到公安机关的书面意见后 7 日以内进行复查。经过复查，认为纠正违法意见正确的，应当及时向上一级人民检察院报告；认为纠正违法意见错误的，应当及时撤销。上一级人民检察院经审查，认为下级人民检察院的纠正意见正确的，应当及时通知同级公安机关督促下级公安机关纠正；认为下级人民检察院的纠正意见不正确的，应当书面通知下级人民检察院予以撤销，下级人民检察院应当执行，并及时向公安机关及有关侦查人员说明情况。同时，将调查结果及时回复申诉人、控告人。

人民检察院侦查监督部门、公诉部门发现侦查人员在侦查活动中的违法行为情节严重，构成犯罪的，应当移送本院侦查部门审查，并报告检察长。侦查部门审查后应当提出是否立案侦查的意见，报请检察长决定。对于不属于本院管辖的，应当移送有管辖权的人民检察院或者其他机关处理。

8. 人民检察院侦查监督部门或者公诉部门对本院侦查部门侦查活动中的违法行为，应当根据情节分别处理。情节较轻的，可以直接向侦查部门提出纠正意见；情节较重或者需要追究刑事责任的，应当报请检察长决定。上级人民检察院发现下级人民检察院在侦查活动中有违法情形的，应当通知其纠正。下级人民检察院应当及时纠正，并将纠正情况报告上级人民检察院。

DISHISANZHANG

第十三章

审查起诉与提起公诉

第一节 审查起诉

一、审查起诉的概念和作用

审查起诉，在我国是指人民检察院对公安机关侦查终结移送起诉的案件和自行侦查终结的案件，进行全面审查以决定是否起诉并将犯罪嫌疑人交付审判的诉讼活动。

我国刑事诉讼法第167条规定："凡需要提起公诉的案件，一律由人民检察院审查决定。"人民检察院作为公诉机关是代表国家对犯罪追诉的唯一机关，负责对公诉案件的审查起诉工作。审查起诉工作是对案件提起公诉、不起诉或者退回侦查处理的前提和基础。审查起诉是连接侦查和审判的独立诉讼阶段。其内容包括：对移送审查起诉案件的受理；对侦查活动实行法律监督，纠正侦查活动中的违法行为，保障当事人和其他诉讼参与人的诉讼权利和其他合法权益；对侦查机关或者人民检察院侦查部门认定的犯罪事实、犯罪性质、有关的证据以及适用法律的意见进行全面、细致的审查，及时发现和弥补侦查工作中的错误、疏漏和不足，作出起诉或不起诉决定，并为出庭支持公诉做好准备。

二、人民检察院受理移送起诉的案件

根据人民检察院《规则》（试行）第668条的规定，人民检察院案件管理部门对检察机关办理的案件实行统一受理。人民检察院案件管理部门对公安机关和本院侦查部门移送审查起诉的案件进行程序性审查，审查内容包括：案件是否属于本院管辖；法律手续是否合法完备，即起诉意见书以及案卷材料是否齐备，案卷装订、移送是否符合规定要求，诉讼文书、技术性鉴定材料是否单独装订成卷；犯罪嫌疑人是否在案以及采取的强制措施是否合法适当；作为证据使用的实物是否随案移送、移送的实物是否与清单相符，证据的取得在形式要件上是否符合刑事诉讼法的有关规定等程序性内容。

人民检察院案件管理部门对移送审查起诉的案件,经审查、汇报后,根据不同情况作出以下处理。

其一,对于法律手续齐备,属于本院管辖的案件,应当依法受理,及时进行登记,并将案卷材料和案件受理登记表移送公诉部门办理。

其二,对于法律手续欠缺或错漏,应要求移送案件的单位补送相关材料。对于案卷装订不符合要求的,应要求移送案件的单位重新装订后移送。

其三,对于移送审查起诉的案件,如果犯罪嫌疑人在逃,应要求公安机关采取措施保证犯罪嫌疑人到案后再移送审查起诉。共同犯罪案件中部分犯罪嫌疑人在逃的,对在案的犯罪嫌疑人的审查起诉工作应当依法进行。

其四,公诉部门收到移送审查起诉的案件后,认为不属于本院管辖的,应当在5日以内经由案件管理部门移送有管辖权的人民检察院。认为属于上级人民法院管辖的第一审案件的,应当报送上一级人民检察院,同时通知移送审查起诉的公安机关;认为属于同级其他人民法院管辖的第一审案件的,应当移送有管辖权的人民检察院或者报送共同的上级人民检察院指定管辖,同时通知移送审查起诉的公安机关。上级人民检察院受理同级公安机关移送审查起诉案件,认为属于下级人民法院管辖的,可以交下级人民检察院审查,由下级人民检察院向同级人民法院提起公诉,同时通知移送审查起诉的公安机关。一人犯数罪、共同犯罪和其他需要并案审理的案件,只要其中一人或者一罪属于上级人民检察院管辖的,全案由上级人民检察院审查起诉。需要依照刑事诉讼法的规定指定管辖的,人民检察院应当在侦查机关移送审查起诉前协商同级人民法院办理指定管辖有关事宜。

三、人民检察院对当事人的权利告知义务

对犯罪嫌疑人、被害人和已死亡的被害人的近亲属以及丧失民事行为能力、无民事行为能力或限制民事行为能力的被害人的近亲属或法定代理人,案件承办人必须依法履行诉讼权利告知义务,及时告知并切实保障犯罪嫌疑人、被害人在审查起诉阶段享有的各项法定诉讼权利。

检察机关案件承办人应当明确告知犯罪嫌疑人享有如下权利:(1)对于检察人员具有下列情形之一的,有权要求其回避:是本案当事人或者是当事人的近亲属的;本人或者他的近亲属和本案有利害关系的;担任过本案证人、鉴定人、辩护人、诉讼代理人的;与本案当事人有其他关系,可能影响公正处理案件

的。(2)犯罪嫌疑人除自己行使辩护权外,还可以委托一人至二人作为辩护人为其辩护。(3)犯罪嫌疑人对检察人员的提问,应当如实回答。(4)使用本民族语言文字进行诉讼的权利;对于不通晓当地通用的语言文字的,有要求翻译的权利。(5)犯罪嫌疑人有权核对讯问笔录,没有阅读能力的,有权要求检察人员向其宣读,如果记载有遗漏或者差错,可以提出补充或改正。有权自行书写供述。(6)对于用作证据的鉴定意见,有权申请补充鉴定或重新鉴定。(7)犯罪嫌疑人对检察人员侵犯其诉讼权利和人身侮辱的行为有权提出控告。

对被害人及其法定代理人或近亲属,除告知上述权利外,还应当告知如下权利:自案件移送审查起诉之日起,有权委托诉讼代理人;由于犯罪嫌疑人的犯罪行为而遭到物质损失的,在刑事诉讼过程中,有权提起附带民事诉讼;对于用作证据的鉴定意见,有权申请补充鉴定或重新鉴定等。

四、人民检察院审查起诉的事项

人民检察院对移送审查起诉的案件必须查明以下内容:

1. 犯罪嫌疑人身份状况是否清楚,包括姓名、性别、国籍、出生年月日、职业和单位等;单位犯罪的,单位的相关情况是否清楚。

2. 犯罪事实、情节是否清楚;实施犯罪的时间、地点、手段、犯罪事实、危害后果是否明确。

3. 认定犯罪性质和罪名的意见是否正确;有无法定的从重、从轻、减轻或者免除处罚的情节及酌定从重、从轻处罚情节;共同犯罪案件的犯罪嫌疑人在犯罪活动中的责任的认定是否恰当。

4. 证明犯罪事实的证据材料包括采取技术侦查措施的决定书及证据材料是否随案移送;证明相关财产系违法所得的证据材料是否随案移送;不宜移送的证据的清单、复制件、照片或者其他证明文件是否随案移送。

5. 证据是否确实、充分,是否依法收集,有无应当排除非法证据的情形。

6. 侦查的各种法律手续和诉讼文书是否完备。

7. 有无遗漏罪行和其他应当追究刑事责任的人。

8. 是否属于不应当追究刑事责任的。

9. 有无附带民事诉讼;对于国家财产、集体财产遭受损失的,是否需要由人民检察院提起附带民事诉讼。

10. 采取的强制措施是否适当,对于已经逮捕的犯罪嫌疑人,有无继续羁押的必要。

11. 侦查活动是否合法。

12. 涉案款物是否查封、扣押、冻结并妥善保管,清单是否齐备;对被害人合法财产的返还和对违禁品或者不宜长期保存的物品的处理是否妥当,移送的证明文件是否完备。

五、审查起诉的步骤和方法

1. 审查案卷材料

案卷材料是记载整个案件事实和证据的载体,案件承办人接到案件后,应仔细阅读起诉意见书,了解犯罪嫌疑人的犯罪事实、情节和侦查机关(部门)的意见,而后审阅案卷中的诉讼文书和证据材料,并制作阅卷笔录。

案件承办人审阅案卷的常用方法是通过寻找、发现案件诉讼过程和证据材料中存在的疑点和问题,研究解决对策,从而不断丰富对案件事实的认识、逐渐形成对案件事实和证据的综合判断意见。审查起诉阶段的案卷包括诉讼文书、证据材料等,其中审阅诉讼文书主要是了解整个案件的侦查过程和犯罪嫌疑人被采取强制措施的情况,审查侦查机关在办理案件过程中是否有超期羁押、采取强制措施不当等违法情况,以便进行法律监督;而审阅证据材料是研究案件的犯罪事实、情节是否清楚,是否有确实、充分的证据证明。对案件事实的审查,涉及犯罪行为的动机、目的、时间、地点、手段、原因、结果、因果关系等,以及犯罪嫌疑人的年龄、主体身份、过去表现、认罪态度等,只要是与定罪量刑有关的事实、情节都必须进行审查。审查证据是否确实充分,主要是审查证据的客观真实性、合法性、关联性,证明案件事实的证据必须形成完整的证据链条,所有属于犯罪构成要件的事实都有证据予以证明,并且证据之间不存在明显矛盾,综合全案证据能够排除合理怀疑,根据证据能够得出唯一结论:即犯罪行为的确是犯罪嫌疑人实施的。

案件承办人在制作阅卷笔录时,应使阅卷笔录全面客观、重点突出。在制作阅卷笔录前,必须通读案卷材料,熟悉基本案情,在此基础上对案件事实进行分类,对证据按照证据类型和证明对象归类、对比分析,发现证据存在的矛盾、差异和遗漏等问题,而后进行案卷摘录工作。摘录证据时,应当记明证据的名称、采集时间,对涉及下列内容的证据材料应当详细摘录:(1)涉及犯罪构成要件的事实和情节,涉及罪与非罪、此罪与彼罪、量刑的情节;(2)存在疑点的事实、情节,证据材料及证据之间的矛盾和差异;(3)犯罪嫌疑人的第一次和最后一次有罪的供述和辩解;(4)涉及遗漏罪行和遗漏同案犯罪嫌疑人的事实、情节及其证据材料;

(5)有无非法证据排除情形的。案件承办人摘录证据材料时,应当注明所在卷宗及其页码并叙写阅卷意见,阅卷意见应当包括对案件事实认定情况、对证据材料情况以及需要进行哪些工作和应作何种诉讼决定的分析意见。

2. 讯问犯罪嫌疑人,听取被害人、辩护人及诉讼代理人的意见

案件承办人对犯罪嫌疑人的讯问,首先应当讯问犯罪嫌疑人基本情况,而后讯问犯罪嫌疑人有无犯罪事实。如犯罪嫌疑人供认有罪,应当要求犯罪嫌疑人陈述其犯罪事实和情节,而后针对尚不清楚的细节进行重点讯问,并对卷宗证据进行核实。如果犯罪嫌疑人翻供,应当讯问其翻供理由,特别注意的是犯罪嫌疑人以遭到刑讯逼供为由翻供的,应当详细讯问其所陈述的遭到刑讯逼供的过程,以便调查核实,在审查起诉阶段讯问犯罪嫌疑人,应当制作笔录附卷。案件承办人除讯问犯罪嫌疑人外,还应当根据案件情况听取被害人意见,对于无法直接听取被害人意见的,可以通知被害人提出书面意见,在指定期限内未提出意见的,应当记录在案。

听取被害人意见的目的主要包括,一是考察被害人陈述是否前后一致、有无遗漏;二是通过询问被害人对其在侦查阶段陈述的不清楚、遗漏的事实、情节进行进一步询问,以弥补证据存在的不足;三是听取被害人关于案件处理的意见以及对惩罚犯罪的要求,告知被害人有权就因犯罪行为遭受的物质损害提起附带民事诉讼。

案件承办人在审查案件中,应当听取辩护人、诉讼代理人意见,并记录在案,辩护人、诉讼代理人提出书面意见的,应当附卷。案件承办人直接听取辩护人、诉讼代理人的意见有困难的,可以通知辩护人、诉讼代理人提出书面意见,在指定期间内未提出意见的,应当记录在案。听取辩护人、诉讼代理人的意见是人民检察院审查案件的必经程序,对相关口头意见应记录在案,对相关书面意见应附卷保存。

人民检察院对证人证言笔录存在疑问或者认为对证人的询问不具体或者有遗漏的,可以对证人进行询问并制作笔录附卷。讯问犯罪嫌疑人或者询问被害人、证人、鉴定人时,应当分别告知其在审查起诉阶段所享有的诉讼权利。

讯问犯罪嫌疑人,询问被害人、证人、鉴定人,听取辩护人、被害人及其诉讼代理人的意见,应当由二名以上办案人员进行。讯问犯罪嫌疑人,询问证人、鉴定人、被害人,应当个别进行。询问证人、被害人的地点按照刑事诉讼法第122条的规定执行。对于随案移送的讯问犯罪嫌疑人录音、录像或者人民检察院调

取的录音、录像,人民检察院应当审查相关的录音、录像;对于重大、疑难、复杂的案件,必要时可以审查全部录音、录像。

3. 核实、补充证据及补充侦查

查明证据是否确实、充分,是人民检察院决定起诉或者不起诉的依据和基础。侦查中收集的证据材料一方面要客观真实、能够反映案件的情况,另一方面还必须形成完整的证据体系,使得与定罪量刑有关的事实、情节均得到证明,并且排除合理怀疑。人民检察院在审查起诉过程中,发现案件证据体系存有疑问或证据本身存在瑕疵时,必须对证据进一步核实、补充和完善。

人民检察院认为需要对案件中某些专门性问题进行鉴定而侦查机关没有鉴定的,应当要求侦查机关进行鉴定;必要时也可以由人民检察院进行鉴定或者由人民检察院送交有鉴定资格的人进行。人民检察院自行进行鉴定的,可以商请侦查机关派员参加,必要时可以聘请有鉴定资格的人参加。

在审查起诉中,发现犯罪嫌疑人可能患有精神病的,人民检察院应当依照本规则的有关规定对犯罪嫌疑人进行鉴定。犯罪嫌疑人的辩护人或者近亲属以犯罪嫌疑人可能患有精神病而申请对犯罪嫌疑人进行鉴定的,人民检察院也可以依照本规则的有关规定对犯罪嫌疑人进行鉴定,鉴定费用由申请方承担。

人民检察院对鉴定意见有疑问的,可以询问鉴定人并制作笔录附卷,也可以指派检察技术人员或者聘请有鉴定资格的人对案件中的某些专门性问题进行补充鉴定或者重新鉴定。公诉部门对审查起诉案件中涉及专门技术问题的证据材料需要进行审查的,可以送交检察技术人员或者其他有专门知识的人审查,审查后应当出具审查意见。

人民检察院审查案件的时候,对公安机关的勘验、检查,认为需要复验、复查的,应当要求公安机关复验、复查,人民检察院可以派员参加;也可以自行复验、复查,商请公安机关派员参加,必要时也可以聘请专门技术人员参加。

人民检察院对物证、书证、视听资料、电子数据及勘验、检查、辨认、侦查实验等笔录存在疑问的,可以要求侦查人员提供获取、制作笔录的有关情况。必要时也可以询问提供物证、书证、视听资料、电子数据及勘验、检查、辨认、侦查实验等笔录的人员和见证人并制作笔录附卷,对物证、书证、视听资料、电子数据进行技术鉴定。

人民检察院《规则》(试行)规定,人民检察院对侦查机关移送的案件进行审查后,在法院作出生效判决之前,认为需要补充提供法庭审判所必需的证据的,可以书面要求侦查机关提供。人民检察院在审查起诉中,发现可能存在刑事诉讼法第 54 条规定的以非法方法收集证据情形的,可以要求侦查机关对证据收集的合法性作出书面说明或者提供相关证明材料。人民检察院公诉部门在审查中发现侦查人员以非法方法收集犯罪嫌疑人供述、被害人陈述、证人证言等证据材料的,应当依法排除非法证据并提出纠正意见,同时可以要求侦查机关另行指派侦查人员重新调查取证,必要时人民检察院也可以自行调查取证。

在审查起诉阶段的补充侦查,是指人民检察院通过审查发现案件事实不清、证据不足或遗漏罪行、同案犯罪嫌疑人等情形,不能作出提起公诉或者不起诉决定,而采取的补充进行有关专门调查工作的一项诉讼活动。补充侦查一般包括两种情形:一种是检察院退回侦查机关(部门)补充侦查,主要适用于主要犯罪事实不清、证据不足,或者遗漏了重要犯罪事实,遗漏了应当追究刑事责任的同案犯罪嫌疑人或者需要采用技术性较强的专门侦查手段才能查清事实的案件;一种是指人民检察院自行补充侦查,其适用于非主要的犯罪事实、情节不清,证据不足,侦查机关侦查活动违法等情况。

补充侦查以两次为限,这里的两次是指退回补充侦查 2 次,不包括自行侦查的次数。人民检察院对已经退回侦查机关 2 次补充侦查的案件,在审查起诉中又发现新的犯罪事实的,应当移送侦查机关立案侦查;对已经查清的犯罪事实,应当依法提起公诉。对于在审查起诉期间改变管辖的案件,改变后的人民检察院对于符合刑事诉讼法第 171 条第 2 款规定的案件,可以通过原受理案件的人民检察院退回原侦查的公安机关补充侦查,也可以自行侦查。改变管辖前后退回补充侦查的次数总共不得超过 2 次。人民检察院自行侦查不需要作专门决定,不导致办案期限延长。

六、人民检察院审查起诉期限

我国刑事诉讼法规定,人民检察院对于公安机关移送起诉的案件,应当在 1 个月内作出决定,重大复杂案件,可以延长半个月。对于补充侦查的案件,应当在 1 个月内补充侦查完毕,补充侦查以两次为限,补充侦查完毕移送人民检察院后,人民检察院重新计算审查起诉期限。人民检察院审查起诉案件,改变管辖的,从改变后的人民检察院收到案件之日起计算审查起诉期限。

七、审查后的处理

办案人员对案件进行审查后,应当制作案件审查报告,提出起诉或者不起诉以及是否需要提起附带民事诉讼的意见,经公诉部门负责人审核,报请检察长或者检察委员会决定。检察长承办的审查起诉案件,除本规则规定应当由检察委员会讨论决定的以外,可以直接作出起诉或者不起诉的决定。人民检察院认为犯罪事实已经查清、证据确实、充分,依法应当追究刑事责任的,应当作出起诉决定,按照审判管辖的规定,向人民法院提起公诉,并将案卷材料、证据移送人民法院。办案人员认为应当向人民法院提出量刑建议的,可以在审查报告或者量刑建议书中提出量刑的意见,一并报请决定。如果认为犯罪嫌疑人没有犯罪事实,或者有我国刑事诉讼法第 15 条规定的情形之一的,应当作出不起诉决定,对于犯罪情节轻微,依照刑法不需要判处刑法或者免除刑罚的,可以作出不起诉决定。

在追缴的财物中,属于被害人的合法财产,不需要在法庭出示的,应当及时返还被害人,并由被害人在发还款物清单上签名或者盖章,注明返还的理由,并将清单、照片附卷。在追缴的财物中,属于违禁品或者不宜长期保存的物品,应当依照国家有关规定处理,并将清单、照片、处理结果附卷。

第二节 提起公诉

一、提起公诉的概念和条件

我国刑事诉讼法第 172 条规定,人民检察院认为犯罪嫌疑人的犯罪事实已经查清,证据确实、充分,依法应当追究刑事责任的,应当作出起诉决定。提起公诉,与自诉相对应,是人民检察院代表国家依法向人民法院提起公诉,要求人民法院通过审判追究犯罪嫌疑人刑事责任的诉讼活动。

在我国,人民检察院是提起公诉的唯一法定主体,提起公诉是人民检察院的法定职责,是发挥侦查监督、启动审判活动的重要诉讼环节。人民检察院提起公诉的效力集中表现在:一是启动审判程序。对于人民检察院提起公诉的案件,人民法院必须进行审理并作出裁判,不能驳回起诉,并且其审判活动受到公诉范围的制约。如果经人民法院判决被告人有罪,人民检察院不能就同一事实再次起诉,人民法院以证据不足为由判决无罪的案件,如果有新的证据证明被告人有罪,可以再次提起公诉。人民法院判决前,人民检察院发现不存在犯罪事实、犯罪事实并非犯罪嫌疑人所为或者不应当追究刑事责任的,可以要求撤回起诉,但是撤回起诉后没有新的事实或者新的证据,也不得再行起诉。二是产生了新的诉讼权利和义务。人民检察院提起公诉后,犯罪嫌疑人的诉讼地位发生变化,成为刑事被告人。被告人、被害人开始享有审判阶段法定的诉讼权利,并承担相应的义务。

人民检察院提起公诉的实体要件主要包括:(1)犯罪事实已经查清,证据确实、充分。下列情形可以确认犯罪事实已经查清:第一,属于单一罪行的案件,查清的事实足以定罪量刑;第二,属于数个罪行的案件,部分罪行已经查清并符合起诉条件,应对查清的罪行起诉;第三,无法查清作案工具、赃物去向,但有其他证据足以对犯罪嫌疑人定罪量刑的;第四,证人证言、犯罪嫌疑人供述和辩解、被害人陈述的内容中主要情节一致,只有个别情节不一致且不影响定罪。在共同犯罪案件中,有的犯罪嫌疑人在逃,为及时惩罚已经归案并已查清犯罪事实的犯罪分子,应当对其先起诉和审判,在逃嫌疑人归案并查清犯罪事实以后,再另案起诉。(2)对犯罪嫌疑人应当依法追究刑事责任。犯罪嫌疑人的行为具有我国刑事诉讼法第15条规定的6种情形之一的,对其行为不追究刑事责任,不能作出提起公诉的决定。

人民检察院提起公诉的程序要件主要包括:(1)接受人民检察院提起公诉的法院依法拥有审判管辖权。人民检察院只能对有管辖权的案件提起公诉,没有管辖权时,必须将案件移交有管辖权的人民检察院提起公诉。(2)被告人在案。只有被告人在案,检察机关才可能将其交付人民法院审判。

二、起诉书的制作和移送

实践中,人民检察院提起公诉的程序包含下列活动。

1. 作出提起公诉的决定。在实行主诉检察官办案责任制的情况下,主诉检察官对其所办理的部分案件有提起公诉的决定权,对其他案件必须提出意见后报请检察长决定,或者由检察长提交检察委员会讨论决定。

2. 制作起诉书。人民检察院决定起诉的,应当制作起诉书。起诉书是人民检察院代表国家向人民法院提起公诉、指控被告人构成犯罪并要求追究其刑事责任的法律文书,体现了人民检察院对公诉案件进行审查起诉后的结论性意见,起诉书应包括对案件事实的认定、理由根据、被告人基本情况、案由和案件来源等。起诉书的主要内容包括:

(1)被告人的基本情况,包括姓名、性别、出生年月日、出生地和户籍地、身份证号码、民族、文化程度、职业、工作单位及职务、住址,是否受过刑事处分及处分的种类和时间,采取强制措施的情况等;如果是单位犯罪,应当写明犯罪单位的名称和组织机构代码、所在地址、联系方式，法定代表人和诉讼代表人的姓名、职务、联系方式；如果还有应当负刑事责任的直接负责的主管人员或其他直接责任人员，应当按上述被告人基本情况的内容叙写。

(2)案由和案件来源。

(3)案件事实，包括犯罪的时间、地点、经过、手段、动机、目的、危害后果等与定罪量刑有关的事实要素。起诉书叙述的指控犯罪事实的必备要素应当明晰、准确。被告人被控有多项犯罪事实的，应当逐一列举，对于犯罪手段相同的同一犯罪可以概括叙写。

(4)起诉的根据和理由，包括被告人触犯的刑法条款、犯罪的性质及认定的罪名、处罚条款、法定从轻、减轻或者从重处罚的情节，共同犯罪各被告人应负的罪责等。

被告人真实姓名、住址无法查清的，应当按其绰号或者自报的姓名、住址制作起诉书，并在起诉书中注明。被告人自报的姓名可能造成损害他人名誉、败坏道德风俗等不良影响的，可以对被告人编号并按编号制作起诉书，并附具被告人的照片，记明足以确定被告人面貌、体格、指纹以及其他反映被告人特征的事项。

起诉书应当附有被告人现在处所，证人、鉴定人、需要出庭的有专门知识的人的名单，需要保护的被害人、证人、鉴定人的名单，涉案款物情况，附带民事诉讼情况以及其他需要附注的情况。

证人、鉴定人、有专门知识的人的名单应当列明姓名、性别、年龄、职业、住址、联系方式，并注明证人、鉴定人是否出庭。

3. 移送起诉书、刑事卷宗和其他材料。人民检察院提起公诉的案件，应当向人民法院移送起诉书、案卷材料和证据。起诉书应当1式8份，每增加1名被告人增加起诉书5份。

关于被害人姓名、住址、联系方式、被告人被采取强制措施的种类、是否在案及羁押处所等问题，人民检察院应当在起诉书中列明，不再单独移送材料；对于涉及被害人隐私或者为保护证人、鉴定人、被害人人身安全，而不宜公开证人、鉴定人、被害人姓名、住址、工作单位和联系方式等个人信息，可以在起诉书中使用化名替代证人、鉴定人、被害人的个人信息，但是应当另行书面说明使用化名等情况，并标明密级。

人民检察院对于犯罪嫌疑人、被告人或者证人等翻供、翻证的材料以及对于犯罪嫌疑人、被告人有利的其他证据材料，应当移送人民法院。人民法院向人民检察院提出书面意见要求补充移送材料，人民检察院认为有必要移送的，应当自收到通知之日起 3 日以内补送。对提起公诉后，在人民法院宣告判决前补充收集的证据材料，人民检察院应当及时移送人民法院。在审查起诉期间，人民检察院可以根据辩护人的申请，向公安机关调取在侦查期间收集的证明犯罪嫌疑人、被告人无罪或者罪轻的证据材料。

人民检察院对提起公诉的案件，可以向人民法院提出量刑建议。除有减轻处罚或者免除处罚情节外，量刑建议应当在法定量刑幅度内提出。建议判处有期徒刑、管制、拘役的，可以具有一定的幅度，也可以提出具体确定的建议。对提起公诉的案件提出量刑建议的，可以制作量刑建议书，与起诉书一并移送人民法院。量刑建议书的主要内容应当包括被告人所犯罪行的法定刑、量刑情节、人民检察院建议人民法院对被告人处以刑罚的种类、刑罚幅度、可以适用的刑罚执行方式以及提出量刑建议的依据和理由等。

另外，对于刑事诉讼法第 208 条规定的案件，人民检察院在提起公诉的时候，可以建议人民法院适用简易程序。即人民检察院对适用简易程序具有建议的权力，但是否适用简易程序由人民法院按照法律规定决定。

三、公诉人出庭前的准备工作

提起公诉的案件，人民检察院应当派员以国家公诉人的身份出席第一审法庭，支持公诉。公诉人应当由检察长、检察员或者经检察长批准代行检察员职务的助理检察员 1 人至数人担任，并配备书记员担任记录。适用简易程序审理的公诉案件，可以不配备书记员担任记录。

公诉人在人民法院决定开庭审判后，应当做好如下准备工作：进一步熟悉案情，掌握证据情况；深入研究与本案有关的法律政策问题；充实审判中可能涉及的专业知识；拟定讯问被告人、询问证人、鉴定人、有专门知识的人和宣读、出示、播放证据的计划并制订质证方案；对可能出现证据合法性争议的，拟定证明证据合法性的提纲并准备相关材料；拟定公诉意见，准备辩论提纲；需要对出庭证人等的保护向人民法院提出建议或者配合做好工作的，做好相关准备。

人民检察院在开庭审理前收到人民法院或者被告人及其辩护人、被害人、证人等送交的反映证据系非法取得的书面材料的，应当进行审查。对于审查逮捕、审查起诉期间已经提出并经查证不存在非法取证行为的，应当通知人民法院、有关当事人和辩护人，并按照查证的情况做好庭审准备。对于新的材料或者线索,可以要求侦查机关对证据收集的合法性进行说明或者提供相关证明材料,必要时可以自行调查核实。

人民法院通知人民检察院派员参加庭前会议的,由出席法庭的公诉人参加,必要时配备书记员担任记录。在庭前会议中,公诉人可以对案件管辖、回避、出庭证人、鉴定人、有专门知识的人的名单、辩护人提供的无罪证据、非法证据排除、不公开审理、延期审理、适用简易程序、庭审方案等与审判相关的问题提出和交换意见,了解辩护人收集的证据等情况。

对辩护人收集的证据有异议的,应当提出。公诉人通过参加庭前会议,了解案件事实、证据和法律适用的争议和不同意见,解决有关程序问题,为参加法庭审理做好准备。

当事人、辩护人、诉讼代理人在庭前会议中提出证据系非法取得,人民法院认为可能存在以非法方法收集证据情形的,人民检察院可以对证据收集的合法性进行证明。需要调查核实的,在开庭审理前进行。

人民检察院提起公诉向人民法院移送全部案卷材料、证据后,在法庭审理过程中,公诉人需要出示、宣读、播放有关证据的,可以申请法庭出示、宣读、播放。人民检察院基于出庭准备和庭审举证工作的需要,可以至迟在人民法院送达出庭通知书时取回有关案卷材料和证据。取回案卷材料和证据后,辩护律师要求查阅案卷材料的,应当允许辩护律师在人民检察院查阅、摘抄、复制案卷材料。

第三节　不　起　诉

一、不起诉的概念

不起诉,是指人民检察院对公安机关侦查终结移送起诉的案件和自行侦查终结的案件进行审查后,认为犯罪嫌疑人的行为不符合起诉条件或者没有必要起诉的,依法作出不将犯罪嫌疑人提交人民法院进行审判,追究刑事责任的一种处理决定。不起诉是人民检察院对案件审查后依法作出的处理结果之一,其性质是人民检察院对其认定的不应追究、不需要追究或者无法追究刑事责任的犯罪嫌疑人所作出的一种诉讼处分。它的法律效力在于不将案件交付人民法院审判,从而在审查起诉阶段终止刑事诉讼。对于犯罪嫌疑人而言,不起诉决定意味着其行为在法律上是无罪的。

二、不起诉的种类和适用条件

我国刑事诉讼法第173条第1款规定,犯罪嫌疑人没有犯罪事实,或者有本法第15条规定的情形之一的,人民检察院应当作出不起诉决定。刑事诉讼法第173条第2款规定,对于犯罪情节轻微,依照刑法规定,不需要判处刑罚或者免除刑罚的,人民检察院可以作出不起诉决定。刑事诉讼法第171条第4款规定,对于二次补充侦查的案件,人民检察院仍然认为证据不足,不符合起诉条件的,应当作出不起诉的决定。刑事诉讼法第271条第1款规定,对于未成年人涉嫌刑法分则第四章、第五章、第六章规定的犯罪,可能判处一年有期徒刑以下刑罚的,符合起诉条件,且有悔罪表现的,人民检察院可以作出附条件不起诉的决定。可见,我国刑事诉讼法现定的不起诉制度可以分为4种,即法定不起诉、酌定不起诉、证据不足不起诉和附条件不起诉。这几种不起诉适用的条件各不相同(附条件不起诉详见本书未成年人刑事案件诉讼程序)。

(一)法定不起诉

法定不起诉又称绝对不起诉,是指刑事诉讼法第173条第1款和第171条第4款规定的不起诉。所谓法定,是指法律规定的"应当",即凡是犯罪嫌疑人没有犯罪事实,或具有刑事诉讼法第15条规定情形之一的,人民检察院应当作出不起诉决定,检察机关不享有作出起诉决定或者不起诉决定的自由裁量权,只能依法作出不起诉决定。根据刑事诉讼法第15条及第173条第1款的规定,法定不起诉包括以下七种情形:(1)犯罪嫌疑人没有犯罪事实的;(2)情节显著轻微,危害不大,不认为是犯罪的;(3)犯罪已过追诉时效的;(4)经特赦令免除刑罚的;(5)依照刑法告诉才处理的犯罪,没有告诉或者撤回告诉的;(6)犯罪嫌疑人、被告人死亡的;(7)其他法律规定免予追究刑事责任的。

(二)酌定不起诉

酌定不起诉又称相对不起诉,是指刑事诉讼法第173条第2款规定的不起诉。所谓酌定,是指法律规定的"可以",即人民检察院对于起诉与否享有自由裁量权,对于符合条件的,既可以作出起诉决定,也可以作出不起诉决定。

从刑事诉讼法规定看,酌定不起诉的适用必须同时具备两个条件:一是犯罪嫌疑人的行为已构成犯罪,应当负刑事责任;二是犯罪行为情节轻微,依照刑法规定不需要判处刑罚或者免除刑罚。依据刑法和刑事诉讼法规定,以下几种情形可以适用这种不起诉:(1)犯罪嫌疑人在我国领域外犯罪,依照我国刑法应当负刑事责任,但在外国已经受过刑事处罚的;(2)犯罪嫌疑人又聋又哑,或者是盲人的;(3)犯罪嫌疑人因正当防卫或者紧急避险过当而犯罪的;(4)为犯罪准备工具,制造条件的;(5)在犯罪过程中自动中止犯罪或者自动有效防止犯罪结果发生,没有造成损害的;(6)在共同犯罪中,起次要或者辅助作用的;(7)被威胁参加犯罪的;(8)犯罪嫌疑人自首或者有重大立功表现或者自首后又有重大立功表现的;(9)双方当事人达成和解协议的,符合法律规定不起诉条件的。

人民检察院在确认犯罪嫌疑人具有上述情形之一外,还必须在犯罪情节轻微的前提下才能考虑适用不起诉。也就是说,人民检察院要根据犯罪嫌疑人的年龄、犯罪动机和目的、犯罪手段、危害后果、悔罪表现以及一贯表现等进行综合考虑,只有在确实认为不起诉比起诉更为有利时,才能作出不起诉决定。

酌定不起诉体现了人民检察院的起诉自由裁量权,从实践的情况来看,人民检察院根据犯罪嫌疑人的犯罪情节及案件的具体情况,通过酌定不起诉停止追究犯罪嫌疑人的刑事责任,在审查起诉阶段贯彻落实“宽严相济”的刑事司法政策,教育、挽救了犯罪嫌疑人,节约了诉讼资源,取得了很好的社会效果。

(三)证据不足不起诉

刑事诉讼法第 171 条第 4 款规定,对于二次补充侦查的案件,人民检察院仍然认为证据不足、不符合起诉条件的,应当作出不起诉的决定。

根据人民检察院《规则》(试行)第 404 条的规定,具有下列情形之一,不能确定犯罪嫌疑人构成犯罪和需要追究刑事责任的,属于证据不足,不符合起诉条件:(1)犯罪构成要件事实缺乏必要的证据予以证明的;(2)据以定罪的证据存在疑问,无法查证属实的;(3)据以定罪的证据之间、证据与案件事实之间的矛盾不能合理排除的;(4)根据证据得出的结论具有其他可能性,不能排除合理怀疑的;(5)根据证据认定案件事实不符合逻辑和经验法则,得出的结论明显不符合常理的。

需要说明的是,刑事诉讼法规定适用此种不起诉的前提条件必须经过补充侦查。补充侦查应当在 1 个月内补充侦查完毕,补充侦查以 2 次为限。经过第一次补充侦查,认为证据不足,不符合起诉条件,且没有退回补充侦查必要的,检察机关可以作出不起诉决定,也可以退回补充侦查;经过第二次补充侦查,证据仍然不足,检察院应当作出不起诉决定。此制度体现了“疑罪从无”的现代刑事诉讼原则,标志着我国刑事司法领域人权保护的重大进步。

三、不起诉的程序

1. 不起诉决定书的制作

人民检察院作出不起诉决定后，应当制作不起诉决定书。不起诉决定书是人民检察院代表国家依法确认不追究犯罪嫌疑人刑事责任的决定性法律文书，具有终止刑事诉讼的法律效力。其主要内容包括：(1)被不起诉人的基本情况，包括姓名、性别、出生年月日、出生地和户籍地、民族、文化程度、职业、工作单位及职务、住址、身份证号码、是否受过刑事处分，采取强制措施的情况以及羁押处所等；如果是单位犯罪，应当写明犯罪单位的名称和组织机构代码、所在地联系方式、法定代表人和诉讼代表人的姓名、职务、联系方式。(2)案由和案件来源。(3)案件事实、包括否定或指控被不起诉人构成犯罪的事实以及作为不起诉决定根据的事实。(4)不起诉的法律根据和理由，写明作出不起诉决定适用的法律条款。(5)查封、扣押、冻结的涉案款物的处理情况。

2. 不起诉决定书的送达

不起诉的决定由人民检察院公开宣布，公开宣布不起诉决定的活动应当载入笔录。不起诉决定书自公开宣布之日起生效。

不起诉决定书应当送达被不起诉人和他的所在单位，并告知被不起诉人如果对不起诉决定不服，可以向人民检察院申诉。如果被不起诉人在押，应当立即释放。对于公安机关移送起诉的案件，应当将不起诉决定书送达公安机关。对于有被害人的案件，应当将不起诉决定书送达被害人或者其近亲属及其诉讼代理人，并告知如果对不起诉决定不服，可以向人民检察院申诉或者人民法院起诉。

四、不起诉的救济途径

1. 当事人的自我救济途径

(1)被害人的救济途径

人民检察院《规则》(试行)第 412 条至第 419 条规定，不起诉的决定，由人民检察院公开宣布，并将不起诉决定书送达被害人或者其近亲属及其诉讼代理人、被不起诉人及其辩护人以及被不起诉人的单位。送达时，应当告知被害人或者其近亲属及其诉讼代理人，如果对不起诉决定不服，可以自收到不起诉决定书后 7 日以内向上一级人民检察院申诉，也可以不经申诉，直接向人民法院起诉。被害人不服不起诉决定的，在收到不起诉决定书后 7 日以内申诉的，由作出不起诉决定的人民检察院的上一级人民检察院刑事申诉检察部门立案复查。被害人向作出不起诉决定的人民检察院提出申诉的,作出决定的人民检察院应当将申诉材料连同案件一并报送上一级人民检察院。被害人不服不起诉决定,在收到不起诉决定书后7日以后提出申诉的,由作出不起诉决定的人民检察院刑事申诉检察部门决定是否立案复查。刑事申诉检察部门复查后应当提出复查意见,报请检察长作出复查决定。复查决定书应当送达被害人、被不起诉人和作出不起诉决定的人民检察院。上级人民检察院经复查作出起诉决定的,应当撤销下级人民检察院的不起诉决定,交由下级人民检察院提起公诉,并将复查决定抄送移送审查起诉的公安机关。出庭支持公诉由公诉部门办理。

(2)被不起诉人的救济途径

根据人民检察院《规则》(试行)第421条、第422条的规定,被不起诉人对不起诉决定不服,在收到不起诉决定书后7日以内提出申诉时,应当由作出不起诉决定的人民检察院刑事申诉检察部门立案复查。被不起诉人在收到不起诉决定书7日后提出申诉的,由申诉检察部门审查后决定是否立案复查。人民检察院刑事申诉检察部门复查后应当提出复查意见,认为应当维持不起诉决定时,报请检察长作出复查决定,认为应当变更不起诉决定的,报请检察长或者检察委员会决定;认为应当撤销不起诉决定提起公诉的,报请检察长或者检察委员会决定。复查决定书中应当写明复查认定的事实、说明作出决定的理由。复查决定书应当送达被不起诉人、被害人。撤销不起诉决定书或者变更不起诉事实或者法律根据的,应当同时将复查决定书抄送移送审查起诉的公安机关和本院有关部门。人民检察院作出撤销不起诉决定提起公诉的复查决定后,应当将案件交由公诉部门提起公诉。人民检察院复查不服不起诉决定的申诉,应当在立案后3个月以内作出复查决定,案情复杂的,不得超过6个月。

2.公安机关以及人民法院对不起诉决定的制约

(1)公安机关的复议、复核

刑事诉讼法第175条规定,对于公安机关移送起诉的案件,人民检察院决定不起诉的,应当将不起诉决定书送达公安机关。公安机关认为不起诉的决定有错误的时候,可以要求复议。人民检察院《规则》(试行)第415条规定,公安机关认为不起诉的决定有错误,要求复议的,人民检察院公诉部门应当另行指定检察人员进行审查并提出审查意见,经公诉部门负责人审核,报请检察长或者检察委员会决定。人民检察院应当在收到要求复议意见书后的30日内作出复议决定,通知公安机关。如果人民检察院维持不起诉决定,公安机关仍然不服的,可以向上一级人民检察院提请复核。人民检察院《规则》(试行)第416条规定,上一级人民检察院收到公安机关对不起诉决定提请复核的意见书后,应当交由公诉部门办理。公诉部门指定检察人员进行审查并提出审查意见,经公诉部门负责人审核,报请检察长或者检察委员会决定。上一级人民检察院应当在收到提请复核意见书后的30日内作出决定,制作复核决定书送交提请复核的公安机关和下级人民检察院。经复核改变下级人民检察院不起诉决定的,应当撤销或者变更下级人民检察院作出的不起诉决定,交由下级人民检察院执行。

(2)人民法院的制约

如果被害人直接向人民法院起诉的,人民检察院《规则》(试行)第420条规定,人民检察院收到人民法院受理被害人对被不起诉人起诉的通知后,人民检察院应当终止复查,将作出不起诉决定所依据的有关案件材料移送人民法院。这是刑事诉讼法针对司法实践中老百姓"告状难"的问题,为切实保护被害人的合法权益,在保障原来被害人对人民检察院不起诉决定享有申诉权基础上新增加的规定,与这一规定相应的是刑事诉讼法第204条第3项规定的自诉案件,即"被害人有证据证明对被告人侵犯自己人身、财产权利的行为应当依法追究刑事责任,而公安机关或者人民检察院不予追究被告人刑事责任的案件"。赋予被害人对这部分公诉案件享有自诉权,从外部强化了对人民检察院不起诉决定的有效制约,有利于促进人民检察院正确行使权力、严格执法。

第四节　提起自诉

国家追诉是现代刑事诉讼最主要的追诉方式,公诉案件是刑事诉讼活动的主体,占刑事案件总量的绝大多数。在刑事诉讼中,设立或者保留自诉制度的主要原因在于更好地实现刑事诉讼的目的。自诉是指公诉机关以外的其他主体在符合法律规定的情况下向有管辖权的法院提起的刑事诉讼。在我国,自诉案件的类型包括告诉才处理的案件、被害人有证据证明的轻微刑事案件以及被害人有证据证明对被告人侵犯自己人身、财产权利的行为应当依法追究刑事责任,而公安机关或者人民检察院不予追究被告人刑事责任的案件。

一、提起自诉的条件

向人民法院提起的自诉案件必须符合下列条件：

1. 案件属于我国刑事诉讼法第204条规定的自诉案件范围。

2. 属于受诉人民法院管辖。

3. 有适格的自诉人。自诉案件原则上由自诉人提起，如果被害人死亡、丧失行为能力或者因受强制、威吓等原因无法告诉，或者是限制行为能力人以及由于年老、患病、盲、聋、哑等原因不能亲自告诉，其法定代理人、近亲属可以代为告诉。上述情况下，代为告诉人应当提供与被害人关系的证明和被害人不能亲自告诉的原因证明。

4. 有明确的被告人、具体的诉讼请求和能够证明被告人犯罪事实的证据。

5. 对于公诉转自诉的案件，应当提交公安机关或者人民检察院已经作出不予追究刑事责任的书面决定。

二、提起自诉的程序

提起自诉应当提交刑事自诉状；同时提起附带民事诉讼的，应当提交刑事附带民事自诉状。

自诉状应当包括以下内容：

1. 自诉人（代为告诉人）、被告人的姓名、性别、年龄、民族、出生地、文化程度、职业、工作单位、住址、联系方式；

2. 被告人实施犯罪的时间、地点、手段、情节和危害后果等；

3. 具体的诉讼请求；

4. 致送的人民法院和具状时间；

5. 证据的名称、来源等；

6. 证人的姓名、住址、联系方式等。

对两名以上被告人提出告诉的，应当按照被告人的人数提供自诉状副本。

对自诉案件，人民法院应当在15日内审查完毕。经审查，符合受理条件的，应当决定立案，并书面通知自诉人或者代为告诉人。

DISHISIZHANG

第十四章

第一审程序

第一节　审判组织概述

审判组织是指人民法院审判案件的具体组织形式。根据刑事诉讼法和人民法院组织法的规定,我国的刑事审判组织有独任庭、合议庭、审判委员会三种。

一、独任庭

独任庭是由审判员一人独任审判案件的审判组织。根据刑事诉讼法第 210 条的规定,独任制只适用于基层人民法院用简易程序审理的刑事案件,不能任意扩大范围。司法实践中,刑事案件是否由审判员独任审判,以及独任审判员的指定均由院长或者庭长决定。审判员依法独任审判时,行使与审判长相同的职权。

二、合议庭

合议庭是由审判人员数人根据合议原则建立的审判组织。合议庭是人民法院审判案件的基本组织形式。除法律规定可以独任审判的案件以外,其他案件均应由合议庭审判。

合议庭的人员组成,因审判程序和法院级别的不同而不同。基层人民法院、中级人民法院审判第一审案件,应当由审判员 3 人或者审判员和人民陪审员共 3 人组成合议庭进行。高级人民法院、最高人民法院审判第一审案件,应当由审判员 3 人至 7 人或者审判员和人民陪审员 3 人至 7 人组成合议庭进行。第二审人民法院审判上诉、抗诉案件的合议庭,应当由审判员 3 人或 5 人组成;最高人民法院、高级人民法院复核死刑案件的合议庭,应当由审判员 3 人组成。合议庭的组成人员应当是单数。

合议庭由审判员、助理审判员或者人民陪审员随机组成。人民陪审员参加合议庭的,应当从人民陪审员名单中随机抽取确定。合议庭由院长或者庭长指定审判员一人担任审判长。助理审判员由院长提出,经审判委员会通过,可以临时代行审判员职务,并可以担任审判长。院长或者庭长参加审判案件的时候,自己担任审判长。合议庭全体成员平等参与案件的审理、评议和裁判,依法履行审判职责。开庭审理和评议案件,应当由同一合议庭进行。合议庭成员在评议案件时,应当独立表达意见并说明理由。意见有分歧的,应当按多数意见作出决定,但少数意见应当记入笔录。评议笔录由合议庭的组成人员在审阅确认无误后签名。评议情况应当保密。

三、审判委员会

审判委员会是人民法院内部对审判工作实行集体领导的组织形式。人民法院组织法第 11 条规定,各级人民法院设立审判委员会,实行民主集中制。审判委员会的任务,是总结审判经验,讨论重大的或疑难的案件和其他有关审判工作的问题。刑事诉讼法第 180 条规定,对于疑难、复杂、重大的案件,合议庭认为难以作出决定的,由合议庭提请院长决定提交审判委员会讨论决定。根据最高人民法院《解释》第 178 条的规定,提交审判委员会讨论的案件主要有:(1)拟判处死刑的案件、人民检察院抗诉的案件,合议庭应当提请院长决定提交审判委员会讨论决定。(2)对合议庭成员意见有重大分歧的案件、新类型案件、社会影响重大的案件以及其他疑难、复杂、重大的案件,合议庭认为难以作出决定的,可以提请院长决定提交审判委员会讨论决定。

在审判实践中,人民陪审员可以要求合议庭将案件提请院长决定是否提交审判委员会讨论决定。独任审判的案件,审判员认为有必要的,也可以提请院长决定提交审判委员会讨论决定。对提请院长决定提交审判委员会讨论决定的案件,院长认为不必要的,可以建议合议庭复议一次。审判委员会的决定,合议庭、独任审判员应当执行;有不同意见的,可以建议院长提交审判委员会复议。

人民法院审判委员会讨论下列案件或者议题,同级人民检察院检察长可以列席:(1)可能判处被告人无罪的公诉案件;(2)可能判处被告人死刑的案件;(3)人民检察院提出抗诉的案件;(4)与检察工作有关的其他议题。人民检察院检察长列席人民法院审判委员会会议的任务是,对于审判委员会讨论的案件和其他有关议题发表意见,依法履行法律监督职责。

第二节　公诉案件的第一审程序

公诉案件的第一审程序，是指人民法院对人民检察院提起公诉的案件进行第一次审判时所必须遵循的程序，主要包括庭前审查、庭前准备、法庭审判、延期审理和中止审理、评议和宣判等诉讼环节。

一、对公诉案件的审查

对公诉案件的审查是人民法院对人民检察院提起公诉的案件依法进行庭前审查，并决定是否开庭审判的一种诉讼活动。对公诉案件进行庭前审查的目的在于通过审查，确定案件是否符合开庭审判的条件，是否对被告人正式进行法庭审判。

最高人民法院《解释》第180条规定，对提起公诉的案件，人民法院应当在收到起诉书(1式8份，每增加1名被告人，增加起诉书5份)和案卷、证据后，指定审判人员审查以下内容：(1)是否属于本院管辖。(2)起诉书是否写明被告人的身份，是否受过或者正在接受刑事处罚，被采取强制措施的种类、羁押地点，犯罪的时间、地点、手段、后果以及其他可能影响定罪量刑的情节。(3)是否移送证明指控犯罪事实的证据材料，包括采取技术侦查措施的批准决定和所收集的证据材料。(4)是否查封、扣押、冻结被告人的违法所得或者其他涉案财物，并附证明相关财物依法应当追缴的证据材料。(5)是否列明被害人的姓名、住址、联系方式；是否附有证人、鉴定人名单；是否申请法庭通知证人、鉴定人、有专门知识的人出庭，并列明有关人员的姓名、性别、年龄、职业、住址、联系方式；是否附有需要保护的证人、鉴定人、被害人名单。(6)当事人已委托辩护人、诉讼代理人，或者已接受法律援助的，是否列明辩护人、诉讼代理人的姓名、住址、联系方式。(7)是否提起附带民事诉讼，提起附带民事诉讼的，是否列明附带民事诉讼当事人的姓名、住址、联系方式，是否附有相关证据材料。(8)侦查、审查起诉程序的各种法律手续和诉讼文书是否齐全。(9)有无刑事诉讼法第15条第2项至第6项规定的不追究刑事责任的情形。

根据最高人民法院《解释》第181条的规定，人民法院对提起公诉的案件审查后，应当按照下列情形分别处理：(1)属于告诉才处理的案件，应当退回人民检察院，并告知被害人有权提起自诉；(2)不属于本院管辖或者被告人不在案的，应当退回人民检察院；(3)不符合最高人民法院《解释》第180条第2项至第

8 项规定之一,需要补充材料的,应当通知人民检察院在 3 日内补送;(4)依照刑事诉讼法第 195 条第 3 项规定宣告被告人无罪后,人民检察院根据新的事实、证据重新起诉的,应当依法受理;(5)依照最高人民法院《解释》第 242 条规定裁定准许撤诉的案件,没有新的事实、证据,重新起诉的,应当退回人民检察院;(6)符合刑事诉讼法第 15 条第 2 项至第 6 项规定情形的,应当裁定终止审理或者退回人民检察院;(7)被告人真实身份不明,但符合刑事诉讼法第 158 条第 2 款规定的,应当依法受理。

对公诉案件是否受理,人民法院应当在 7 日内审查完毕。

二、开庭审判前的准备

(一)一般准备工作

人民法院决定对案件开庭审判后,为了保障审判活动顺利有序地进行,在开庭审判前应当进行下列准备工作。

1. 确定审判长及合议庭组成人员。开庭审理前,合议庭可以拟出法庭审理提纲,提纲一般包括下列内容:合议庭成员在庭审中的分工;起诉书指控的犯罪事实的重点和认定案件性质的要点;讯问被告人时需了解的案情要点;出庭的证人、鉴定人、有专门知识的人、侦查人员的名单;控辩双方申请当庭出示的证据的目录;庭审中可能出现的问题及应对措施。

2. 开庭 10 日前将起诉书副本送达被告人、辩护人。对于未委托辩护人的被告人,告知其可以委托辩护人;向被告人及其辩护人送达起诉书副本时,应当告知其申请排除非法证据的,应当在开庭审理前提出,但在庭审期间才发现相关线索或者材料的除外。

3. 通知当事人、法定代理人、辩护人、诉讼代理人在开庭 5 日前提供证人、鉴定人名单,以及拟当庭出示的证据;申请证人、鉴定人、有专门知识的人出庭的,应当列明有关人员的姓名、性别、年龄、职业、住址、联系方式。

4. 开庭 3 日前将开庭的时间、地点通知人民检察院。人民检察院的公诉人在人民法院决定开庭审判后,应当做好如下准备工作:进一步熟悉案情,掌握证据情况;深入研究与本案有关的法律政策问题;充实审判中可能涉及的专业知识;拟定讯问被告人、询问证人、鉴定人、有专门知识的人和宣读、出示、播放证据的计划并制订质证方案;对可能出现证据合法性争议的,拟定证明证据合法性的提纲并准备相关材料;拟定公诉意见,准备辩论提纲;需要对出庭证人等的保护向人民法院提出建议或者配合做好工作的,做好相关准备。

5. 开庭3日前将传唤当事人的传票和通知辩护人、诉讼代理人、法定代理人、证人、鉴定人等出庭的通知书送达;通知有关人员出庭,也可以采取电话、短信、传真、电子邮件等能够确认对方收悉的方式。

6. 公开审理的案件,在开庭3日前公布案由、被告人姓名、开庭时间和地点。

上述工作情况应当记录在案。

(二)庭前会议

庭前会议是指,在开庭以前审判人员召集公诉人、当事人和辩护人、诉讼代理人,对回避、出庭证人名单、非法证据排除等与审判相关的问题,了解情况,听取意见的程序。

最高人民法院《解释》第183条规定,案件具有下列情形之一的,审判人员可以召开庭前会议:

一是当事人及其辩护人、诉讼代理人申请排除非法证据的;

二是证据材料较多、案情重大复杂的;

三是社会影响重大的;

四是需要召开庭前会议的其他情形。

召开庭前会议,根据案件情况,可以通知被告人参加。

开庭审理前,当事人及其辩护人、诉讼代理人申请排除非法证据,人民法院经审查,对证据收集的合法性有疑问的,应当依照刑事诉讼法第182条第2款的规定召开庭前会议,就非法证据排除等问题了解情况,听取意见。人民检察院可以通过出示有关证据材料等方式,对证据收集的合法性加以说明。

召开庭前会议,审判人员可以就下列问题向控辩双方了解情况,听取意见:

第一,是否对案件管辖有异议;

第二,是否申请有关人员回避;

第三,是否申请调取在侦查、审查起诉期间公安机关、人民检察院收集但未随案移送的证明被告人无罪或者罪轻的证据材料;

第四,是否提供新的证据;

第五,是否对出庭证人、鉴定人、有专门知识的人的名单有异议;

第六,是否申请排除非法证据;

第七,是否申请不公开审理;

第八,与审判相关的其他问题。

审判人员可以询问控辩双方对证据材料有无异议,对有异议的证据,应当在庭审时重点调查;无异议的,庭审时举证、质证可以简化。

被害人或者其法定代理人、近亲属提起附带民事诉讼的,可以调解。庭前会议情况应当制作笔录。

三、法庭审判

法庭审判,是指人民法院以开庭的方式,在公诉人、当事人以及其他诉讼参与人的参加下,核实各种证据,查清案件事实,全面听取控辩双方对案件事实和定罪量刑的意见,确定被告人是否有罪,应否受到刑罚处罚,并依法作出裁判的诉讼活动。

人民法院审判第一审案件应当公开进行。但是有关国家秘密或者个人隐私的案件,不公开审理;涉及商业秘密的案件,当事人申请不公开审理的,可以不公开审理。不公开审理的案件,应当当庭宣布不公开审理的理由。不公开审理的案件,任何人不得旁听,但法律另有规定的除外。

精神病人、醉酒的人、未经人民法院批准的未成年人以及其他不宜旁听的人不得旁听案件审理。被害人、诉讼代理人经传唤或者通知未到庭,不影响开庭审理的,人民法院可以开庭审理。辩护人经通知未到庭,被告人同意的,人民法院可以开庭审理,但被告人属于应当提供法律援助情形的除外。

依据刑事诉讼法的规定,法庭审判大致可分为开庭、法庭调查、法庭辩论、被告人最后陈述、评议和宣判 5 个步骤。

(一)开庭

开庭是正式进行法庭审判前的准备阶段。开庭审理前,书记员应当依次进行下列工作:受审判长委托,查明公诉人、当事人、证人及其他诉讼参与人是否到庭;宣读法庭规则;请公诉人及相关诉讼参与人入庭;请审判长、审判员(人民陪审员)入庭;审判人员就座后,向审判长报告开庭前的准备工作已经就绪。

依据刑事诉讼法和最高人民法院《解释》的规定,开庭的具体程序和内容包括:

1. 审判长宣布开庭,传被告人到庭后,应当查明被告人的下列情况:姓名、出生日期、民族、出生地、文化程度、职业、住址,或者被告单位的名称、住所地、诉讼代表人的姓名、职务;是否受过法律处分及处分的种类、时间;是否被采取强制措施及强制措施的种类、时间;收到起诉书副本的日期;有附带民事诉讼的,附带民事诉讼被告人收到附带民事起诉状的日期。被告人较多的,可以在开庭前查明上述情况,但开庭时审判长应当作出说明。

2. 审判长宣布案件的来源、起诉的案由、附带民事诉讼当事人的姓名及是否公开审理;不公开审理的,应当宣布理由。

3. 审判长宣布合议庭组成人员、书记员、公诉人名单及辩护人、鉴定人、翻译人员等诉讼参与人的名单。

4. 审判长应当告知当事人及其法定代理人、辩护人、诉讼代理人在法庭审理过程中依法享有下列诉讼权利:可以申请合议庭组成人员、书记员、公诉人、鉴定人和翻译人员回避;可以提出证据,申请通知新的证人到庭、调取新的证据,申请重新鉴定或者勘验、检查;被告人可以自行辩护;被告人可以在法庭辩论终结后作最后陈述。

5. 审判长应当询问当事人及其法定代理人、辩护人、诉讼代理人是否申请回避、申请何人回避和申请回避的理由。当事人及其法定代理人、辩护人、诉讼代理人申请回避的,依照刑事诉讼法及最高人民法院《解释》的有关规定处理。同意或者驳回回避申请的决定及复议决定,由审判长宣布,并说明理由。必要时,也可以由院长到庭宣布。

(二)法庭调查

法庭调查是在审判人员的主持下,控辩双方和其他诉讼参与人的参加下,当庭对案件事实和证据进行审查、核实的诉讼活动。

根据刑事诉讼法和最高人民法院《解释》的规定,法庭调查的具体步骤和程序如下:

1. 审判长宣布法庭调查开始后,应当先由公诉人宣读起诉书;有附带民事诉讼的,再由附带民事诉讼原告人或者其法定代理人、诉讼代理人宣读附带民事起诉状。

起诉书指控的被告人的犯罪事实为两起以上的,法庭调查一般应当分别进行。

2. 在审判长主持下,被告人、被害人可以就起诉书指控的犯罪事实分别陈述。

3. 在审判长主持下,公诉人可以就起诉书指控的犯罪事实讯问被告人。公诉人讯问被告人应当围绕下列事实进行:被告人的身份;指控的犯罪事实是否存在,是否为被告人所实施;实施犯罪行为的时间、地点、方法、手段、结果,被告人犯罪后的表现等;犯罪集团或者其他共同犯罪案件中参与犯罪人员的各自地位和应负的责任；被告人有无刑事责任能力，有无故意或者过失，行为的动机、目的；有无依法不应当追究刑事责任的情况，有无法定的从重或者从轻、减轻以及免除处罚的情节；犯罪对象、作案工具的主要特征，与犯罪有关的财物的来源、数量以及去向；被告人全部或者部分否认起诉书指控的犯罪事实的，否认的根据和理由能否成立；与定罪、量刑有关的其他事实。讯问同案审理的被告人，应当分别进行。必要时，可以传唤同案被告人等到庭对质。

经审判长准许，被害人及其法定代理人、诉讼代理人可以就公诉人讯问的犯罪事实补充发问；附带民事诉讼原告人及其法定代理人、诉讼代理人可以就附带民事部分的事实向被告人发问；被告人的法定代理人、辩护人，附带民事诉讼被告人及其法定代理人、诉讼代理人可以在控诉一方就某一问题讯问完毕后向被告人发问。

经审判长准许，控辩双方可以向被害人、附带民事诉讼原告人发问。

审判人员可以讯问被告人。必要时，可以向被害人、附带民事诉讼当事人发问。

4. 询问证人、鉴定人以及有专门知识的人。公诉人可以提请审判长通知证人、鉴定人出庭作证，或者出示证据。被害人及其法定代理人、诉讼代理人，附带民事诉讼原告人及其诉讼代理人也可以提出申请。在控诉一方举证后，被告人及其法定代理人、辩护人可以提请审判长通知证人、鉴定人出庭作证，或者出示证据。

公诉人、当事人或者辩护人、诉讼代理人对证人证言有异议，且该证人证言对定罪量刑有重大影响，或者对鉴定意见有异议，申请法庭通知证人、鉴定人出庭作证，人民法院认为有必要的，应当通知证人、鉴定人出庭；无法通知或者证人、鉴定人拒绝出庭的，应当及时告知申请人。

证人具有下列情形之一，无法出庭作证的，人民法院可以准许其不出庭：在庭审期间身患严重疾病或者行动极为不便的；居所远离开庭地点且交通极为不便的；身处国外短期无法回国的；有其他客观原因，确实无法出庭的。证人具有上述情形无法出庭作证的，可以通过视频等方式作证。证人出庭作证所支出的交通、住宿、就餐等费用，人民法院应当给予补助。

经人民法院通知，证人没有正当理由不出庭作证的，人民法院可以强制其到庭，但是被告人的配偶、父母、子女除外。证人没有正当理由拒绝出庭或者出庭后拒绝作证的，予以训诫，情节严重的，经院长批准，处以 10 日以下的拘留。

被处罚人对拘留决定不服的，可以向上一级人民法院申请复议。复议期间不停止执行。

审判危害国家安全犯罪、恐怖活动犯罪、黑社会性质的组织犯罪、毒品犯罪等案件，证人、鉴定人、被害人因出庭作证，本人或者其近亲属的人身安全面临危险的，人民法院应当采取不公开其真实姓名、住址和工作单位等个人信息，或者不暴露其外貌、真实声音等保护措施。审判期间，证人、鉴定人、被害人提出保护请求的，人民法院应当立即审查；认为确有保护必要的，应当及时决定采取相应保护措施。决定对出庭作证的证人、鉴定人、被害人采取不公开个人信息的保护措施的，审判人员应当在开庭前核实其身份，对证人、鉴定人如实作证的保证书不得公开，在判决书、裁定书等法律文书中可以使用化名等代替其个人信息。

证人、鉴定人到庭后，审判人员应当核实其身份、与当事人以及本案的关系，并告知其有关作证的权利义务和法律责任。证人、鉴定人作证前，应当保证向法庭如实提供证言、说明鉴定意见，并在保证书上签名。向证人、鉴定人发问，应当先由提请通知的一方进行；发问完毕后，经审判长准许，对方也可以发问。向证人发问应当遵循以下规则：发问的内容应当与本案事实有关；不得以诱导方式发问；不得威胁证人；不得损害证人的人格尊严。

审判人员认为必要时，可以询问证人、鉴定人、有专门知识的人。向证人、鉴定人、有专门知识的人发问应当分别进行。证人、鉴定人、有专门知识的人经控辩双方发问或者审判人员询问后，审判长应当告知其退庭。公诉人、当事人及其辩护人、诉讼代理人申请法庭通知有专门知识的人出庭，就鉴定意见提出意见的，应当说明理由。法庭认为有必要的，应当通知有专门知识的人出庭。申请有专门知识的人出庭，不得超过 2 人。有多种鉴定意见的，可以相应增加人数。有专门知识的人出庭，适用鉴定人出庭的有关规定。

控辩双方的讯问、发问方式不当或者内容与本案无关的，对方可以提出异议，申请审判长制止，审判长应当判明情况予以支持或者驳回；对方未提出异议的，审判长也可以根据情况予以制止。

5. 出示物证、宣读未到庭的证人证言笔录等文书。公诉人、辩护人应当向法庭出示物证，让当事人辨认，对未到庭的证人的证言笔录、鉴定人的鉴定意见、勘验笔录和其他作为证据的文书，应当当庭宣读。控辩双方出示证据，应当说明证据的名称、来源和拟证明的事实。法庭认为有必要的，应当准许；对方提出异议,认为有关证据与案件无关或者明显重复、不必要,法庭经审查异议成立的,可以不予准许。已经移送人民法院的证据,控辩双方需要出示的,可以向法庭提出申请。法庭同意的,应当指令值庭法警出示、播放;需要宣读的,由值庭法警交由申请人宣读。举证方当庭出示证据后,由对方进行辨认并发表意见。控辩双方可以互相质问、辩论。当庭出示的证据,尚未移送人民法院的,应当在质证后移交法庭。

6. 休庭调查。在法庭审理过程中,法庭对证据有疑问的,可以告知公诉人、当事人及其法定代理人、辩护人、诉讼代理人补充证据或者作出说明;必要时,可以宣布休庭,对证据进行调查核实。合议庭对证据有疑问或者人民法院根据辩护人、被告人的申请,向人民检察院调取在侦查、审查起诉中收集的有关被告人无罪或者罪轻的证据材料的,人民检察院应当自收到人民法院要求调取证据材料决定书后 3 日以内移交。没有上述材料的,应当向人民法院说明情况。

对公诉人、当事人及其法定代理人、辩护人、诉讼代理人补充的和法庭庭外调查核实取得的证据,应当经过当庭质证才能作为定案的根据。但是,经庭外征求意见,控辩双方没有异议的除外。公诉人申请出示开庭前未移送人民法院的证据,辩护方提出异议的,审判长应当要求公诉人说明理由;理由成立并确有出示必要的,应当准许。辩护方提出需要对新的证据作辩护准备的,法庭可以宣布休庭,并确定准备辩护的时间。辩护方申请出示开庭前未提交的证据,参照适用公诉人申请出示开庭前未移送人民法院的证据的规定。人民法院调查核实证据,可以进行勘验、检查、查封、扣押、鉴定和查询、冻结。

7. 调取新证据。法庭审理过程中,当事人和辩护人、诉讼代理人有权申请通知新的证人到庭,调取新的物证,申请重新鉴定或者勘验。当事人及其辩护人、诉讼代理人申请通知新的证人到庭,调取新的证据,申请重新鉴定或者勘验的,应当提供证人的姓名、证据的存放地点,说明拟证明的案件事实,要求重新鉴定或者勘验的理由。法庭认为有必要的,应当同意,并宣布延期审理;不同意的,应当说明理由并继续审理。

8. 对量刑有关的事实、证据的调查。法庭审理过程中,对与量刑有关的事实、证据,应当进行调查。人民法院除应当审查被告人是否具有法定量刑情节外,还应当根据案件情况审查以下影响量刑的情节:案件起因;被害人有无过错及过错程度,是否对矛盾激化负有责任及责任大小;被告人的近亲属是否协助抓获被告人;被告人平时表现,有无悔罪态度;退赃、退赔及赔偿情况;被告人是否取得被害人或者其近亲属谅解;影响量刑的其他情节。

审判期间,合议庭发现被告人可能有自首、坦白、立功等法定量刑情节,而人民检察院移送的案卷中没有相关证据材料的,应当通知人民检察院移送;被告人提出新的立功线索的,人民法院可以建议人民检察院补充侦查。

对被告人认罪的案件,在确认被告人了解起诉书指控的犯罪事实和罪名,自愿认罪且知悉认罪的法律后果后,法庭调查可以主要围绕量刑和其他有争议的问题进行。对被告人不认罪或者辩护人作无罪辩护的案件,法庭调查应当在查明定罪事实的基础上,查明有关量刑事实。

(三)法庭辩论

根据刑事诉讼法第193条的规定,法庭审理过程中,对与定罪、量刑有关的事实、证据都应当进行调查、辩论。经审判长许可,公诉人、当事人和辩护人、诉讼代理人可以对证据和案件情况发表意见并且可以互相辩论。这一规定表明,法庭辩论不仅集中在法庭调查后专门的法庭辩论阶段,而且在法庭调查阶段,控辩双方也可以对案件事实是否清楚、正确是否确实、充分互相进行辩论。在法庭调查结束后所进行的辩论可称为集中辩论,辩论的内容包括全案事实、证据、定罪和量刑等各种与案件有关的问题。

根据刑事诉讼法和最高人民法院《解释》的规定,合议庭认为案件事实已经调查清楚的,应当由审判长宣布法庭调查结束,开始就定罪、量刑的事实、证据和适用法律等问题进行法庭辩论。法庭辩论应当在审判长的主持下,按照下列顺序进行:(1)公诉人发言;(2)被害人及其诉讼代理人发言;(3)被告人自行辩护;(4)辩护人辩护;(5)控辩双方进行辩论。

人民检察院向人民法院提出量刑建议的,公诉人应当在发表公诉意见时提出并说明理由,量刑建议一般应当具有一定的幅度。当事人及其辩护人、诉讼代理人可以对量刑提出意见并说明理由。

对被告人认罪的案件,法庭辩论时,可以引导控辩双方主要围绕量刑和其他有争议的问题进行。对被告人不认罪或者辩护人作无罪辩护的案件,法庭辩论时,可以引导控辩双方先辩论定罪问题,后辩论量刑问题。

附带民事诉讼部分的辩论应当在刑事诉讼部分的辩论结束后进行,先由附带民事诉讼原告人及其诉讼代理人发言,后由附带民事诉讼被告人及其诉讼代理人答辩。

法庭辩论过程中,审判长应当充分听取控辩双方的意见,对控辩双方与案件无关、重复或者指责对方的发言应当提醒、制止。法庭辩论过程中,合议庭发现与定罪、量刑有关的新的事实,有必要调查的,审判长可以宣布暂停辩论,恢复法庭调查,在对新的事实调查后,继续法庭辩论。

(四)被告人最后陈述

根据刑事诉讼法第 193 条的规定,审判长在宣布辩论终结后,被告人有最后陈述的权利。可见,被告人最后陈述不仅是法庭审判的一个独立阶段,而且是法律赋予被告人的一项重要诉讼权利。审判长宣布法庭辩论终结后,合议庭应当保证被告人充分行使最后陈述的权利。被告人在最后陈述中多次重复自己的意见的,审判长可以制止。陈述内容蔑视法庭、公诉人,损害他人及社会公共利益,或者与本案无关的,应当制止。在公开审理的案件中,被告人最后陈述的内容涉及国家秘密、个人隐私或者商业秘密的,应当制止。被告人在最后陈述中提出新的事实、证据,合议庭认为可能影响正确裁判的,应当恢复法庭调查;被告人提出新的辩解理由,合议庭认为可能影响正确裁判的,应当恢复法庭辩论。

(五)评议和宣判

评议是合议庭组成人员在已进行的法庭审理活动的基础上,对案件事实、证据和法律适用问题进行讨论、分析、判断并依法对案件作出裁判的诉讼活动。被告人最后陈述后,审判长应当宣布休庭,由合议庭进行评议。合议庭评议案件,应当根据已经查明的事实、证据和有关法律规定,在充分考虑控辩双方意见的基础上,确定被告人是否有罪、构成何罪,有无从重、从轻、减轻或者免除处罚情节,应否处以刑罚、判处何种刑罚,附带民事诉讼如何解决,查封、扣押、冻结的财物及其孳息如何处理等,并依法作出判决、裁定。

对第一审公诉案件,人民法院审理后,应当按照下列情形分别作出判决、裁定:

一是起诉指控的事实清楚,证据确实、充分,依据法律认定指控被告人的罪名成立的,应当作出有罪判决。

二是起诉指控的事实清楚,证据确实、充分,指控的罪名与审理认定的罪名不一致的,应当按照审理认定的罪名作出有罪判决。

三是案件事实清楚,证据确实、充分,依据法律认定被告人无罪的,应当判决宣告被告人无罪。

四是证据不足，不能认定被告人有罪的，应当以证据不足、指控的犯罪不能成立，判决宣告被告人无罪。

五是案件部分事实清楚，证据确实、充分的，应当作出有罪或者无罪的判决；对事实不清、证据不足部分，不予认定。

六是被告人因不满 16 周岁，不予刑事处罚的，应当判决宣告被告人不负刑事责任。

七是被告人是精神病人，在不能辨认或者不能控制自己行为时造成危害结果，不予刑事处罚的，应当判决宣告被告人不负刑事责任。

八是犯罪已过追诉时效期限且不是必须追诉，或者经特赦令免除刑罚的，应当裁定终止审理。

九是被告人死亡的，应当裁定终止审理；根据已查明的案件事实和认定的证据，能够确认无罪的，应当判决宣告被告人无罪。

具有上述第二种情形的，人民法院应当在判决前听取控辩双方的意见，保障被告人、辩护人充分行使辩护权。必要时，可以重新开庭，组织控辩双方围绕被告人的行为构成何罪进行辩论。

在人民法院宣告判决前，人民检察院发现被告人的真实身份或者犯罪事实与起诉书中叙述的身份或者指控犯罪事实不符的，或者事实、证据没有变化，但罪名、适用法律与起诉书不一致的，可以变更起诉；发现遗漏的同案犯罪嫌疑人或者罪行可以一并起诉和审理的，可以追加、补充起诉。

在人民法院宣告判决前，人民检察院发现具有下列情形之一的，可以撤回起诉：不存在犯罪事实的；犯罪事实并非被告人所为的；情节显著轻微、危害不大，不认为是犯罪的；证据不足或证据发生变化，不符合起诉条件的；被告人因未达到刑事责任年龄，不负刑事责任的；法律、司法解释发生变化导致不应当追究被告人刑事责任的；其他不应当追究被告人刑事责任的。人民检察院要求撤回起诉的，人民法院应当审查撤回起诉的理由，作出是否准许的裁定。对于撤回起诉的案件，人民检察院应当在撤回起诉后 30 日以内作出不起诉决定。需要重新侦查的，应当在作出不起诉决定后将案卷材料退回公安机关，建议公安机关重新侦查并书面说明理由。对于撤回起诉的案件，没有新的事实或者新的证据，人民检察院不得再行起诉。新的事实是指原起诉书中未指控的犯罪事实。该犯罪事实触犯的罪名既可以是原指控罪名的同一罪名，也可以是其他罪名。新的证据是指撤回起诉后收集、调取的足以证明原指控犯罪事实的证据。

审判期间,人民法院发现新的事实,可能影响定罪的,可以建议人民检察院补充或者变更起诉;人民检察院不同意或者在7日内未回复意见的,人民法院应当就起诉指控的犯罪事实,依照最高人民法院《解释》第241条的规定作出判决、裁定。

对依照最高人民法院《解释》第181条第1款第4项规定受理的案件,人民法院应当在判决中写明被告人曾被人民检察院提起公诉,因证据不足,指控的犯罪不能成立,被人民法院依法判决宣告无罪的情况;前案依照刑事诉讼法第195条第(3)项规定作出的判决不予撤销。

合议庭成员应当在评议笔录上签名,在判决书、裁定书等法律文书上署名。裁判文书应当写明裁判依据,阐释裁判理由,反映控辩双方的意见并说明采纳或者不予采纳的理由。

当庭宣告判决的,应当在5日内送达判决书。定期宣告判决的,应当在宣判前,先期公告宣判的时间和地点,传唤当事人并通知公诉人、法定代理人、辩护人和诉讼代理人;判决宣告后,应当立即送达判决书。判决书应当送达人民检察院、当事人、法定代理人、辩护人、诉讼代理人,并可以送达被告人的近亲属。判决生效后,还应当送达被告人的所在单位或者原户籍地的公安派出所,或者被告单位的注册登记机关。宣告判决,一律公开进行。公诉人、辩护人、诉讼代理人、被害人、自诉人或者附带民事诉讼原告人未到庭的,不影响宣判的进行。

四、与法庭审判相关的几个问题

(一)法庭审判笔录

法庭审判笔录是由法庭书记员制作的记载全部法庭审判活动的诉讼文书。根据刑事诉讼法和最高人民法院《解释》的规定,开庭审理的全部活动,应当由书记员制作笔录;笔录经审判长审阅后,分别由审判长和书记员签名。法庭笔录应当在庭审后交由当事人、法定代理人、辩护人、诉讼代理人阅读或者向其宣读。法庭笔录中的出庭证人、鉴定人、有专门知识的人的证言、意见部分,应当在庭审后分别交由有关人员阅读或者向其宣读。对上述两种情况下的所列人员认为记录有遗漏或者差错的,可以请求补充或者改正;确认无误后,应当签名;拒绝签名的,应当记录在案;要求改变庭审中陈述的,不予准许。

(二)法庭秩序

法庭审理过程中,诉讼参与人、旁听人员应当遵守以下纪律:服从法庭指挥,遵守法庭礼仪;不得鼓掌、喧哗、哄闹、随意走动;不得对庭审活动进行录音、录像、摄影,或者通过发送邮件、博客、微博客等方式传播庭审情况,但经人民法院许可的新闻记者除外;旁听人员不得发言、提问;不得实施其他扰乱法庭秩序的行为。

法庭审理过程中,诉讼参与人或者旁听人员扰乱法庭秩序的,审判长应当按照下列情形分别处理:情节较轻的,应当警告制止并进行训诫;不听制止的,可以指令法警将其强行带出法庭;情节严重的,报经院长批准后,可以对行为人处1000元以下的罚款或者15日以下的拘留;未经许可录音、录像、摄影或者通过邮件、博客、微博客等方式传播庭审情况的,可以暂扣存储介质或者相关设备。

诉讼参与人、旁听人员对罚款、拘留的决定不服的,可以直接向上一级人民法院申请复议,也可以通过决定罚款、拘留的人民法院向上一级人民法院申请复议。通过决定罚款、拘留的人民法院提出申请复议的,该人民法院应当自收到复议申请之日起3日内,将复议申请、罚款或者拘留决定书和有关事实、证据材料一并报上一级人民法院复议。复议期间,不停止决定的执行。

担任辩护人、诉讼代理人的律师严重扰乱法庭秩序,被强行带出法庭或者被处以罚款、拘留的,人民法院应当通报司法行政机关,并可以建议依法给予相应处罚。

聚众哄闹、冲击法庭或者侮辱、诽谤、威胁、殴打司法工作人员或者诉讼参与人,严重扰乱法庭秩序,构成犯罪的,应当依法追究刑事责任。

(三)延期审理

延期审理是指在法庭审理过程中,由于遇到影响审判继续进行的情形,法庭决定将案件的审理活动推迟,待影响审理进行的原因消失后,再继续开庭审理。在法庭审判过程中,遇有下列情形之一,影响审判进行的,可以延期审理:(1)法庭审理过程中,当事人及其辩护人、诉讼代理人申请通知新的证人到庭,调取新的证据,申请重新鉴定或者勘验,且法庭认为有必要的,合议庭应当同意,并宣布延期审理。(2)法庭审判过程中遇有下列情形之一的,公诉人可以建议法庭延期审理:发现事实不清、证据不足,或者遗漏罪行、遗漏同案犯罪嫌疑人,需要补充侦查或者补充提供证据的;被告人揭发他人犯罪行为或者提供重要线索,需要补充侦查进行查证的;发现遗漏罪行或者遗漏同案犯罪嫌疑人,虽不需要补充侦查和补充提供证据,但需要补充、追加或者变更起诉的;申请人民法院通知证人、鉴定人出庭作证或者有专门知识的人出庭提出意见的;需要调取新的证据,重新鉴定或者勘验的;公诉人出示、宣读开庭前移送人民法院的证据以外的证据,或者补充、变更起诉,需要给予被告人、辩护人必要时间进行辩护准备的;被告人、辩护人向法庭出示公诉人不掌握的与定罪量刑有关的证据,需要调查核实的;公诉人对证据收集的合法性进行证明,需要调查核实的。公诉人发现案件需要补充侦查,建议延期审理的,合议庭应当同意,但建议延期审理不得超过2次。(3)由于申请回避而不能进行审判的。

(四)中止审理

中止审理是指在审判过程中,因发生某种特定情况,影响案件正常审理,法院决定停止审判活动,待该项原因消失后再恢复审判程序的制度。刑事诉讼法第200条规定,在审判过程中,有下列情形之一,致使案件在较长时间内无法继续审理的,可以中止审理:被告人患有严重疾病,无法出庭的;被告人脱逃的;自诉人患有严重疾病,无法出庭,未委托诉讼代理人出庭的;由于不能抗拒的原因。中止审理的原因消失后,应当恢复审理。中止审理的期间不计入审理期限。

(五)公诉案件第一审程序的期限

刑事诉讼法第202条规定,人民法院审理公诉案件,应当在受理后2个月以内宣判,至迟不得超过3个月。对于可能判处死刑的案件或者附带民事诉讼的案件,以及有刑事诉讼法第156条规定情形之一的,经上一级人民法院批准,可以延长3个月;因特殊情况还需要延长的,报请最高人民法院批准。申请上级人民法院批准延长审理期限,应当在期限届满15日前层报。有权决定的人民法院不同意延长的,应当在审理期限届满5日前作出决定。因特殊情况申请最高人民法院批准延长审理期限,最高人民法院经审查,予以批准的,可以延长审理期限1个月至3个月。期限届满案件仍然不能审结的,可以再次提出申请。

人民法院改变管辖的案件,从改变后的人民法院收到案件之日起计算审理期限。

人民检察院补充侦查的案件,补充侦查完毕移送人民法院后,人民法院重新计算审理期限。

审判期间,对被告人作精神病鉴定的时间不计入审理期限。

(六)人民检察院对审判活动的监督

刑事诉讼法第203条规定,人民检察院发现人民法院审理案件违反法律规定的诉讼程序,有权向人民法院提出纠正意见。人民检察院《规则》(试行)规定，人民检察院依法对人民法院的审判活动是否合法实行监督。对审判活动进行监督主要发现和纠正以下违法行为：人民法院对刑事案件的受理违反管辖规定的；人民法院审理案件违反法定审理和送达期限的；法庭组成人员不符合法律规定，或者违反规定应当回避而不回避的；法庭审理案件违反法定程序的；侵犯当事人和其他诉讼参与人的诉讼权利和其他合法权利的；法庭审理时对有关程序问题所作的决定违反法律规定的；二审法院违反法律规定裁定发回重审的；故意毁弃、篡改、隐匿、伪造、偷换证据或者其他诉讼材料，或者依据未经法定程序调查、质证的证据定案的；依法应当调查收集相关证据而不收集的；徇私枉法，故意违背事实和法律作枉法裁判的；收受、索取当事人及其近亲属或者其委托的律师等人财物或者其他利益的；违反法律规定采取强制措施或者采取强制措施法定期限届满，不予释放、解除或者变更的；应当退还取保候审保证金不退还的；对与案件无关的财物采取查封、扣押、冻结措施，或者应当解除查封、扣押、冻结不解除的；贪污、挪用、私分、调换、违反规定使用查封、扣押、冻结的财物及其孳息的；其他违反法律规定的审理程序的行为。

人民检察院在审判活动监督中，如果发现人民法院或者审判人员审理案件违反法律规定的诉讼程序，应当向人民法院提出纠正意见。出席法庭的检察人员发现法庭审判违反法律规定的诉讼程序，应当在休庭后及时向检察长报告。人民检察院对违反程序的庭审活动提出纠正意见，应当由人民检察院在庭审后提出。

第三节　自诉案件的第一审程序

一、自诉案件的受理

（一）对所起诉的自诉案件的审查

自诉人提起自诉后，人民法院应对案件进行审查，符合条件的才能受理和审判。人民法院受理自诉案件必须符合下列条件：（1）符合刑事诉讼法第 204 条、最高人民法院《解释》第 1 条的规定；（2）属于本院管辖；（3）被害人告诉；（4）有明确的被告人、具体的诉讼请求和证明被告人犯罪事实的证据。对于自诉案件，如果被害人死亡、丧失行为能力或者因受强制、威吓等无法告诉，或者是限制行为能力人以及因年老、患病、盲、聋、哑等不能亲自告诉，其法定代理人、近亲属告诉或者代为告诉的，人民法院应当依法受理。被害人的法定代理人、近亲属告诉或者代为告诉，应当提供与被害人关系的证明和被害人不能亲自告诉的原因的证明。

提起自诉应当提交刑事自诉状；同时提起附带民事诉讼的，应当提交刑事附带民事自诉状。自诉状应当包括以下内容：(1)自诉人(代为告诉人)、被告人的姓名、性别、年龄、民族、出生地、文化程度、职业、工作单位、住址、联系方式；(2)被告人实施犯罪的时间、地点、手段、情节和危害后果等；(3)具体的诉讼请求；(4)致送的人民法院和具状时间；(5)证据的名称、来源等；(6)证人的姓名、住址、联系方式等。对2名以上被告人提出告诉的，应当按照被告人的人数提供自诉状副本。

(二)审查后的处理

对自诉案件，人民法院应当在15日内审查完毕。经审查，符合受理条件的，应当决定立案，并书面通知自诉人或者代为告诉人。具有下列情形之一的，应当说服自诉人撤回起诉；自诉人不撤回起诉的，裁定不予受理：(1)不属于自诉案件的；(2)缺乏罪证的；(3)犯罪已过追诉时效期限的；(4)被告人死亡的；(5)被告人下落不明的；(6)除因证据不足而撤诉的以外，自诉人撤诉后，就同一事实又告诉的；(7)经人民法院调解结案后，自诉人反悔，就同一事实再行告诉的。

对已经立案，经审查缺乏罪证的自诉案件，自诉人提不出补充证据的，人民法院应当说服其撤回起诉或者裁定驳回起诉；自诉人撤回起诉或者被驳回起诉后，又提出了新的足以证明被告人有罪的证据，再次提起自诉的，人民法院应当受理。自诉人对不予受理或者驳回起诉的裁定不服的，可以提起上诉。第二审人民法院查明第一审人民法院作出的不予受理裁定有错误的，应当在撤销原裁定的同时，指令第一审人民法院立案受理；查明第一审人民法院驳回起诉裁定有错误的，应当在撤销原裁定的同时，指令第一审人民法院进行审理。

自诉人明知有其他共同侵害人，但只对部分侵害人提起自诉的，人民法院应当受理，并告知其放弃告诉的法律后果；自诉人放弃告诉，判决宣告后又对其他共同侵害人就同一事实提起自诉的，人民法院不予受理。

共同被害人中只有部分人告诉的，人民法院应当通知其他被害人参加诉讼，并告知其不参加诉讼的法律后果。被通知人接到通知后表示不参加诉讼或者不出庭的，视为放弃告诉。第一审宣判后，被通知人就同一事实又提起自诉的,人民法院不予受理。但是,当事人另行提起民事诉讼的,不受上述限制。

被告人实施两个以上犯罪行为,分别属于公诉案件和自诉案件,人民法院可以一并审理。对自诉部分的审理,适用最高人民法院《解释》中关于自诉案件第一审程序的规定。

自诉案件当事人因客观原因不能取得的证据,申请人民法院调取的,应当说明理由,并提供相关线索或者材料。人民法院认为有必要的,应当及时调取。

二、对自诉案件的审理

对犯罪事实清楚,有足够证据的自诉案件,人民法院应当开庭审理。自诉案件,符合简易程序适用条件的,可以适用简易程序审理。不适用简易程序审理的自诉案件,参照适用公诉案件第一审普通程序的有关规定。

人民法院审理自诉案件,可以在查明事实、分清是非的基础上,根据自愿、合法的原则进行调解。调解达成协议的,应当制作刑事调解书,由审判人员和书记员署名,并加盖人民法院印章。调解书经双方当事人签收后,即具有法律效力。调解没有达成协议,或者调解书签收前当事人反悔的,应当及时作出判决。刑事诉讼法第 204 条第 3 项规定的案件不适用调解。

判决宣告前,自诉案件的当事人可以自行和解,自诉人可以撤回自诉。人民法院经审查,认为和解、撤回自诉确属自愿的,应当裁定准许;认为系被强迫、威吓等,并非出于自愿的,不予准许。裁定准许撤诉或者当事人自行和解的自诉案件,被告人被采取强制措施的,人民法院应当立即解除。

自诉人经 2 次传唤,无正当理由拒不到庭,或者未经法庭准许中途退庭的,人民法院应当裁定按撤诉处理。部分自诉人撤诉或者被裁定按撤诉处理的,不影响案件的继续审理。

被告人在自诉案件审判期间下落不明的,人民法院应当裁定中止审理。被告人到案后,应当恢复审理,必要时应当对被告人依法采取强制措施。

对自诉案件,应当参照刑事诉讼法第 195 条和最高人民法院《解释》第 241 条的有关规定作出判决;对依法宣告无罪的案件,其附带民事诉讼部分应当依法进行调解或者一并作出判决。

告诉才处理和被害人有证据证明的轻微刑事案件的被告人或者其法定代理人在诉讼过程中,可以对自诉人提起反诉。反诉必须符合下列条件:(1)反诉的对象必须是本案自诉人;(2)反诉的内容必须与本案有关;(3)反诉的案件必须符合最高人民法院《解释》第 1 条第 1 项、第 2 项的规定。反诉案件适用自诉案件的规定，应当与自诉案件一并审理。自诉人撤诉的，不影响反诉案件的继续审理。

第四节　单位犯罪案件的审理

一、开庭前的审查

人民法院受理单位犯罪案件，除依照最高人民法院《解释》第180条的有关规定进行审查外，还应当审查起诉书是否列明被告单位的名称、住所地、联系方式，法定代表人、主要负责人以及代表被告单位出庭的诉讼代表人的姓名、职务、联系方式。需要人民检察院补充材料的，应当通知人民检察院在3日内补送。

被告单位的诉讼代表人，应当是法定代表人或者主要负责人；法定代表人或者主要负责人被指控为单位犯罪直接负责的主管人员或者因客观原因无法出庭的，应当由被告单位委托其他负责人或者职工作为诉讼代表人。但是，有关人员被指控为单位犯罪的其他直接责任人员或者知道案件情况、负有作证义务的除外。

二、对单位犯罪案件的审理

开庭审理单位犯罪案件，应当通知被告单位的诉讼代表人出庭；没有诉讼代表人参与诉讼的，应当要求人民检察院确定。

被告单位的诉讼代表人不出庭的，应当按照下列情形分别处理：(1)诉讼代表人系被告单位的法定代表人或者主要负责人，无正当理由拒不出庭的，可以拘传其到庭；因客观原因无法出庭，或者下落不明的，应当要求人民检察院另行确定诉讼代表人。(2)诉讼代表人系被告单位的其他人员的，应当要求人民检察院另行确定诉讼代表人出庭。

被告单位的诉讼代表人享有刑事诉讼法规定的有关被告人的诉讼权利。开庭时，诉讼代表人席位置于审判台前左侧，与辩护人席并列。被告单位委托辩护人，参照适用最高人民法院《解释》的有关规定。

对应当认定为单位犯罪的案件，人民检察院只作为自然人犯罪起诉的，人民法院应当建议人民检察院对犯罪单位补充起诉。人民检察院仍以自然人犯罪起诉的，人民法院应当依法审理，按照单位犯罪中的直接负责的主管人员或者其他直接责任人员追究刑事责任，并援引刑法分则关于追究单位犯罪中直接负责的主管人员和其他直接责任人员刑事责任的条款。

被告单位的违法所得及其孳息，尚未被依法追缴或者查封、扣押、冻结的，人民法院应当决定追缴或者查封、扣押、冻结。为保证判决的执行，人民法院可以先行查封、扣押、冻结被告单位的财产，或者由被告单位提出担保。审判期间，被告单位被撤销、注销、吊销营业执照或者宣告破产的，对单位犯罪直接负责的主管人员和其他直接责任人员应当继续审理。审判期间，被告单位合并、分立的，应当将原单位列为被告单位，并注明合并、分立情况。对被告单位所判处的罚金以其在新单位的财产及收益为限。

第五节　简易审判程序

一、简易审判程序的适用范围

简易审判程序是指基层人民法院在审理某些具备特定条件的案件时所适用的较普通程序相对简化的审判程序。

刑事诉讼法第208条规定，基层人民法院管辖的案件，符合下列条件的，可以适用简易程序审判：(1)案件事实清楚、证据充分的；(2)被告人承认自己所犯罪行，对指控的犯罪事实没有异议的；(3)被告人对适用简易程序没有异议的。最高人民法院《解释》第290条规定，具有下列情形之一的，不适用简易程序：(1)被告人是盲、聋、哑人；(2)被告人是尚未完全丧失辨认或者控制自己行为能力的精神病人；(3)有重大社会影响的；(4)共同犯罪案件中部分被告人不认罪或者对适用简易程序有异议的；(5)辩护人作无罪辩护的；(6)被告人认罪但经审查认为可能不构成犯罪的；(7)不宜适用简易程序审理的其他情形。

二、简易审判程序的具体适用

最高人民法院《解释》第289条规定："基层人民法院受理公诉案件后，经审查认为案件事实清楚、证据充分的，在将起诉书副本送达被告人时，应当询问被告人对指控的犯罪事实的意见，告知其适用简易程序的法律规定。被告人对指控的犯罪事实没有异议并同意适用简易程序的，可以决定适用简易程序，并在开庭前通知人民检察院和辩护人。对人民检察院建议适用简易程序审理的案件，依照前款的规定处理；不符合简易程序适用条件的，应当通知人民检察院。"

适用简易程序审理案件,对可能判处3年有期徒刑以下刑罚的,可以组成合议庭进行审判,也可以由审判员1人独任审判;对可能判处的有期徒刑超过3年的,应当组成合议庭进行审判。适用简易程序审理公诉案件,人民检察院应当派员出席法庭。

适用简易程序审理的案件,符合刑事诉讼法第34条第1款规定的,人民法院应当告知被告人及其近亲属可以申请法律援助;人民法院应当在开庭3日前,将开庭的时间、地点通知人民检察院、自诉人、被告人、辩护人,也可以通知其他诉讼参与人,通知可以采用简便方式,但应当记录在案;被告人有辩护人的,应当通知其出庭。

审判长或者独任审判员应当当庭询问被告人对指控的犯罪事实的意见,告知被告人适用简易程序审理的法律规定,确认被告人是否同意适用简易程序。

适用简易程序审理案件,可以对庭审作如下简化:

一是公诉人可以摘要宣读起诉书。

二是公诉人、辩护人、审判人员对被告人的讯问、发问可以简化或者省略。

三是对控辩双方无异议的证据,可以仅就证据的名称及所证明的事项作出说明;对控辩双方有异议,或者法庭认为有必要调查核实的证据,应当出示,并进行质证。

四是控辩双方对与定罪量刑有关的事实、证据没有异议的,法庭审理可以直接围绕罪名确定和量刑问题进行。

公诉人出席法庭时,应当主要围绕量刑以及其他有争议的问题进行法庭调查和法庭辩论。在确认被告人庭前收到起诉书并对起诉书指控的犯罪事实没有异议后,可以简化宣读起诉书,根据案件情况决定是否讯问被告人,是否询问证人、鉴定人,是否需要出示证据。根据案件情况,公诉人可以建议法庭简化法庭调查和法庭辩论程序。

适用简易程序审理案件,判决宣告前应当听取被告人的最后陈述,一般应当当庭宣判。

适用简易程序审理案件,人民法院应当在受理后20日以内审结;对可能判处的有期徒刑超过3年的,可以延长至一个半月。

适用简易程序独任审判过程中,发现对被告人可能判处的有期徒刑超过3年的,应当转由合议庭审理。在法庭审理过程中,有下列情形之一的,应当转为普通程序审理:

一是被告人的行为可能不构成犯罪的；

二是被告人可能不负刑事责任的；

三是被告人当庭对起诉指控的犯罪事实予以否认的；

四是案件事实不清、证据不足的；

五是不应当或者不宜适用简易程序的其他情形。

转为普通程序审理的案件，审理期限应当从决定转为普通程序之日起计算。转为普通程序审理的案件，公诉人需要为出席法庭进行准备的，可以建议人民法院延期审理。

DISHIWUZHANG

第十五章

第二审程序

第二审程序又称上诉审程序，是指第二审人民法院根据上诉人的上诉或人民检察院的抗诉，就第一审人民法院尚未发生法律效力的判决或裁定认定的事实和适用的法律进行审理时所应当遵循的步骤和方式、方法。它是刑事诉讼中一个独立的诉讼阶段。第二审程序的任务是对第一审人民法院所作出的判决、裁定进行全面审查和处理，查明所认定的事实是否清楚，证据是否确实和充分，适用法律是否适当，诉讼程序是否合法。第二审法院在全面审理的基础上作出终审的裁判，以维护正确的裁判，纠正错误的裁判，实现刑事诉讼法的任务。

第一节　第二审程序的提起

一、上诉的提起主体

上诉是指有上诉权的人不服第一审未生效的判决或裁定，在法定期限内，依照法定程序，请求上一级人民法院对案件进行重新审判的诉讼行为。根据刑事诉讼法第 216 条的规定，上诉的主体主要包括：

1. 自诉人、被告人和他们的法定代理人。自诉人、被告人在诉讼中居于当事人的诉讼地位，第一审程序的结果与他们有直接的利害关系。因此，法律赋予他们独立的上诉权，只要他们对第一审裁判不服，他们就有权提出上诉，不需要经过任何个人或机关的许可。被告人、自诉人的法定代理人作为未成年人或精神上、生理上有缺陷的不能正常行使诉讼权利的被告人、自诉人的合法权益的维护者，也有独立的上诉权，不论被代理人是否同意，其法定代理人的上诉都是合法的。

2. 经被告人同意的被告人的辩护人和近亲属。被告人的辩护人或者近亲属本身没有独立的上诉权,必须得到被告人同意才能提出上诉。被告人可能由于对第一审法院的判决、裁定是否公正缺乏判断力,或者由于对提出上诉抱有疑虑,因此意识不到应当提出上诉或者不敢提出上诉。为了使被告人的合法权益得以充分维护,法律规定被告人的辩护人和近亲属可以代为上诉。但由于被告人的辩护人和近亲属不是案件的当事人,他们提出上诉,归根结底是为了维护被告人的合法权益,所以必须得到被告人的同意。这样规定既可以保障被告人充分行使上诉权,同时又可以防止在被告人已经对一审裁判没有异议的情况下,辩护人或者近亲属违背被告人的意愿而提出上诉。

3. 附带民事诉讼的当事人和他们的法定代理人。根据刑事诉讼法的规定,附带民事诉讼的当事人和他们的法定代理人,只有权对地方各级人民法院一审判决、裁定中的附带民事诉讼部分提出上诉,对判决、裁定的刑事部分无权提出上诉。附带民事诉讼的当事人如果同时也是刑事诉讼中的被告人、自诉人,则他们既可以对附带民事诉讼部分提出上诉,也可以对刑事诉讼部分提出上诉。如果对刑事部分没有人提出上诉,人民检察院也没有提出抗诉,附带民事诉讼当事人及其法定代理人的上诉,不影响判决、裁定中刑事部分的生效。

对被告人的上诉权,不得以任何借口加以剥夺。被告人、自诉人、附带民事诉讼当事人及其法定代理人是否提出上诉,以其在上诉期满前最后一次的意思表示为准。

需要特别指出的是,公诉案件中被害人无权就公诉案件的第一审裁判提出上诉,而只有请求抗诉的权利。虽然公诉案件的被害人是当事人,但是如果赋予被害人上诉权,就有可能造成二审程序中诉讼法律关系的混乱。因此,为了弥补没有赋予公诉案件被害人上诉权从而可能对被害人权益保障所产生的消极影响,刑事诉讼法第 218 条规定:“被害人及其法定代理人不服地方各级人民法院第一审的判决的,自收到判决书后五日以内,有权请求人民检察院提出抗诉。人民检察院自收到被害人及其法定代理人的请求后五日以内,应当作出是否抗诉的决定并且答复请求人。”根据这一规定,公诉案件的被害人在刑事诉讼中,享有请求人民检察院抗诉的权利,人民检察院有义务对该申请进行审查,作出是否抗诉的决定,并且答复请求人。但是,是否同意被害人及其法定代理人的请求,由人民检察院最后决定。

二、抗诉的提起主体

人民检察院是国家法律监督机关,依法对人民法院的判决、裁定是否正确实行监督，对人民法院确有错误的判决、裁定，应当依法提出抗诉。根据我国刑事诉讼法的规定，人民检察院的抗诉对象有两种，一种是未生效的判决、裁定；另一种是已生效的判决、裁定。对前者的抗诉引起第二审程序，一般称为二审抗诉；对后者的抗诉引起审判监督程序，一般称为再审抗诉。本章所指抗诉是二审抗诉，即地方各级人民检察院认为本级人民法院第一审的判决、裁定确有错误时，在法定期限内要求上一级人民法院对该案件重新审理的诉讼行为。

二审程序的抗诉，是法律赋予地方各级人民检察院对未生效的同级人民法院第一审裁判，依法提出抗诉的诉讼权利。刑事诉讼法第 217 条规定："地方各级人民检察院认为本级人民法院第一审的判决、裁定确有错误的时候，应当向上一级人民法院提出抗诉。"可见，有权提出二审抗诉的是地方各级人民检察院。最高人民法院是我国最高审判机关，它所作出的一审裁判就是终审的裁判，对它既不能上诉，也不能按照二审程序抗诉。最高人民检察院如果认为最高人民法院的判决、裁定确有错误，只能依照审判监督程序提出抗诉。

三、提出上诉、抗诉的方式及程序

（一）上诉的方式和程序

根据刑事诉讼法第 216 条的规定，被告人、自诉人和他们的法定代理人，不服地方各级人民法院第一审的判决、裁定，有权用书状或者口头向上一级人民法院上诉。可见，上诉的形式有书状和口头两种。一般情况下，上诉应用书状提出，上诉人书写上诉状确有困难的，可以口头提出上诉，第一审人民法院应当根据其所陈述的理由和请求制作笔录，由上诉人阅读或向他宣读后，上诉人应当签名或盖章。用上诉状提出上诉的，一般应当有上诉状正本及副本，上诉状内容应当包括：第一审判决书、裁定书的文号和上诉人收到第一审判决书、裁定书的时间，第一审人民法院的名称，上诉的请求和理由，提出上诉的时间。被告人的辩护人、近亲属经被告人同意提出上诉的，还应当写明其与被告人的关系，并应当以被告人作为上诉人。刑事诉讼法第 220 条规定，上诉可以通过原审人民法院提出，也可以直接向第二审人民法院提出。上诉人通过第一审人民法院提出上诉的，第一审人民法院应当审查。上诉符合法律规定的，应当在上诉期满后 3 日内将上诉状连同案卷、证据移送上一级人民法院，并将上诉状副本送交同级人民检察院和对方当事人。

上诉人直接向第二审人民法院提出上诉的，第二审人民法院应当在收到上诉状后3日内将上诉状交第一审人民法院。第一审人民法院应当审查上诉是否符合法律规定。符合法律规定的,应当在接到上诉状后3日内将上诉状连同案卷、证据移送上一级人民法院,并将上诉状副本送交同级人民检察院和对方当事人。

上诉人在上诉期满后要求撤回上诉的,第二审人民法院应当审查。经审查,认为原判认定事实和适用法律正确,量刑适当的,应当裁定准许撤回上诉;认为原判事实不清、证据不足或者将无罪判为有罪、轻罪重判等的,应当不予准许,继续按照上诉案件审理。

(二)抗诉的方式和程序

地方各级人民检察院提出抗诉的方式,根据刑事诉讼法第221条的规定,只能采用抗诉书的形式,不能采用口头的形式。

人民检察院在收到人民法院第一审判决书或者裁定书后,应当及时审查,承办人员应当填写刑事判决、裁定审查表,提出处理意见,报公诉部门负责人审核。对于需要提出抗诉的案件,公诉部门应当报请检察长决定;案情重大、疑难、复杂的案件,由检察长提交检察委员会讨论决定。人民检察院对同级人民法院第一审判决、裁定的抗诉,应当制作抗诉书通过原审人民法院向上一级人民法院提出,并将抗诉书副本连同案件材料报送上一级人民检察院。原审人民法院应当在抗诉期限届满后的3日以内将抗诉书连同案卷、证据移送上一级人民法院,并将抗诉书副本送交当事人。上一级人民检察院对下级人民检察院按照第二审程序提出抗诉的案件,认为抗诉正确的,应当支持抗诉;认为抗诉不当的,应当向同级人民法院撤回抗诉,并且通知下级人民检察院。下级人民检察院如果认为上一级人民检察院撤回抗诉不当的,可以提请复议。上一级人民检察院应当复议,并将复议结果通知下级人民检察院。

人民检察院在抗诉期限内撤回抗诉的,第一审人民法院不再向上一级人民法院移送案件;在抗诉期满后第二审人民法院宣告裁判前撤回抗诉的,第二审人民法院可以裁定准许,并通知第一审人民法院和当事人。

四、上诉、抗诉的理由

(一)上诉的理由

为了充分保障上诉权人的上诉权,我国刑事诉讼法对于上诉的理由并没作出具体规定,只要有上诉权的主体不服地方各级人民法院第一审的判决、裁定,在法定期限内提出上诉,要求上一级人民法院重新审理,即为有效上诉。因此,上诉的理由是否充分,是否真实,并不影响第二审程序的启动。

(二)抗诉的理由

根据刑事诉讼法第217条的规定,地方各级人民检察院只有在认为本级人民法院第一审的判决、裁定确有错误的时候,才可以向上一级人民法院提出抗诉。当然,这里的"确有错误"只是人民检察院根据法律和证据作出的判断,所以只要人民检察院提出的抗诉符合法律规定的程序要求,即使理由不够充分,人民法院也应当受理。人民检察院认为同级人民法院第一审判决、裁定有下列情形之一的,应当提出抗诉:(1)认定事实不清、证据不足的;(2)有确实、充分证据证明有罪而判无罪,或者无罪判有罪的;(3)重罪轻判,轻罪重判,适用刑罚明显不当的;(4)认定罪名不正确,一罪判数罪、数罪判一罪,影响量刑或者造成严重社会影响的;(5)免除刑事处罚或者适用缓刑、禁止令、限制减刑错误的;(6)人民法院在审理过程中严重违反法律规定的诉讼程序的。

五、上诉、抗诉的期限

上诉、抗诉必须在法定的期限内提出,才会引起第二审程序;否则超过上诉、抗诉期限,一审裁判便得到确定而产生相应的法律效力。规定上诉、抗诉的期限一方面是为了维护裁判的严肃性,另一方面也是为了维护上诉人、抗诉机关的利益。

不服判决的上诉、抗诉的期限为10日;不服裁定的上诉、抗诉的期限为5日。上诉、抗诉的期限,从接到判决书、裁定书的第2日起计算。对附带民事判决、裁定的上诉、抗诉期限,应当按照刑事部分的上诉、抗诉期限确定。附带民事部分另行审判的,上诉期限也应当按照刑事诉讼法规定的期限确定。

第二节　第二审程序的审判

一、对上诉、抗诉案件的审查

第二审法院对上诉、抗诉案件的审查是第二审程序的重要工作,根据法律的规定可分为两种性质的审查:一种是形式审查,另一种是实质审查。前者主要是解决第二审案件的受理问题,审查的目的是查明第一审法院移送的材料是否齐备,是否达到进行第二审审判所必需的程序条件。审查的内容是第一审法院移送上诉、抗诉的案卷、证据是否包括以下材料:(1)移送上诉、抗诉案件函;

(2)上诉状或者抗诉书;(3)第一审判决书、裁定书8份(每增加一名被告人增加1份)及其电子文本;(4)全部案卷、证据,包括案件审理报告和其他应当移送的材料。上述材料齐全的,第二审人民法院应当收案;材料不全的,应当通知第一审人民法院及时补送。

实质审查主要是指第二审人民法院应当就第一审判决认定的事实和适用法律进行全面审查,不受上诉或者抗诉范围的限制,即全面审查原则。全面审查原则有助于使第一审判决中的错误都能得到纠正,确保终审裁判作出时,案件获得彻底的、正确的处理;有助于执行有错必纠的方针,保证第二审程序任务的顺利完成。对于上诉、抗诉案件,全面审查应当着眼于下列内容:(1)第一审判决认定的事实是否清楚,证据是否确实、充分;(2)第一审判决适用法律是否正确,量刑是否适当;(3)在侦查、审查起诉、第一审程序中,有无违反法定诉讼程序的情形;(4)上诉、抗诉是否提出新的事实、证据;(5)被告人的供述和辩解情况;(6)辩护人的辩护意见及采纳情况;(7)附带民事部分的判决、裁定是否合法、适当;(8)第一审人民法院合议庭、审判委员会讨论的意见。

共同犯罪案件,只有部分被告人提出上诉,或者自诉人只对部分被告人的判决提出上诉,或者人民检察院只对部分被告人的判决提出抗诉的,第二审人民法院应当对全案进行审查,一并处理。共同犯罪案件,上诉的被告人死亡,其他被告人未上诉的,第二审人民法院仍应对全案进行审查。经审查,死亡的被告人不构成犯罪的,应当宣告无罪;构成犯罪的,应当终止审理。对其他同案被告人仍应作出判决、裁定。

刑事附带民事诉讼案件,只有附带民事诉讼当事人及其法定代理人上诉的,第二审人民法院应当对全案进行审查。经审查,第一审判决的刑事部分并无不当的,第二审人民法院只需就附带民事部分作出处理;第一审判决的附带民事部分事实清楚,适用法律正确的,应当以刑事附带民事裁定驳回上诉,维持原判。

二、第二审案件的审判方式和程序

我国第二审案件的审判方式可以分为开庭审理和不开庭审理两种。

(一)开庭审理

开庭审理,是指第二审人民法院在合议庭的主持下,由检察人员和诉讼参与人参加,通过法庭调查和辩论、评议、审判的方式审理案件。审理的地点,根据实际需要,可以在第二审人民法院所在地进行,也可以到案件发生地或者原审人民法院所在地进行。开庭审理的方式,由于有当事人和其他诉讼参与人参加,当庭调查事实,核实证据,进行辩论,有利于彻底查清案件的真实情况,切实纠正第一审判决、裁定中的错误,保护当事人的合法权益。应当开庭审理的案件主要包括:(1)被告人、自诉人及其法定代理人对第一审认定的事实、证据提出异议,可能影响定罪量刑的上诉案件;(2)被告人被判处死刑立即执行的上诉案件;(3)人民检察院抗诉的案件;(4)应当开庭审理的其他案件。被判处死刑立即执行的被告人没有上诉,同案的其他被告人上诉的案件,第二审人民法院也应当开庭审理。

第二审人民法院开庭审理上诉或者抗诉案件,除参照适用第一审程序的规定外,还应当依照下列规定进行。

一是法庭调查阶段,审判人员宣读第一审判决书、裁定书后,上诉案件由上诉人或者辩护人先宣读上诉状或者陈述上诉理由,抗诉案件由检察人员先宣读抗诉书;既有上诉又有抗诉的案件,先由检察人员宣读抗诉书,再由上诉人或者辩护人宣读上诉状或者陈述上诉理由。

二是法庭辩论阶段,上诉案件,先由上诉人、辩护人发言,后由检察人员、诉讼代理人发言;抗诉案件,先由检察人员、诉讼代理人发言,后由被告人、辩护人发言;既有上诉又有抗诉的案件,先由检察人员、诉讼代理人发言,后由上诉人、辩护人发言。同案审理的案件,未提出上诉、人民检察院也未对其判决提出抗诉的被告人要求出庭的,应当准许,出庭的被告人可以参加法庭调查和辩论。

此外,在开庭审理过程中,第二审人民法院可以重点围绕对第一审判决、裁定有争议的问题或者有疑问的部分进行。根据案件情况,可以按照下列方式审理:(1)宣读第一审判决书,可以只宣读案由、主要事实、证据名称和判决主文等。(2)法庭调查应当重点围绕对第一审判决提出异议的事实、证据以及提交的新的证据等进行;对没有异议的事实、证据和情节,可以直接确认。(3)对同案审理案件中未上诉的被告人,未被申请出庭或者人民法院认为没有必要到庭的,可以不再传唤到庭。(4)被告人犯有数罪的案件,对其中事实清楚且无异议的犯罪,可以不在庭审时审理。

(二)不开庭审理

第二审人民法院可以不直接开庭审理,而是在审查案件书面材料的基础上,讯问被告人,听取其他当事人、辩护人、诉讼代理人的意见,对案件事实和证据进行必要的调查核对,在查明事实、核实证据后,对事实清楚的,经合议庭评议直接作出裁决。这种审理方式也可称之为调查讯问审理方式，其只适用于单纯的上诉案件，不适用于抗诉案件或者既有抗诉又有上诉的案件。

三、对第二审案件的处理

（一）对上诉、抗诉案件的处理

第二审人民法院对不服第一审判决的上诉、抗诉案件，经过审理后，应当按照下列情形分别处理。

1. 原判决认定事实和适用法律正确、量刑适当的，应当裁定驳回上诉或者抗诉，维持原判。

2. 原判决认定事实没有错误，但适用法律有错误，或者量刑不当的，第二审法院应当撤销原判，重新判决，并在判决中阐明改判的根据和理由。

3. 原判决事实不清楚或者证据不足的，可以在查清事实后改判；也可以裁定撤销原判，发回原审人民法院重新审判。但需要注意的是，第二审人民法院发回重新审判的案件，原审人民法院重新作出判决后，被告人上诉或者人民检察院抗诉的，第二审人民法院应当依法作出判决、裁定，不得再发回重新审判。

4. 第二审人民法院发现第一审人民法院的审理有下列违反法律规定的诉讼程序的情形之一的，应当裁定撤销原判，发回原审人民法院重新审判：(1)违反本法有关公开审判的规定的；(2)违反回避制度的；(3)剥夺或者限制了当事人的法定诉讼权利，可能影响公正审判的；(4)审判组织的组成不合法的；(5)其他违反法律规定的诉讼程序，可能影响公正审判的。以上第(1)、第(2)、第(4)的三种情形，只要发生就必须裁定撤销原判，发回重审；第(3)和第(5)两种情形，只有达到可能影响公正审判的程度时才裁定撤销一审判决，发回重审。至于是否达到可能影响公正审判的程度，由第二审人民法院裁决。

第二审人民法院撤销原判、发回重审，一律使用裁定。裁定书应着重写明撤销原判、发回重审的理由或根据。

5. 对于人民检察院抗诉的案件，经第二审人民法院审查后，认为应当判处被告人死刑的，按照刑事诉讼法第225条的规定处理，即第二审人民法院认为原判决认定事实没有错误，但适用法律有错误，或者量刑不当的，应当改判；认为原判决事实不清或者证据不足的，可以在查清事实后改判或者发回重审。其中，对于第二审人民法院直接改判死刑的案件，应当报请最高人民法院核准。

发回原审人民法院重新审判的案件，按第一审程序进行审理，对其判决、裁定仍可上诉或抗诉;发回重审的案件,应当另行组成合议庭审理。

第二审人民法院作出的判决或者裁定,除死刑案件外,均是终审的判决和裁定,一经宣告即发生法律效力,上诉权人及其法定代理人等不得再行上诉,人民检察院也不得再按二审程序提起抗诉。第二审人民法院可以自行宣告裁判,也可以委托原审人民法院代为宣告。

(二)对附带民事诉讼案件的处理

第二审人民法院对刑事附带民事案件,应当根据上诉、抗诉的具体情况予以处理。

1.第二审人民法院审理刑事附带民事上诉、抗诉案件,如果发现刑事和民事部分均有错误需要依法改判的,应当一并审理,一并改判。

2.第二审人民法院审理对刑事部分提出上诉、抗诉的案件,附带民事部分已经发生法律效力的案件,发现第一审判决、裁定中的附带民事部分确有错误的,应当依照审判监督程序对附带民事部分予以纠正。

3.第二审人民法院审理对附带民事部分提出上诉,刑事部分已经发生法律效力的案件,发现第一审判决、裁定中的刑事部分确有错误的,应当依照审判监督程序对刑事部分进行再审,并将附带民事部分与刑事部分一并审理。

(三)对自诉案件的处理

对第二审自诉案件,第二审人民法院必要时可以进行调解,当事人也可以自行和解。调解结案的,应当制作调解书,第一审判决、裁定视为自动撤销;当事人自行和解的,由人民法院裁定准许撤回自诉,并撤销第一审判决或裁定。第二审人民法院对于调解结案或者当事人自行和解的案件,如果被告人已被采取强制措施的,应当立即予以解除。

在第二审程序中,自诉案件的当事人提出反诉的,第二审人民法院应当告知其另行起诉。在第二审附带民事诉讼案件的审理中,原审民事原告人增加独立诉讼请求或者原审民事被告人提出反诉的,第二审人民法院可以根据当事人自愿的原则就新增加的诉讼请求或者反诉进行调解,调解不成的,告知当事人另行起诉。

四、第二审案件的审判期限

第二审人民法院受理上诉、抗诉案件,应当在2个月以内审结。对于可能判处死刑的案件或者附带民事诉讼的案件;交通十分不便的边远地区的重大复杂案件;重大的犯罪集团案件;流窜作案的重大复杂案件;犯罪涉及面广,取证困难的重大复杂案件，经省、自治区、直辖市高级人民法院批准或者决定，可以延长2个月。最高人民法院受理上诉、抗诉案件的审理期限，由最高人民法院决定。对第二审人民法院发回原审人民法院重新审理的案件，原审人民法院从收到发回的案件之日起，计算审理期限。

第三节　上诉不加刑及其适用

一、上诉不加刑的概念和意义

上诉不加刑是指第二审人民法院审判仅有被告人一方提起上诉的案件，不得以任何理由加重被告人刑罚的一项刑事审判原则。对于第一审的判决，被告人一方上诉的最主要目的是要求第二审人民法院在审理中查明被告人无罪或者罪轻，从而改变第一审人民法院的判决，宣告被告人无罪或者从轻定罪和量刑。如果他们上诉以后，第二审人民法院不仅没有对被告人作无罪或者罪轻的判决反而作出加重了对被告人处罚的判决，如此一来就会增加上诉人的顾虑，甚至在第一审判决有错误的情况下也可能由于害怕被加重处罚而放弃上诉机会。这样就使第一审人民法院的错误判决失去了一个得到纠正的机会，同时上级人民法院也失去了对下级人民法院进行业务指导的机会，最为重要的是被告人也同时失去了一个行使辩护权、保护自己合法利益的机会。因此，现代各国刑事诉讼法中几乎普遍确立上诉不加刑为一项基本原则，以消除被告人的顾虑，保障被告人充分依法行使上诉权。把握上诉不加刑原则的立法原意，应注意以下几个方面。

1. 上诉不加刑原则仅适用于被告人一方上诉的案件，如果人民检察院同时提出抗诉或者自诉人同时提出上诉的，则不受上诉不加刑原则的限制，也就是说二审法院可以改判为较重的刑罚。所谓被告人一方上诉，指的是被告人或者他的法定代理人提出上诉或被告人的辩护人、近亲属征得被告人同意而提出上诉。不论被告人一方上诉理由是否得当，都不能以被告人不服判决或态度不好为由而加重其原判刑罚。

2. 对于只有被告人一方提出上诉的，二审人民法院对案件的处理存在两种可能：维持原判或改判为较轻的刑罚，而不能改判为较重的刑罚，即使原判量刑畸轻也不得加重被告人的刑罚。上诉不加刑原则的适用并不意味着二审法院只能维持原判,而是可以改判,但改判的结果只能是较轻的刑罚。

3. 对于第二审人民法院发回原审人民法院重新审判的案件,除非二审中检察机关发现被告人有原审中未认定的新的犯罪事实而补充起诉,原审人民法院也不得加重被告人的刑罚。二审发回重审后,由一审法院重新对案件进行审查,即使发现原判刑罚畸轻,只要检察机关未对被告人新的犯罪事实补充起诉,则也不能加重被告人的刑罚。该规定有两个必须同时具备的条件:检察机关未发现新的犯罪事实,或者发现了新的事实未向一审法院补充起诉。如果检察机关未发现新的犯罪事实,或者发现了新的事实但未补充起诉,均不得适用该规定,这样有利于防止二审法院以规避上诉不加刑原则为目的而不论原因地发回重审。

在刑事诉讼中确立上诉不加刑原则具有以下三点重要意义:

第一,有利于保障被告人的合法权益,保障其辩护权的行使。我国宪法明确规定被告人拥有辩护权。上诉不加刑原则,正是被告人在审判阶段行使辩护权的重要保证。被告一方行使上诉权正是其刑事辩护权的具体表现,如果是由于顾虑会被加重处罚而不敢上诉,这样一来就在客观上限制了被告人的上诉权,也就是被告人失去了一个保护自己合法权益的机会。实行上诉不加刑的目的就是打消被告人的思想顾虑,使他行使法律赋予的上诉权。

第二,有利于强化上级人民法院对下级人民法院的业务指导。依据相关法律的规定,我国上下级法院之间业务上存在指导与被指导的关系;而这种指导关系主要是由上级人民法院通过第二审程序来实现。上诉不加刑原则的确立打消了被告人一方上诉的顾虑,可以促使其大胆上诉,从而引起第二审程序。上级人民法院可以通过第二审程序及时发现并纠正下级人民法院在审判活动中存在的不足和错误,提高人民法院的整体审判水平。

第三,有利于提高检察机关的法律监督职能。由于确立了上诉不加刑原则,疏通了被告人上诉的渠道;在司法实践中有时对于一些确有错误,尤其是对被告人定罪量刑畸轻的案件如果只有被告人上诉,二审人民法院受上诉不加刑的限制不能加重对被告人的处罚,就会放纵犯罪,无法体现社会公平。这就要求检察机关强化监督职能依法提起再审抗诉。

二、上诉不加刑的适用

人民法院审理被告人或者其法定代理人、辩护人、近亲属提出上诉的案件,不得加重被告人的刑罚,并应当执行下列规定。

1. 同案审理的案件,只有部分被告人上诉的,既不得加重上诉人的刑罚,也不得加重其他同案被告人的刑罚。

2. 原判事实清楚,证据确实、充分,只是认定的罪名不当的,可以改变罪名,但不得加重刑罚。

3. 原判对被告人实行数罪并罚的,不得加重决定执行的刑罚,也不得加重数罪中某罪的刑罚。

4. 原判对被告人宣告缓刑的,不得撤销缓刑或者延长缓刑考验期。

5. 原判没有宣告禁止令的,不得增加宣告禁止令;原判宣告禁止令的,不得增加禁止令内容、延长实施禁止令的期限。

6. 原判对被告人判处死刑缓期执行没有限制减刑的,不得限制减刑。

7. 原判事实清楚,证据确实、充分,但判处的刑罚畸轻、应当适用附加刑而没有适用的,不得直接加重刑罚、适用附加刑,也不得以事实不清、证据不足为由发回第一审人民法院重新审判。必须依法改判的,应当在第二审判决、裁定生效后,依照审判监督程序重新审判。

人民检察院只对部分被告人的判决提出抗诉,或者自诉人只对部分被告人的判决提出上诉的,第二审人民法院不得对其他同案被告人加重刑罚。

第四节　对扣押、冻结财物的处理

公安机关、人民检察院、人民法院对查封、扣押、冻结的犯罪嫌疑人、被告人的财物及其孳息的处理应注意以下事项。

公安机关、人民检察院和人民法院对查封、扣押、冻结的被告人财物及其孳息,应当妥善保管,并制作清单,附卷备查;对人民检察院随案移送的被告人财物及其孳息,应当根据清单核查后妥善保管。任何单位和个人不得挪用或者自行处理。查封不动产、车辆、船舶、航空器等财物,应当扣押其权利证书,经拍照或者录像后原地封存,或者交持有人、被告人的近亲属保管,登记并写明财物的名称、型号、权属、地址等详细情况,并通知有关财物的登记、管理部门办理查封登记手续。扣押物品,应当登记并写明物品名称、型号、规格、数量、重量、质量、成色、纯度、颜色、新旧程度、缺损特征和来源等。扣押货币、有价证券,应当登记并写明货币、有价证券的名称、数额、面额等,货币应当存入银行专门账户,并登记银行存款凭证的名称、内容。扣押文物、金银、珠宝、名贵字画等贵重物品以及违禁品,应当拍照,需要鉴定的,应当及时鉴定。对扣押的物品应当根据有关规定及时估价。冻结存款、汇款、债券、股票、基金份额等财产,应当登记并写明编号、种类、面值、张数、金额等。

对被害人的合法财产,权属明确的,应当依法及时返还,但须经拍照、鉴定、估价,并在案卷中注明返还的理由,将原物照片、清单和被害人的领取手续附卷备查;权属不明的,应当在人民法院判决、裁定生效后,按比例返还被害人,但已获退赔的部分应予扣除。

审判期间,权利人申请出卖被扣押、冻结的债券、股票、基金份额等财产,人民法院经审查,认为不损害国家利益、被害人利益,不影响诉讼正常进行的,以及扣押、冻结的汇票、本票、支票有效期即将届满的,可以在判决、裁定生效前依法出卖,所得价款由人民法院保管,并及时告知当事人或者其近亲属。

对作为证据使用的实物,包括作为物证的货币、有价证券等,应当随案移送。第一审判决、裁定宣告后,被告人上诉或者人民检察院抗诉的,第一审人民法院应当将上述证据移送第二审人民法院。对不宜移送的实物,应当根据情况,分别审查以下内容:(1)大宗的、不便搬运的物品,查封、扣押机关是否随案移送查封、扣押清单,并附原物照片和封存手续,注明存放地点等。(2)易腐烂、霉变和不易保管的物品,查封、扣押机关变卖处理后,是否随案移送原物照片、清单、变价处理的凭证(复印件)等。(3)枪支弹药、剧毒物品、易燃易爆物品以及其他违禁品、危险物品,查封、扣押机关根据有关规定处理后,是否随案移送原物照片和清单等。上述不宜移送的实物,应当依法鉴定、估价的,还应当审查是否附有鉴定、估价意见。对查封、扣押的货币、有价证券等未移送的,应当审查是否附有原物照片、清单或者其他证明文件。

法庭审理过程中,对查封、扣押、冻结的财物及其孳息,应当调查其权属情况,是否属于违法所得或者依法应当追缴的其他涉案财物。案外人对查封、扣押、冻结的财物及其孳息提出权属异议的,人民法院应当审查并依法处理。经审查,不能确认查封、扣押、冻结的财物及其孳息属于违法所得或者依法应当追缴的其他涉案财物的,不得没收。对查封、扣押、冻结的财物及其孳息,应当在判决书中写明名称、金额、数量、存放地点及其处理方式等。涉案财物较多,不宜在判决主文中详细列明的,可以附清单。涉案财物未随案移送的,应当在判决书中写明,并写明由查封、扣押、冻结机关负责处理。

查封、扣押、冻结的财物及其孳息,经审查,确属违法所得或者依法应当追缴的其他涉案财物的，应当判决返还被害人，或者没收上缴国库，但法律另有规定的除外。判决返还被害人的涉案财物，应当通知被害人认领；无人认领的，应当公告通知；公告满3个月无人认领的，应当上缴国库；上缴国库后有人认领，经查证属实的，应当申请退库予以返还；原物已经拍卖、变卖的，应当返还价款。对侵犯国有财产的案件，被害单位已经终止且没有权利义务继受人，或者损失已经被核销的，查封、扣押、冻结的财物及其孳息应当上缴国库。

随案移送的或者人民法院查封、扣押的财物及其孳息，由第一审人民法院在判决生效后负责处理。涉案财物未随案移送的，人民法院应当在判决生效后10日内，将判决书、裁定书送达查封、扣押机关，并告知其在1个月内将执行回单送回。

对冻结的存款、汇款、债券、股票、基金份额等财产判决没收的，第一审人民法院应当在判决生效后，将判决书、裁定书送达相关金融机构和财政部门，通知相关金融机构依法上缴国库并在接到执行通知书后15日内，将上缴国库的凭证、执行回单送回。

查封、扣押、冻结的财物与本案无关但已列入清单的，应当由查封、扣押、冻结机关依法处理。查封、扣押、冻结的财物属于被告人合法所有的，应当在赔偿被害人损失、执行财产刑后及时返还被告人；财物未随案移送的，应当通知查封、扣押、冻结机关将赔偿被害人损失、执行财产刑的部分移送人民法院。

司法工作人员贪污、挪用或者私自处理被查封、扣押、冻结的赃款及其孳息的，应依法追究其刑事责任；不构成犯罪的，应对其给予处分。

DISHILIUZHANG

第十六章

死刑复核程序

第一节　死刑复核程序的概念和特点

一、死刑复核程序的概念

死刑是一种古老而残酷的刑罚，自贝卡利亚于1764年在其传世之作《论犯罪与刑罚》中首次提出废除死刑的思想以来，关于死刑存废问题的争议就一直未曾平息。将沸沸扬扬的争议搁置一旁，考察死刑发展史，可以发现一个不争的事实是死刑的适用经历了一个由滥用到慎用、由严酷到轻缓的演变过程。第二次世界大战后世界范围内人权运动的发展和高涨至少毫无疑问地促成这样一种共识的形成：即死刑的适用应该受到最大限度的限制。这种限制不仅体现在适用死刑案件数量的减少，而且要求对死刑案件要准确和文明地适用。

总的说来，限制死刑的路径有两条：一是立法路径。即通过立法来限制、减少设置死刑之犯罪。二是司法路径。即在司法活动中严格适用死刑，将死刑适用的比率大幅度降下来，运用司法路径限制死刑，除了要强调司法者要树立“慎用死刑”的观念外，最重要的是通过设立完善的程序来严格适用死刑。

二、死刑复核程序的特点

死刑复核程序是享有死刑复核权的人民法院对判处被告人死刑的案件进行审查核准时所采用的一种特别审判程序，是人民法院自行就死刑判决实施的审查与控制程序。作为我国刑事诉讼法规定的一项特别审判程序，死刑复核程序有许多不同于普通审判程序的特点。

1. 适用范围特定。即该程序只适用于判处被告人死刑的案件，包括死刑立即执行案件和死刑缓期2年执行案件。除此之外的其他案件不适用此程序。

2. 在启动程序上采用自动适用的原则。相对于第一审程序和第二审程序而言，死刑复核程序不是由检察机关通过提起公诉而启动，也不是由有关诉讼参与人通过上诉、检察机关通过抗诉而提起，而一般是由下级人民法院往上一级人民法院通过主动报请而启动的。也就是说，凡是判处死刑的案件，无需控辩双方的申请，该程序便得以自动启动。

3. 死刑复核程序是以上下级人民法院之间报核的方式运转的。下级人民法院在主动向具有死刑核准权的上级人民法院报请死刑案件时，应当制作报请复核的报告和死刑(包括死刑缓期2年执行)案件综合报告，以及移送该案的判决书和全部的案卷材料、证据，负责死刑复核的人民法院则通过全面阅读下级法院报送的这些材料，从而对原审判决的事实认定、适用法律、量刑等问题全面地审查核实。

4. 死刑复核程序属于死刑案件的必经程序。死刑复核程序的启动并不受控辩双方意志的左右，因而使死刑复核程序成为死刑案件的必经程序。同时，刑事诉讼法明确规定，最高人民法院核准的死刑的判决和高级人民法院核准的死刑缓期2年执行的判决为发生法律效力的判决和裁定。这也就意味着，如果死刑案件没有经过死刑复核程序，那么它就不会发生法律效力，也就不能交付执行，这也反映出了死刑复核程序是死刑案件的必经程序。

5. 行使死刑核准权的法院具有特定性。即只有最高人民法院、高级人民法院对死刑(死缓)案件有核准权。

第二节　死刑立即执行案件的复核程序

一、死刑案件的报请复核

刑事诉讼法第236条规定："中级人民法院判处死刑的第一审案件，被告人不上诉的，应当由高级人民法院复核后，报请最高人民法院核准。高级人民法院不同意判处死刑的，可以提审或者发回重新审判。高级人民法院判处死刑的第一审案件被告人不上诉的，和判处死刑的第二审案件，都应当报请最高人民法院核准。"同时根据最高人民法院《解释》第344条的规定，对判处死刑立即执行的案件应当依照下列情形报请。

1. 中级人民法院判处死刑的第一审案件，被告人未上诉、人民检察院未抗诉的，在上诉、抗诉期满后10日内报请高级人民法院复核。高级人民法院同意判处死刑的，应当在作出裁定后10日内报请最高人民法院核准；不同意的，应当依照第二审程序提审或者发回重新审判。

2. 中级人民法院判处死刑的第一审案件,被告人上诉或者人民检察院抗诉,高级人民法院裁定维持的,应当在作出裁定后10日内报请最高人民法院核准。

3. 高级人民法院判处死刑的第一审案件,被告人未上诉、人民检察院未抗诉的,应当在上诉、抗诉期满后10日内报请最高人民法院核准。

4. 依法应当判处死刑缓期2年执行的罪犯,在死刑缓期执行期间,如果故意犯罪,查证属实,应当执行死刑的,由高级人民法院报请最高人民法院核准。

二、死刑缓期2年执行案件的报请复核

死期缓期2年执行并不是一个独立的刑种,其属于死刑范畴,是对死刑的一种特殊执行方法,即对于应当判处死刑而又不是必须立即执行的犯罪分子,采取判处死刑同时宣告缓期2年执行,实行劳动改造、以观后效的处理方法。国外并没有死缓这种制度,它是我国独创的一种刑罚制度,其目的在于贯彻"惩办与宽大相结合"、坚持"少杀慎杀"的刑事政策,是人道主义的具体表现。我国刑法第50条第1款规定:"判处死刑缓期执行的,在死刑缓期执行期间,如果没有故意犯罪,二年期满以后,减为无期徒刑;如果确有重大立功表现,二年期满以后,减为二十五年有期徒刑;如果故意犯罪,查证属实的,由最高人民法院核准,执行死刑。"总的说来,由于死缓仍属于死刑的范畴,也是一种很严厉的刑罚方法,因此,对运用死刑缓期二年执行的,也应当采取十分严肃、谨慎的态度,应当严格按照诉讼程序执行。

根据刑事诉讼法第237条以及最高人民法院《解释》的有关规定,高级人民法院复核死刑缓期2年执行的案件,应当按下列程序分别办理。

1. 中级人民法院判处死刑缓期2年执行的案件,被告人不上诉,人民检察院不抗诉的,应当报请高级人民法院核准。高级人民法院同意判处死刑缓期2年执行的,应当裁定予以核准;如果认为事实不清,证据不足的,应当裁定发回原审人民法院重新审判,对重新审判所作的判决、裁定,被告人可以上诉,人民检察院可以抗诉;如果认为原判量刑过重,高级人民法院应当依法改判。

2. 中级人民法院判处死刑缓期2年执行的案件,被告人提出上诉,人民检察院提起抗诉的,高级人民法院经过第二审程序,同意判处死刑缓期2年执行的,作出维持原判并核准死刑缓期2年执行的决定;不同意判处死刑缓期2年执行的,应当作出不核准的决定。如果认为原判量刑过重,应当依法改判;如果认为事实不清,证据不足的,应当裁定发回重新审判。

3. 高级人民法院判处死刑缓期2年执行的第一审案件,被告人不上诉,人民检察院不抗诉的,即作出核准死刑缓期2年执行的决定。

三、复核的报请、复核内容和复核后的处理

依据刑事诉讼法和最高人民法院《解释》的有关规定,中级人民法院、高级人民法院和最高人民法院在对死刑案件的报请复核、复核内容和对案件复核后的处理上,应当按照以下程序进行。

(一)报送诉讼案卷材料和各种诉讼文书

最高人民法院《解释》第346条规定,报请复核的死刑、死刑缓期执行案件,应当一案一报。报送的材料包括报请复核的报告,第一审、第二审裁判文书,死刑案件综合报告各5份以及全部案卷、证据。死刑案件综合报告,第一审、第二审裁判文书和审理报告应当附送电子文本。同案审理的案件应当报送全案案卷、证据。曾经发回重新审判的案件,原第一审、第二审案卷应当一并报送。具体内容如下。

1. 报请复核报告

报请复核的报告,应当写明以下内容:(1)案由;(2)简要案情;(3)审理过程;(4)判决结果。

2. 案件综合报告

死刑案件综合报告应当包括以下内容:(1)被告人、被害人的基本情况。被告人有前科或者曾受过行政处罚的,应当写明。(2)案件的由来和审理经过。案件曾经发回重新审判的,应当写明发回重新审判的原因、时间、案号等。(3)案件侦破情况。通过技术侦查措施抓获被告人、侦破案件,以及与自首、立功认定有关的情况,应当写明。(4)第一审审理情况。包括控辩双方意见,第一审认定的犯罪事实,合议庭和审判委员会意见。(5)第二审审理或者高级人民法院复核情况。包括上诉理由、检察机关意见,第二审审理或者高级人民法院复核认定的事实,证据采信情况及理由,控辩双方意见及采纳情况。(6)需要说明的问题。包括共同犯罪案件中另案处理的同案犯的定罪量刑情况,案件有无重大社会影响,以及当事人的反应等情况。(7)处理意见。写明合议庭和审判委员会的意见。

3. 诉讼案卷和证据

根据案卷具体情况应当包括以下诉讼文书和证据:(1)拘留证、逮捕证、搜查证的复印件。(2)扣押赃款、赃物和其他在案证物的清单。(3)公安机关、国家安全机关的起诉意见书,或者人民检察院的侦查终结报告。(4)人民检察院的起诉书。(5)案件的审查报告、法庭审理笔录、合议庭合议笔录和审判委员会讨论决定笔录。(6)被告人上诉状、人民检察院抗诉书。(7)人民法院的判决书、裁定书和宣判笔录、送达回证。(8)能够证明案件具体情况并经查证属实的各种肯定的或否定的证据,包括物证或物证照片、书证、证人证言、被害人陈述、被告人供述和辩解、鉴定意见、勘验、检查、辨认、侦查实验笔录、视听资料、电子数据以及辩护词和辩护律师所提出的证据等。对于不能随卷移送的物证,应当由原审人民法院妥善保管,以便对案件进行复核时作必要的查证。

(二)复核的内容和方式

刑事诉讼法第 238 条规定,最高人民法院复核死刑案件,高级人民法院复核死刑缓期执行的案件,应当由审判员 3 人组成合议庭进行。最高人民法院和高级人民法院复核或者核准死刑(死缓)案件,一般包括对案卷进行全面审查、讯问被告人、听取辩护人的意见、制作复核审理报告等环节。

1. 对案卷材料的审查

阅卷是重要的复核方式。享有核准权的法院在收到下级法院报送的材料后,首先要进行形式上的审查,即审查诉讼文件、各种证据及死刑案件综合报告是否齐全;其次便是进行实质的审查,即分析每一材料是否真实、是否符合法律要求,证据之间、证据与案件事实之间有无矛盾,是否有疑点存在。审查案卷应当全面进行,一般包括下列内容:(1)被告人的年龄,被告人有无刑事责任能力、是否系怀孕的妇女;(2)原判认定的事实是否清楚,证据是否确实、充分;(3)犯罪情节、后果及危害程度;(4)原判适用法律是否正确,是否必须判处死刑,是否必须立即执行;(5)有无法定、酌定从重、从轻或者减轻处罚情节;(6)诉讼程序是否合法;(7)应当审查的其他情况。

2. 讯问被告人

刑事诉讼法规定死刑复核程序应当讯问被告人,在司法实践中讯问被告人的程序不仅体现在死刑立即执行的复核程序中,也体现在死刑缓期 2 年执行的复核程序中。根据最高人民法院《解释》的规定,高级人民法院无论是复核死刑立即执行,还是复核死刑缓期 2 年执行,均应当讯问被告人。此外,应当注意中级人民法院判处死刑立即执行的案件,在被告人不上诉、人民检察院不抗诉的情形下,应当由高级人民法院复核后上报最高人民法院复核,此处高级人民法院在复核程序中,亦应对被告人进行讯问。

3. 听取辩护律师的意见

刑事诉讼法第240条规定在死刑复核程序中,辩护律师提出意见的,应当听取辩护律师意见。这一规定体现了死刑复核程序的权利救济属性。同时最高人民法院《解释》第356条也明确规定:"死刑复核期间,辩护律师要求当面反映意见的,最高人民法院有关合议庭应当在办公场所听取其意见,并制作笔录;辩护律师提出书面意见的,应当附卷。"

4. 制作复核审理报告

最高人民法院、高级人民法院对报请复核的死刑(死缓)案件进行全面审查后,合议庭应当进行评议并写出复核审理报告。复核审理报告主要包括以下内容:(1)案件的由来和审理经过;(2)被告人和被害人简况;(3)案件的侦破情况;(4)原审判决要点和控辩双方意见;(5)对事实和证据复核后的分析与认定;(6)合议庭评议和审判委员会讨论决定意见;(7)其他需要说明的问题。

(三)复核后的处理

1. 最高人民法院复核死刑案件后的处理

最高人民法院复核死刑案件,应当按照下列情形分别处理:原判认定事实和适用法律正确、量刑适当、诉讼程序合法的,应当裁定核准;原判认定的某一具体事实或者引用的法律条款等存在瑕疵,但判处被告人死刑并无不当的,可以在纠正后作出核准的判决、裁定;原判事实不清、证据不足的,应当裁定不予核准,并撤销原判,发回重新审判;复核期间出现新的影响定罪量刑的事实、证据的,应当裁定不予核准,并撤销原判,发回重新审判;原判认定事实正确,但依法不应当判处死刑的,应当裁定不予核准,并撤销原判,发回重新审判;原审违反法定诉讼程序,可能影响公正审判的,应当裁定不予核准,并撤销原判,发回重新审判。

对一人有两罪以上被判处死刑的数罪并罚案件,最高人民法院复核后,认为其中部分犯罪的死刑判决、裁定事实不清、证据不足的,应当对全案裁定不予核准,并撤销原判,发回重新审判;认为其中部分犯罪的死刑判决、裁定认定事实正确,但依法不应当判处死刑的,可以改判,并对其他应当判处死刑的犯罪作出核准死刑的判决。

对有2名以上被告人被判处死刑的案件,最高人民法院复核后,认为其中部分被告人的死刑判决、裁定事实不清、证据不足的,应当对全案裁定不予核准,并撤销原判,发回重新审判;认为其中部分被告人的死刑判决、裁定认定事实正确,但依法不应当判处死刑的,可以改判,并对其他应当判处死刑的被告人作出核准死刑的判决。

最高人民法院裁定不予核准死刑的，根据案件情况，可以发回第二审人民法院或者第一审人民法院重新审判。第一审人民法院重新审判的，应当开庭审理。第二审人民法院重新审判的，可以直接改判；必须通过开庭查清事实、核实证据或者纠正原审程序违法的，应当开庭审理。

高级人民法院依照复核程序审理后报请最高人民法院核准死刑，最高人民法院裁定不予核准，发回高级人民法院重新审判的，高级人民法院可以依照第二审程序提审或者发回原审人民法院重新审判。

最高人民法院裁定不予核准死刑、发回重新审判的案件，原审人民法院应当另行组成合议庭审理，最高人民法院《解释》第350条第4项、第5项规定的案件除外。

2. 高级人民法院复核死刑缓期执行案件的处理

高级人民法院复核死刑缓期执行案件，应当按照下列情形分别处理：原判认定事实和适用法律正确、量刑适当、诉讼程序合法的，应当裁定核准；原判认定的某一具体事实或者引用的法律条款等存在瑕疵，但判处被告人死刑缓期执行并无不当的，可以在纠正后作出核准的判决、裁定；原判认定事实正确，但适用法律有错误，或者量刑过重的，应当改判；原判事实不清、证据不足的，可以裁定不予核准，并撤销原判，发回重新审判，或者依法改判；复核期间出现新的影响定罪量刑的事实、证据的，可以裁定不予核准，并撤销原判，发回重新审判，或者依照最高人民法院《解释》第220条规定审理后依法改判；原审违反法定诉讼程序，可能影响公正审判的，应当裁定不予核准，并撤销原判，发回重新审判。高级人民法院复核死刑缓期执行案件，不得加重被告人的刑罚。

四、最高人民检察院对死刑复核的监督

刑事诉讼法第240条第2款规定："在复核死刑案件过程中，最高人民检察院可以向最高人民法院提出意见。最高人民法院应当将死刑复核结果通报最高人民检察院。"人民检察院《规则》（试行）第602条、第603条规定，最高人民检察院依法对最高人民法院的死刑复核活动实行法律监督。最高人民检察院死刑复核检察部门负责承办死刑复核法律监督工作。

最高人民检察院发现在死刑复核期间的案件具有下列情形之一，经审查认为确有必要的，应当向最高人民法院提出意见：认为死刑二审裁判确有错误，依法不应当核准死刑的；发现新情况、新证据，可能影响被告人定罪量刑的；严重违反法律规定的诉讼程序，可能影响公正审判的；司法工作人员在办理案件时，

有贪污受贿，徇私舞弊，枉法裁判等行为的；其他需要提出意见的。最高人民检察院对于最高人民法院通报的死刑复核案件，认为确有必要的，应当在最高人民法院裁判文书下发前提出意见。

省级人民检察院对于进入最高人民法院死刑复核程序的下列案件，应当制作提请监督报告并连同案件有关材料及时报送最高人民检察院：案件事实不清、证据不足，依法应当发回重新审判，高级人民法院二审裁定维持死刑立即执行确有错误的；被告人具有从轻、减轻处罚情节，依法不应当判处死刑，高级人民法院二审裁定维持死刑立即执行确有错误的；严重违反法律规定的诉讼程序，可能影响公正审判的；最高人民法院受理案件后一年以内未能审结的；最高人民法院不核准死刑发回重审不当的；其他需要监督的情形。省级人民检察院发现死刑复核案件被告人自首、立功、达成赔偿协议取得被害方谅解等新的证据材料和有关情况，可能影响死刑适用的，应当及时向最高人民检察院报告。

死刑复核期间当事人及其近亲属或者受委托的律师向最高人民检察院提出的不服死刑裁判的申诉，由最高人民检察院死刑复核检察部门审查。

最高人民检察院死刑复核检察部门对死刑复核监督案件的审查可以采取下列方式进行：书面审查最高人民法院移送的材料、省级人民检察院报送的相关案件材料、当事人及其近亲属或者受委托的律师提交的申诉材料；听取原承办案件的省级人民检察院的意见，也可以要求省级人民检察院报送相关案件材料；必要时可以审阅案卷、讯问被告人、复核主要证据。

最高人民检察院对于受理的死刑复核监督案件，应当在 1 个月以内作出决定；因案件重大、疑难、复杂，需要延长审查期限的，应当报请检察长批准，适当延长办理期限。

最高人民检察院死刑复核检察部门拟就死刑复核案件提出检察意见的，应当报请检察长或者检察委员会决定。检察委员会讨论死刑复核案件，可以通知原承办案件的省级人民检察院有关检察人员列席。

最高人民检察院对于死刑复核监督案件，经审查认为确有必要向最高人民法院提出意见的，应当以死刑复核案件意见书的形式提出。死刑复核案件意见书应当提出明确的意见或者建议，并说明理由和法律依据。对于最高人民检察院提出应当核准死刑意见的案件，最高人民法院经审查仍拟不核准死刑，决定将案件提交审判委员会会议讨论并通知最高人民检察院派员列席的，最高人民检察院检察长或者受检察长委托的副检察长应当列席审判委员会会议。

DISHIQIZHANG

第十七章

审判监督程序

第一节　审判监督程序的概念和特点

一、审判监督程序的概念

审判监督程序是指人民法院、人民检察院对已经发生法律效力的判决和裁定，发现在认定事实或适用法律上确有错误时，依照法定程序提起对该案件进行重新审判的程序。

审判监督程序不同于审判监督，审判监督是指有关机关、团体和公民对人民法院审判工作实行监督，囊括了人民检察院对审判工作的监督，人民法院系统内部上级法院对下级法院审判工作的监督及国家权力机关、人大代表、人民群众和新闻媒体等对审判工作的监督；审判监督程序则是为了纠正错误裁判而提起的诉讼程序，其对象仅限定为发生法律效力的判决和裁定，从这个意义上来说，审判监督程序只是审判监督的一个具体表现形式而已。

二、审判监督程序的特点

审判监督程序不同于第二审程序，它具有以下两个自身的特点。

第一，审判监督程序在实质上是一种补救程序，或者说是纠错程序。刑事诉讼法规定我国的法律判决具有确定力和既判力，未经法定程序，不得擅自更改或撤销。但是，法律适用过程中往往由于主观、客观等方面的原因使已经生效的判决或裁定出现错误或者偏差，此时，启动审判监督程序，及时纠正错误的裁判，使裁判的确定性和案件的真实性统一到具体的司法实践中来成为必然选择。

第二，审判监督程序不是诉讼的必经程序。由其补救性可知，审判监督程序在司法实践中的适用并非必然，因为审判机关所作出的判决不可能都是错误的，即使当事人认为裁判有错误，依法向人民法院或人民检察院提出申诉请求，但最终的结果也不一定是重新审判，所以，它不像一审、二审程序那样，只要有诉,就必须进行审判;也不像死刑复核程序那样,凡是死刑案件都必须逐级上报核准,它只是对人民法院错误裁判的一种监督方式和救济途径。

第二节　提起审判监督程序的材料来源及其审查处理

一、提起审判监督程序的材料来源

提起审判监督程序的材料来源,是指对发生法律效力的判决、裁定发现有错误而提出有关证据及其资料等的渠道、途径或根据。根据刑事诉讼法及相关司法解释,其材料来源主要有以下几个方面。

(一)当事人及其法定代理人、近亲属的申诉

刑事诉讼法第 241 条规定,当事人及其法定代理人、近亲属,对已经发生法律效力的判决、裁定,可以向人民法院或者人民检察院提出申诉,但是不能停止判决、裁定的执行。法律之所以规定当事人及其法定代理人、近亲属拥有申诉权,一方面是因为这些人是案件结果的直接承受者,他们对案件具有深度认识,对审判结果的公正性有自己的评判标准;另一方面当事人的申诉构成审判监督程序启动最直接的材料来源,人民法院和人民检察院可以根据当事人递交的申诉材料来判断原裁判结果的公正与否,最终决定是否重新审判。

(二)司法机关通过办案或者复查案件而发现错案

在司法实践中,由于许多案件之间的内在联系性,使得司法机关在办案过程中会出现"此案彼案"的现象,他们往往在发现新的犯罪事实的同时伴随着对旧案的再次考虑,所以,司法机关为了避免错案冤案,保证办案质量,会定期或不定期地主动或依上级指示自查、互查,这样就可以对自己所办理案件的公正性有一个系统的认识,从而决定是否启动审判监督程序进行救济。

(三)各级人民代表大会代表提出的纠正错案议案

《最高人民法院关于人民法院接受人民代表大会及其常务委员会监督的若干意见》第 7 条规定,人大及其常委会对人民法院已审结的重大案件或者在当地有重大影响的案件,通过法定监督程序要求人民法院审查的,人民法院应当认真进行审查;对确属错判的案件,应当按照法定审判监督程序予以纠正;对裁判并无不当的,应当书面报告结果和理由。

(四)机关、团体、企事业单位和新闻媒体等社会舆论对生效裁判反映的意见

在人民法院的生效判决作出以后,党政领导机关、纪检部门或者律师协会、

律师事务所发现生效判决有误时，都可以而且应该向司法机关提出建议或者意见，从而构成审判监督程序材料的又一重要来源。同时，随着现代信息的不断普及，人民法院的办案程序也要求进入寻常百姓的视野，新闻媒体作为连接群众和司法机关的中介，其主要责任和义务就是将人民群众最关心、最迫切的期望反映给司法机关，使得司法机关在日后的工作中能够急人民群众之所急，对人民群众所提出的问题能够充分重视，对错误的裁判及时纠正。

二、申诉的理由和效力

（一）申诉的方式

向人民法院、人民检察院提出申诉的，应当以书面形式提出。书写有困难的，除另有规定的以外，可以口头提出，由人民法院、人民检察院工作人员制作笔录或者记录在案，并向口述人宣读或者交其阅读。

（二）申诉的理由

刑事诉讼法及其相关司法解释规定的申诉的理由有以下几种。

1. 有新的证据证明原判决、裁定认定的事实确有错误，可能影响定罪量刑的，其中新的证据具体表述为：原判决、裁定生效后新发现的证据；原判决、裁定生效前已经发现，但未予收集的证据；原判决、裁定生效前已经收集，但未经质证的证据；原判决、裁定所依据的鉴定意见，勘验、检查等笔录或者其他证据被改变或者否定的。

2. 据以定罪量刑的证据不确实、不充分、依法应当予以排除，或者证明案件事实的主要证据之间存在矛盾的。

3. 原判决、裁定适用法律确有错误的，包括主要事实依据被依法变更或者撤销的、认定罪名错误的、量刑明显不当的、违反法律关于溯及力规定的等具体情形。

4. 违反下列规定的诉讼程序之一的，可能影响公正审判的：违反本法有关公开审判的规定的；违反回避制度的；剥夺或者限制了当事人的法定诉讼权利，可能影响公正审判的；审判组织的组成不合法的；其他违反法律规定的诉讼程序，可能影响公正审判的。

5. 审判人员在审理该案件的时候，有贪污受贿，徇私舞弊，枉法裁判行为的。

对于申诉的理由不具有上述情形的，人民法院应当说服申诉人撤回申诉；对仍坚持申诉的，应当书面通知驳回。

（三）申诉的效力

申诉的效力，是指当因申诉人对已经发生法律效力的判决或裁定不服而提出申诉后,原法院裁判应否停止执行的效力。刑事诉讼法第 241 条明确规定,当事人及其法定代理人、近亲属,对已经发生法律效力的判决、裁定,可以向人民法院或者人民检察院提出申诉,但是不能停止判决、裁定的执行。申诉,是因当事人对判决结果的不认同而向司法机关请求重新审判的救济程序,对于裁判的公正性而言,我们不能武断地认为只要提出申诉的案件,就一定存在不公正的理由,如果一经申诉,就停止已经发生法律效力的裁判的执行,会造成对裁判权威的践踏,所以法律将申诉的效力规定为"不停止判决、裁定的执行",有其必然性和必要性。但是,考虑到有些判决结果的执行会给当事人造成难以弥补的损失,比如死刑立即执行,如果不停止执行,比如已经执行了死刑,即使最终司法机关支持了当事人的申诉理由,也没有弥补和纠正的机会了。所以,刑事诉讼法第 246 条又规定,人民法院按照审判监督程序审判的案件,可以决定中止原判决、裁定的执行。"可以"两个字眼的使用,对于处理司法实践中比较棘手的执行问题给予了法院自由裁量权。

(四)对申诉的处理

1. 受理

(1)受理时间。对于受理申诉的期限,《最高人民法院关于规范人民法院再审立案的若干意见(试行)》第 10 条规定,人民法院对刑事案件的申诉人在刑罚执行完毕后 2 年内提出的申诉,应当受理;超过 2 年提出申诉,具有下列情形之一的,应当受理:可能对原审被告人宣告无罪的;原审被告人在规定的期限内向人民法院提出申诉,人民法院未受理的;属于疑难、复杂、重大案件的。不符合前款规定的,人民法院不予受理。但是对于申诉人向人民检察院提出申诉的时间,法律及相关司法解释并未作出明确规定。

(2)受理机关。刑事诉讼法规定申诉的受理机关为人民法院或人民检察院,至于两个机关的先后顺序,法律没有明确规定。

对于人民检察院来说,对刑事判决、裁定的监督由公诉部门和刑事申诉检察部门承办。当事人及其法定代理人、近亲属认为人民法院已经发生法律效力的判决、裁定确有错误,向人民检察院申诉的,由刑事申诉检察部门依法办理。当事人及其法定代理人、近亲属认为人民法院已经发生法律效力的刑事判决、裁定确有错误,向人民检察院申诉的,由作出生效判决、裁定的人民法院的同级人民检察院刑事申诉检察部门依法办理。当事人及其法定代理人、近亲属直接向上级人民检察院申诉的,上级人民检察院可以交由作出生效判决、裁定的人民法院的同级人民检察院受理；案情重大、疑难、复杂的，上级人民检察院可以直接受理。当事人及其法定代理人、近亲属对人民法院已经发生法律效力的判决、裁定提出申诉，经人民检察院复查决定不予抗诉后继续提出申诉的，上一级人民检察院应当受理。不服人民法院死刑终审判决、裁定尚未执行的申诉，由监所检察部门办理。

对于人民法院来说，当事人及其法定代理人、近亲属对已经发生法律效力的判决、裁定提出申诉的，人民法院应当审查处理。案外人认为已经发生法律效力的判决、裁定侵害其合法权益，提出申诉的，人民法院应当审查处理。申诉可以委托律师代为进行。

最高人民法院《解释》第372条规定，向人民法院申诉，应当提交以下材料：(1)申诉状。应当写明当事人的基本情况、联系方式以及申诉的事实与理由。(2)原一审、二审判决书、裁定书等法律文书。经过人民法院复查或者再审的，应当附有驳回通知书、再审决定书、再审判决书、裁定书。(3)其他相关材料。以有新的证据证明原判决、裁定认定的事实确有错误为由申诉的，应当同时附有相关证据材料；申请人民法院调查取证的，应当附有相关线索或者材料。申诉不符合前款规定的，人民法院应当告知申诉人补充材料；申诉人对必要材料拒绝补充且无正当理由未进行补充的，不予审查。

2. 处理

(1)处理期限。最高人民法院《解释》第375条规定，对立案审查的申诉案件，应当在3个月内作出决定，至迟不得超过6个月。对于申诉人向人民检察院提出申诉后，人民检察院应在多长时间内作出决定，法律及相关司法解释并未作出明确规定。

(2)具体司法机关的处理。对于人民检察院来说，地方各级人民检察院刑事申诉检察部门对不服同级人民法院已经发生法律效力的刑事判决、裁定的申诉复查后，认为需要提出抗诉的，报请检察长或者检察委员会讨论决定。认为需要提出抗诉的，应当提请上一级人民检察院抗诉。上级人民检察院刑事申诉检察部门对下一级人民检察院提请抗诉的申诉案件审查后，认为需要提出抗诉的，报请检察长或者检察委员会决定。人民法院开庭审理时，由同级人民检察院刑事申诉检察部门派员出席法庭。

人民检察院刑事申诉检察部门对不服人民法院已经发生法律效力的刑事判决、裁定的申诉案件复查终结后，应当制作刑事申诉复查通知书，并在10日以内通知申诉人。经复查向上一级人民检察院提请抗诉的，应当在上一级人民检察院作出是否抗诉的决定后制作刑事申诉复查通知书。

对于人民法院来说，申诉由终审人民法院审查处理。但是，第二审人民法院裁定准许撤回上诉的案件，申诉人对第一审判决提出申诉的，可以由第一审人民法院审查处理。上一级人民法院对未经终审人民法院审查处理的申诉，可以告知申诉人向终审人民法院提出申诉，或者直接交终审人民法院审查处理，并告知申诉人；案件疑难、复杂、重大的，也可以直接审查处理。对未经终审人民法院及其上一级人民法院审查处理，直接向上级人民法院申诉的，上级人民法院可以告知申诉人向下级人民法院提出。

对死刑案件的申诉，可以由原核准的人民法院直接审查处理，也可以交由原审人民法院审查。原审人民法院应当写出审查报告，提出处理意见，层报原核准的人民法院审查处理。

申诉人对驳回申诉不服的，可以向上一级人民法院申诉。上一级人民法院经审查认为申诉不符合刑事诉讼法第 242 条和最高人民法院《解释》第 375 条第 2 款规定的，应当说服申诉人撤回申诉；对仍然坚持申诉的，应当驳回或者通知不予重新审判。

第三节　审判监督程序的提起

一、审判监督程序的提起主体

针对审判监督程序的特殊性和重要性，刑事诉讼法及相关司法解释对其提起主体进行了严格限制。

（一）各级人民法院院长和审判委员会

刑事诉讼法第 243 条规定，各级人民法院院长对本院已经发生法律效力的判决和裁定，如果发现在认定事实上或者在适用法律上确有错误，必须提交审判委员会处理。最高人民法院《解释》第 378 条规定，各级人民法院院长发现本院已经发生法律效力的判决、裁定确有错误的，应当提交审判委员会讨论决定是否再审。根据法律及司法解释的规定，必须注意以下几点：第一，审判监督程序提起再审的对象只能是本院的生效判决。如果原一审属于本院，后又经过二审终审的案件，原一审人民法院发现确有错误时，应当向二审人民法院提出书面意见,由二审人民法院决定是否提起审判监督程序。第二,审判监督程序的提交讨论权和决定权分别由本院院长和审判委员会行使。提交权和决定权的分离使得人民法院院长和审判委员会各行其职,既不能因为自己的好恶决定再审,又不能因为错误而推脱责任,环环相扣,相互监督。第三,对于各级人民法院对于本院生效判决提起审判监督程序的次数,刑事诉讼法没有明确规定,最高人民法院《解释》规定,申诉人对驳回申诉不服的,可以向上一级人民法院申诉。上一级人民法院经审查认为申诉不符合刑事诉讼法第 242 条和最高人民法院《解释》第 375 条第 2 款规定的,应当说服申诉人撤回申诉;对仍然坚持申诉的,应当驳回或者通知不予重新审判。

(二)最高人民法院和上级人民法院

刑事诉讼法第 243 条规定,最高人民法院对各级人民法院已经发生法律效力的判决和裁定,上级人民法院对下级人民法院已经发生法律效力的判决和裁定,如果发现确有错误,有权提审或者指令下级人民法院再审。

最高人民法院《解释》第 379 条规定,上级人民法院发现下级人民法院已经发生法律效力的判决、裁定确有错误的,可以指令下级人民法院再审;原判决、裁定认定事实正确但适用法律错误,或者案件疑难、复杂、重大,或者有不宜由原审人民法院审理情形的,也可以提审。上级人民法院指令下级人民法院再审的,一般应当指令原审人民法院以外的下级人民法院审理;由原审人民法院审理更有利于查明案件事实、纠正裁判错误的,可以指令原审人民法院审理。

(三)最高人民检察院和上级人民检察院

首先要区别人民检察院提起的审判监督抗诉程序和其提起的二审抗诉程序。对于二审抗诉来说,刑事诉讼法第 221 条规定,地方各级人民检察院对同级人民法院第一审判决、裁定的抗诉,应当通过原审人民法院提出抗诉书,并且将抗诉书抄送上一级人民检察院。原审人民法院应当将抗诉书连同案卷、证据移送上一级人民法院,并且将抗诉书副本送交当事人。上级人民检察院如果认为抗诉不当,可以向同级人民法院撤回抗诉,并且通知下级人民检察院。究其本质,属于"同级抗"的模式范畴。而对于审判监督抗诉来说,虽说从实质内容上来看是"最高人民检察院和上级人民检察院"的"上级抗"模式,但从程序上来看,法律规定"最高人民检察院对各级人民法院已经发生法律效力的判决和裁定,上级人民检察院对下级人民法院已经发生法律效力的判决和裁定,如果发现确有错误,有权按照审判监督程序向同级人民法院提出抗诉"又将其归入了"同级抗"的模式范畴。

人民检察院认为人民法院已经发生法律效力的判决、裁定确有错误,具有法定情形应当按照审判监督程序向人民法院提出抗诉。对于高级人民法院判处死刑缓期2年执行的案件,省级人民检察院认为确有错误提请抗诉的,一般应当在收到生效判决、裁定后3个月以内提出,至迟不得超过6个月。

最高人民检察院发现各级人民法院已经发生法律效力的判决或者裁定,上级人民检察院发现下级人民法院已经发生法律效力的判决或者裁定确有错误时,可以直接向同级人民法院提出抗诉,或者指令作出生效判决、裁定人民法院的上一级人民检察院向同级人民法院提出抗诉。

对不服人民法院已经发生法律效力的刑事判决、裁定的申诉,经两级人民检察院办理且省级人民检察院已经复查的,如果没有新的事实和理由,人民检察院不再立案复查,但原审被告人可能被宣告无罪或者判决、裁定可能有其他重大错误的除外。

最高人民法院《解释》第380条规定,对人民检察院依照审判监督程序提出抗诉的案件,人民法院应当在收到抗诉书后1个月内立案。但是,有下列情形之一的,应当区别情况予以处理:对不属于本院管辖的,应当将案件退回人民检察院;按照抗诉书提供的住址无法向被抗诉的原审被告人送达抗诉书的,应当通知人民检察院在3日内重新提供原审被告人的住址;逾期未提供的,将案件退回人民检察院;以有新的证据为由提出抗诉,但未附相关证据材料或者有关证据不是指向原起诉事实的,应当通知人民检察院在3日内补送相关材料;逾期未补送的,将案件退回人民检察院。决定退回的抗诉案件,人民检察院经补充相关材料后再次抗诉,经审查符合受理条件的,人民法院应当受理。对人民检察院依照审判监督程序提出抗诉的案件,接受抗诉的人民法院应当组成合议庭审理。对原判事实不清、证据不足,包括有新的证据证明原判可能有错误,需要指令下级人民法院再审的,应当在立案之日起1个月内作出决定,并将指令再审决定书送达抗诉的人民检察院。

此外,针对人民检察院能否对已生效的中止诉讼的裁定提出审判监督抗诉的问题的不同认识,在《最高人民检察院关于对已生效的中止诉讼的裁定能否提出抗诉的答复》中认为,中止诉讼裁定并非对案件的最终处理,也不是诉讼程序的终结,即使人民检察院提出审判监督抗诉,人民法院也无法对此裁定进行再审。但是,人民法院已经生效的中止诉讼的裁定确属不当的,可采用提出检察意见书的方式向人民法院提出。

二、提起审判监督程序的理由

对于审判监督程序的提起理由,刑事诉讼法笼统规定为"在认定事实上和适用法律上确有错误",而人民检察院《规则》(试行)第591条规定,人民检察院认为人民法院已经发生法律效力的判决、裁定确有错误,具有下列情形之一的,应当按照审判监督程序向人民法院提出抗诉:(1)有新的证据证明原判决、裁定认定的事实确有错误,可能影响定罪量刑的,此时"新的证据"的标准和申诉中的具体情形一致;(2)据以定罪量刑的证据不确实、不充分的;(3)据以定罪量刑的证据依法应当予以排除的;(4)据以定罪量刑的主要证据之间存在矛盾的;(5)原判决、裁定的主要事实依据被依法变更或者撤销的;(6)认定罪名错误且明显影响量刑的;(7)违反法律关于追诉时效期限的规定的;(8)量刑明显不当的;(9)违反法律规定的诉讼程序,可能影响公正审判的;(10)审判人员在审理案件的时候有贪污受贿,徇私舞弊,枉法裁判行为的。

三、审判监督程序中强制措施的规定

人民法院决定再审的案件,需要对被告人采取强制措施的,由人民法院依法决定;人民检察院提出抗诉的再审案件,需要对被告人采取强制措施的,由人民检察院依法决定。

人民检察院公诉部门、刑事申诉检察部门办理按照审判监督程序抗诉案件,认为需要对被告人采取逮捕措施的,应当提出意见,移送侦查监督部门办理;认为需要对被告人采取取保候审、监视居住措施的,由办案人员提出意见,部门负责人审核后,报检察长决定。

再审期间不停止原判决、裁定的执行,但被告人可能经再审改判无罪,或者可能经再审减轻原判刑罚而致刑期届满的,可以决定中止原判决、裁定的执行,必要时,可以对被告人采取取保候审、监视居住措施。

第四节　按照审判监督程序对案件进行重新审判

一、重新审判的管辖

上级人民法院指令下级人民法院再审的,一般应当指令原审人民法院以外的下级人民法院审理;由原审人民法院审理更有利于查明案件事实、纠正裁判错误的,可以指令原审人民法院审理。对于指令再审的案件,如果原来是第一审案件,接受抗诉的人民法院应当指令第一审人民法院按照第一审程序进行审判,所作的判决、裁定,可以上诉、抗诉;如果原来是第二审案件,接受抗诉的人民法院应当指令第二审人民法院依照第二审程序进行审判,所作的判决、裁定,是终审的判决、裁定。

二、重新审判的方式

对于按照审判监督程序进行再审的方式,法律规定以开庭审理为原则,不开庭审理为例外。

(一)开庭审理

一般的再审案件应当开庭审理,按照第一审程序审理的案件必须开庭审理,按照第二审程序审理的案件如果符合法律规定开庭审理情形的,也必须开庭审理。开庭审理的再审案件,系人民法院决定再审的,由合议庭组成人员宣读再审决定书;系人民检察院抗诉的,由检察人员宣读抗诉书;系申诉人申诉的,由申诉人或者其辩护人、诉讼代理人陈述申诉理由。

(二)不开庭审理

按照法律规定不属于应当开庭审理的案件,可以不开庭审理,但应当讯问被告人,听取其他当事人、辩护人、诉讼代理人的意见。

三、重新审判的组织

原审人民法院审理依照审判监督程序重新审判的案件,应当另行组成合议庭。原来是第一审案件,应当依照第一审程序进行审判,所作的判决、裁定可以上诉、抗诉;原来是第二审案件,或者是上级人民法院提审的案件,应当依照第二审程序进行审判,所作的判决、裁定是终审的判决、裁定。

四、重新审判的审查及审查后处理

对人民检察院依照审判监督程序提出抗诉的案件,人民法院应当在收到抗诉书后 1 个月内立案。但是,有下列情形之一的,应当区别情况予以处理。

1. 对不属于本院管辖的,应当将案件退回人民检察院。

2. 按照抗诉书提供的住址无法向被抗诉的原审被告人送达抗诉书的,应当通知人民检察院在 3 日内重新提供原审被告人的住址;逾期未提供的,将案件退回人民检察院。

3. 以有新的证据为由提出抗诉,但未附相关证据材料或者有关证据不是指向原起诉事实的,应当通知人民检察院在3日内补送相关材料;逾期未补送的,将案件退回人民检察院。决定退回的抗诉案件,人民检察院经补充相关材料后再次抗诉,经审查符合受理条件的,人民法院应当受理。

对决定依照审判监督程序重新审判的案件,除人民检察院抗诉的以外,人民法院应当制作再审决定书。对人民检察院依照审判监督程序提出抗诉的案件,接受抗诉的人民法院应当组成合议庭审理。对原判事实不清、证据不足,包括有新的证据证明原判可能有错误,需要指令下级人民法院再审的,应当在立案之日起1个月内作出决定,并将指令再审决定书送达抗诉的人民检察院。

五、重新审判案件的程序

(一)审判原则

除人民检察院抗诉的以外,再审一般不得加重原审被告人的刑罚。再审决定书或者抗诉书只针对部分原审被告人的,不得加重其他同案原审被告人的刑罚。

(二)审理期限

人民法院按照审判监督程序重新审判的案件,应当在作出提审、再审决定之日起3个月以内审结,需要延长期限的,不得超过6个月。接受抗诉的人民法院按照审判监督程序审判抗诉的案件,审理期限适用上述规定;对原判事实不清、证据不足,包括有新的证据证明原判可能有错误,需要指令下级人民法院再审的,应当在立案之日起1个月内作出决定,并将指令再审决定书送达抗诉的人民检察院。

关于“新的证据”,法律规定为,具有下列情形之一,指向原起诉事实并可能改变原判决、裁定据以定罪量刑的事实的证据:原判决、裁定生效后新发现的证据;原判决、裁定生效前已经发现,但由于客观原因未予质证、认证的证据;原判决、裁定生效前已经收集,但庭审中未予质证、认证的证据;原生效判决、裁定所依据的鉴定意见,勘验、检查笔录或其他证据被改变或者否定的。

“新的证据”影响判决还有一类特殊情形:在共同犯罪案件中,对于先行裁判已作出且已经执行完毕,由于同案犯归案发现新的证据,又因同一事实被以新的罪名重新起诉的被告人,原审人民法院应当按照审判监督程序撤销原判决、裁定,并将案件移送有管辖权的人民法院,按照第一审程序与其他同案被告人并案处理。该被告人已经执行完毕的刑罚,由受案的人民法院在对被指控的新罪作出判决时依法折抵,被判处有期徒刑的,原执行完毕的刑期可以折抵刑期。

(三)法庭审理秩序

开庭审理的再审案件,再审决定书或者抗诉书只针对部分原审被告人,其他同案原审被告人不出庭不影响审理的,可以不出庭参加诉讼。

人民法院审理人民检察院抗诉的再审案件,人民检察院在开庭审理前撤回抗诉的,应当裁定准许;人民检察院接到出庭通知后不派员出庭,且未说明原因的,可以裁定按撤回抗诉处理,并通知诉讼参与人。

人民法院审理申诉人申诉的再审案件,申诉人在再审期间撤回申诉的,应当裁定准许;申诉人经依法通知无正当理由拒不到庭,或者未经法庭许可中途退庭的,应当裁定按撤回申诉处理,但申诉人不是原审当事人的除外。

(四)重点审理对象

依照审判监督程序重新审判的案件,人民法院应当重点针对申诉、抗诉和决定再审的理由进行审理。必要时,应当对原判决、裁定认定的事实、证据和适用法律进行全面审查。

(五)法庭宣判

再审案件经过重新审理后,应当按照下列情形分别处理:

一是原判决、裁定认定事实和适用法律正确、量刑适当的,应当裁定驳回申诉或者抗诉,维持原判决、裁定;

二是原判决、裁定定罪准确、量刑适当,但在认定事实、适用法律等方面有瑕疵的,应当裁定纠正并维持原判决、裁定;

三是原判决、裁定认定事实没有错误,但适用法律错误,或者量刑不当的,应当撤销原判决、裁定,依法改判;

四是依照第二审程序审理的案件,原判决、裁定事实不清或者证据不足的,可以在查清事实后改判,也可以裁定撤销原判,发回原审人民法院重新审判。

原判决、裁定认定的事实不清或者证据不足,经审理事实已经查清的,应当根据查清的事实依法裁判;事实仍无法查清,证据不足,不能认定被告人有罪的,应当撤销原判决、裁定,判决宣告被告人无罪。

同时,《最高人民法院关于审理人民检察院按照审判监督程序提出的刑事抗诉案件若干问题的规定》规定,在送达抗诉书后被提出抗诉的原审被告人未到案的,人民法院应当裁定中止审理;原判被告人到案后,恢复审理。被提出抗诉的原审被告人已经死亡或者在审理过程中死亡的，人民法院应当裁定终止审理，但对能够查清事实，确认原审被告人无罪的案件，应当予以改判。

人民法院作出裁判后，当庭宣告判决结果的，应当在5日内将裁判文书送达当事人、法定代理人、诉讼代理人、提出抗诉的人民检察院、辩护人和原审被告人的近亲属；定期宣告判决的，应当在判决宣告后立即将裁判文书送达当事人、法定代理人、诉讼代理人、提出抗诉的人民检察院、辩护人和原审被告人的近亲属。

（六）人民检察院对审判的监督

人民检察院《规则》（试行）第599条规定，对按照审判监督程序提出抗诉的案件，人民检察院认为人民法院作出的判决、裁定仍然确有错误的，如果案件是依照第一审程序审判的，同级人民检察院应当向上一级人民法院提出抗诉；如果案件是依照第二审程序审判的，上一级人民检察院应当按照审判监督程序向同级人民法院提出抗诉。对按照审判监督程序提出抗诉的申诉案件，人民检察院认为人民法院作出的判决、裁定仍然确有错误的，由派员出席法庭的人民检察院刑事申诉检察部门适用本条第一款的规定办理。

DISHIBAZHANG

第十八章

执　行

刑事诉讼中的执行，是指人民法院、人民检察院、公安机关及其他刑罚执行机关将已经发生法律效力的判决、裁定所确定的内容依法付诸实施及解决实施中出现的变更执行等问题而进行的诉讼活动。执行程序，是指上述各机关，实现已经发生法律效力的判决、裁定等法律文书所确定内容的程序，即刑事执行机关所应遵循的步骤、方式和方法。刑事执行程序是刑事诉讼程序的重要组成部分，是实现国家刑罚权的具体活动。刑事执行的主要任务就是实现已经发生法律效力的判决、裁定所确定的内容，及时有效地惩罚犯罪分子、保护公民的合法权益，维护社会主义法制的正确实施。具体而言，刑事诉讼中的执行具有合法性、及时性和强制性三个特点。

第一节　执行的主体和执行的依据

一、执行的主体

(一)执行主体的广泛性

我国刑事诉讼法第四编为执行专章，共计 18 个条文(第 248 条至第 265 条)加以规定。根据刑事诉讼法的规定，有权力和义务执行生效判决和裁定的主体，既包括人民法院、人民检察院和公安机关，也包括监狱、未成年犯管教所、拘役所、看守所以及社区矫正机构等。由此可见，执行的行为主体比进行任何一项诉讼程序如侦查、起诉、审判等主体都复杂，范围都宽泛。可以说，刑事诉讼的执行主体具有广泛性的特征，这也是执行程序的特点。

(二)执行的机关

按照各种刑罚的不同特点和各种执行主体的不同职能，可以把执行的机关分为三种不同的类别，即交付执行机关、执行机关和执行的监督机关。

1. 交付执行机关

交付执行机关是指将生效裁判及罪犯依照法定程序交给有关机关执行刑罚的机关。我国宪法、刑事诉讼法、人民法院组织法规定，人民法院是国家审判机关，亦是将生效裁判交付执行的机关。人民法院根据已生效裁判所确定的内容及其刑罚执行方式不同，交由不同的执行机关执行。根据我国刑事诉讼法和最高人民法院的有关规定，发生法律效力的判决和裁定一般由原第一审人民法院交付执行，但是，罪犯关押在第二审人民法院所在地的，也可以由第二审人民法院交付执行。

2. 执行机关

执行机关是指将生效裁判所确定的刑罚付诸实施的机关。根据我国刑事诉讼法的规定，执行机关除人民法院、监狱、未成年犯管教所、看守所等以外，还包括社区矫正机构。

根据生效裁判的不同执行方式和执行机关的不同职权，这些执行机关所执行的刑罚种类分别是：人民法院负责对无罪、免予刑事处罚、罚金、没收财产和死刑立即执行判决的执行；监狱和未成年犯管教所负责对无期徒刑和有期徒刑判决的执行，除此之外监狱还负责对死缓判决的执行；看守所虽然不是刑罚执行机关，但是为了减少押解负担、节省资源，对于被判处有期徒刑余刑在 3 个月以下的罪犯可由其代为执行；公安机关负责对被判处剥夺政治权利、拘役等罪犯的执行；社区矫正机构负责对被判处管制、宣告缓刑、假释或者暂予监外执行的罪犯的执行。

3. 执行的监督机关

我国宪法、刑事诉讼法、人民检察院组织法规定，人民检察院是国家法律监督机关，依法对刑事诉讼实行法律监督。执行是刑事诉讼的重要阶段，人民检察院当然也是刑事执行的监督机关。对此，我国刑事诉讼法有多项条款作了明确规定，例如，刑事诉讼法第 264 条规定，监狱和其他执行机关在刑罚执行中，如果认为判决有错误或者罪犯提出申诉，应当转请人民检察院或者原判人民法院处理。刑事诉讼法第 265 条规定，人民检察院对执行机关执行刑罚的活动是否合法实行监督。如果发现有违法的情况，应当通知执行机关纠正等。

二、执行的依据

刑事执行的依据是发生法律效力的判决和裁定。

我国刑事诉讼法第 248 条规定："判决和裁定在发生法律效力后执行。下列判决和裁定是发生法律效力的判决和裁定:(一)已过法定期限没有上诉、抗诉的判决和裁定;(二)终审的判决和裁定;(三)最高人民法院核准的死刑的判决和高级人民法院核准的死刑缓期二年执行的判决。”

同时,根据我国刑法的相关规定,还包括对具有特殊情况的案件核准在法定刑以下量刑的判决以及核准减刑、假释的判决。

第二节　各种判决、裁定的执行

一、死刑立即执行判决的执行

死刑是剥夺罪犯生命的刑罚,无论是作出判决或者执行死刑,都应当十分慎重。为了从诉讼程序上确保死刑的正确适用,防止错杀,我国刑事诉讼法对死刑立即执行判决的执行程序,作了严格、周密的规定,其内容包括以下几个方面。

(一)执行死刑命令的签发

根据我国刑事诉讼法第 250 条的规定,最高人民法院判处和核准的死刑立即执行的判决,应当由最高人民法院院长签发执行死刑的命令。执行死刑命令应当填发统一制式文书,由院长签名后加盖最高人民法院印章。

(二)执行死刑的机关及期限

根据我国刑事诉讼法第 251 条的规定,下级人民法院接到最高人民法院执行死刑的命令后,应当在 7 日以内交付执行。根据最高人民法院《解释》第 417 条的规定,最高人民法院的执行死刑命令,由高级人民法院交付第一审人民法院执行。第一审人民法院接到执行死刑命令后,应当在 7 日内执行。在死刑缓期执行期间故意犯罪,最高人民法院核准执行死刑的,由罪犯服刑地的中级人民法院执行。

(三)死刑执行的监督

被判处死刑的罪犯在被执行死刑时,人民检察院应当派员临场监督。死刑执行临场监督由人民检察院监所检察部门负责;必要时,监所检察部门应当在执行前向公诉部门了解案件有关情况,公诉部门应当提供有关情况。执行死刑临场监督,由检察人员负责,并配备书记员担任记录。

(四)执行死刑的指挥人员及其工作

根据我国刑事诉讼法第 252 条第 4 款的规定,指挥执行的审判人员,对罪犯应当验明正身,讯问有无遗言、信札,然后交付执行人员执行死刑。在执行前,如果发现可能有错误,应当暂停执行,报请最高人民法院裁定。

(五)死刑罪犯同近亲属会见

在执行死刑前,罪犯能否同近亲属会见,刑事诉讼法没有规定。但是,根据最高人民法院的有关规定,执行死刑前,罪犯提出会见其近亲属或者近亲属提出会见罪犯申请的,人民法院可以准许。这一规定体现了人道精神,又为罪犯向其家属交代后事提供了方便条件,同时,也符合对所有罪犯在交付执行前允许会见家属的法律规定。当然,在会见时,应当做好警戒等事宜,以防发生意外。

(六)执行死刑的方法和场所

我国刑事诉讼法第252条规定,死刑采用枪决或者注射等方法执行。采用枪决、注射以外的其他方法执行死刑的,应当事先报请最高人民法院批准。死刑可以在刑场或者指定的羁押场所内执行。

采用枪决方法执行死刑,人民法院有条件执行的,交由司法警察执行,没有条件执行的,交由武装警察执行。关于采用注射方法执行死刑的执行人员,法律虽然未予规定,但应由法医或者医师进行。

(七)执行死刑应当公布,不应示众

根据最高人民法院《解释》第426条的规定,执行死刑应当公布,禁止游街示众或者其他有辱罪犯人格的行为。公布执行死刑,可以震慑犯罪,鼓舞人民群众同犯罪作斗争,但是,张贴布告应当选择适当的场所,防止发生负面效应和不良影响。

对于在刑场执行死刑的罪犯,禁止游街示众以及一切侮辱其人格、有伤风化的情况发生。

(八)执行死刑后的处理

最高人民法院《解释》第427条规定:"执行死刑后,应当由法医验明罪犯确实死亡,在场书记员制作笔录。负责执行的人民法院应当在执行死刑后十五日内将执行情况,包括罪犯被执行死刑前后的照片,上报最高人民法院。"执行死刑完毕,由法医验明罪犯确实死亡后,在场书记员制作笔录。交付执行的人民法院应当将执行死刑情况(包括执行死刑前后照片)及时逐级上报最高人民法院。

执行死刑后,通知罪犯家属,对罪犯遗物、遗款等应当查点清楚,并列出清单，交其家属领取，并将收条交付执行的人民法院附卷。除此之外，交付执行的人民法院还应当办理以下事项：

一是对死刑罪犯的遗书、遗言笔录，应当及时进行审查，涉及财产继承、债务清偿、家属嘱托等内容的，将遗书、遗言笔录交给其家属，同时复制存卷备查，涉及案件线索等问题的，应当抄送有关机关。

二是通知罪犯家属在限期内领取罪犯尸体；有火化条件的通知其领取骨灰。过期不领取的，由人民法院通知有关单位处理。对于死刑罪犯的尸体或骨灰的处理情况，应当记录在卷。

三是对外国籍罪犯执行死刑后，通知外国驻华使、领馆的程序和时限，依照有关规定办理。

二、死刑的停止执行

为体现执行死刑的慎重性，尽最大可能防止错杀，刑事诉讼法第 251 条第 1 款规定："下级人民法院接到最高人民法院执行死刑的命令后，应当在七日以内交付执行。但是发现有下列情形之一的，应当停止执行，并且立即报告最高人民法院，由最高人民法院作出裁定：（一）在执行前发现判决可能有错误的；（二）在执行前罪犯揭发重大犯罪事实或者有其他重大立功表现，可能需要改判的；（三）罪犯正在怀孕。"以上第（一）项、第（二）项原因消失后，必须报请最高人民法院院长再签发执行命令；因第（三）项原因停止执行的，应当报请最高人民法院依法改判。

最高人民法院《解释》第 418 条规定，第一审人民法院在接到执行死刑命令后、执行前，发现有下列情形之一的，应当暂停执行，并立即将请求停止执行死刑的报告和相关材料层报最高人民法院：罪犯可能有其他犯罪的；共同犯罪的其他犯罪嫌疑人到案，可能影响罪犯量刑的；共同犯罪的其他罪犯被暂停或者停止执行死刑，可能影响罪犯量刑的；罪犯揭发重大犯罪事实或者有其他重大立功表现，可能需要改判的；罪犯怀孕的；判决、裁定可能有影响定罪量刑的其他错误的。最高人民法院经审查，认为可能影响罪犯定罪量刑的，应当裁定停止执行死刑；认为不影响的，应当决定继续执行死刑。

为确保死刑案件停止执行死刑程序依法进行，根据最高人民法院的相关规定，停止执行的程序是：

1. 下级人民法院在接到最高人民法院执行死刑命令后、执行前，发现该案具有"可能有错误"的法定情形，应当暂停执行死刑，并立即将请求停止执行死刑的报告及相关材料层报最高人民法院审批。如果是最高人民法院在执行死刑命令签发后、执行前,发现有上述情形的,应当立即裁定下级人民法院停止执行死刑,并将有关材料移交下级人民法院。

2. 下级人民法院停止执行死刑或接到最高人民法院裁定停止执行死刑的,应当立即会同有关部门调查核实,并及时将调查结果和意见层报最高人民法院审核。

3. 最高人民法院经审查,认为不影响罪犯定罪量刑的,应当裁定下级人民法院继续执行死刑;认为可能影响定罪量刑的,应当裁定下级人民法院停止执行死刑。

最高人民法院对下级人民法院报送请求停止执行死刑的报告和相关材料,由作出核准死刑裁判的原合议庭负责审查,必要时,依法另行组成合议庭进行审查。

4. 最高人民法院对于依法已停止执行死刑的案件处理。根据最高人民法院有关规定,可分别作出如下处理:(1)确认罪犯怀孕的,应当改判;(2)确认罪犯有其他犯罪,依法应当追诉的,应当裁定不予核准死刑,撤销原判,发回重新审判;(3)确认原判决、裁定有错误或者罪犯有重大立功表现,需要改判的,应当裁定不予核准死刑,撤销原判,发回重新审判;(4)确认原判决、裁定没有错误,罪犯没有重大立功表现,或者重大立功表现不影响原判决、裁定执行的,应当裁定继续执行死刑,并由院长重新签发执行死刑的命令。

三、死刑缓期2年执行、无期徒刑、有期徒刑和拘役判决的执行

刑事诉讼法第253条规定,罪犯被交付执行刑罚的时候,应当由交付执行的人民法院在判决生效后10日以内将有关的法律文书送达公安机关、监狱或者其他执行机关。最高人民法院《解释》第429条也同时规定:“被判处死刑缓期执行、无期徒刑、有期徒刑、拘役的罪犯,交付执行时在押的,第一审人民法院应当在判决、裁定生效后十日内,将判决书、裁定书、起诉书副本、自诉状复印件、执行通知书、结案登记表送达看守所,由公安机关将罪犯交付执行。罪犯需要收押执行刑罚,而判决、裁定生效前未被羁押的,人民法院应当根据生效的判决书、裁定书将罪犯送交看守所羁押,并依照前款的规定办理执行手续。”

应当送监执行的第一审刑事被告人是第二审附带民事诉讼被告人的,在第二审附带民事诉讼案件审结前,可以暂缓送监执行。

同案审理的案件中，部分被告人被判处死刑，对未被判处死刑的同案被告人需要羁押执行刑罚的，应当在其判决、裁定生效后10日内交付执行。但是，该同案被告人参与实施有关死刑之罪的，应当在最高人民法院复核讯问被判处死刑的被告人后交付执行。执行通知书回执经看守所盖章后，应当附卷备查。

根据我国刑事诉讼法第253条第1款和监狱法第16条及有关法律规定，罪犯被交付执行刑罚的时候，应当由交付执行的人民法院在判决生效后10日以内将有关的法律文书送达公安机关、监狱或者其他执行机关。对于一案有几名罪犯的，交付执行的人民法院应当按照他们的人数送达下述法律文书：(1)人民检察院起诉书副本、自诉状复印件；(2)人民法院的判决书、裁定书；(3)人民法院的执行通知书；(4)人民法院的结案登记表。以上4种法律文书必须同时具备，缺一不可。送达这些法律文书，有利于执行机关了解罪犯的犯罪性质、诉讼过程、罪犯的认罪态度等，以便有针对性地对其进行卓有成效的教育和改造，充分发挥刑罚执行的作用。

根据我国刑事诉讼法第253条第2款、第3款的规定，对于被判处死刑缓期2年执行、无期徒刑、有期徒刑的罪犯，由公安机关依法将该罪犯送交监狱执行刑罚；对于被判处有期徒刑的罪犯，在被交付执行刑罚前，剩余刑期在3个月以下的，由看守所代为执行；对于被判处拘役的罪犯，由公安机关执行；对于未成年犯应当在未成年犯管教所执行刑罚。对那些不需要在有关监所关押执行的罪犯，将判决、裁定、决定送交社区矫正机构执行。这些不同的执行场所和方式，是根据刑罚的不同种类、刑期长短以及罪犯的不同情况而定的。

法律规定对于已满14周岁不满18周岁的未成年犯，应当在未成年犯管教所执行刑罚。法律将未成年犯与成年犯区别对待，主要是基于以下原因：(1)未成年犯管教所比监狱在监管上相对宽松，更能适应未成年犯在生理上、心理上的承受能力；(2)将未成年罪犯与成年罪犯实行分押分管，可以防止成年罪犯对未成年犯进行传授、教唆活动，造成不良后果；(3)将成年犯集中在特定场所执行，便于对他们进行有针对性的教育改造，能够更好地进行文化知识、生产技能教育；(4)对未成年犯在“管教所”执行，可以避免给他们造成监狱烙印和心理伤害等。实践证明，这种做法效果良好。

未被逮捕的罪犯，经人民法院判处拘役或者有期徒刑以上刑罚的，公安机关可以根据执行通知书、已生效的判决书等，将其送交相应的执行机关执行，不另外办理逮捕手续。

执行机关收押罪犯后，应当将罪犯罪名、刑期、执行地址等自收监之日起5日以内通知罪犯家属。对于罪犯在服刑中死亡、调动、逃脱满2个月未捕回或捕回后有变动的，执行机关应当书面报告交付执行的人民法院及对其实行监督的人民检察院。

被判处有期徒刑、拘役罪犯的刑期，从判决执行之日起计算，判决前被拘留和逮捕的，羁押1日折抵刑期1日；被监视居住的，被监视居住2日折抵刑期1日。服刑期满，执行机关立即释放并发给释放证明。对被判处死缓罪犯的减刑，必须在2年期满后及时进行，执行机关不得任意拖延或者提前；但是，罪犯缓刑期间故意犯罪并查证属实后由最高人民法院核准死刑的，即可执行死刑，不受2年期限的限制。如果罪犯在2年期满被减为无期徒刑或者有期徒刑后故意犯罪的，不能执行死刑，只能依法对所犯新罪作出判决，把前罪没有执行的刑罚和后罪所判处的刑罚，依照数罪并罚原则，决定应执行的刑罚。

四、有期徒刑缓刑、拘役缓刑的执行

缓刑是指在具备一定的法定条件下，对被判处一定刑罚的罪犯，在一定期间内暂缓执行刑罚，缓刑考验期满，原判刑罚就不再执行的一种制度。缓刑不是一种刑罚，而是有条件地暂缓执行刑罚，在一定期限内予以考验的执行方式。人民法院对于被判处拘役、3年以下有期徒刑的罪犯，根据其情节和悔罪表现，认为适用缓刑确实不致再危害社会的，可以宣告缓刑。缓刑必须有一定的缓刑考验期。拘役的缓刑考验期为原判刑期以上、1年以下，但是不能少于2个月。有期徒刑的缓刑考验期为原判刑期以上、5年以下，但是不能少于1年。如果被同时判处附加刑的，附加刑仍应执行。根据我国刑法第72条的规定，缓刑包括拘役缓刑和有期徒刑缓刑。

被宣告缓刑的犯罪分子，应当遵守下列规定：(1)遵守法律、行政法规，服从监督；(2)按照考察机关的规定报告自己的活动情况；(3)遵守考察机关关于会客的规定；(4)离开所居住的市、县或者迁居，应当报告考察机关批准；(5)不得在缓刑考验期限内从事特定活动，进入特定区域、场所、接触特定的人。宣告缓刑的罪犯，没有附加剥夺政治权利的，缓刑期间不应限制其政治权利，参加劳动的，实行同工同酬。罪犯如果在考验期限内没有违反上述规定的，缓刑考验期满，原判刑罚不再执行，并向群众公开宣告；如果罪犯在考验期内犯新罪或者发现判决宣告以前还有其他没有判决的罪行，应当撤销缓刑，对新罪或漏罪作出判决，然后把前罪和后罪所处的刑罚，依照数罪并罚原则，决定执行的刑罚，收监执行。

被宣告缓刑的罪犯，在缓刑考验期内违反法律、行政法规以及有关缓刑监督管理规定，情节严重的，应当撤销缓刑，执行原判刑罚。已执行的缓刑考验期不能折抵刑期，但是，判决执行前先行羁押日期，应予折抵。

五、管制、剥夺政治权利判决的执行

管制是指对轻微犯罪分子不予关押，在社区矫正机构的管理和监督下实行矫正的一种刑罚。管制是独立的刑种，为我国所独创。这种刑种的适用，对于减少监狱压力，促使罪犯自食其力，防止其在监狱内交叉感染等方面均有重要意义。

管制的执行。第一审人民法院判决被告人管制，宣判时如果被告人在押的，应当通知公安机关变更强制措施，待判决生效后，将有关的法律文书送达社区矫正机构执行。

管制的期限为3个月以上、2年以下。在执行管制期间，罪犯应遵守下列规定：(1)遵守法律、行政法规，服从监督；(2)未经执行机关批准，不得行使言论、出版、集会、结社、游行、示威自由的权利；(3)按执行机关规定报告活动情况；(4)遵守关于会客的规定；(5)离开所居住的市、县或迁居，应经批准。此外，不得从事特定活动，进入特定区域、场所和接触特定的人，违者由公安机关依照《中华人民共和国治安管理处罚法》处罚。罪犯在被管制期间，有权参加劳动并得到同工同酬待遇。

执行和解除管制，应当向公众宣布。管制期满，执行机关应当及时解除，附加剥夺政治权利的，应同时宣布恢复其政治权利。管制的刑期，从判决执行之日起计算；判决执行以前先行羁押的，羁押1日折抵刑期2日。

剥夺政治权利是我国刑法规定的一种附加刑，也可以单独适用。根据我国刑法第54条的规定，对罪犯剥夺政治权利，主要是指剥夺其选举权和被选举权；言论、出版、集会、结社、游行、示威自由权利；担任国家机关职务权利；担任国有公司、企业、事业单位和人民团体领导职务等权利。在执行期间，罪犯应当遵守法律、行政法规和社区矫正以及公安部门有关监督管理的规定，服从监督。

剥夺政治权利的刑期，从徒刑、拘役执行完毕之日或者从假释之日起计算，其效力当然适用于主刑执行期间。我国刑事诉讼法第259条规定："对被判处剥夺政治权利的罪犯，由公安机关执行。执行期满，应当由执行机关书面通知本人及其所在单位、居住地基层组织。”

六、罚金、没收财产判决的执行

财产部分判决包括判处罚金、没收财产和附带民事诉讼中的财产部分。

根据刑事诉讼法的规定，被判处罚金的罪犯，应当在判决指定的期限内一次或者分期缴纳，期满不缴纳时，人民法院应当强制缴纳。强制缴纳仍不能全部缴纳的，人民法院在任何时候，包括在判处的主刑执行完毕后，发现被执行人有可以执行的财产的，应当追缴。对于被判处刑罚的自然人，期满无故不缴纳的，人民法院可以通知其所在单位扣发工资或采取查封、变卖罪犯个人财产等方式执行；对判处罚金的犯罪单位，人民法院可采取划拨存款等措施。行政机关对被告人就同一事实已经处以罚款的，人民法院判处罚金时，应当予以折抵。对于罪犯缴纳的罚金，应当按照规定及时上缴国库，任何机关、单位和个人都不得挪用或者私分。

没收财产是指将犯罪分子个人所有财产的一部或全部依法无偿地收归国有的一种刑罚。我国刑事诉讼法第 261 条规定：“没收财产的判决，无论附加适用或者独立适用，都由人民法院执行；在必要的时候，可以会同公安机关执行。”为了防止没收财产判决在执行前罪犯或其他人转移财产影响执行，第一审人民法院可以先行查封、扣押和冻结被告人财产。没收财产的范围，只限于犯罪分子个人所有财产的一部或全部。没收全部财产的，应对罪犯个人及其抚养的家属保留必要的费用，不得没收属于罪犯家属所有或者应有的财产。对于没收财产以前犯罪分子所负的正当债务，需要以没收的财产偿还的，经债权人请求，应当偿还。对于没收的财产，人民法院应当按照有关规定及时上缴国库或财政部门，任何机关、单位和个人都不得私用、调换及压价拍卖或变相私分。

对附带民事诉讼中财产部分的执行，应当按照我国民事诉讼法和最高人民法院有关规定执行。被判处财产刑，同时又承担附带民事赔偿责任的被执行人，应当先履行民事赔偿责任。判处财产刑之前被执行人所负正当债务，需要以被执行的财产偿还的，经债权人请求，应当偿还。执行财产刑过程中，具有下列情形之一的，人民法院应当裁定中止执行：执行标的物系人民法院或者仲裁机构正在审理案件的争议标的物，需等待该案件审理完毕确定权属的；案外人对执行标的物提出异议的；应当中止执行的其他情形。中止执行的原因消除后，应当恢复执行。执行财产刑过程中，具有下列情形之一的，人民法院应当裁定终结执行：据以执行的判决、裁定被撤销的；被执行人死亡或者被执行死刑，且无财产可供执行的；被判处罚金的单位终止,且无财产可供执行的;依照刑法第 53 条规定免除罚金的;应当终结执行的其他情形。裁定终结执行后,发现被执行人的财产有被隐匿、转移等情形的,应当追缴。财产刑全部或者部分被撤销的,已经执行的财产应当全部或者部分返还被执行人;无法返还的,应当依法赔偿。

因遭遇不能抗拒的灾祸缴纳罚金确有困难,被执行人申请减少或者免除罚金的,应当提交相关证明材料。人民法院应当在收到申请后 1 个月内作出裁定。符合法定减免条件的,应当准许;不符合条件的,驳回申请。

对判处财产刑的犯罪分子或者附带民事诉讼裁判中有执行财产内容的被告人,在本地无财产可供执行的,原审人民法院可以委托财产所在地的人民法院代为执行。代为执行的人民法院执行后或者无法执行的,应当将情况及时通知委托的人民法院。代为执行的人民法院可以将执行财产刑的财产直接上缴国库;需要退赔的财产,应当由执行的人民法院移交委托的人民法院依法退赔。

七、无罪判决和免除刑罚判决的执行

无罪判决是指人民法院依法确认被告人的行为不构成犯罪或者依法不追究和不能追究其刑事责任的一种决定。它包括被告人行为不构成犯罪、具有法定不应追究刑事责任和证据不足、指控的犯罪不能成立的无罪判决。免除刑事处罚判决是人民法院依法作出的确认被告人有罪但因具有法定免除刑罚情形而免予刑事处罚的决定。

我国刑事诉讼法第 249 条规定:“第一审人民法院判决被告人无罪、免除刑事处罚的,如果被告人在押,在宣判后应当立即释放。”该规定表明,如果人民法院作出无罪判决和免除刑罚判决,在其未发生法律效力以前,就应当立即释放已被羁押的被告人,即使在判决宣告后当事人提出上诉或者人民检察院提出抗诉,人民法院也应当将判决书立即送达公安机关,由公安机关通知看守所填写释放证明并立即发给被告人,绝不能对其继续关押。

第三节　执行的变更及其他处理

执行的变更是指人民法院、监狱及其他执行机关对生效裁判在交付执行或执行过程中出现法定需要改变刑法种类或执行方法的情形后,依照法定程序予以改变的活动。刑事执行的变更与按照审判监督程序对案件进行改判虽有相

似之处，但是，二者在性质上截然不同，执行的变更是根据罪犯在服刑中出现了新的规定所进行的减刑、假释、暂予监外执行等，与原判是否正确无关，而依照审判监督程序对案件进行改判的前提，是原裁判确有错误，所以二者法律性质不同。

一、死刑缓期2年执行的变更

死刑缓期2年执行是我国刑罚中死刑的一种特殊执行方法，是对罪该判处死刑但具有不必立即执行的法定条件而在判处死刑的同时宣告缓期2年执行，实行监督改造以观后效的制度。死刑缓期2年执行必然产生减刑或者执行死刑结果中的一种，无论出现哪一种结果，都涉及执行的变更。

根据我国刑事诉讼法第250条第2款的规定："被判处死刑缓期二年执行的罪犯，在死刑缓期执行期间，如果没有故意犯罪，死刑缓期执行期满，应当予以减刑，由执行机关提出书面意见，报请高级人民法院裁定；如果故意犯罪，查证属实，应当执行死刑，由高级人民法院报请最高人民法院核准。"

对死缓罪犯报请减刑的程序，根据最高人民法院《解释》第449条的规定，对被判处死刑缓期执行的罪犯的减刑，由罪犯服刑地的高级人民法院根据同级监狱管理机关审核同意的减刑建议书裁定。根据最高人民法院《解释》第454条的规定，人民法院作出减刑、假释裁定后，应当在7日内送达提请减刑、假释的执行机关、同级人民检察院以及罪犯本人。

二、暂予监外执行

暂予监外执行是指对被判处无期徒刑、有期徒刑、拘役的罪犯因具备或出现法定特殊情形不宜在监内执行时，暂时将其放在监外交由社区矫正机构执行的一种变通方法。

（一）暂予监外执行的适用对象及条件

1. 暂予监外执行的适用对象

根据我国刑事诉讼法第254条规定，对被判处有期徒刑或者拘役的罪犯，具备法定情形的，可以暂予监外执行。同时，对被判处无期徒刑的罪犯，有怀孕或者正在哺乳自己婴儿的妇女情形的，也可以暂予监外执行。

2. 暂予监外执行的条件

根据我国刑事诉讼法第254条规定，可以适用暂予监外执行的情形有：(1)有严重疾病需要保外就医的；(2)怀孕或者正在哺乳自己婴儿的妇女；(3)生活不能自理，适用暂予监外执行不致危害社会的。

为了防止罪犯在监外危害社会和保外就医被滥用,我国刑事诉讼法第 254 条第 3 款还作了限制性规定,即对适用保外就医可能有社会危险性的罪犯,或者自伤自残的罪犯,不得保外就医。刑事诉讼法第 254 条第 4 款还规定,对罪犯确有严重疾病,必须保外就医的,由省级人民政府指定的医院诊断并开具证明文件。

(二)暂予监外执行决定、批准机关及其程序

1. 决定或批准暂予监外执行的机关

我国刑事诉讼法第 254 条第 5 款规定:"在交付执行前,暂予监外执行由交付执行的人民法院决定;在交付执行后,暂予监外执行由监狱或者看守所提出书面意见,报省级以上监狱管理机关或者设区的市一级以上公安机关批准。"

2. 暂予监外执行的程序

最高人民法院《解释》第 432 条第 1 款规定:"被判处无期徒刑、有期徒刑或者拘役的罪犯,符合刑事诉讼法第二百五十四条第一款、第二款的规定,人民法院决定暂予监外执行的,应当制作暂予监外执行决定书,写明罪犯基本情况、判决确定的罪名和刑罚、决定暂予监外执行的原因、依据等,通知罪犯居住地的县级司法行政机关派员办理交接手续,并将暂予监外执行决定书抄送罪犯居住地的县级人民检察院和公安机关。"

我国刑事诉讼法第 256 条规定:"决定或者批准暂予监外执行的机关应当将暂予监外执行决定抄送人民检察院。人民检察院认为暂予监外执行不当的,应当自接到通知之日起一个月以内将书面意见送交决定或者批准暂予监外执行的机关,决定或者批准暂予监外执行的机关接到人民检察院的书面意见后,应当立即对该决定进行重新核查。"

对暂予监外执行罪犯的处理,根据我国刑事诉讼法第 257 条的规定,对暂予监外执行的罪犯,有下列情形之一的,应当及时收监:(1)发现不符合暂予监外执行条件的;(2)严重违反有关暂予监外执行监督管理规定的;(3)暂予监外执行的情形消失后,罪犯刑期未满的。对于人民法院决定暂予监外执行的罪犯应当予以收监的,由人民法院作出决定,将有关的法律文书送达公安机关、监狱或者其他执行机关。不符合暂予监外执行条件的罪犯通过贿赂等非法手段被暂予监外执行的,在监外执行的期间不计入执行刑期。罪犯在暂予监外执行期间脱逃的,脱逃的期间不计入执行刑期。罪犯在暂予监外执行期间死亡的,执行机关应当及时通知监狱或者看守所。

三、减刑和假释

减刑和假释是我国刑罚执行中的重要制度,充分体现了惩罚与教育改造相结合和“给出路”的刑事政策。

(一)减刑

减刑是对于被判处管制、拘役、有期徒刑、无期徒刑的犯罪分子,在执行期间确有悔改或者立功表现的,可以依法减轻其原判刑罚的一种制度。

我国刑事诉讼法第 262 条第 2 款规定:“被判处管制、拘役、有期徒刑或者无期徒刑的罪犯,在执行期间确有悔改或者立功表现,应当依法予以减刑、假释的时候,由执行机关提出建议书,报请人民法院审核裁定,并将建议书副本抄送人民检察院。人民检察院可以向人民法院提出书面意见。”

1. 减刑的条件

根据我国刑法第 78 条的规定,有下列重大立功表现之一的,应当减刑:(1)阻止他人重大犯罪活动的;(2)检举监狱内外重大犯罪活动,经查证属实的;(3)有发明创造或者重大技术革新的;(4)在日常生产、生活中舍己救人的;(5)在抗御自然灾害或者排除重大事故中,有突出表现的;(6)对国家和社会有其他重大贡献的。

2. 减刑案件的管辖

根据最高人民法院《解释》第 449 条的规定,对减刑、假释案件,应当按照下列情形分别处理:(1)对被判处死刑缓期执行的罪犯的减刑,由罪犯服刑地的高级人民法院根据同级监狱管理机关审核同意的减刑建议书裁定;(2)对被判处无期徒刑的罪犯的减刑、假释,由罪犯服刑地的高级人民法院,在收到同级监狱管理机关审核同意的减刑、假释建议书后 1 个月内作出裁定,案情复杂或者情况特殊的,可以延长 1 个月;(3)对被判处有期徒刑和被减为有期徒刑的罪犯的减刑、假释,由罪犯服刑地的中级人民法院,在收到执行机关提出的减刑、假释建议书后 1 个月内作出裁定,案情复杂或者情况特殊的,可以延长 1 个月;(4)对被判处拘役、管制的罪犯的减刑,由罪犯服刑地中级人民法院,在收到同级执行机关审核同意的减刑、假释建议书后 1 个月内作出裁定。

(二)假释

假释是对被判处有期徒刑、无期徒刑的犯罪分子,在执行一定刑期之后,因其遵守监规,接受教育和改造,确有悔改表现,不致再危害社会,而附条件地将其予以提前释放的制度。

1. 假释的对象

根据我国刑法第 81 条的规定，假释的对象只能是被判处有期徒刑和无期徒刑的犯罪分子。对累犯以及因故意杀人、强奸、抢劫、绑架、放火、爆炸、投放危险物质或者有组织的暴力性犯罪被判处 10 年以上有期徒刑、无期徒刑的犯罪分子，不得假释。

2. 假释的条件

根据我国刑法第 81 条的规定，被判处有期徒刑的犯罪分子，执行原判刑期二分之一以上，被判处无期徒刑的犯罪分子，实际执行 13 年以上，如果认真遵守监规，接受教育改造，确有悔改表现，没有再犯罪的危险的，可以假释。

3. 假释案件的管辖

根据我国刑事诉讼法的规定，对假释案件的管辖和减刑案件基本相同。

(三)对减刑、假释的审理及期限

1. 对减刑、假释案件的审查

最高人民法院《解释》第 450 条规定，受理减刑、假释案件，应当审查执行机关移送的材料是否包括下列内容：(1)减刑、假释建议书；(2)终审法院的裁判文书、执行通知书、历次减刑裁定书的复制件；(3)证明罪犯确有悔改、立功或者重大立功表现具体事实的书面材料；(4)罪犯评审鉴定表、奖惩审批表等；(5)罪犯假释后对所居住社区影响的调查评估报告；(6)根据案件情况需要移送的其他材料。经审查，材料不全的，应当通知提请减刑、假释的执行机关补送。

2. 对减刑、假释案件的审理

最高人民法院《解释》第 453 条规定，审理减刑、假释案件，应当组成合议庭，可以采用书面审理的方式，但下列案件应当开庭审理：(1)因罪犯有重大立功表现提请减刑的；(2)提请减刑的起始时间、间隔时间或者减刑幅度不符合一般规定的；(3)社会影响重大或者社会关注度高的；(4)公示期间收到投诉意见的；(5)人民检察院有异议的；(6)有必要开庭审理的其他案件。

3. 对减刑、假释案件的公示

最高人民法院《解释》第 452 条规定，审理减刑、假释案件，应当对以下内容予以公示：(1)罪犯的姓名、年龄等个人基本情况；(2)原判认定的罪名和刑期；(3)罪犯历次减刑情况；(4)执行机关的减刑、假释建议和依据。公示应当写明公示期限和提出意见的方式。公示地点为罪犯服刑场所的公共区域；有条件的地方,可以面向社会公示。

4. 对减刑、假释的执行及处理

根据我国刑事诉讼法第 258 条的规定,对被判处管制、宣告缓刑、假释或者暂予监外执行的罪犯,依法实行社区矫正,由社区矫正机构负责执行。

根据最高人民法院《解释》第 454 条的规定,人民法院作出减刑、假释裁定后,应当在 7 日内送达提请减刑、假释的执行机关、同级人民检察院以及罪犯本人。

四、对新罪、漏罪的追究程序

新罪是指罪犯在服刑期间实施了触犯刑律并应当被追究刑事责任的行为。漏罪是指罪犯在服刑过程中发现其在判决宣告以前实施的尚未被判决的罪行。对于罪犯在服刑过程中,无论是又犯新罪还是被发现有漏罪,都应当依法予以追究。

我国刑事诉讼法第 262 条第 1 款规定:"罪犯在服刑期间又犯罪的,或者发现了判决的时候所没有发现的罪行,由执行机关移送人民检察院处理。"发现了罪犯的新罪,都应依法追诉,这必然会涉及执行的变更问题。

根据上述法律规定,如果发现新罪与漏罪,负责执行机关必须移送人民检察院处理。在刑罚执行期间,如果发现了罪犯在判决以前所犯的尚未判决的漏罪,或者罪犯实施了脱逃、组织越狱、伤害等新罪,由监狱进行侦查。侦查终结后,监狱应写出起诉意见书,连同案卷材料、证据一并移送监狱所在地的人民检察院审查决定是否提起公诉。罪犯在看守所服刑期间又犯新罪的,由主管的县级公安机关侦查终结后,写出起诉意见书,连同案卷材料、证据,一并移送当地人民检察院审查决定。被判处管制、剥夺政治权利,以及暂予监外执行、宣告缓刑和假释的罪犯,在服刑期间或考验期内又犯新罪的,由负责执行或者监督的公安机关侦查终结后,认为需要提起公诉的,移送当地人民检察院审查决定。

对于服刑罪犯脱逃后又犯新罪的,应当区分不同的情况予以处理。如果新罪是在被捕后发现的,应按前述管辖和处理程序进行追究;如果罪犯所犯罪行是在犯罪地发现的,则由犯罪地的公安机关、人民检察院、人民法院依照管辖范围和法定程序进行处理。判决后,原则上仍将罪犯送回原所在监狱执行刑罚。

对于服刑罪犯脱逃后又犯罪是否办理逮捕手续的问题,应当区分不同的情况进行处理:(1)如果查明查获的犯罪分子确为服刑期间脱逃的罪犯,可由捕获该罪犯的公安机关羁押,不必再办理逮捕手续,看守所应当凭公安机关的羁押文件收押；(2)如果未查明犯罪人系服刑期间脱逃的罪犯，其行为又符合逮捕条件的，可依法办理逮捕手续；(3)在办理服刑期间又犯新罪的，如果罪犯服刑期满，所犯新罪符合逮捕条件的，应当由人民检察院或人民法院批准或者决定逮捕。

对于新罪的处罚，是把前罪没有执行完的刑罚与后罪所判处的刑罚采用数罪并罚的原则合并执行。对于漏罪，是对漏罪作出判决后所决定的刑罚与原判决决定的刑罚按照数罪并罚的原则合并执行，其中已经执行的刑期，应计算在内。

五、对错判和申诉的处理

我国刑事诉讼法第 264 条规定："监狱和其他执行机关在刑罚执行中，如果认为判决有错误或者罪犯提出申诉，应当转请人民检察院或者原判人民法院处理。"人民法院或人民检察院对收到的申诉材料及意见，应当及时进行审查。对于发现原判确实存在错误的，可以按照审判监督程序提起再审或抗诉。经过再审，对确有错误的原判予以撤销，作出新的判决，从而变更原执行。对于原判正确，申诉没有理由的，可以驳回申诉，并将处理结果通知申诉人和有关执行机关。根据监狱法的规定，人民检察院或者人民法院应当自收到监狱提请处理意见书之日起 6 个月内将处理结果通知监狱。

第四节　人民检察院对执行的监督

一、对执行死刑的监督

我国刑事诉讼法第 252 条第 1 款规定："人民法院在交付执行死刑前，应当通知同级人民检察院派员临场监督。"第一审人民法院在执行死刑 3 日前，应当通知同级人民检察院派员临场监督。

人民检察院收到同级人民法院执行死刑临场监督通知后，应当查明同级人民法院是否收到最高人民法院核准死刑的裁定或者作出的死刑判决、裁定和执行死刑的命令。临场监督执行死刑的检察人员应当依法监督执行死刑的场所、方法和执行死刑的活动是否合法。在执行死刑前，发现有下列情形之一的，应当建议人民法院立即停止执行：(1)被执行人并非应当执行死刑的罪犯的；(2)罪犯犯罪时不满 18 周岁，或者审判的时候已满 75 周岁，依法不应当适用死刑的；(3)判决可能有错误的；(4)在执行前罪犯有检举揭发他人重大犯罪行为等重大立功表现，可能需要改判的；(5)罪犯正在怀孕的。在执行死刑过程中，人民检察院临场监督人员根据需要可以进行拍照、录像；执行死刑后，人民检察院临场监督人员应当检查罪犯是否确已死亡，并填写死刑执行临场监督笔录，签名后入卷归档。人民检察院发现人民法院在执行死刑活动中有侵犯被执行死刑罪犯的人身权、财产权或者其近亲属、继承人合法权利等违法情形的，应当依法向人民法院提出纠正意见。

二、对死刑缓期2年执行的判决、裁定执行情况的监督

人民检察院《规则》(试行)第639条规定，判处被告人死刑缓期2年执行的判决、裁定在执行过程中，人民检察院监督的内容主要包括：(1)死刑缓期执行期满，符合法律规定应当减为无期徒刑、有期徒刑条件的，监狱是否及时提出减刑建议提请人民法院裁定，人民法院是否依法裁定；(2)罪犯在缓期执行期间故意犯罪，监狱是否依法侦查和移送起诉；罪犯确系故意犯罪的，人民法院是否依法核准或者裁定执行死刑。

被判处死刑缓期2年执行的罪犯在死刑缓期执行期间故意犯罪，执行机关移送人民检察院受理的，由罪犯服刑所在地的分、州、市人民检察院审查决定是否提起公诉。

人民检察院发现人民法院对被判处死刑缓期2年执行的罪犯减刑不当的，应当依照人民检察院《规则》(试行)第653条、第654条的规定，向人民法院提出纠正意见。罪犯在死刑缓期执行期间又故意犯罪，经人民检察院起诉后，人民法院仍然予以减刑的，人民检察院应当依照人民检察院《规则》(试行)第14章第4节的规定，向人民法院提出抗诉。

三、对判决、裁定交付执行活动的监督

人民检察院发现人民法院、公安机关、看守所的交付执行活动有下列违法情形之一的，应当依法提出纠正意见：(1)交付执行的第一审人民法院没有在判决、裁定生效10日以内将判决书、裁定书、人民检察院的起诉书副本、自诉状复印件、执行通知书、结案登记表等法律文书送达公安机关、监狱或者其他执行机关的；(2)对被判处死刑缓期2年执行、无期徒刑或者有期徒刑余刑在3个月以上的罪犯，公安机关、看守所自接到人民法院执行通知书等法律文书后30日以内，没有将成年罪犯送交监狱执行刑罚，或者没有将未成年罪犯送交未成年犯管教所执行刑罚的；(3)对需要收押执行刑罚而判决、裁定生效前未被羁押的罪犯，第一审人民法院没有及时将罪犯收押送交公安机关，并将判决书、裁定书、

执行通知书等法律文书送达公安机关的;(4)公安机关对需要收押执行刑罚但下落不明的罪犯,在收到人民法院的判决书、裁定书、执行通知书等法律文书后,没有及时抓捕、通缉的;(5)对被判处管制、宣告缓刑或者人民法院决定暂予监外执行的罪犯,在判决、裁定生效后或者收到人民法院暂予监外执行决定后,未依法交付罪犯居住地社区矫正机构执行,或者对被单处剥夺政治权利的罪犯,在判决、裁定生效后,未依法交付罪犯居住地公安机关执行的;(6)其他违法情形。

人民检察院发现监狱在收押罪犯活动中有下列情形之一的,应当依法提出纠正意见:(1)对公安机关、看守所依照刑事诉讼法第 253 条的规定送交监狱执行刑罚的罪犯,应当收押而拒绝收押的;(2)没有已经发生法律效力的刑事判决书或者裁定书、执行通知书等有关法律文书而收押的;(3)收押罪犯与收押凭证不符的;(4)收押依法不应当关押的罪犯的;(5)其他违反收押规定的情形。对监狱依法应当收监执行而拒绝收押罪犯的,送交执行的公安机关、看守所所在地的人民检察院应当及时建议承担监督该监狱职责的人民检察院向监狱提出书面纠正意见。

人民检察院发现监狱、看守所等执行机关在管理、教育改造罪犯等活动中有违法行为的,应当依法提出纠正意见。

四、对暂予监外执行的监督

根据我国刑事诉讼法第 255 条的规定,监狱、看守所提出暂予监外执行的书面意见的,应当将书面意见的副本抄送人民检察院。人民检察院可以向决定或者批准机关提出书面意见。

人民检察院发现监狱、看守所、公安机关暂予监外执行的执法活动有下列情形之一的,应当依法提出纠正意见:(1)将不符合法定条件的罪犯提请暂予监外执行的;(2)提请暂予监外执行的程序违反法律规定或者没有完备的合法手续,或者对于需要保外就医的罪犯没有省级人民政府指定医院的诊断证明和开具的证明文件的;(3)监狱、看守所提出暂予监外执行书面意见,没有同时将书面意见副本抄送人民检察院的;(4)罪犯被决定或者批准暂予监外执行后,未依法交付罪犯居住地社区矫正机构实行社区矫正的;(5)对符合暂予监外执行条件的罪犯没有依法提请暂予监外执行的;(6)发现罪犯不符合暂予监外执行条件,或者在暂予监外执行期间严重违反暂予监外执行监督管理规定,或者暂予监外执行的条件消失且刑期未满,应当收监执行而未及时收监执行或者未提出收监执行建议的;(7)人民法院决定将暂予监外执行的罪犯收监执行,并将有关法律文书送达公安机关、监狱、看守所后,监狱、看守所未及时收监执行的;(8)对不符合暂予监外执行条件的罪犯通过贿赂等非法手段被暂予监外执行以及在暂予监外执行期间脱逃的罪犯,监狱、看守所未建议人民法院将其监外执行期间、脱逃期间不计入执行刑期或者对罪犯执行刑期计算的建议违法、不当的;(9)暂予监外执行的罪犯刑期届满,未及时办理释放手续的;(10)其他违法情形。

人民检察院收到监狱、看守所抄送的暂予监外执行书面意见副本后,应当逐案进行审查,发现罪犯不符合暂予监外执行法定条件或者提请暂予监外执行违反法定程序的,应当在10日以内向决定或者批准机关提出书面检察意见,同时也可以向监狱、看守所提出书面纠正意见。

人民检察院接到决定或者批准机关抄送的暂予监外执行决定书后,应当进行审查。审查的内容包括:(1)是否属于被判处有期徒刑或者拘役的罪犯;(2)是否属于有严重疾病需要保外就医的罪犯;(3)是否属于怀孕或者正在哺乳自己婴儿的妇女;(4)是否属于生活不能自理,适用暂予监外执行不致危害社会的罪犯;(5)是否属于适用保外就医可能有社会危险性的罪犯,或者自伤自残的罪犯;(6)决定或者批准机关是否符合刑事诉讼法第254条第5款的规定;(7)办理暂予监外执行是否符合法定程序。

检察人员审查暂予监外执行决定,可以向罪犯所在单位和有关人员调查、向有关机关调阅有关材料。

人民检察院经审查认为暂予监外执行不当的,应当自接到通知之日起1个月以内,报经检察长批准,向决定或者批准暂予监外执行的机关提出书面纠正意见。下级人民检察院认为暂予监外执行不当的,应当立即层报决定或者批准暂予监外执行的机关的同级人民检察院,由其决定是否向决定或者批准暂予监外执行的机关提出书面纠正意见。

人民检察院向决定或者批准暂予监外执行的机关提出不同意暂予监外执行的书面意见后,应当监督其对决定或者批准暂予监外执行的结果进行重新核查,并监督重新核查的结果是否符合法律规定。对核查不符合法律规定的,应当依法提出纠正意见,并向上一级人民检察院报告。

对于暂予监外执行的罪犯,人民检察院发现罪犯不符合暂予监外执行条件、严重违反有关暂予监外执行的监督管理规定或者暂予监外执行的情形消失而罪犯刑期未满的,应当通知执行机关收监执行,或者建议决定或者批准暂予监外执行的机关作出收监执行决定。

五、对减刑、假释的监督

我国刑事诉讼法第 263 条规定,人民检察院认为人民法院减刑、假释的裁定不当,应当在收到裁定书副本后 20 日以内,向人民法院提出书面纠正意见。人民法院应当在收到纠正意见后 1 个月以内重新组成合议庭进行审理,作出最终裁定。

人民检察院收到执行机关抄送的减刑、假释建议书副本后,应当逐案进行审查,发现减刑、假释建议不当或者提请减刑、假释违反法定程序的,应当在 10 日以内向审理减刑、假释案件的人民法院提出书面检察意见,同时也可以向执行机关提出书面纠正意见。

人民检察院发现监狱等执行机关提请人民法院裁定减刑、假释的活动有下列情形之一的,应当依法提出纠正意见:(1)将不符合减刑、假释法定条件的罪犯,提请人民法院裁定减刑、假释的;(2)对依法应当减刑、假释的罪犯,不提请人民法院裁定减刑、假释的;(3)提请对罪犯减刑、假释违反法定程序,或者没有完备的合法手续的;(4)提请对罪犯减刑的减刑幅度、起始时间、间隔时间或者减刑后又假释的间隔时间不符合有关规定的;(5)被提请减刑、假释的罪犯被减刑后实际执行的刑期或者假释考验期不符合有关法律规定的;(6)其他违法情形。

人民法院开庭审理减刑、假释案件,人民检察院应当指派检察人员出席法庭,发表意见。人民检察院收到人民法院减刑、假释的裁定书副本后,应当及时进行审查。审查的内容包括:(1)被减刑、假释的罪犯是否符合法定条件,对罪犯减刑的减刑幅度、起始时间、间隔时间或者减刑后又假释的间隔时间、罪犯被减刑后实际执行的刑期或者假释考验期是否符合有关规定;(2)执行机关提请减刑、假释的程序是否合法;(3)人民法院审理、裁定减刑、假释的程序是否合法;(4)按照有关规定应当开庭审理的减刑、假释案件,人民法院是否开庭审理。检察人员审查人民法院减刑、假释裁定,可以向罪犯所在单位和有关人员进行调查,可以向有关机关调阅有关材料。

人民检察院经审查认为人民法院减刑、假释的裁定不当,应当在收到裁定书副本后 20 日以内,报经检察长批准,向作出减刑、假释裁定的人民法院提出书面纠正意见。对人民法院减刑、假释裁定的纠正意见,由作出减刑、假释裁定的人民法院的同级人民检察院书面提出。下级人民检察院发现人民法院减刑、假释裁定不当的，应当向作出减刑、假释裁定的人民法院的同级人民检察院报告。人民检察院对人民法院减刑、假释的裁定提出纠正意见后，应当监督人民法院是否在收到纠正意见后1个月以内重新组成合议庭进行审理，并监督重新作出的裁定是否符合法律规定。对最终裁定不符合法律规定的，应当向同级人民法院提出纠正意见。

六、对其他执行刑罚活动的监督

人民检察院发现监狱、看守所对服刑期满或者依法应当予以释放的人员没有按期释放，对被裁定假释的罪犯依法应当交付罪犯居住地社区矫正机构实行社区矫正而不交付，对主刑执行完毕仍然需要执行附加剥夺政治权利的罪犯依法应当交付罪犯居住地公安机关执行而不交付，或者对服刑期未满又无合法释放根据的罪犯予以释放等违法行为的，应当依法提出纠正意见。

人民检察院依法对公安机关执行剥夺政治权利的活动实行监督，发现公安机关未依法执行或者剥夺政治权利执行期满未书面通知本人及其所在单位、居住地基层组织等违法情形的，应当依法提出纠正意见。

人民检察院依法对人民法院执行罚金刑、没收财产刑以及执行生效判决、裁定中没收违法所得及其他涉案财产的活动实行监督，发现人民法院有依法应当执行而不执行，执行不当，罚没的财物未及时上缴国库，或者执行活动中其他违法情形的，应当依法提出纠正意见。

人民检察院依法对社区矫正执法活动进行监督，发现有下列情形之一的，应当依法向社区矫正机构提出纠正意见：(1)没有依法接收交付执行的社区矫正人员的；(2)违反法律规定批准社区矫正人员离开所居住的市、县，或者违反人民法院禁止令的内容批准社区矫正人员进入特定区域或者场所的；(3)没有依法监督管理而导致社区矫正人员脱管的；(4)社区矫正人员违反监督管理规定或者人民法院的禁止令，依法应予治安管理处罚，没有及时提请公安机关依法给予处罚的；(5)缓刑、假释罪犯在考验期内违反法律、行政法规或者有关缓刑、假释的监督管理规定，或者违反人民法院的禁止令，依法应当撤销缓刑、假释，没有及时向人民法院提出撤销缓刑、假释建议的；(6)对具有刑事诉讼法第257条第1款规定情形之一的暂予监外执行的罪犯，没有及时向决定或者批准暂予监外执行的机关提出收监执行建议的；(7)对符合法定减刑条件的社区矫正人员，没有依法及时向人民法院提出减刑建议的；(8)对社区矫正人员有殴打、体罚、虐待、侮辱人格、强迫其参加超时间或者超体力社区服务等侵犯其合法权利行为的;(9)其他违法情形。

人民检察院发现人民法院对依法应当撤销缓刑、假释的罪犯没有依法、及时作出撤销缓刑、假释裁定,对不符合暂予监外执行条件的罪犯通过贿赂等非法手段被暂予监外执行以及在暂予监外执行期间脱逃的罪犯的执行刑期计算错误,或者有权决定、批准暂予监外执行的机关对依法应当收监执行的罪犯没有及时依法作出收监执行决定的,应当依法提出纠正意见。

人民检察院在对人民法院、公安机关、看守所、监狱、社区矫正机构等的交付执行活动、刑罚执行活动以及其他有关执行刑事判决、裁定活动中违法行为进行监督时,参照人民检察院《规则》(试行)第632条的规定办理。

DISHIJIUZHANG

第十九章

未成年人刑事诉讼程序

未成年人的心理与生理尚未成熟，与成年人存在着较大差异，未成年人犯罪也与成年人犯罪有着很大的不同，而且，未成年人更加容易矫正。为此，世界上大多数国家都建立了专门适用于未成年人的刑事诉讼程序来处理未成年人刑事案件。我国2012年修改后的刑事诉讼法增设了“特别程序”一编，其中专章规定了“未成年人刑事案件诉讼程序”，完善了一套不同于成年人刑事案件的立案、侦查、起诉、审判和执行的诉讼程序。

第一节　办理未成年人刑事案件的方针、原则和相关制度

一、教育、感化、挽救的方针

刑事诉讼法第266条第1款规定：“对犯罪的未成年人实行教育、感化、挽救的方针，坚持教育为主、惩罚为辅的原则。”教育、感化、挽救方针是指公安司法机关在未成年人刑事案件诉讼程序中，应当加强说服教育工作，促使未成年人充分认识到自己行为的严重性，促使其悔罪服法，重新做人。具体来讲，教育是指办案人员在同未成年犯罪嫌疑人、被告人接触期间，应当积极向其进行法制宣传教育和思想教育，促使其真心悔悟。感化要求办案人员要像父母对待孩子、老师对待学生一样，在充分了解未成年人犯罪原因、家庭背景、教育状况等背景资料的基础上，从内心打动未成年人，帮助其回归正途。挽救是教育和感化未成年人的最终目标，未成年人涉世未深，大多数是因为一时冲动而犯罪，恶习还没有完全形成，应当为其提供悔改的机会，使其回归正途。当然，要正确处理教育、感化、挽救与打击、惩罚犯罪的关系，找准两者的平衡点，不能顾此失彼，在教育、感化、挽救的同时，该处罚的也一定要处罚。

二、教育为主、惩罚为辅的原则

教育为主、惩罚为辅的原则是指,在刑事诉讼中,对于有罪的未成年人要坚持教育、矫治为主,不能一味强调其所犯罪行与所处刑罚的均衡性,应尽可能采取非刑罚化的处理方式,避免给其贴上犯罪的"标签",以利于未成年人改邪归正,回归社会。当然,坚持教育为主、惩罚为辅的原则,并不意味着对应当被追究刑事责任的未成年人无原则地不处罚,而是要求从有利于教育、改造未成年罪犯的目的出发,对于可罚可不罚的尽量不罚。教育为主、惩罚为辅的原则体现了刑法保护机能和保障机能的有机结合,彰显了优先保护未成年人的基本精神。

三、分案处理原则

所谓分案处理,是指在办理未成年人刑事案件的诉讼活动中,无论在时间上还是在地点上都应当与成年人刑事案件分开进行。这是因为,未成年身心发育尚不成熟,可塑性强,易于受社会环境和他人的影响,在他们被讯问、审判和拘押时,其承受心理压力的能力有限。而且,未成年人自身主观恶性不大,还没有形成恶习,如果将其与其他成年罪犯共同关押,更容易交叉感染。

我国刑事诉讼法第 269 条第 2 款规定:"对被拘留、逮捕和执行刑罚的未成年人与成年人应当分别关押、分别管理、分别教育。"这一规定主要包括三个方面的内容:一是对未成年人适用拘留、逮捕等强制措施时,必须与成年犯罪嫌疑人分开看管;二是在处理未成年人与成年人共同犯罪的案件时,尽量坚持分案处理;三是对未成年人罪犯刑罚的执行,不得与成年犯人在同一监所执行。

四、不公开审理原则

我国刑事诉讼法第 274 条规定:"审判的时候被告人不满十八周岁的案件,不公开审理。但是,经未成年被告人及其法定代理人同意,未成年被告人所在学校和未成年人保护组织可以派代表到场。"显然,不公开审理要求人民法院在审理未成年人刑事案件时,不允许群众旁听和记者采访,同时,新闻报道、影视节目、公开出版物不得披露该未成年人的姓名、住所、照片,以及可能推断出该未成年人的资料。未成年人刑事案件不公开审理,有利于保护未成年人的自尊心和人格尊严,防止公开审判给他们造成过大的精神压力和创伤,有助于他们接受教育和挽救,重新做人。

五、社会调查制度

我国刑事诉讼法第 268 条对未成年人的社会调查制度进行了专门规定,

即:“公安机关、人民检察院、人民法院办理未成年人刑事案件,根据情况可以对未成年犯罪嫌疑人、被告人的成长经历、犯罪原因、监护教育等情况进行调查。”据此,未成年人刑事案件的社会调查制度要求办案机关在办理未成年人案件时,不仅要查明案件本身的情况,还应对未成年犯罪嫌疑人、被告人的家庭生活背景、生活环境、教育经历、个人性格、心理特征等信息作全面细致的调查;甚至必要时还应当进行医学、心理学、精神病学等方面的鉴定,并根据调查结果选择最为恰当的处理方式。我国刑事诉讼法之所以确立该制度,是为了找出诱发未成年人犯罪的主客观根源,从根本上消除其犯罪的原因,确保未成年人得到彻底的矫治,不再犯罪。

社会调查是未成年人刑事诉讼程序中较具特色的一项重要制度,它有利于因人施教,针对不同的情况作出不同的处理,并在具体适用刑罚时体现出区别对待的原则,以达到彻底矫治未成年犯罪人的目的。

六、犯罪记录封存制度

犯罪记录,也称前科,是指对曾经被宣告犯有罪行或被判处刑罚的事实记录。就当前社会现状来讲,犯罪记录有其存在的合理性,它在一定程度上起到了预防再次犯罪、教育社会公众和保护社会公共利益的目的。但是,由于犯罪记录的存在,也会使受到刑事处罚的人被贴上犯罪的标签,从而在上学、就业等问题上遭遇困难,受到社会的歧视,从而影响其顺利回归社会,甚至导致再次实施犯罪。而未成年犯由于其心智发育尚未成熟,承受压力能力较差,犯罪记录对其造成的负面影响更为严重。因此,我国刑事诉讼法第275条规定:“犯罪的时候不满十八周岁,被判处五年有期徒刑以下刑罚的,应当对相关犯罪记录予以封存。犯罪记录被封存的,不得向任何单位和个人提供,但司法机关为办案需要或者有关单位根据国家规定进行查询的除外。依法进行查询的单位,应当对被封存的犯罪记录的情况予以保密。”这显然是对未成年人给予的特殊保护,尽量避免给其贴上罪犯的标签,从而有助于其顺利回归社会。

犯罪记录封存并不意味着彻底消除犯罪记录,而是指对犯罪记录予以保密,除了司法机关因办案需要或者有关单位根据国家规定进行查询的特殊情况外,不得向任何单位提供有关犯罪记录的信息。仅仅封存而不是彻底消除犯罪记录,既减少了犯罪记录对犯罪未成年人顺利回归社会的不利影响,也兼顾了保障社会秩序与安全的需要。

第二节　未成年人刑事案件诉讼程序

一、立案程序

未成年人刑事案件与成年人刑事案件的立案有如下区别：第一，除查明是否具备立案的条件外，还要重点查明犯罪嫌疑人的准确的出生时间，因为年龄因素很可能决定着是否应当追究刑事责任。同时，还应进一步查明其走上犯罪道路的原因、生活居住环境、受教育程度以及犯罪嫌疑人的性格特征等。第二，立案报告中除写明立案材料的来源、发案的时间、地点等一般成年人案件所需要的内容外，还应着重写明将未成年人嫌疑人的确切出生日期、生活居住环境、心理性格特征、受教育程度等有关情况。

二、侦查程序

根据我国刑事诉讼法、公安部《规定》、人民检察院《规则（试行）》的规定，对于未成年人刑事案件的侦查应当注意如下事项。

第一，应当针对未成年人的身心特点展开侦查，尊重其人格尊严，保障其合法权益，严格贯彻“教育、感化、挽救”的方针。

第二，注意隐私保护，不得公开披露未成年人的姓名、住所和影像，保护未成年人的名誉。

第三，对违法犯罪未成年人的讯问应当采取不同于成年人的方式：（1）讯问前，除掌握案件情况和证据材料外，还应当了解其生活、学习环境、成长经历、性格特点、心理状况及社会交往等情况，有针对性地制作讯问提纲。（2）讯问未成年人时，应通知其法定代理人到场。无法通知、法定代理人不能到场或者法定代理人是共犯的，也可以通知未成年犯罪嫌疑人的其他成年亲属，所在学校、单位、居住地基层组织或者未成年人保护组织的代表到场，并将有关情况记录在案。到场的法定代理人可以代为行使未成年犯罪嫌疑人的诉讼权利。（3）讯问未成年人时，应当耐心细致地听取其陈述或者辩解，认真审核、查证与案件有关的证据和线索，并针对其思想顾虑、畏惧心理、抵触情绪进行疏导和教育。（4）讯问女性未成年人，应当有女工作人员在场。（5）办理未成年人刑事案件，对未成年在校学生的调查讯问不得影响其正常学习。（6）讯问未成年犯罪嫌疑人一般不得使用戒具。对于确有人身危险性，必须使用戒具的，在现实危险消除后，应当立即停止使用。

第四,对未成年人犯罪嫌疑人、被告人应当严格限制适用逮捕措施。具体来讲,在逮捕的适用上应当注意如下事项:一是人民检察院办理未成年犯罪嫌疑人审查逮捕案件,应当根据未成年犯罪嫌疑人的犯罪事实、主观恶性、有无监护与社会帮教条件等,综合衡量其社会危险性,严格限制适用逮捕措施。二是对于罪行较轻,具备有效监护条件或者社会帮教措施,没有社会危险性或者社会危险性较小,不逮捕不致妨害诉讼正常进行的未成年犯罪嫌疑人,应当不批准逮捕。对于罪行比较严重,但主观恶性不大,有悔罪表现,具备有效监护条件或者社会帮教措施,具有下列情形之一,不逮捕不致妨害诉讼正常进行的未成年犯罪嫌疑人,可以不批准逮捕:初次犯罪、过失犯罪的;犯罪预备、中止、未遂的;有自首或者立功表现的;犯罪后如实交代罪行,真诚悔罪,积极退赃,尽力减少和赔偿损失,被害人谅解的;不属于共同犯罪的主犯或者集团犯罪中的首要分子的;属于已满 14 周岁不满 16 周岁的未成年人或者系在校学生的;其他可以不批准逮捕的情形。三是对犯罪嫌疑人实际年龄难以判断,影响对该犯罪嫌疑人是否应当负刑事责任认定的,应当不批准逮捕。

第五,对被羁押的未成年人应当与成年罪犯分别关押管理,并根据其生理和心理特点在生活和学习等方面给予照顾。人民检察院发现没有对未成年犯罪嫌疑人、被告人与成年罪犯分管、分押,应当依法提出纠正意见。

三、起诉程序

根据我国刑事诉讼法和人民检察院《规则》(试行)的规定,对于未成年人的特殊保护主要体现在以下两个方面。

(一)一般规定

1. 人民检察院受理案件后,应当向未成年犯罪嫌疑人及其法定代理人了解其委托辩护人的情况,并告知其有权委托辩护人。未成年犯罪嫌疑人没有委托辩护人的,人民检察院应当书面通知法律援助机构指派律师为其提供辩护。

2. 人民检察院根据情况可以对未成年犯罪嫌疑人的成长经历、犯罪原因、监护教育等情况进行调查,并制作社会调查报告,作为办案和教育的参考。

3. 人民检察院办理未成年人刑事案件过程中,应当对涉案未成年人的资料予以保密,不得公开或者传播涉案未成年人的姓名、住所、照片、图像及可能推断出该未成年人的其他资料。

4. 对于犯罪情节轻微,并具有下列情形之一,依照我国刑法规定不需要判处刑罚或者免除刑罚的未成年犯罪嫌疑人,一般应当依法作出不起诉决定:被胁迫参与犯罪的;犯罪预备、中止的;在共同犯罪中起次要或者辅助作用的;是又聋又哑的人或者盲人的;因防卫过当或者紧急避险过当构成犯罪的;有自首或者重大立功表现的;其他依照刑法规定不需要判处刑罚或者免除刑罚的情形。

5. 对于未成年人实施的轻伤害案件、初次犯罪、过失犯罪、犯罪未遂的案件以及被诱骗或者被教唆实施的犯罪案件等,情节轻微,犯罪嫌疑人确有悔罪表现,当事人双方自愿就民事赔偿达成协议并切实履行,符合我国刑法第 37 条规定的,人民检察院可以依照我国刑事诉讼法第 271 条第 1 款的规定作出不起诉的决定,并可以根据案件的不同情况,予以训诫或者责令具结悔过、赔礼道歉。

6. 人民检察院审查未成年人与成年人共同犯罪案件,一般应当将未成年人与成年人分案起诉。但是具有下列情形之一的,可以不分案起诉:未成年人系犯罪集团的组织者或者其他共同犯罪中的主犯的;案件重大、疑难、复杂,分案起诉可能妨碍案件审理的;涉及刑事附带民事诉讼,分案起诉妨碍附带民事诉讼部分审理的;具有其他不宜分案起诉情形的。

对于分案起诉的未成年人与成年人共同犯罪案件,一般应当同时移送人民法院。对于需要补充侦查的,如果补充侦查事项不涉及未成年犯罪嫌疑人所参与的犯罪事实,不影响对未成年犯罪嫌疑人提起公诉的,应当对未成年犯罪嫌疑人先予提起公诉。对于分案起诉的未成年人与成年人共同犯罪案件,在审查起诉过程中可以根据全案情况制作一个审结报告,起诉书以及出庭预案等应当分别制作。人民检察院对未成年人与成年人共同犯罪案件分别提起公诉后,在诉讼过程中出现不宜分案起诉情形的,可以及时建议人民法院并案审理。

(二)附条件不起诉制度

1. 适用范围

根据我国刑事诉讼法第 271 条的规定,对于未成年人涉嫌刑法分则第四章、第五章、第六章规定的犯罪,可能判处 1 年有期徒刑以下刑罚,符合起诉条件,但有悔罪表现的,人民检察院可以作出附条件不起诉的决定。人民检察院在作出附条件不起诉的决定以前,应当听取公安机关、被害人的意见。未成年犯罪嫌疑人及其法定代理人对人民检察院决定附条件不起诉有异议的,人民检察院应当作出起诉的决定。

2. 考验期及应遵守的规定

根据我国刑事诉讼法第 272 条的规定,在附条件不起诉的考验期内,由人民检察院对被附条件不起诉的未成年犯罪嫌疑人进行监督考察。未成年犯罪嫌疑人的监护人,应当对未成年犯罪嫌疑人加强管教,配合人民检察院做好监督考察工作。

附条件不起诉的考验期为6个月以上、1年以下,从人民检察院作出附条件不起诉的决定之日起计算。被附条件不起诉的未成年犯罪嫌疑人,应当遵守下列规定:遵守法律法规,服从监督;按照考察机关的规定报告自己的活动情况;离开所居住的市、县或者迁居,应当报经考察机关批准;按照考察机关的要求接受矫治和教育。

3.后果

根据我国刑事诉讼法第273条的规定,被附条件不起诉的未成年犯罪嫌疑人,在考验期内有下列情形之一的,人民检察院应当撤销附条件不起诉的决定,提起公诉:实施新的犯罪或者发现决定附条件不起诉以前还有其他犯罪需要追诉的;违反治安管理规定或者考察机关有关附条件不起诉的监督管理规定,情节严重的。被附条件不起诉的未成年犯罪嫌疑人,在考验期内没有上述情形,考验期满的,人民检察院应当作出不起诉的决定。

四、审判程序

(一)审判机构

最高人民法院《解释》对未成年人法庭的设置、审判人员的条件及受案范围作出了较为明确的规定。

1.少年法庭

中级人民法院和基层人民法院可以设立独立建制的未成年人案件审判庭。尚不具备条件的,应当在刑事审判庭内设立未成年人刑事案件合议庭,或者由专人负责审理未成年人刑事案件。高级人民法院应当在刑事审判庭内设立未成年人刑事案件合议庭。具备条件的,可以设立独立建制的未成年人案件审判庭。未成年人案件审判庭和未成年人刑事案件合议庭统称少年法庭。审判第一审未成年人刑事案件的合议庭,可以由审判员或者由审判员与人民陪审员组成,但依照法律规定适用简易程序的案件除外。

2.审判人员应具备的条件

审理未成年人刑事案件,应当由熟悉未成年人身心特点、善于做未成年人思想教育工作的审判人员进行,并应当保持有关审判人员工作的相对稳定性。未成年人刑事案件的人民陪审员,一般由熟悉未成年人身心特点,热心教育、感化、挽救失足未成年人工作，并经过必要培训的共青团、妇联、工会、学校、未成年人保护组织等单位的工作人员或者有关单位的退休人员担任。

3. 受理案件的范围

由少年法庭受理的案件有：一是被告人实施被指控的犯罪时不满 18 周岁、人民法院立案时不满 20 周岁的案件；二是被告人实施被指控的犯罪时不满 18 周岁、人民法院立案时不满 20 周岁，并被指控为首要分子或者主犯的共同犯罪案件。其他共同犯罪案件有未成年被告人的，或者其他涉及未成年人的刑事案件是否由少年法庭审理，由院长根据少年法庭工作的实际情况决定。

同时，对分案起诉至同一人民法院的未成年人与成年人共同犯罪案件，可以由同一个审判组织审理；不宜由同一个审判组织审理的，可以分别由少年法庭、刑事审判庭审理。未成年人与成年人共同犯罪案件，由不同人民法院或者不同审判组织分别审理的，有关人民法院或者审判组织应当互相了解共同犯罪被告人的审判情况，注意全案的量刑平衡。对未成年人刑事案件，必要时，上级人民法院可以根据我国刑事诉讼法第 26 条的规定，指定下级人民法院将案件移送其他人民法院审判。

（二）审判程序

1. 开庭准备

（1）人民法院审理未成年人刑事案件，在开庭前，应当通知未成年被告人的法定代理人到场。法定代理人无法通知、不能到场或者是共犯的，也可以通知未成年被告人的其他成年亲属，所在学校、单位、居住地的基层组织或者未成年人保护组织的代表到场，并将有关情况记录在案。

（2）不满 18 周岁的未成年被告人没有委托辩护人的，人民法院应当通知法律援助机构指派律师为其提供辩护。未成年被害人及其法定代理人因经济困难或者其他原因没有委托诉讼代理人的，人民法院应当帮助其申请法律援助。

（3）对未成年人刑事案件，人民法院根据情况，可以对未成年被告人进行心理疏导；经未成年被告人及其法定代理人同意，也可以对未成年被告人进行心理测评。

（4）对人民检察院移送的关于未成年被告人性格特点、家庭情况、社会交往、成长经历、犯罪原因、犯罪前后的表现、监护教育等情况的调查报告，以及辩护人提交的反映未成年被告人上述情况的书面材料，法庭应当接受。必要时，人民法院可以委托未成年被告人居住地的县级司法行政机关、共青团组织以及其他社会团体组织对未成年被告人的上述情况进行调查,或者自行调查。

(5)开庭前和休庭时,法庭根据情况,可以安排未成年被告人与其法定代理人或者我国刑事诉讼法第 270 条第 1 款规定的其他成年亲属、代表会见。

2. 法庭审理

(1)人民法院应当在辩护台靠近旁听区一侧为未成年被告人的法定代理人或者其他成年亲属、代表设置席位。审理可能判处 5 年有期徒刑以下刑罚或者过失犯罪的未成年人刑事案件,可以采取适合未成年人特点的方式设置法庭席位。

(2)在法庭上不得对未成年被告人使用戒具,但被告人人身危险性大,可能妨碍庭审活动的除外。必须使用戒具的,在现实危险消除后,应当立即停止使用。

(3)法庭审理过程中,审判人员应当根据未成年被告人的智力发育程度和心理状态,使用适合未成年人的语言表达方式。

(4)法庭辩论结束后,法庭可以根据案件情况,对未成年被告人进行教育;判决未成年被告人有罪的,宣判后,应当对未成年被告人进行教育。对未成年被告人进行教育,可以邀请诉讼参与人、其他成年亲属、代表以及社会调查员、心理咨询师等参加。

(5)对未成年人刑事案件宣告判决应当公开进行,但不得采取召开大会等形式。对依法应当封存犯罪记录的案件,宣判时,不得组织人员旁听;有旁听人员的,应当告知其不得传播案件信息。

3. 简易程序

对于符合我国刑事诉讼法第 208 条规定的未成年人刑事案件,可以适用简易程序。人民法院决定适用简易程序审理的,应当征求未成年被告人及其法定代理人、辩护人的意见。上述人员提出异议的,不适用简易程序。

五、执行程序

1. 将未成年罪犯送监执行刑罚或者送交社区矫正时,人民法院应当将有关未成年罪犯的调查报告及其在案件审理中的表现材料,连同有关法律文书,一并送达执行机关。

2. 人民法院可以与未成年罪犯管教所等服刑场所建立联系,了解未成年罪犯的改造情况,协助做好帮教、改造工作,并可以对正在服刑的未成年罪犯进行回访考察。

3. 人民法院认为必要时，可以督促被收监服刑的未成年罪犯的父母或者其他监护人及时探视。

4. 对被判处管制、宣告缓刑、裁定假释、决定暂予监外执行的未成年罪犯，人民法院可以协助社区矫正机构制定帮教措施。

5. 人民法院可以适时走访被判处管制、宣告缓刑、免除刑事处罚、裁定假释、决定暂予监外执行等的未成年罪犯及其家庭，了解未成年罪犯的管理和教育情况，引导未成年罪犯的家庭承担管教责任，为未成年罪犯改过自新创造良好环境。

6. 被判处管制、宣告缓刑、免除刑事处罚、裁定假释、决定暂予监外执行等的未成年罪犯，具备就学、就业条件的，人民法院可以就其安置问题向有关部门提出司法建议，并附送必要的材料。

DIERSHIZHANG

第二十章

当事人和解的公诉案件诉讼程序

第一节　当事人和解的公诉案件诉讼程序的概念和适用范围

一、当事人和解的公诉案件诉讼程序的概念

当事人和解的公诉案件诉讼程序是指公安机关、人民检察院、人民法院针对法定范围的公诉案件,在犯罪嫌疑人、被告人通过真诚悔罪并向被害人赔偿损失、赔礼道歉等方式获得被害人谅解的、双方当事人自愿达成协议的前提下,对犯罪嫌疑人、被告人作出不同方式的从宽处理的程序。

确立当事人和解的公诉案件诉讼程序的目的是恢复被加害人破坏的社会关系、弥补被害人所受到的损害以及恢复加害人与被害人之间的和睦关系,并使加害人改过自新、回归社会。当事人和解的公诉案件诉讼程序以被害人的利益保护为核心理念,以其对被害人、加害人及公共利益的全面保护为基本内涵,实现以较小的司法资源耗费,获得较理想的实体性目标。

二、当事人和解的公诉案件诉讼程序的适用范围

我国刑事诉讼法第 277 条采取明确列举和禁止的方式规定了公诉案件当事人和解程序的适用范围,规定下列公诉案件,犯罪嫌疑人、被告人真诚悔罪,通过向被害人赔偿损失、赔礼道歉等方式获得被害人谅解,被害人自愿和解的,双方当事人可以和解。

1. 因民间纠纷引起,涉嫌刑法分则第四章、第五章规定的犯罪案件,可能判处 3 年有期徒刑以下刑罚的。这是符合公诉案件当事人和解程序的第一类案件。这类案件必须符合三个条件:一是“因民间纠纷引起”。民间纠纷一般指公民之间有关人身、财产权益和其他日常生活中发生的纠纷。二是“涉嫌刑法分则第四章、第五章规定的犯罪案件”。我国刑法分则第四章规定的是“侵犯公民

人身权利、民主权利犯罪”,第五章规定的是“侵犯财产犯罪”。但是,这两章中检察机关自侦案件除外。三是“可能判处 3 年有期徒刑以下刑罚”。上述三个条件必须同时具备,缺一不可。3 年有期徒刑以下刑罚属于轻罪,当事人和解适用于此类犯罪有助于贯彻宽严相济刑事政策和促进社会秩序和谐稳定,也有助于提高诉讼效率和有效解决纠纷。

2. 除渎职犯罪以外的可能判处 7 年有期徒刑以下刑罚的过失犯罪案件。这是符合公诉案件当事人和解程序的第二类案件。这类案件须符合以下三个条件:一是“过失犯罪”。“过失犯罪”是指应当预见自己的行为可能发生危害社会的结果,因为疏忽大意没有预见,或者已经预见而轻信能够避免,以致发生这种结果的犯罪。过失犯罪,法律有规定的才负刑事责任。二是“可能判处 7 年以下有期徒刑以下刑罚”。“7 年有期徒刑”是多数过失犯罪的最高刑罚,这与过失犯罪的刑罚是相对应的。三是除渎职犯罪以外。渎职犯罪是指我国刑法分则第九章规定的犯罪类型。渎职犯罪违背了公务职责的公正性,妨碍了国家机关正常职能活动,属于检察机关自侦案件,不属于公诉案件当事人和解程序范围。

3. 犯罪嫌疑人、被告人在 5 年以内曾经故意犯罪的,不适用当事人和解的公诉案件诉讼程序。这是对当事人和解的公诉案件类型规定的禁止性条件。当事人和解的案件即便属于上述两种类型的案件范围,如果犯罪嫌疑人、被告人在 5 年内曾经故意犯罪,不论其是否被判处刑罚,都禁止适用公诉案件当事人和解程序。由于此类案件中犯罪嫌疑人、被告人的社会危害性、人身危险性以及主观恶性较大,属于从重处罚的情节。此类案件属于公诉案件当事人和解程序范围。

第二节 公诉案件当事人和解的诉讼程序

我国刑事诉讼法第 278 条规定,双方当事人和解的,公安机关、人民检察院、人民法院应当听取当事人和其他有关人员的意见,对和解的自愿性、合法性进行审查,并主持制作和解协议书。刑事诉讼法第 279 条规定,对于达成和解协议的案件,公安机关可以向人民检察院提出从宽处理的建议。人民检察院可以向人民法院提出从宽处罚的建议;对于犯罪情节轻微,不需要判处刑罚的,可以作出不起诉的决定。人民法院可以依法对被告人从宽处罚。

一、侦查阶段当事人和解的诉讼程序

根据公安部《规定》的规定,下列公诉案件,犯罪嫌疑人真诚悔罪,通过向被害人赔偿损失、赔礼道歉等方式获得被害人谅解,被害人自愿和解的,经县级以上公安机关负责人批准,可以依法作为当事人和解的公诉案件办理:(1)因民间纠纷引起,涉嫌刑法分则第四章、第五章规定的犯罪案件,可能判处3年有期徒刑以下刑罚的;(2)除渎职犯罪以外的可能判处7年有期徒刑以下刑罚的过失犯罪案件。犯罪嫌疑人在5年以内曾经故意犯罪的,不得作为当事人和解的公诉案件办理。有下列情形之一的,不属于因民间纠纷引起的犯罪案件:(1)雇凶伤害他人的;(2)涉及黑社会性质组织犯罪的;(3)涉及寻衅滋事的;(4)涉及聚众斗殴的;(5)多次故意伤害他人身体的;(6)其他不宜和解的。

双方当事人和解的,公安机关应当审查案件事实是否清楚,被害人是否自愿和解,是否符合规定的条件。公安机关审查时,应当听取双方当事人的意见,并记录在案;必要时,可以听取双方当事人亲属、当地居民委员会或者村民委员会人员以及其他了解案件情况的相关人员的意见。

达成和解的,公安机关应当主持制作和解协议书,并由双方当事人及其他参加人员签名。当事人中有未成年人的,未成年当事人的法定代理人或者其他成年亲属应当在场。

和解协议书应当包括以下内容:(1)案件的基本事实和主要证据。(2)犯罪嫌疑人承认自己所犯罪行,对指控的犯罪事实没有异议,真诚悔罪。(3)犯罪嫌疑人通过向被害人赔礼道歉、赔偿损失等方式获得被害人谅解;涉及赔偿损失的,应当写明赔偿的数额、方式等;提起附带民事诉讼的,由附带民事诉讼原告人撤回附带民事诉讼。(4)被害人自愿和解,请求或者同意对犯罪嫌疑人依法从宽处罚。和解协议应当及时履行。

对达成和解协议的案件,经县级以上公安机关负责人批准,公安机关将案件移送人民检察院审查起诉时,可以提出从宽处理的建议。

二、审查批捕和审查起诉阶段当事人和解的诉讼程序

在审查批捕和审查起诉阶段适用当事人和解的公诉案件诉讼程序,人民检察院《规则》(试行)规定,除了符合我国刑事诉讼法第277条规定的案件范围外还应当同时符合下列条件:(1)犯罪嫌疑人真诚悔罪,向被害人赔偿损失、赔礼道歉等;(2)被害人明确表示对犯罪嫌疑人予以谅解;(3)双方当事人自愿和

解,符合有关法律规定;(4)属于侵害特定被害人的故意犯罪或者有直接被害人的过失犯罪;(5)案件事实清楚,证据确实、充分。犯罪嫌疑人在5年以内曾经故意犯罪的,不适用上述程序。犯罪嫌疑人在实施我国刑事诉讼法第277条第1款规定的犯罪前5年内曾故意犯罪,无论该故意犯罪是否已经被追究,均应当认定为前款规定的5年以内曾经故意犯罪。

被害人死亡的,其法定代理人、近亲属可以与犯罪嫌疑人和解。被害人系无行为能力或者限制行为能力人的,其法定代理人可以代为和解。犯罪嫌疑人系限制行为能力人的,其法定代理人可以代为和解。犯罪嫌疑人在押的,经犯罪嫌疑人同意,其法定代理人、近亲属可以代为和解。

双方当事人可以就赔偿损失、赔礼道歉等民事责任事项进行和解,并且可以就被害人及其法定代理人或者近亲属是否要求或者同意公安机关、人民检察院、人民法院对犯罪嫌疑人依法从宽处理进行协商,但不得对案件的事实认定、证据采信、法律适用和定罪量刑等依法属于公安机关、人民检察院、人民法院职权范围的事宜进行协商。

双方当事人可以自行达成和解,也可以经人民调解委员会、村民委员会、居民委员会、当事人所在单位或者同事、亲友等组织或者个人调解后达成和解。人民检察院可以建议当事人进行和解,并告知相应的权利义务,必要时可以提供法律咨询。

人民检察院应当对和解的自愿性、合法性进行审查,重点审查以下内容:(1)双方当事人是否自愿和解;(2)犯罪嫌疑人是否真诚悔罪,是否向被害人赔礼道歉,经济赔偿数额与其所造成的损害和赔偿能力是否相适应;(3)被害人及其法定代理人或者近亲属是否明确表示对犯罪嫌疑人予以谅解;(4)是否符合法律规定;(5)是否损害国家、集体和社会公共利益或者他人的合法权益;(6)是否符合社会公德。审查时,应当听取双方当事人和其他有关人员对和解的意见,告知刑事案件可能从宽处理的法律后果和双方的权利义务,并制作笔录附卷。

经审查认为双方自愿和解,内容合法,且符合人民检察院《规则》(试行)第510条规定的范围和条件的,人民检察院应当主持制作和解协议书。和解协议书的主要内容包括:(1)双方当事人的基本情况;(2)案件的主要事实;(3)犯罪嫌疑人真诚悔罪,承认自己所犯罪行,对指控的犯罪没有异议,向被害人赔偿损失、赔礼道歉等;赔偿损失的,应当写明赔偿的数额、履行的方式、期限等;(4)被害人及其法定代理人或者近亲属对犯罪嫌疑人予以谅解,并要求或者同意公安机关、人民检察院、人民法院对犯罪嫌疑人依法从宽处理。和解协议书应当由双方当事人签字,可以写明和解协议书系在人民检察院主持下制作。检察人员不在当事人和解协议书上签字,也不加盖人民检察院印章。和解协议书 1 式 3 份,双方当事人各持 1 份,另 1 份交人民检察院附卷备查。和解协议书约定的赔偿损失内容,应当在双方签署协议后立即履行,至迟在人民检察院作出从宽处理决定前履行。确实难以一次性履行的,在被害人同意并提供有效担保的情况下,也可以分期履行。

双方当事人在侦查阶段达成和解协议,公安机关向人民检察院提出从宽处理建议的,人民检察院在审查逮捕和审查起诉时应当充分考虑公安机关的建议。人民检察院对于公安机关提请批准逮捕的案件,双方当事人达成和解协议的,可以作为有无社会危险性或者社会危险性大小的因素予以考虑,经审查认为不需要逮捕的,可以作出不批准逮捕的决定;在审查起诉阶段可以依法变更强制措施。人民检察院对于公安机关移送审查起诉的案件,双方当事人达成和解协议的,可以作为是否需要判处刑罚或者免除刑罚的因素予以考虑,符合法律规定的不起诉条件的,可以决定不起诉。对于依法应当提起公诉的,人民检察院可以向人民法院提出从宽处罚的量刑建议。

人民检察院拟对当事人达成和解的公诉案件作出不起诉决定的,应当听取双方当事人对和解的意见,并且查明犯罪嫌疑人是否已经切实履行和解协议、不能即时履行的是否已经提供有效担保,将其作为是否决定不起诉的因素予以考虑。

当事人在不起诉决定作出之前反悔的,可以另行达成和解。不能另行达成和解的,人民检察院应当依法作出起诉或者不起诉决定。当事人在不起诉决定作出之后反悔的,人民检察院不撤销原决定,但有证据证明和解违反自愿、合法原则的除外。

犯罪嫌疑人或者其亲友等以暴力、威胁、欺骗或者其他非法方法强迫、引诱被害人和解,或者在协议履行完毕之后威胁、报复被害人的,应当认定和解协议无效。已经作出不批准逮捕或者不起诉决定的,人民检察院根据案件情况可以撤销原决定,对犯罪嫌疑人批准逮捕或者提起公诉。

三、审判阶段的当事人和解的诉讼程序

对符合刑事诉讼法第 277 条规定的公诉案件,事实清楚、证据充分的,人民

法院应当告知当事人可以自行和解；当事人提出申请的，人民法院可以主持双方当事人协商以达成和解。

根据案件情况，人民法院可以邀请人民调解员、辩护人、诉讼代理人、当事人亲友等参与促成双方当事人和解。符合刑事诉讼法第 277 条规定的公诉案件，被害人死亡的，其近亲属可以与被告人和解。近亲属有多人的，达成和解协议，应当经处于同一继承顺序的所有近亲属同意。被害人系无行为能力或者限制行为能力人的，其法定代理人、近亲属可以代为和解。被告人的近亲属经被告人同意，可以代为和解。被告人系限制行为能力人的，其法定代理人可以代为和解。被告人的法定代理人、近亲属代为和解的，和解协议约定的赔礼道歉等事项，应当由被告人本人履行。

对公安机关、人民检察院主持制作的和解协议书，当事人提出异议的，人民法院应当审查。经审查，和解自愿、合法的，予以确认，无需重新制作和解协议书；和解不具有自愿性、合法性的，应当认定无效。和解协议被认定无效后，双方当事人重新达成和解的，人民法院应当主持制作新的和解协议书。

审判期间，双方当事人和解的，人民法院应当听取当事人及其法定代理人等有关人员的意见。双方当事人在庭外达成和解的，人民法院应当通知人民检察院，并听取其意见。经审查，和解自愿、合法的，应当主持制作和解协议书。和解协议书应当包括以下内容：(1)被告人承认自己所犯罪行，对犯罪事实没有异议，并真诚悔罪。(2)被告人通过向被害人赔礼道歉、赔偿损失等方式获得被害人谅解；涉及赔偿损失的，应当写明赔偿的数额、方式等；提起附带民事诉讼的，由附带民事诉讼原告人撤回附带民事诉讼。(3)被害人自愿和解，请求或者同意对被告人依法从宽处罚。和解协议书应当由双方当事人和审判人员签名，但不加盖人民法院印章。和解协议书 1 式 3 份，双方当事人各持 1 份，另 1 份交人民法院附卷备查。对和解协议中的赔偿损失内容，双方当事人要求保密的，人民法院应当准许，并采取相应的保密措施。和解协议约定的赔偿损失内容，被告人应当在协议签署后即时履行。和解协议已经全部履行，当事人反悔的，人民法院不予支持，但有证据证明和解违反自愿、合法原则的除外。

双方当事人在侦查、审查起诉期间已经达成和解协议并全部履行，被害人或者其法定代理人、近亲属又提起附带民事诉讼的，人民法院不予受理，但有证据证明和解违反自愿、合法原则的除外。被害人或者其法定代理人、近亲属提起附带民事诉讼后，双方愿意和解，但被告人不能即时履行全部赔偿义务的，人民法院应当制作附带民事调解书。

对达成和解协议的案件，人民法院应当对被告人从轻处罚；符合非监禁刑适用条件的，应当适用非监禁刑；判处法定最低刑仍然过重的，可以减轻处罚；综合全案认为犯罪情节轻微不需要判处刑罚的，可以免除刑事处罚。共同犯罪案件，部分被告人与被害人达成和解协议的，可以依法对该部分被告人从宽处罚，但应当注意全案的量刑平衡。达成和解协议的，裁判文书应当作出叙述，并援引刑事诉讼法的相关条文。

DIERSHIYIZHANG

第二十一章

犯罪嫌疑人、被告人逃匿、死亡案件违法所得的没收程序

第一节　犯罪嫌疑人、被告人逃匿、死亡案件违法所得的没收程序概述

一、犯罪嫌疑人、被告人逃匿、死亡案件违法所得的没收程序的概念和特点

犯罪嫌疑人、被告人逃匿、死亡案件违法所得的没收程序，是指在特定案件中，在犯罪嫌疑人、被告人逃匿或者死亡的情形下，对其违法所得及其他涉案财物进行处理的特别诉讼程序。该程序具有以下特点。

第一，犯罪嫌疑人、被告人逃匿、死亡案件违法所得的没收程序适用的案件范围特定。根据我国刑事诉讼法的规定，对于贪污贿赂犯罪、恐怖活动犯罪等重大犯罪案件，犯罪嫌疑人、被告人逃匿，在通缉 1 年后不能到案，或者犯罪嫌疑人、被告人死亡，依照刑法规定应当追缴其违法所得及其他涉案财产的，人民检察院可以向人民法院提出没收违法所得的申请。由此可见，在我国，犯罪嫌疑人、被告人逃匿、死亡案件违法所得的没收程序仅适用于贪污贿赂犯罪、恐怖活动犯罪等重大的犯罪案件，而对于其他案件并不适用。

第二，犯罪嫌疑人、被告人逃匿、死亡案件违法所得的没收程序适用的对象仅针对财物。犯罪嫌疑人、被告人逃匿、死亡案件违法所得的没收程序不同于缺席审判程序。国外一些国家设置了刑事缺席审判制度，规定在特殊情况下，如果被追诉人逃跑或者轻微刑事案件中，在被告人不到庭的情况下，可以对被告人涉嫌的犯罪活动进行审判，审判对象不仅涉及涉案财物，而且还涉及被告人的定罪量刑问题。而我国犯罪嫌疑人、被告人逃匿、死亡案件违法所得的没收程序仅针对相关案件所涉及的非法所得，而不涉及被告人的刑事责任问题。

第三，犯罪嫌疑人、被告人的近亲属和其他利害关系人有权申请参加诉讼。由于犯罪嫌疑人、被告人的逃匿或者死亡，犯罪嫌疑人、被告人逃匿、死亡案件违法所

得的没收程序与普通诉讼程序的明显区别是被告人在人民法院审判时不能亲自到庭，而案件所涉及的违法所得可能关乎其近亲属和其他利害关系人的利益，因此我国刑事诉讼法规定，犯罪嫌疑人、被告人的近亲属和其他利害关系人有权申请参加诉讼，也可以委托诉讼代理人参加诉讼。而且犯罪嫌疑人、被告人的近亲属和其他利害关系人对一审人民法院所作出的裁定如果不服，有权提出上诉。

二、犯罪嫌疑人、被告人逃匿、死亡案件违法所得的没收程序的适用条件

犯罪嫌疑人、被告人逃匿、死亡案件违法所得的没收程序作为一种特别程序，根据我国刑事诉讼法的规定应当有严格的条件限制。该程序的适用应当具备以下条件。

(一)适用的案件范围

我国刑事诉讼法第280条规定，犯罪嫌疑人、被告人逃匿、死亡案件违法所得的没收程序适用的案件范围包括：贪污贿赂犯罪、恐怖活动犯罪等重大犯罪案件。此处“贪污贿赂犯罪”，应当从广义上理解，即不仅包括贪污罪，还应当包括挪用公款罪、私分国有资产罪、私分罚没财物罪、巨额财产来源不明罪、隐瞒境外存款罪。“贿赂犯罪”包括受贿罪、行贿罪、介绍贿赂罪等。“恐怖活动犯罪”包括组织、领导、参加恐怖组织罪，资助恐怖活动罪，劫持船只、汽车罪，暴力危及飞行安全罪。同时其他重大犯罪案件适用犯罪嫌疑人、被告人逃匿、死亡案件违法所得的没收程序应当符合以下两个条件：一是涉及追缴其违法所得及其他涉案财产。二是属于重大犯罪案件。依照最高人民法院《解释》的规定，具有下列情形之一的，应当认定为刑事诉讼法第280条第1款规定的“重大犯罪案件”：(1)犯罪嫌疑人、被告人可能被判处无期徒刑以上刑罚的；(2)案件在本省、自治区、直辖市或者全国范围内有较大影响的。

(二)被追诉人不能到案

我国刑事诉讼法第280条规定，犯罪嫌疑人、被告人逃匿、死亡案件违法所得的没收程序的适用条件，只有对于贪污贿赂犯罪、恐怖活动犯罪等重大犯罪案件，犯罪嫌疑人、被告人潜逃，在通缉1年后不能到案，或者犯罪嫌疑人、被告人死亡的情形下才能适用。因此，被追诉人不能到案有两种情形：一是犯罪嫌疑人、被告人潜逃，在通缉1年后不能到案；二是因犯罪嫌疑人、被告人死亡而不能到案。

(三)有追缴财产的需要

对于贪污贿赂犯罪、恐怖活动犯罪等重大犯罪案件，如果犯罪嫌疑人、被告

人潜逃或者死亡,也只有在我国刑法规定应当追缴其违法所得及其他涉案财产,如需要追缴贪污财产、没收涉及恐怖活动资金等情况下,才能启动此没收程序。如果犯罪嫌疑人、被告人逃匿、死亡,但是案件并不涉及财物,就不需要启动没收程序。

第二节　犯罪嫌疑人、被告人逃匿、死亡案件违法所得的没收程序的启动与审理

一、犯罪嫌疑人、被告人逃匿、死亡案件违法所得没收程序的启动

我国刑事诉讼法第 280 条第 1 款规定:"对于贪污贿赂犯罪、恐怖活动犯罪等重大犯罪案件,犯罪嫌疑人、被告人逃匿,在通缉一年后不能到案,或者犯罪嫌疑人、被告人死亡,依照刑法规定应当追缴其违法所得及其他涉案财产的,人民检察院可以向人民法院提出没收违法所得的申请。"对于犯罪嫌疑人、被告人死亡,依照刑法规定应当追缴其违法所得及其他涉案财产的,人民检察院也可以向人民法院提出没收违法所得的申请。犯罪嫌疑人实施犯罪行为所取得的财物及其孳息以及犯罪嫌疑人非法持有的违禁品、供犯罪所用的本人财物,应当认定为违法所得及其他涉案财产。

(一)公安机关立案侦查案件违法所得没收程序的启动

公安机关依照刑法规定应当追缴其违法所得及其他涉案财产的,经县级以上公安机关负责人批准,公安机关应当写出没收违法所得意见书,连同相关证据材料一并移送同级人民检察院。没收违法所得意见书应当包括以下内容:(1)犯罪嫌疑人的基本情况;(2)犯罪事实和相关的证据材料;(3)犯罪嫌疑人逃匿、被通缉或者死亡的情况;(4)犯罪嫌疑人的违法所得及其他涉案财产的种类、数量、所在地;(5)查封、扣押、冻结的情况等。公安机关向人民检察院移送没收违法所得意见书,应当由有管辖权的人民检察院的同级公安机关移送。人民检察院审查公安机关移送的没收违法所得意见书,应当查明:(1)是否属于本院管辖;(2)是否符合我国刑事诉讼法第 280 条第 1 款规定的条件;(3)犯罪嫌疑人身份状况,包括姓名、性别、国籍、出生年月日、职业和单位等;(4)犯罪嫌疑人涉嫌犯罪的情况;(5)犯罪嫌疑人逃匿、被通缉或者死亡的情况;(6)违法所得及其他涉案财产的种类、数量、所在地,以及查封、扣押、冻结的情况;(7)与犯

罪事实、违法所得相关的证据材料是否随案移送,不宜移送的证据的清单、复制件、照片或者其他证明文件是否随案移送;(8)证据是否确实、充分;(9)相关利害关系人的情况。人民检察院应当在接到公安机关移送的没收违法所得意见书后30日以内作出是否提出没收违法所得申请的决定。30日以内不能作出决定的,经检察长批准,可以延长15日。对于公安机关移送的没收违法所得案件,经审查认为不符合我国刑事诉讼法第280条第1款规定条件的,应当作出不提出没收违法所得申请的决定,并向公安机关书面说明理由;认为需要补充证据的,应当书面要求公安机关补充证据,必要时也可以自行调查。公安机关补充证据的时间不计入人民检察院办案期限。人民检察院发现公安机关应当启动违法所得没收程序而不启动的,可以要求公安机关在7日以内书面说明不启动的理由。经审查,认为公安机关不启动理由不能成立的,应当通知公安机关启动程序。人民检察院发现公安机关在违法所得没收程序的调查活动中有违法情形的,应当向公安机关提出纠正意见。在审查公安机关移送的没收违法所得意见书的过程中,在逃的犯罪嫌疑人、被告人自动投案或者被抓获的,人民检察院应当终止审查,并将案卷退回公安机关处理。

(二)人民检察院自侦案件违法所得没收程序的启动

人民检察院直接受理立案侦查的案件,犯罪嫌疑人逃匿或者犯罪嫌疑人死亡而撤销案件,符合我国刑事诉讼法第280条第1款规定条件的,侦查部门应当启动违法所得没收程序进行调查。侦查部门进行调查应当查明犯罪嫌疑人涉嫌的犯罪事实,犯罪嫌疑人逃匿、被通缉或者死亡的情况,以及犯罪嫌疑人的违法所得及其他涉案财产的情况,并可以对违法所得及其他涉案财产依法进行查封、扣押、查询、冻结。侦查部门认为符合我国刑事诉讼法第280条第1款规定条件的,应当写出没收违法所得意见书,连同案卷材料一并移送有管辖权的人民检察院侦查部门,并由有管辖权的人民检察院侦查部门移送本院公诉部门。公诉部门对没收违法所得意见书进行审查,作出是否提出没收违法所得申请的决定。

(三)人民检察院向人民法院提出没收违法所得的申请

人民检察院审查侦查机关移送的没收违法所得意见书,向人民法院提出没收违法所得的申请以及对违法所得没收程序中调查活动、审判活动的监督,由公诉部门办理。没收违法所得的申请,应当由与有管辖权的中级人民法院相对应的人民检察院提出。人民检察院向人民法院提出没收违法所得的申请,应当制作没收违法所得申请书。没收违法所得申请书的主要内容包括:(1)犯罪嫌疑人、被告人的基本情况,包括姓名、性别、出生年月日、出生地、户籍地、身份证号码、民族、文化程度、职业、工作单位及职务、住址等;(2)案由及案件来源;(3)犯罪嫌疑人、被告人的犯罪事实;(4)犯罪嫌疑人、被告人逃匿、被通缉或者死亡的情况;(5)犯罪嫌疑人、被告人的违法所得及其他涉案财产的种类、数量、所在地及查封、扣押、冻结的情况;(6)犯罪嫌疑人、被告人近亲属和其他利害关系人的姓名、住址、联系方式及其要求等情况;(7)提出没收违法所得申请的理由和法律依据。

在人民检察院审查起诉过程中,犯罪嫌疑人死亡,或者贪污贿赂犯罪、恐怖活动犯罪等重大犯罪案件的犯罪嫌疑人逃匿,在通缉 1 年后不能到案,依照刑法规定应当追缴其违法所得及其他涉案财产的,人民检察院可以直接提出没收违法所得的申请。人民法院在审理案件过程中,被告人死亡而裁定终止审理,或者被告人脱逃而裁定中止审理,人民检察院可以依法另行向人民法院提出没收违法所得的申请。

二、人民法院的审理程序

(一)没收违法所得案件的一审程序

1. 正式审判前的审查

刑事诉讼法第 281 条规定,没收违法所得的申请,由犯罪地或者犯罪嫌疑人、被告人居住地的中级人民法院组成合议庭进行审理。对人民检察院提出的没收违法所得申请,人民法院应当审查以下内容:(1)是否属于本院管辖;(2)是否写明犯罪嫌疑人、被告人涉嫌有关犯罪的情况,并附相关证据材料;(3)是否附有通缉令或者死亡证明;(4)是否列明违法所得及其他涉案财产的种类、数量、所在地,并附相关证据材料;(5)是否附有查封、扣押、冻结违法所得及其他涉案财产的清单和相关法律手续;(6)是否写明犯罪嫌疑人、被告人的近亲属和其他利害关系人的姓名、住址、联系方式及其要求等情况;(7)是否写明申请没收的理由和法律依据。

对没收违法所得的申请,人民法院应当在 7 日内审查完毕,并按照下列情形分别处理:(1)不属于本院管辖的,应当退回人民检察院;(2)材料不全的,应当通知人民检察院在 3 日内补送;(3)属于违法所得没收程序受案范围和本院管辖,且材料齐全的,应当受理。人民检察院尚未查封、扣押、冻结申请没收的财产或者查封、扣押、冻结期限即将届满,涉案财产有被隐匿、转移或者毁损、灭失危险的,人民法院可以查封、扣押、冻结申请没收的财产。

2. 受理案件后的公告

人民法院决定受理没收违法所得的申请后,应当在15日内发出公告,公告期为6个月。公告应当写明以下内容:(1)案由;(2)犯罪嫌疑人、被告人通缉在逃或者死亡等基本情况;(3)申请没收财产的种类、数量、所在地;(4)犯罪嫌疑人、被告人的近亲属和其他利害关系人申请参加诉讼的期限、方式;(5)应当公告的其他情况。公告应当在全国公开发行的报纸或者人民法院的官方网站刊登,并在人民法院公告栏张贴、发布;必要时,可以在犯罪地,犯罪嫌疑人、被告人居住地,申请没收的不动产所在地张贴、发布。人民法院已经掌握犯罪嫌疑人、被告人的近亲属和其他利害关系人的联系方式的,应当采取电话、传真、邮件等方式直接告知其公告内容,并记录在案。

3. 犯罪嫌疑人、被告人的近亲属和其他利害关系人的参与

犯罪嫌疑人、被告人的近亲属和其他利害关系人有权申请参加诉讼,也可以委托诉讼代理人参加诉讼。犯罪嫌疑人、被告人的近亲属和其他利害关系人申请参加诉讼的,应当在公告期间提出。犯罪嫌疑人、被告人的近亲属应当提供其与犯罪嫌疑人、被告人关系的证明材料,其他利害关系人应当提供申请没收的财产系其所有的证据材料。对申请没收的财产主张所有权的人,应当认定为我国刑事诉讼法第281条第2款规定的“其他利害关系人”。犯罪嫌疑人、被告人的近亲属和其他利害关系人在公告期满后申请参加诉讼,能够合理说明原因,并提供证明申请没收的财产系其所有的证据材料的,人民法院应当准许。

4. 对没收非法所得案件的开庭审理

公告期满后,人民法院应当组成合议庭对申请没收违法所得的案件进行审理。利害关系人申请参加诉讼的,人民法院应当开庭审理。没有利害关系人申请参加诉讼的,可以不开庭审理。人民法院对没收违法所得的申请进行审理,人民检察院应当承担举证责任。人民法院对没收违法所得的申请开庭审理的,人民检察院应当派员出席法庭。

开庭审理申请没收违法所得的案件,按照下列程序进行:

(1)审判长宣布法庭调查开始后,先由检察员宣读申请书,后由利害关系人、诉讼代理人发表意见。

(2)法庭应当依次就犯罪嫌疑人、被告人是否实施了贪污贿赂犯罪、恐怖活动犯罪等重大犯罪并已经通缉1年不能到案,或者是否已经死亡,以及申请没

收的财产是否依法应当追缴进行调查；调查时，先由检察员出示有关证据，后由利害关系人发表意见、出示有关证据，并进行质证。

(3)法庭辩论阶段，先由检察员发言，后由利害关系人及其诉讼代理人发言，并进行辩论。

利害关系人接到通知后无正当理由拒不到庭，或者未经法庭许可中途退庭的，可以转为不开庭审理，但还有其他利害关系人参加诉讼的除外。

对申请没收违法所得的案件，人民法院审理后，应当按照下列情形分别处理：

(1)案件事实清楚，证据确实、充分，申请没收的财产确属违法所得及其他涉案财产的，除依法返还被害人的以外，应当裁定没收；

(2)不符合最高人民法院《解释》第 507 条规定的条件的，应当裁定驳回申请。

人民检察院发现人民法院或者审判人员审理没收违法所得案件违反法律规定的诉讼程序，应当向人民法院提出纠正意见。

(二)没收违法所得案件的二审程序

对没收违法所得或者驳回申请的裁定，犯罪嫌疑人、被告人的近亲属和其他利害关系人可以在 5 日内提出上诉，人民检察院认为同级人民法院按照违法所得没收程序所作的第一审裁定确有错误的，应当在 5 日以内向上一级人民法院提出抗诉。

对不服第一审没收违法所得或者驳回申请裁定的上诉、抗诉案件，第二审人民法院经审理，应当按照下列情形分别作出裁定：

一是原裁定正确的，应当驳回上诉或者抗诉，维持原裁定。

二是原裁定确有错误的，可以在查清事实后改变原裁定；也可以撤销原裁定，发回重新审判。

三是原审违反法定诉讼程序，可能影响公正审判的，应当撤销原裁定，发回重新审判。

(三)几种特殊情况的处理

1. 在审理申请没收违法所得的案件过程中，在逃的犯罪嫌疑人、被告人到案的，人民法院应当裁定终止审理。人民检察院向原受理申请的人民法院提起公诉的，可以由同一审判组织审理。

2. 在审理案件过程中，被告人死亡或者脱逃，符合我国刑事诉讼法第 280

条第1款规定的，人民检察院可以向人民法院提出没收违法所得的申请。人民检察院向原受理案件的人民法院提出申请的，可以由同一审判组织进行审理。

3. 没收违法所得裁定生效后，犯罪嫌疑人、被告人到案并对没收裁定提出异议，人民检察院向原作出裁定的人民法院提起公诉的，可以由同一审判组织审理。人民法院经审理，应当按照下列情形分别处理：原裁定正确的，予以维持，不再对涉案财产作出判决；原裁定确有错误的，应当撤销原裁定，并在判决中对有关涉案财产一并作出处理。人民法院生效的没收裁定确有错误的，除上述第1种情形外，应当依照审判监督程序予以纠正。已经没收的财产，应当及时返还；财产已经上缴国库的，由原没收机关从财政机关申请退库，予以返还；原物已经出卖、拍卖的，应当退还价款；造成犯罪嫌疑人、被告人以及利害关系人财产损失的，应当依法赔偿。

（四）没收违法所得案件的审理期限

审理申请没收违法所得案件的期限，参照公诉案件第一审普通程序和第二审程序的审理期限执行。公告期间和请求刑事司法协助的时间不计入审理期限。

DIERSHIERZHANG

第二十二章

依法不负刑事责任的精神病人的强制医疗程序

强制医疗程序，是指公安司法机关对不负刑事责任且有社会危险性的精神病人采取强制治疗措施的特别诉讼程序。其设立的目的不是对行为人进行惩罚和教育，而是一种特殊的社会防卫措施。

第一节　强制医疗的适用对象

我国刑事诉讼法第284条规定，实施暴力行为，危害公共安全或者严重危害公民人身安全，经法定程序鉴定依法不负刑事责任的精神病人，有继续危害社会可能的，可以予以强制医疗。因此，在我国强制医疗的适用对象必须同时符合以下三个条件。

一、前提条件

行为人必须实施了暴力行为，且其暴力行为应当达到严重程度，即危害公共安全或者严重危害公民人身安全，社会危害性已经达到犯罪程度。因此，对于一般的精神病人，如果没有实施暴力行为，或即使实施了暴力行为，但情节并没有达到危害公共安全或者严重危害公民人身安全的程度，也不能对其适用强制医疗。

二、医学条件

行为人必须属于经法定程序鉴定依法不负刑事责任的精神病人。这里的“法定程序鉴定”，根据刑事诉讼法和关于司法鉴定管理问题的决定规定，对精神病人的鉴定应当由符合条件的鉴定机构和鉴定人按照法律规定的程序进行鉴定。“依法不负刑事责任的精神病人”，是指在不能辨认或者不能控制自己行为的时候造成危害后果，属于经法定程序鉴定确认为不负刑事责任的精神病人。对于间歇性的精神病人在精神正常的时候犯罪,或者尚未完全丧失辨认或者控制自己行为能力的精神病人犯罪的,应当负刑事责任,即不属于依法不负刑事责任的精神病人。

三、社会危险性条件

行为人必须有继续危害社会的可能。对于实施了暴力行为,危害公共安全或者严重危害公民人身安全,经法定程序鉴定确认属于不能辨认或不能控制自己行为的精神病人,必须有继续危害社会可能的,才能对其予以强制医疗。

司法实践中,公安机关如果发现实施暴力行为,危害公共安全或者严重危害公民人身安全的犯罪嫌疑人,可能属于依法不负刑事责任的精神病人的,应当对其进行精神病鉴定。

第二节　强制医疗程序

我国依法不负刑事责任的精神病人的强制医疗程序的基本流程与普通案件诉讼程序类似,即分别由公安机关、检察机关、人民法院主持不同的诉讼阶段,最后由法院决定是否对行为人适用强制医疗程序。但毕竟强制医疗程序的对象具有特殊性,因此,其诉讼程序与普通诉讼程序也有所不同。

一、强制医疗案件的审前程序

(一)公安机关强制医疗意见书的制作与移送

公安机关对经法定程序鉴定依法不负刑事责任的精神病人,有继续危害社会可能,符合强制医疗条件的,应当在7日以内写出强制医疗意见书,经县级以上公安机关负责人批准,连同相关证据材料和鉴定意见一并移送同级人民检察院。对实施暴力行为的精神病人,在人民法院决定强制医疗前,经县级以上公安机关负责人批准,公安机关可以采取临时的保护性约束措施。必要时,可以将其送至精神病医院接受治疗。采取临时的保护性约束措施时,应当对精神病人严加看管,并注意约束的方式、方法和力度,以避免和防止危害他人和精神病人的自身安全为限度。

(二)检察机关对公安机关强制医疗意见书的审查

对于公安机关移送的强制医疗意见书,人民检察院应进行审查,应当查明:(1)是否属于本院管辖;(2)涉案精神病人身份状况是否清楚,包括姓名、性别、国籍、出生年月日、职业和单位等;(3)涉案精神病人实施危害公共安全或者严重危害公民人身安全的暴力行为的事实;(4)公安机关对涉案精神病人进行鉴定的程序是否合法,涉案精神病人是否依法不负刑事责任;(5)涉案精神病人是否有继续危害社会的可能;(6)证据材料是否随案移送,不宜移送的证据的清单、复制件、照片或者其他证明文件是否随案移送;(7)证据是否确实、充分;(8)采取的临时保护性约束措施是否适当。人民检察院应当在接到公安机关移送的强制医疗意见书后30日以内作出是否提出强制医疗申请的决定。对于公安机关移送的强制医疗案件,经审查认为不符合刑事诉讼法第284条规定条件的,应当作出不提出强制医疗申请的决定,并向公安机关书面说明理由;认为需要补充证据的,应当书面要求公安机关补充证据,必要时也可以自行调查。公安机关补充证据的时间不计入人民检察院办案期限。

对于实施暴力行为,危害公共安全或者严重危害公民人身安全,已经达到犯罪程度,经法定程序鉴定依法不负刑事责任的精神病人,有继续危害社会可能的,人民检察院公诉部门应当向人民法院提出强制医疗的申请。强制医疗的申请由被申请人实施暴力行为所在地的基层人民检察院提出;由被申请人居住地的人民检察院提出更为适宜的,可以由被申请人居住地的基层人民检察院提出。人民检察院向人民法院提出强制医疗的申请,应当制作强制医疗申请书。强制医疗申请书的主要内容包括:(1)涉案精神病人的基本情况,包括姓名、性别、出生年月日、出生地、户籍地、身份证号码、民族、文化程度、职业、工作单位及职务、住址,采取临时保护性约束措施的情况及处所等;(2)涉案精神病人的法定代理人的基本情况,包括姓名、住址、联系方式等;(3)案由及案件来源;(4)涉案精神病人实施危害公共安全或者严重危害公民人身安全的暴力行为的事实,包括实施暴力行为的时间、地点、手段、后果等及相关证据情况;(5)涉案精神病人不负刑事责任的依据,包括有关鉴定意见和其他证据材料;(6)涉案精神病人继续危害社会的可能;(7)提出强制医疗申请的理由和法律依据。

(三)人民检察院向人民法院提出强制医疗的申请

对于公安机关移送的或者在审查起诉过程中发现的精神病人符合强制医疗条件的,人民检察院应当向人民法院提出强制医疗的申请。人民检察院申请对依法不负刑事责任的精神病人强制医疗的案件,由被申请人实施暴力行为所在地的基层人民法院管辖;由被申请人居住地的人民法院审判更为适宜的,可以由被申请人居住地的基层人民法院管辖。对人民检察院提出的强制医疗申请，人民法院应当审查以下内容：(1)是否属于本院管辖；(2)是否写明被申请人的身份，实施暴力行为的时间、地点、手段、所造成的损害等情况，并附相关证据材料；(3)是否附有法医精神病鉴定意见和其他证明被申请人属于依法不负刑事责任的精神病人的证据材料；(4)是否列明被申请人的法定代理人的姓名、住址、联系方式；(5)需要审查的其他事项。人民法院应当在7日内审查完毕，并按照下列情形分别处理：(1)不属于本院管辖的，应当退回人民检察院；(2)材料不全的，应当通知人民检察院在3日内补送；(3)属于强制医疗程序受案范围和本院管辖，且材料齐全的，应当受理。

二、强制医疗案件的审理

审理强制医疗案件，应当组成合议庭，开庭审理。但是，被申请人、被告人的法定代理人请求不开庭审理，并经人民法院审查同意的除外。由于被申请人或被告人很可能是精神病人，不具有诉讼行为能力，自己不能有效行使相关的诉讼权利，审理强制医疗案件，还应当通知被申请人或者被告人的法定代理人到场。被申请人或者被告人没有委托诉讼代理人的，应当通知法律援助机构指派律师担任其诉讼代理人，为其提供法律帮助。

人民法院开庭审理申请强制医疗的案件，人民检察院应当派员出席法庭，审理按照下列程序进行：

第一，审判长宣布法庭调查开始后，先由检察员宣读申请书，后由被申请人的法定代理人、诉讼代理人发表意见；检察员宣读申请书后，被申请人的法定代理人、诉讼代理人无异议的，法庭调查可以简化。

第二，法庭依次就被申请人是否实施了危害公共安全或者严重危害公民人身安全的暴力行为、是否属于依法不负刑事责任的精神病人、是否有继续危害社会的可能进行调查；调查时，先由检察员出示有关证据，后由被申请人的法定代理人、诉讼代理人发表意见、出示有关证据，并进行质证。

第三，法庭辩论阶段，先由检察员发言，后由被申请人的法定代理人、诉讼代理人发言，并进行辩论。被申请人要求出庭，人民法院经审查其身体和精神状态，认为可以出庭的，应当准许。出庭的被申请人，在法庭调查、辩论阶段，可以发表意见。

对申请强制医疗的案件，人民法院审理后，应当按照下列情形分别处理：

第一，符合我国刑事诉讼法第284条规定的强制医疗条件的，应当作出对被申请人强制医疗的决定。

第二，被申请人属于依法不负刑事责任的精神病人，但不符合强制医疗条件的，应当作出驳回强制医疗申请的决定；被申请人已经造成危害结果的，应当同时责令其家属或者监护人严加看管和医疗。

第三，被申请人具有完全或者部分刑事责任能力，依法应当追究刑事责任的，应当作出驳回强制医疗申请的决定，并退回人民检察院依法处理。

人民法院经审理，对于被申请人或者被告人符合强制医疗条件的，应当在1个月以内作出强制医疗的决定。在作出决定后5日内，应向公安机关送达强制医疗决定书和强制医疗执行通知书，由公安机关将被决定强制医疗的人送交强制医疗。

人民法院在审理第一审案件过程中发现被告人可能符合强制医疗条件的，应当依照法定程序对被告人进行法医精神病鉴定。经鉴定，被告人属于依法不负刑事责任的精神病人的，应当适用强制医疗程序，对案件进行审理。开庭审理时，应当先由合议庭组成人员宣读对被告人的法医精神病鉴定意见，说明被告人可能符合强制医疗的条件，后依次由公诉人和被告人的法定代理人、诉讼代理人发表意见。经审判长许可，公诉人和被告人的法定代理人、诉讼代理人可以进行辩论。

人民法院审理后，应当按照下列情形分别处理：

第一，被告人符合强制医疗条件的，应当判决宣告被告人不负刑事责任，同时作出对被告人强制医疗的决定。

第二，被告人属于依法不负刑事责任的精神病人，但不符合强制医疗条件的，应当判决宣告被告人无罪或者不负刑事责任；被告人已经造成危害结果的，应当同时责令其家属或者监护人严加看管和医疗。

第三，被告人具有完全或者部分刑事责任能力，依法应当追究刑事责任的，应当依照普通程序继续审理。

人民法院在审理第二审刑事案件过程中，发现被告人可能符合强制医疗条件的，可以依照强制医疗程序对案件作出处理，也可以裁定发回原审人民法院重新审判。

三、强制医疗的解除

强制医疗机构应当定期对被强制医疗的人进行诊断评估。对于已不具有人身危险性，不需要继续强制医疗的，应当及时提出解除意见，报决定强制医疗的人民法院批准。被强制医疗的人及其近亲属有权申请解除强制医疗。被强制医疗的人及其近亲属申请解除强制医疗的,应当向决定强制医疗的人民法院提出。被强制医疗的人及其近亲属提出的解除强制医疗申请被人民法院驳回,6 个月后再次提出申请的,人民法院应当受理。

强制医疗机构提出解除强制医疗意见,或者被强制医疗的人及其近亲属申请解除强制医疗的,人民法院应当审查是否附有对被强制医疗的人的诊断评估报告,合议庭应在 1 个月内,按照下列情形分别处理:

其一,被强制医疗的人已不具有人身危险性,不需要继续强制医疗的,应当作出解除强制医疗的决定,并可责令被强制医疗的人的家属严加看管和医疗;

其二,被强制医疗的人仍具有人身危险性,需要继续强制医疗的,应当作出继续强制医疗的决定。

人民法院应当在作出决定后 5 日内,将决定书送达强制医疗机构、申请解除强制医疗的人、被决定强制医疗的人和人民检察院。决定解除强制医疗的,应当通知强制医疗机构在收到决定书的当日解除强制医疗。

第三节　强制医疗的复议与检察监督

一、强制医疗的复议

被决定强制医疗的人、被害人及其法定代理人、近亲属对强制医疗决定不服的,可以自收到决定书之日起 5 日内向上一级人民法院申请复议。复议期间不停止执行强制医疗的决定。对不服强制医疗决定的复议申请,上一级人民法院应当组成合议庭审理,并在 1 个月内,按照下列情形分别作出复议决定:

1. 被决定强制医疗的人符合强制医疗条件的,应当驳回复议申请,维持原决定。

2. 被决定强制医疗的人不符合强制医疗条件的,应当撤销原决定。

3. 原审违反法定诉讼程序,可能影响公正审判的,应当撤销原决定,发回原审人民法院重新审判。

二、强制医疗的检察监督

1. 人民检察院发现人民法院或者审判人员审理强制医疗案件违反法律规定的诉讼程序,应当向人民法院提出纠正意见。

2. 人民检察院认为人民法院作出的强制医疗决定或者驳回强制医疗申请

的决定不当,应当在收到决定书副本后 20 日以内向人民法院提出书面纠正意见。

3. 人民检察院对强制医疗的交付执行活动实行监督。发现交付执行机关未及时交付执行等违法情形的,应当依法提出纠正意见。

4. 人民检察院对强制医疗执行活动是否合法实行监督。强制医疗执行监督由人民检察院监所检察部门负责。人民检察院在强制医疗执行监督中发现被强制医疗的人不符合强制医疗条件或者需要依法追究刑事责任,人民法院作出的强制医疗决定可能错误的,应当在 5 日以内报经检察长批准,将有关材料转交作出强制医疗决定的人民法院的同级人民检察院。收到材料的人民检察院公诉部门应当在 20 日以内进行审查,并将审查情况和处理意见反馈负责强制医疗执行监督的人民检察院。人民检察院发现强制医疗机构有下列情形之一的,应当依法提出纠正意见:对被决定强制医疗的人应当收治而拒绝收治的;收治的法律文书及其他手续不完备的;没有依照法律、行政法规等规定对被决定强制医疗的人实施必要的医疗的;殴打、体罚、虐待或者变相体罚、虐待被强制医疗的人,违反规定对被强制医疗的人使用戒具、约束措施,以及其他侵犯被强制医疗的人合法权利的;没有依照规定定期对被强制医疗的人进行诊断评估的;对于被强制医疗的人不需要继续强制医疗的,没有及时提出解除意见报请决定强制医疗的人民法院批准的;对被强制医疗的人及其近亲属、法定代理人提出的解除强制医疗的申请没有及时进行审查处理,或者没有及时转送决定强制医疗的人民法院的;人民法院作出解除强制医疗决定后,不立即办理解除手续的;其他违法情形。

5. 人民检察院对于人民法院批准解除强制医疗的决定实行监督,发现人民法院解除强制医疗的决定不当的,应当依法向人民法院提出纠正意见。

HOUJI

后　记

为了适应高校法学专业开展实务教学的需要，河北大学政法学院策划了“高等学校法律实务系列教材”的编撰工作，《刑事诉讼实务教程》是其中之一。本教程是我们结合长期的刑事诉讼法学教学实践，依据2012年3月刑事诉讼法修正以来颁布实施的法律、法规和司法解释中有关刑事诉讼程序、刑事诉讼制度的规定编写而成，不仅可以作为法学专业本科生、研究生开展刑事诉讼实务教学的教材，也可以作为司法工作者进行刑事诉讼实务的工具书。本教程若能对我国高校法律专业实务教材建设有所裨益，我们将倍感欣慰。

《刑事诉讼实务教程》由陈玉忠、郑喜兰担任主编，马丽丽、李鹏飞担任副主编。具体撰写分工如下（按章节先后为序）：

陈玉忠（河北大学政法学院）：第一章、第十四章；

李鹏飞（河北省唐山市人民检察院）：第二章、第十章、第二十章；

郑喜兰（河北省唐山市人民检察院）：第三章；

李会彬（北京师范大学刑事法律科学研究院）：第四章、第五章、第十九章；

李建军（邢台学院法政学院、河北信联律师事务所）：第六章、第九章、第十七章；

陈　颖（河北省保定市人民检察院）：第七章、第二十一章；

袁　博（河北省保定市清苑县人民检察院）：第八章、第十六章；

马丽丽（河北大学政法学院）：第十一章、第十二章、第十五章、第二十二章；

杨　达(河北省唐山市路北区人民检察院):第十三章;

赵　磊(河北省唐山市曹妃甸区人民检察院):第十八章。

全书由陈玉忠统稿,并对个别章节的内容做了较大修改,本教程的写作与出版得到了中国民主法制出版社、河北大学政法学院领导的关心和支持,在此表示诚挚的谢意。

由于水平有限,加之时间仓促,书中不足之处在所难免,希望读者批评指正。

编　者

2015 年 2 月